A PSICANÁLISE NAS TRAMAS DA CIDADE

A PSICANÁLISE NAS TRAMAS DA CIDADE

Organizadores

Bernardo Tanis

Magda Guimarães Khouri

Colaboradores

Ana Maria Brias Silveira

Cintia Buschinelli

Heloisa Helena Sitrângulo Ditolvo

Oswaldo Ferreira Leite Netto

Raquel Plut Ajzenberg

SBPSP- FEPAL

Casa do Psicólogo®

© 2009 Casapsi Livraria, Editora e Gráfica Ltda.
É proibida a reprodução total ou parcial desta publicação,
para qualquer finalidade, sem autorização por escrito dos editores.

1ª edição
2009

Editores
Ingo Bernd Güntert e Jerome Vonk

Assistente Editorial
Aparecida Ferraz da Silva

Foto da Capa
Cristiano Alckmin Mascaro
(Avenida São João -1986)

Produção Gráfica
Fabio Alves Melo

Editoração Eletrônica e Capa
Carla Vogel

Preparação do Original
Guilherme Laurito Summa

Revisão
Aguinaldo Alves de Oliveira
Arthur Vergueiro Vonk

Dados Internacionais de Catalogação na Publicação (CIP)
(Câmara Brasileira do Livro, SP, Brasil)

A Psicanálise nas tramas da cidade / organizadores Bernardo Tanis,
Magda Guimarães Khouri. -- São Paulo : Casa do Psicólogo®, 2009.

Vários autores.
Vários colaboradores.
Bibliografia
ISBN 978-85-7396-650-3

1. Cidades 2. Comunidade 3. Cultura 4. Paisagem urbana
5. Psicanálise 6. Psicologia clínica 7. Subjetividade I. Tanis, Bernardo.
II. Khouri, Magda Guimarães.

09-10750 CDD-150.195

Índices para catálogo sistemático:
1. Cidades : Reflexões psicanalíticas : Psicologia 150.195
2. Metrópoles : Reflexões psicanalíticas : Psicologia 150.195

Impresso no Brasil / Printed in Brazil

Reservados todos os direitos de publicação em língua portuguesa à

Casapsi Livraria, Editora e Gráfica Ltda.
Rua Santo Antônio, 1010
Jardim México • CEP 13253-400
Itatiba/SP Brasil
Tel. Fax: (11) 4524.6997
www.casadopsicologo.com.br

Sumário

PREFÁCIO 9
Luís Carlos Menezes

APRESENTAÇÃO 13
Bernardo Tanis e Magda Guimarães Khouri

CIDADE E SUBJETIVIDADE 17
Bernardo Tanis

LA PRÁCTICA PSICOANALÍTICA EN LAS MEGACIUDADES 31
Juan Vives Rocabert

A PRESENÇA DA CIDADE NO ANALISTA 53
Claudio Laks Eizirik

LA CIUDAD INTERIOR Y LOS OTROS (DIFERENCIAS-INDIFERENCIAS) 61
Alcira Mariam Alizade

SÃO PAULO E AS ÁGUAS 69
Roberto Pompeu de Toledo

MEMÓRIA E RECONHECIMENTO: ENTRE OS AGLOMERADOS E A *PÓLIS* 79
Luís Carlos Menezes

**OS LUGARES E O ATO ANALÍTICO – A CIDADE
ENTRE A *PÓLIS* E A AGLOMERAÇÃO** 89
Beatriz Helena Peres Stucchi, Francisca Vieitas Vergueiro, Lourdes Tisuca
Yamane, Luís Carlos Menezes, Marina Kon Bilenky, Marina Ramalho Miranda,
Patrícia Bohrer Pereira Leite e Silvia Martinelli Deroualle

CIDADE, SUBJETIVIDADE, POESIA 105
José Miguel Soares Wisnik

CIDADE GENÉRICA, CIDADE GLOBAL 117
Guilherme Teixeira Wisnik

ACOMODAÇÕES DO ESPAÇO MENTAL NAS TRAMAS DA CIDADE 129
Luiz Carlos Uchôa Junqueira Filho

O INVISÍVEL NAS CIDADES 143
Carlos Alberto Cerqueira Lemos

AS TRAMAS DO INVISÍVEL 153
Plinio Montagna

MUDANÇAS TÉCNICAS E DESAFIOS NA INTERFACE SOCIAL DA PSICANÁLISE 165
Maria Teresa Naylor Rocha

PSICOCOMUNIDAD. UNA APLICACIÓN DE MÉTODO PSICOANALÍTICO AL TRABAJO EN COMUNIDADES MARGINADAS 183
Maria Teresa Lartigue Becerra

INTERVENÇÕES CLÍNICAS NA COMUNIDADE: QUE PSICANÁLISE É ESSA? 195
Roberto Tykanori Kinoshita

A INSTITUIÇÃO COMO INTERVENÇÃO TERAPÊUTICA 201
Chulamit Terepins

SETE PRINCÍPIOS PARA REDES SOCIAIS 213
Fernando Rossetti Ferreira

CULTURAS JUVENIS E REALIDADE URBANA 219
Miguel Calmon du Pin e Almeida

TRAJETOS DE JOVENS NA CIDADE ... 231
José Guilherme Cantor Magnani

**O *COMO SE* NA CIDADE: ENTRE O REAL E O VIRTUAL –
A PERSPECTIVA DO ADOLESCENTE** ... 249
Ruggero Levy

LINGUAGEM ONÍRICA E LINGUAGEM CINEMATOGRÁFICA ... 261
Philippe Barcinski e Rogério Nogueira Coelho de Souza

DESENHOS NO SUBTERRÂNEO ... 285
Magda Guimarães Khouri

A ESTÉTICA DO RESTO ... 291
Manuel da Costa Pinto

TEMPO E RITMO NA CIDADE ... 301
Maria Helena Rego Junqueira

**DOCUMENTAR COMO TÉCNICA DE SI: DINÂMICAS CENTRÍPETAS E
CENTRÍFUGAS DO SUJEITO PERFORMATIVO NO DOCUMENTÁRIO** ... 311
Andrea Celia Molfetta de Rolón

ARTE, PSICANÁLISE & CIDADE ... 319
João Augusto Frayze-Pereira

DETERMINISMO E ORDEM SIMBÓLICA ... 331
Carlos Alberto Vogt

A LÓGICA DA CORRUPÇÃO: UM OLHAR PSICANALÍTICO ... 345
Marion Minerbo

AS VÁRIAS DIMENSÕES DO MEDO ... 359
Ignácio Gerber

O NARRADOR DA CIDADE 373
Ruy Castro e Cintia Buschinelli

SENSUALIDADE E EROTISMO NO PROSAICO COTIDIANO 407
Ignácio de Loyola Brandão

EROS EN LA CIUDAD 419
Jorge Bruce

AUTORES E EXPOSITORES 439

PREFÁCIO

O psicanalista e a cidade

A linguagem nos oferece o luxo e as possibilidades, únicas, de movimentar as palavras e de brincar com elas, de anexar parte de uma em outra ou de encadeá-las em junções inspiradas capazes de fazer rir num jato de divertidas ou maliciosas intenções inconscientes. Ao encadear sons, podemos nos sair bem, produzindo alguma musicalidade, ou fracassar, obtendo apenas ruídos; já com as palavras, podemos encontrar as boas, no bom momento, o que poderá ter efeitos significativos para quem as ouve. Se as boas palavras surgirem no bom momento, em uma sessão de análise, isto pode resultar em fecundas aberturas interpretativas, capazes de dar ao analisando acesso – ao se ver dizendo – a coisas que, por não terem sido ditas, por não terem ainda encontrado as palavras que as dissessem, não tinham podido ser pensadas, embora estivessem por ali.

Os responsáveis pelo setor de Cultura e Comunidade da FEPAL e da Sociedade de São Paulo, Bernardo Tanis e Magda Guimarães Khouri, foram bastante inspirados ao nos propor estas duas palavras, psicanalista e cidade, uma frente à outra – numa frase mais organizada – e, na medida em que fomos nos dispondo a jogar o jogo, fomos levados a percorrer circuitos associativos os mais variados, como testemunham os textos reunidos neste livro. Estes são atravessados por movimentos em que tanto o pensamento reflexivo como a imaginação – como separá-los? – animam-se, tecendo, bem dispostos, as suas "tramas", os seus desenhos, numa série de escritos em que o nosso pensamento clínico poderá encontrar matéria refrescante que areja e aviva.

Acreditar que ocupam uma posição periférica em relação ao trabalho clínico seria ignorar que não são os materiais, os assuntos, que definem uma escuta psicanalítica, e sim o modo como são trabalhados. A fala dos pacientes em sessão, da mesma forma que os sonhos, é habitada por assuntos, temas, palavras de toda a gama do que permeia a vida em comunidade e cultura – e poderia haver vida humana senão em comunidade e cultura? Bem, o que é específico da análise é, pois, o modo como são "trabalhados" em sessão, a exemplo da construção do sonho em que o essencial é o que o trabalho do sonho faz com estes "materiais" prenhes de sentido.

Por isto os psicanalistas podem tirar tanto proveito da leitura de obras de Freud sobre uma novela, a Gradiva, sobre um grande personagem da arte e do saber, como Leonardo da Vinci, sobre um grande homem das fundações da cultura judaico-cristã, Moisés, ou sobre as origens míticas de toda cultura humana, em *Totem e Tabu.* São textos em que problemas suscitados pela clínica encontram a possibilidade de avançar, por meio de uma linguagem ao mesmo tempo mítica e de criação teórica e onde se trabalham questões importantes, com sutileza e profundidade, várias delas formuladas nestes escritos *in statu nascendi.*

Nas trocas e nos escritos que foram ocorrendo nos encontros promovidos por estas diretorias, tratava-se de pensar as nossas realidades, a realidade de nossas cidades, no diálogo com estudiosos e profissionais de outros horizontes. Foi o que fizemos e, como analistas que somos, nós o fizemos sem deixar, em nenhum instante, o terreno exigente da prática do pensamento psicanalítico. E, note-se, a propósito, que este nada tem a ver com o uso de sistemas psicológicos explicativos que, do ponto de vista da psicanálise, só podem levar a abordagens redutoras e de pouco interesse.

Por isto, neste livro, veremos as cidades virtuais, a circular pelas conexões interativas das novas tecnologias da comunicação, cotejando as cidades imaginárias, tecido precioso de representações, vestimenta, mas também fonte

PREFÁCIO

de impasses e, eventualmente, de violências pulsionais tão brutais quanto as brutalidades do dia a dia das cidades, em particular das grandes cidades latino-americanas, em que coexistem realidades sociais marcadas por enormes disparidades materiais. As cidades são interrogadas como expressão e como depositárias de sistemas simbólicos em que se tece a Cultura e a História da humanidade.

Os autores, nos textos reunidos neste livro, localizam falhas de natureza distinta no tecido cultural-urbano, algumas que tendem a se agravar, dadas as tendências atuais do mundo virtual e das mega-cidades, com crescimento excessivamente rápido e desordenado. São insuficiências que precisam ser contrabalançadas pela insistência da vida em buscar seus caminhos e que, na medida em que fracassam em sua função nutridora e estruturante, propiciam que se instalem prejuízos sérios para a constituição de condições psíquicas favoráveis à capacidade de iniciativa e de conforto íntimo, pela aptidão a desejar, a amar e a odiar, na referência às marcas de ideal de cada um.

A iniciativa dos organizadores para estimular o diálogo com a Cultura ambiente, no âmbito da Sociedade de Psicanálise de São Paulo (SBPSP) e da Federação Latino-Americana de Psicanálise (FEPAL), é muito bem-vinda, pois, ao favorecer o diálogo interdisciplinar sobre as cidades e a psicanálise, aumenta, pelo mesmo movimento, as chances de adensamento do íntimo e da intimidade na vida. Isto é do interesse do que fazem os psicanalistas, mas tem evidentemente um alcance bem mais amplo. O leitor fará o seu próprio roteiro ao caminhar pelas ruas e ruelas desta colagem heteróclita de textos.

Luís Carlos Menezes

APRESENTAÇÃO

Guiados por nosso compromisso social de pensar e atuar no mundo em que vivemos, escolhemos a metrópole como foco de nossas reflexões, por considerá-la o lugar para o qual converge a subjetividade de cada um de nós. Por vezes, o trabalho tomou a direção de um diário clínico das cidades, no sentido de tornar presente a dimensão arqueológica do conhecer psicanalítico, ao traçar mapas de territórios desconhecidos, sepultos e esquecidos. No diálogo com os outros campos de conhecimento, a cidade foi ganhando corpo e alma, criando um olhar mais agudo dos lugares que habitamos. No livro, cada campo da metrópole visitado transformou-se em uma etapa, uma reviravolta, um momento no qual nasceram ideias, conceitos, conjeturas. Nessa observação dos fenômenos relacionados à cidade, criam-se condições para interrogar nossa época, assim como nosso modo de inserção no mundo.

Nelson Brissac Peixoto, em "Mapear novos territórios" [1], no livro *Sentidos e arte contemporânea,* assinala que:

> O espaço demarcado por monumentos, radiais ou fronteiras implica visão de longe, distâncias invariáveis, perspectiva central. Nesses novos territórios, porém, não se tem mais referências. Apenas uma variação contínua de orientações, ligadas

---

[1] Brissac, N; Mapear novos territórios. In: Pessoa, Fernando. Canton, Katia. *Sentidos e arte contemporânea* – Seminários Internacionais – Museu Vale do Rio Doce II 2007. Rio de Janeiro: Associação Museu Ferroviário Vale do Rio Doce, 2007, p. 169-178.

> à observação em movimento. O espaço não é visual: não há horizonte, nem perspectiva, nem limite, contorno ou centro. Estamos sempre no seu interior, no meio[2].

Assim,

> a configuração atual impede o mapeamento mental das paisagens urbanas. As cidades não permitem mais que as pessoas tenham em sua imaginação uma localização correta e contínua com relação ao resto do tecido urbano. A experiência fenomenológica do sujeito individual não coincide mais com o lugar onde ela se dá. Essas coordenadas estruturais não são mais acessíveis à experiência imediata do vivido e em geral nem conceituadas pelas pessoas[3].

Diz o autor que se dá um colapso na experiência. Então, percebemos, nós, psicanalistas, que a mesma dificuldade que a cidade provoca no reconhecimento de si está encarnada no cotidiano de nossa clínica.

Os paradoxos urbanos sugerem temas como: isolamento em contraponto à exacerbação do coletivo, proximidade física e distância social, aceleração do tempo ao lado da impossibilidade de trânsito e tantos outros como diversidade, multiplicidade de espaços, violência. Esses temas abrem para um diálogo vivo da psicanálise com os demais vértices de pensamento sobre a cultura.

Propusemos aos psicanalistas, assim como a todos os convidados, a partir de suas leituras, pensarem a complexidade das fronteiras entre a potência das novas configurações urbanas e a fragilidade provocada por este mesmo contexto. Certamente, essa proposta surgiu do reconhecimento dos fortes traços de um sentimento de pertinência ao lugar em que se vive, que inúmeras vezes se apresentam ameaçados.

---

[2] Brissac, N. p. 169.
[3] Brissac, N. p. 172.

APRESENTAÇÃO

Cada um dos 32 capítulos desta publicação mereceria um comentário cuidadoso pela qualidade do trabalho dos autores. Como marca, ficou evidente a originalidade, a consistência e a liberdade de pensar presentes nas reflexões expostas. Revelou-se como um grupo de investigadores que embarcaram na proposta de estudar, criticar radicalmente e acabou por reinventar as diversas dimensões da cidade. Rastros de metáforas, espaços vazios, esboços, pontos obscuros, movimentando sem cessar nosso imaginário, foram alguns dos lugares de trânsito dessas reflexões.

O projeto **A psicanálise nas tramas da cidade** nasceu da proposta da *Diretoria de Comunidade e Cultura da Federação de Psicanálise Latino-Americana (FEPAL)*, coordenada por Bernardo Tanis, em parceria com a *Diretoria de Cultura e Comunidade da Sociedade Brasileira de Psicanálise de São Paulo (SBPSP)*, coordenada por Magda Guimarães Khouri, para colocar em pauta as questões da subjetividade no cenário urbano das grandes cidades.

Para a concepção desta proposta, desenvolvemos durante dois anos uma usina de ideias, acompanhada de uma pesquisa cuidadosa e um extenso trabalho de grupo. O colorido e a forma do projeto brotaram da participação permanente, inteligente e criativa da comissão organizadora, resultando em um verdadeiro trabalho de equipe. Agradecemos a dedicação de Ana Maria Brias Silveira, Cintia Buschinelli, Heloisa Ditolvo, Raquel Ajzenberg e Oswaldo Ferreira Leite Netto.

A *Comissão de Eventos Culturais da SBPSP*, coordenada por Raquel Ajzenberg, realizou também quatro encontros denominados Café Cultural, no qual os arquitetos Guilherme Wisnik e Regina Meyer, o professor de literatura José Miguel Wisnik, o escritor Ruy Castro e o cineasta Philippe Barcinski conversaram com psicanalistas sobre diversas questões da metrópole.

Em abril de 2008, nossa cidade sediou o PRIMEIRO SIMPÓSIO LATINO-AMERICANO DE PSICANÁLISE CULTURA E COMUNIDADE, iniciativa pioneira da FEPAL, com a participação de psicanalistas de várias regiões brasileiras e latino-americanas, além de estudiosos de diversas áreas de conhecimento, tais como antropologia, sociologia, arquitetura, literatura, artes, cinema e jornalismo.

O simpósio, coordenado pelos organizadores deste livro, foi realizado na sede da Sociedade Brasileira de Psicanálise de São Paulo, com o apoio e o patrocínio da diretoria de São Paulo, presidida por Luís Carlos Menezes, e da diretoria FE-PAL, na gestão de Juan Pablo Jimenez. Entre os convidados latino-americanos contamos com a participação de Mariam Alizade (Argentina), Juan Vives Roca-bert e Teresa Becerra Lartigue (ambos do México), Jorge Bruce (Peru) e Cláudio Eizirik (presidente da International Psychoanalitic Association), além de outros participantes presentes nas diversas mesas.

No campo das intervenções clínicas, cabe destacar a parceria com a *Diretoria de Atendimento à Comunidade da SBPSP*, coordenada por Oswaldo Ferreira Leite Netto, que tem a proposta de expandir o conhecimento do trabalho psicanalítico na comunidade paulistana. Pudemos conhecer e refletir sobre o que os colegas têm feito na área e desenvolver mais instrumentos para essas intervenções, tanto em São Paulo como nas diferentes comunidades do Brasil e da América Latina.

O livro reúne, justamente, as reflexões oriundas do vivo debate sobre o tema, resultado das diversas atividades promovidas em 2007/2008.

O Simpósio e o Café Cultural não foram eventos isolados. Fizeram parte de um amplo debate proposto pela *Diretoria de Comunidade e Cultura da FEPAL* que ocorreu em diversos grupos latino-americanos e que teve continuidade no *Eixo de Comunidade e Cultura do XVII Congresso da FEPAL* em Santiago do Chile, em setembro de 2008.

Como coordenadores do projeto e desta coletânea, gostaríamos de agra-decer à Diretoria da FEPAL 2006-2008 e a suas secretarias, à Diretoria SBPSP 2006-2008 e a todos os funcionários dessa instituição, à comissão organizadora do Simpósio, e a todos aqueles que com sua participação e empenho contribuí-ram para o sucesso deste projeto.

Bernardo Tanis e Magda Guimarães Khouri

CIDADE E SUBJETIVIDADE[1]

Bernardo Tanis

Caros convidados e colegas participantes deste I Simpósio Latino-americano de Psicanálise Comunidade e Cultura, é uma honra e uma alegria estar com vocês aqui na Sociedade Brasileira de Psicanálise de São Paulo, dando início às atividades deste encontro inaugural. Quero, em primeiro lugar, compartilhar com vocês as inquietações e expectativas que deram origem a este Simpósio.

Quando assumimos a Diretoria de Comunidade e Cultura da Federação Psicanalítica Latino-americana, fomos tomados por um turbilhão de ideias e memórias a respeito da história do movimento psicanalítico em nossos países, de como nossa disciplina, transplantada de sua origem vienense, foi sendo apropriada nos diferentes contextos socioculturais na América Latina. Essa diáspora psicanalítica, como bem a caracterizou Renato Mezan, não trouxe como consequência uma diluição, o enfraquecimento da psicanálise. Pelo contrário, a psicanálise no solo latino-americano foi fertilizada e enriquecida. Foi enriquecida pelo estudo dos processos vinculares e grupais, pelo estudo dos mitos regionais, pela ousadia de transpor os muros das clínicas particulares e contribuir com a saúde coletiva

---

[1] Este texto corresponde à fala de abertura do I Simpósio Latino-americano de Psicanálise Comunidade e Cultura, realizado pela FEPAL-SBPSP

em hospitais, escolas, ambulatórios, assim como na análise fecunda de inúmeros fenômenos da nossa cultura e da nossa realidade social. Ainda mais, foi ampliando seus horizontes num permanente e instigante diálogo com outros campos do saber, como a Filosofia, o Direito, as Artes, a Medicina, a Psiquiatria e tantos outros.

Somos herdeiros dessa tradição e compreendemos nossa tarefa como a continuidade e o aprofundamento da trilha aberta pelos pioneiros. E desse turbilhão de ideias inicial, aliado a nossa apreensão do cenário urbano como fenômeno emergente em nossa clínica cotidiana, alguns vetores foram se delineando para a concepção desse encontro.

Na última Bienal de Arte de São Paulo, a curadora propunha como temática organizadora o mote "como viver junto" inspirado nos seminários proferidos por Roland Barthes (2003) no Collège de France entre 1976 e 1977. Se o genérico da proposta continha o risco de sua banalização, o desafio instigou-nos e convocou, pois a questão do outro, da alteridade, está na raiz do processo da constituição subjetiva do humano. Com o outro e através do outro somos lançados para os desafios éticos e morais inerentes à cultura.

A cidade, seu crescimento desmesurado, seus paradoxos e contradições, sua presença viva na dimensão subjetiva impuseram-se como ponto de fuga das múltiplas perspectivas para pensar o viver junto.

Julia Kristeva (1994), em *Estrangeiros para nós mesmos*, livro escrito na aurora da globalização, fala-nos do estrangeiro que nos habita, a outra face de nossa identidade, uma fenda na ideia de identidade que faz com que nos consideremos um e outro ao mesmo tempo. Somos convocados a tramitar nesse permanente conflito com o olhar narcísico em relação ao outro, o olhar gerador dos sentimentos ambivalentes, ora de fascínio e surpresa ora de desprezo, recusa ou defensiva indiferença.

Essa convocação assume proporções desafiadoras em nosso complexo contexto urbano, no qual temos de nos haver permanentemente com o questionamento de qualquer ideal de homogeneidade social, com o reconhecimento da dimensão heterogênea do espaço físico, sociocultural e psíquico da cidade.

CIDADE E SUBJETIVIDADE

Contamos com um grupo fantástico de colegas, que fizeram parte da comissão organizadora deste simpósio e desde o início se engajaram na concretização dessa empreitada. Trabalhamos em conjunto como usina produtora de ideias que progressivamente ganharam forma, até chegar a esse projeto de dois anos de trabalho que denominamos *A psicanálise nas tramas da cidade,* do qual este Simpósio faz parte. Várias atividades complementares antecederam-no e o projeto culminará no XXII Congresso da FEPAL em Santiago de Chile.

Assim como a interpretação psicanalítica assinala em um determinado momento uma singular organização do campo transferencial, penso que a ideia de *A psicanálise nas tramas da cidade*, pela ressonância que obteve entre os colegas brasileiros e de outros países latino-americanos, captou a necessidade de nós, psicanalistas, participarmos ativamente do debate sobre a configuração espaço-temporal que habitamos e nos habita. Abrimos assim o diálogo sobre as potencialidades criativas e armadilhas ameaçadoras de nossa existência no espaço urbano e convidamos antropólogos, arquitetos, cineastas, escritores, entre outros, que desde seus próprios campos de conhecimento compartilham nossas inquietações, para um diálogo transdisciplinar. Nosso desafio será transitar pelas diferentes veredas que o campo Cidade e Subjetividade possa nos apresentar, sem buscar sínteses precipitadas ou palavras de ordem. Anima-nos a vontade de suscitar questões, apresentar ideias e experiências, problematizar conceitos na tentativa de ampliar nosso conhecimento e futuras possibilidades de intervenção.

Vamos, então, apresentar coordenadas que possam indicar algumas balizas para possíveis reflexões. A noção de subjetividade pode ser compreendida como experiência de si ou como condensação de uma série de determinantes. É a segunda acepção que nos interessa no momento, na medida em que auxilia a situar o que entendemos por contexto urbano e cultural, diz Mezan:

> ... significa que nos interessamos pelos fatores que, combinados, engendram uma modalidade específica de organização subjetiva, um molde para as experiências individuais. Esses fatores são por natureza extraindividuais, o que quer dizer que a subjetividade é resultado de processos que começam antes

> dela e vão além dela, processos que podem ser biológicos, psíquicos, sociais, culturais etc. Por isso, pode-se concebê-la como condensação ou sedimentação, num dado indivíduo, de determinações que se situam aquém ou além da experiência de si, e que de algum modo a conformam, ou pelo menos lhe designam certos limites e condições (2002, p. 259).

Assim, percebemos que determinadas configurações da subjetividade obedecem a profundas e estruturais modificações no contexto sociocultural e imprimem marcas, sulcos profundos na linguagem e no modo de ser num determinado tempo histórico.

Assim, pensar Cidade e Subjetividade é pesquisar, a partir de um determinado recorte, a Cultura e a relação intrínseca que vemos entre as condições reais de nossa existência e a dimensão simbólica do acontecer humano, ameaçada muitas vezes pelos riscos do desenraizamento, da exclusão e de uma violência que esgarça o continente representativo. Sabemos das gravíssimas consequências, em nossas metrópoles latino-americanas, dos processos migratórios em massa, das falsas promessas, das ilusões que acabam criando fendas subjetivas pelas quais a ruptura dos vínculos com o passado e com a cultura de origem dá lugar a complexos processos de degradação subjetiva.

Durham (2004), uma das pioneiras da antropologia brasileira, diz que: "A cultura constitui um processo pelo qual os homens orientam e dão significado às suas ações através de uma manipulação simbólica que é atributo fundamental de toda prática humana" (p. 231). E continua: "Nesse sentido, toda análise de fenômenos culturais é análise da dinâmica cultural, isto é, do processo de permanente reorganização das representações na prática social, representações estas que são simultaneamente condição e produto dessa prática".

Ora, nada mais próximo do que compreender o fazer psicanalítico a partir dessa definição como prática cultural. Ou mais radicalmente, como criação cultural. A partir do nosso próprio objeto e método.

Como psicanalistas, sabemos que nossa práxis envolve os campos da pulsão e da representação. Somente a partir de uma linguagem encarnada, que ao mesmo tempo mascara e revela, encontramos as condições que possibilitam a criação de novos sentidos, da transformação das posições subjetivas cristalizadas oferecendo condições de simbolização e sublimação. Somos corpo que fala e somos falados. Esse é o modo pelo qual nossa inscrição na cultura se manifesta.

Freud assinala o papel da sublimação na criação da cultura, destaca que esta se edifica a partir da renúncia ao pulsional. A cultura obedece à obra de Eros, à ligação libidinosa entre os seres humanos, no entanto, a mesma cultura encontra seu obstáculo mais poderoso na disposição agressiva autônoma do ser humano. A cultura debilita, desmonta e vigia o perigoso impulso agressivo, regulando-o através de uma instância no seu interior, a consciência moral, tributária do desamparo e desvalimento inicial do infante atormentado pelo receio da perda do objeto de amor (angústia social).

Para Freud, o sentimento de culpa é indissociável da cultura, aponta à tensão permanente entre o desenvolvimento individual e a cultura, o supereu age como instância internalizada do recalque, constitui-se como base da moral e da ética que regula os relacionamentos consigo e com o outro.

No último capítulo de seu texto no qual assinala aperturas sugestivas como que o supereu de uma época cultural tem uma origem semelhante ao individual e repousa em personalidades condutoras, líderes emblemáticos, ideais abstratos, coloca exigências cujo não atendimento é castigado por uma severa angústia de consciência moral. Por último, assinala que algumas exigências do supereu individual tornam-se mais visíveis se assinalada a sua coincidência com o supereu da respectiva cultura.

Freud, embora cético em achar uma resposta, não se priva de lançar uma questão desafiadora: não seria justificado diagnosticar que muitas culturas se tornaram neuróticas sob a influência de exigências de determinadas aspirações da cultura? Acompanhando Freud, indagamos sobre quais seriam os mandamentos do supereu de nossa cultura. Que ética está sendo proposta pelo nosso tempo?

Do dito anteriormente depreende-se que não há processo analítico que possa ocorrer em uma relação de exterioridade em relação à cultura à qual se pertence, sob o risco de uma grave dissociação. Nossa tarefa como analistas, nosso compromisso ético, conduz-nos a apreender os processos pelos quais essas profundas transformações se atualizam em nós e na vida psíquica de nossos analisandos. Estará em jogo nossa elasticidade técnica, nossa capacidade de continência, nossa abertura para o desconhecido para lidar com as novas formas de sofrimento que nos convocam. Seja a construção do *setting*, seja a teoria.

Mas se a cultura nos molda, o que dizer da cidade que, como expressão territorial e demográfica da mesma, habitamos e nos habita internamente?

As cidades, desde suas origens, não deixaram de se transformar, como testemunha o enciclopédico tratado de Lewis Munford (1989): *A cidade na história.* Expressão da polaridade nomadismo/sedentarismo constitutiva do humano, a cidade atravessa e dá forma à história da civilização. Compreender seus meandros e labirintos, seus fechamentos e aberturas, seus tempos, ritmos e fluxos, é se aproximar simultaneamente da história da subjetividade indissociável de sua arquitetura. Foi o que também nos mostrou Freud ao recorrer à noção de tópica, *tópos*, lugares para descrever sua geografia do psíquico: regiões mais claras, outras obscuras, ocultas, apenas acessíveis através do pulsar inconsciente e suas formações, dos sonhos e da transferência. Trata-se de uma arqueologia viva, já que as regiões não se definem apenas por sua localização espaço-temporal, mas pela dinâmica de forças em permanente conflito. É uma geografia viva numa palpitante tensão.

Assim, também a geografia urbana, múltipla, sedutora, enigmática, por vezes assustadora, serve de metáfora para uma geografia da alma humana que é sutilmente narrada nas belíssimas páginas de Ítalo Calvino em *Cidades invisíveis*.

A cidade é esse outro externo que habitamos, mas, como nos mostrou Walter Benjamin, analisando os modelos subjetivos no homem da multidão de Poe, ou o *flâneur* de Baudelaire, ela também nos constitui. Se para Benjamim o *flâneur* baudelairiano encontra nas ruas e galerias da Paris da metade do século XIX um espaço para sua descompromissada "botânica do asfalto", já em *O homem da multidão* de Poe, mergulhado numa atmosfera de conto policial, ele nos alerta para o homem que não se sente seguro em sua própria sociedade, antecipando o que, no final do século XX, virá a se tornar o anonimato no contexto da "multidão solitária" das grandes cidades.

O sociólogo George Simmel, contemporâneo berlinês de Freud, ao fazer uma comparação entre a vida numa metrópole moderna com a vida na antiga ordem feudal, lançava as bases para a compreensão do que é hoje conhecido como a construção social da subjetividade, tema que nos ocupa. Em "As grandes cidades e a vida do espírito" (1903), artigo que se tornou um clássico e ao qual faremos algumas referências, mostra como os diversos aspectos da vida social têm o poder de gerar alterações na vida psíquica. Dizia: "... de qualquer ponto na superfície da existência, por mais que ele pareça brotar apenas nessa superfície e a partir dela, pode-se sondar a profundidade da alma, que todas as exterioridades, mesmo as mais banais, estão ligadas, por fim, mediante linhas de direção, com as decisões últimas sobre o sentido e o estilo da vida".

Mas essa cidade moderna transformou-se, esses modelos conhecidos são hoje insuficientes para caracterizar as grandes transformações urbanísticas, socioeconômicas e demográficas nas grandes metrópoles (megalópoles) mundiais e latino-americanas[2], como teremos oportunidade de discutir. Todos os teóricos do pós-modernismo, de Jameson a Guidens, de Baudrillard a Lipovetsky e Bauman atestam essas transformações e as implicações subjetivas no cenário de maiores incertezas dominado pela globalização.

Tensões entre centro e a periferia, severos problemas de urbanização, aglomerados que se multiplicam, sensação de insegurança, desenraizamento, tudo cria um magma urbano e subjetivo complexo. Neste, novas formas de agrupamento e de criação emergem. A multiplicidade e a diversidade cultural dominam certos espaços, em outros, a uniformidade, a cultura de massas. Como diz o antropólogo Maximo Canevacci, referindo-se à cidade de São Paulo, habitamos uma cidade polifônica que deixa ouvir uma multiplicidade de vozes e iniciativas.

---

[2] Ver, por exemplo, o contundente trabalho de Mike Davis, *Planeta favela*.

Qualquer tentativa de compreensão unificadora será inevitavelmente parcial e redutora. Assim, a necessidade do diálogo transdisciplinar, ao qual este Simpósio convoca, impõe-se como caminho necessário e enriquecedor.

Dos inúmeros assuntos que trataremos neste encontro, quero destacar três temas que, como psicanalistas, nos ocupam sobremaneira no atual contexto urbano e podem funcionar como disparadores para nossa reflexão:

a) O excesso.

Uma das dimensões mais marcantes da vida na metrópole e que Simmel já vislumbrara é o excesso.

> Assim como uma vida desmedida de prazeres torna-se blasé, porque excita os nervos por muito tempo em suas reações mais fortes, até que por fim eles não possuem mais nenhuma reação, também as impressões inofensivas, mediante a rapidez e antagonismo de sua mudança, forçam os nervos a respostas tão violentas, irrompem de modo tão brutal de lá para cá, que extraem dos nervos sua última reserva de forças e, como eles permanecem no mesmo meio, não têm tempo de acumular uma nova. (Simmel, 1903).

Altíssima densidade populacional, grandes aglomerações urbanas. Excesso de informação, cuja quantidade e velocidade somos incapazes de metabolizar. Excesso de exposição ao outro através de contatos e de efeitos de visibilidade: publicações, eventos, chats de Internet, shows, espaços públicos em contraposição a uma restrição da intimidade. Excesso de movimento, ritmos, violência, cuja quantidade e velocidade somos incapazes de metabolizar e que talvez acabem anestesiando a subjetividade. Excessos de informação, grandes distâncias a serem percorridas, horas gastas no trânsito e riscos envolvidos nos deslocamentos etc. Como analistas, percebemos muitas vezes nos nossos analisandos a criação de uma barreira antiestímulo que visa a neutralizar esses efeitos devastadores para a vida psíquica, como uma das modalidades que o psíquico encontra para fazer frente a essas demandas. Algo análogo é descrito por Freud (1925) em *Notas sobre o bloco mágico*. Sem me estender, apenas assinalo que, para Freud, o que determina a instauração do tempo é um ritmo da capacidade do sujeito investir a realidade exterior. Quando o estímulo exterior é inconstante (afastamento muito longo ou presença muito irregular), a representação do tempo terá dificuldade em se instaurar. Consequentemente, o aparelho psíquico na busca do objeto poderá passar a funcionar num regime alucinatório autoerótico, promovendo um corte defensivo com a realidade e prescindindo temporariamente do objeto. Assim, o aparelho psíquico poderá se defender anestesiando os estímulos, mas quais serão as consequências?

b) Multiplicidade ou fragmentação.

Simmel já constatava na cidade moderna a atitude de certa reserva de uns com os outros. Se o contato exterior constante com incontáveis seres humanos, dizia, devesse ser respondido com tantas quantas reações interiores – assim como na cidade pequena, na qual se conhece quase toda pessoa que se encontra e se tem uma reação positiva com todos –, então os habitantes da cidade grande estariam completamente atomizados interiormente e cairiam em um estado anímico completamente inimaginável.

Mas esse fenômeno ampliou-se em várias direções, pois nas nossas cidades os contatos virtuais começam a ganhar cada vez mais espaço, estamos em contato e em rede com um número maior e imprevisível de interlocutores com suas vantagens e suas consequências ainda não muito bem conhecidas.

A multiplicidade e fragmentação são retomadas, entre outros, por Nicolaci-da-Costa (2002), pesquisadora carioca. Ela observa o sujeito nos espaços virtuais que pode construir diferentes narrativas (verídicas ou não, sinceras ou não, anônimas ou não) a respeito de si mesmo. Esse sujeito, diz a autora, submete as definições de si a um constante processo de revisão. Por se expor a tantos espaços, realidades, experiências e retornos tem a si mesmo como a única fonte de integração possível. Nessa multiplicidade que se assemelha a um conjunto de disfarces, qual é seu lugar simbólico, se tudo é possível? A lógica da presença, assim como a resposta imediata à demanda, caracteriza os modos de gozo aditivos a qualquer tipo de droga. Trata-se de modalidades de vínculos e da busca da satisfação pulsional que não suportam a ausência do objeto, o adiamento do prazer e que colocam em xeque a dimensão simbólica do existir humano.

Se a cidade nasce como marco simbólico no qual nossos mortos podiam ser enterrados (NecróPólis), no qual se erigiam monumentos, referências totêmicas a uma filiação e uma ordem simbólica temporal e generacional, que lugar têm hoje a morte e os rituais que a acompanham como referências simbólicas à finitude da existência nas grandes metrópoles? Não deixamos de ouvir, como na canção do Chico, "morreu na contramão atrapalhando o trânsito", sinais de uma exacerbação narcísica, que se completa com muros, espaços fechados, exclusão social, revelando ao mesmo tempo onipotência e fragilidade.

c) Paradoxos vinculares.

Lipovetsky (1983, p. 46) fez colocações extremas que expõem as raízes de certos paradoxos vinculares:

> ... o conflito cedeu lugar à apatia e a própria intersubjetividade se encontra desinvestida (...) Não satisfeito com produzir o isolamento, o sistema engendra o seu desejo, desejo impossível que, logo que realizado se revela intolerável: o indivíduo pede para ficar só, cada vez mais só e simultaneamente não se suporta a si próprio, a sós consigo. Aqui o deserto já não tem começo nem fim.

Em contrapartida, hoje, lançados nas grandes metrópoles aos limites da solidão, vemos surgir, entre outros fenômenos grupais, o fenômeno do tribalismo, descrito por Maffesoli. Novos agrupamentos de jovens e adultos, manifestações de Eros que não se deixa dominar pelos fenômenos de desinvestimento frívolo e racional. Estamos, os analistas, atentos a esses novos agrupamentos? Um grupo de antropólogos brasileiros e portugueses apresentou um trabalho de pesquisa conjunto no qual se destaca o trabalho de José Machado Pais, sociólogo português: *Buscas de si: expressividades e identidades juvenis.* Diz Pais (2006):

> A distinção entre essas duas perspectivas pode ser aclarada tomando a 'dualidade primordial' proposta por Deleuze ao contrapor 'espaço estriado' a 'espaço liso'. O *espaço estriado* é revelador da ordem, do controle. Seus trajetos aparecem confinados às características do espaço que os determinam. Em contraste, o *espaço liso* abre-se ao caos, ao nomadismo, ao devir, ao performativo. É um espaço de *patchwork:* de novas sensibilidades e realidades.

Surge a ideia interessante para o psicanalista do performativo como modalidade de criação de cultura, representação e vínculo.

Encerro estas palavras de abertura com um sentimento de esperança. Se, como ilustramos, os paradoxos urbanos dominam a cena na qual se multiplicam os corpos e muitas vezes distanciam os homens, nem tudo é sombrio. Vemos emergir em nossas metrópoles latino-americanas as mais variadas formas de afirmação da personalidade e da existência, movimentos sociais, iniciativas comunitárias, criatividade nas artes, manifestações de Eros que resistem a uma coisificação dos vínculos humanos, à lógica do consumo. Nossa esperança e pequena contribuição é, parafraseando Simmel, a quem fiz tantas referências, "que contradições e lutas que se derivam desses modos de afirmação da diversidade não sejam vistas apenas como obstáculo, mas sim como potência para o desenvolvimento de novas forças e criações".

Cabe a nós, como psicanalistas e cidadãos, refletir e trabalhar na possibilidade de estabelecer parcerias com a comunidade para conhecer suas demandas e necessidades e os modos pelos quais a psicanálise poderá contribuir no resgate da cidadania.

Quero mais uma vez agradecer a presença de todos e espero que juntos aproveitemos os debates e o convívio nestes dois dias de trabalho.

Referências Bibliográficas

BARTHES, R. *Como viver junto*. São Paulo: Martins Fontes, 2003.

BENJAMIN, W. O flâneur. In: *Charles Baudelaire: um lírico no auge do capitalismo*. *Obras Escolhidas*, vol. III. Trad. José Carlos Martins Barbosa. São Paulo: Brasiliense, 1994.

CALVINO, I. *Cidades invisíveis*. Trad. Diogo Mainardi. São Paulo: Companhia das Letras, 1991.

CANEVACCI, M. *A cidade polifônica*. São Paulo: Nobel, 1997.

DURHAM, E. Ribeiro. A dinâmica cultural na sociedade moderna. In: *A dinâmica da cultura*. São Paulo: Cosac Naify, 2004.

FREUD, S. *Obras completas*. Trad. José L. Echeverry. Buenos Aires: Amorrortu, 1986.

_____. (1924) *Una nota sobre el bloque mágico*. Op. Cit. Vol. XIX.

_____. (1930) *El mal-estar em la cultura*. Op. Cit. Vol. XXI

KRISTEVA, J. *Estrangeiros para nós mesmos*. Trad. Maria Carlota Carvalho Gomes. Rio de Janeiro: Rocco, 1994.

LIPOVETSKY, G. *A era do vazio*. Trad. Miguel Serras Pereira e Ana Luisa Faria. Lisboa: Antropos, 1983.

MEZAN, R. Subjetividades contemporâneas. In: *Interfaces da psicanálise.* São Paulo: Companhia das Letras, 2002.

MUNFORD, L. *The city in history*. New York: Harcourt, 1989.

NICOLACI-DA-COSTA, A. M. Revoluções tecnológicas e transformações subjetivas. *Psicologia: teoria e pesquisa*, vol. 18 n. 2, p. 193-202, mai-ago 2002.

PAIS, J. Machado. Buscas de si: expressividades e identidades juvenis. In: ALMEIDA, Maria Isabel Mendes de e EUGENIO, Fernanda (orgs.). *Culturas jovens: novos mapas do afeto*. Rio de Janeiro: Jorge Zahar, 2006.

POE, E. A. *O homem da multidão*. In: FERREIRA, Aurélio Buarque de Holanda e RÓNAI, P. *Mar de histórias*. vol. III. Rio de Janeiro: Nova Fronteira, 1978.

SIMMEL, G. The metropolis and Mental life. In: *On individuality and Social Forms. Chicago: University of Chicago Press*, 1903. (As grandes cidades e a vida do espírito).

TANIS, B. *Circuitos da solidão entre a clínica e a cultura*. São Paulo: Casa do Psicólogo, 2003.

LA PRÁCTICA PSICOANALÍTICA EN LAS MEGACIUDADES

Juan Vives Rocabert

A pesar de los cambios en la técnica a los que las denominadas problemáticas de la posmodernidad nos han llevado; me refiero a las patologías narcisistas y limítrofes, a los nuevos desarrollos en nuestra comprensión de las llamadas enfermedades psicosomáticas, a los problemas de personalidad impulsiva, la sociopatía y las conductas delictivas, etc., el psicoanálisis sigue siendo, dentro de ciertos límites más o menos amplios, una terapia regulada por parámetros bastantes firmes y constantes: su práctica implica un encuadre estable con un contrato terapéutico que incluye de tres a cinco sesiones por semana, así como la reglamentación de los retrasos, ausencias, vacaciones, honorarios etc., que vehiculan la libre asociación del paciente y la atención libremente flotante del analista. Este dispositivo hace posible una regresión más o menos regulada y posibilita el proceso psicoanalítico, fuente primigenia del cambio psíquico. Este encuadre privilegia el conocimiento del mundo interno del analizando ya que, en estricto sentido, lo que importa es la forma como ha ido construyendo el universo en el que habita, cómo ha distorsionado la realidad. Desde esta perspectiva, unas preguntas iniciales serían: ¿importa la forma y las condiciones de la realidad externa?, ¿cómo articulamos ese binomio indisociable entre mundo interno y externo, para privilegiar en un momento dado, las condiciones del afuera? El tema que pretendo abordar tiene que ver, justamente, con las repercusiones que el mundo externo tiene en la psiquismo, pero también cómo estas condiciones codeterminan la conformación del mundo interno de las personas.

El hecho concreto es que, desde hace algún tiempo, estamos asistiendo a una nueva serie de retos que, de alguna manera, nos están exigiendo — casi podríamos decir que nos están empujando — instrumentar algunos cambios tanto en torno de la teoría psicoanalítica como en el ejercicio de nuestra profesión.

Para abordar el problema que hoy nos convoca, debemos partir de la pregunta sobre si la práctica del psicoanálisis en las grandes ciudades — las llamadas megalópolis — es distinta de lo habitual y nos ha obligado a instrumentar algún tipo de modificaciones en la técnica, el encuadre o la manera de visualizar nuestras teorías y trabajo terapéutico.

Para comenzar, pensamos que el tratamiento psicoanalítico que llevamos a cabo en las ciudades en las que el número de personas que conviven juntas rebasa los diez millones de habitantes requiere ciertos ajustes que, de manera insensible, pero constante, hemos venido realizando quienes tenemos el dudoso honor de trabajar en estos conglomerados humanos. Obviamente, estos argumentos se justificarán aún más en ciudades que rebasan los 20 millones de habitantes como es el caso de San Pablo o la ciudad de México, pero aplicables a ciudades como Buenos Aires, Lima, Bogotá o Santiago de Chile.

¿Cuáles son los factores que inciden sobre la teoría y la práctica analítica en las grandes ciudades, concretamente en las megalópolis, y cómo influyen en nuestra estructura psíquica? Creo que, por el momento, podríamos abordar seis grandes apartados: 1. Los problemas que tienen que ver concretamente con la densidad de población, es decir, con el número de habitantes que comparten un espacio común; 2. Los problemas que tienen que ver con la violencia que se da en estas urbes gigantescas, agresión cotidiana que repercute sobre los niveles de estrés de la población; 3. El efecto de la contaminación que priva en las megalópolis; 4. Los problemas derivados del cambio que ha implicado pasar de las familias extensas — clásicamente de las grandes familias rurales de tipo patriarcal — a las familias urbanas, de tipo nuclear, llegando hasta las estructuras familiares uniparentales; 5. El problema de la desigualdad socio-económica que, siendo una característica de los países como un todo, agudiza sus manifestaciones en las grandes ciudades y 6. El impacto de las diversas formas de psicopatología social, principalmente aquellas que tienen que ver con el crimen organizado, y su repercusión de manera ya no latente, sino directa en los habitantes de la megalópolis.

Densidad de población

En otro lugar hablábamos de lo paradójico y siniestro que resulta el hecho de que un valor positivo universal como es la reproducción se esté convirtiendo paulatinamente en una amenaza para la supervivencia de la especie humana en virtud de los problemas de superpoblación del planeta (Vives, 1997). Obviamente, el medio ambiente impone un límite que se conoce como la "capacidad de continuidad de una especie", límite que no resulta perceptible a nivel individual. Actualmente, todavía conocemos muy poco sobre del efecto que producen los distintos grados de apiñamiento en la población humana (Dasmann, 1972, p. 143), pero un hecho de constatación cotidiana es que la mera acumulación de personas en un espacio circunscrito, cuando rebasa ciertos límites, provoca problemas en la convivencia, entre cuyas manifestaciones sociales mencionaremos someramente: el incremento de tráfico vehicular, la frecuencia creciente de las manifestaciones de la ciudadanía en la vía pública — lo que desquicia la vialidad y provoca la parálisis de segmentos muy importantes de la población — y los problemas de territorialidad — derivados originariamente de nuestra imagen corporal — que se manifiestan como un incremento de la irritabilidad, el estrés y la tendencia a las conductas agresivas.

El mero incremento del tráfico vehicular unido a la creciente utilización del espacio público para que la sociedad civil manifieste sus opiniones o protestas en torno de diversas cuestiones de la vida ciudadana ha provocado que el tiempo y las posibilidades reales de desplazamiento por la ciudad sean cada vez más problemáticos, incluyendo los tiempos requeridos para asistir al consultorio del psicoanalista. Este solo hecho ha provocado un deslizamiento creciente de la frecuencia de las sesiones que damos a nuestros pacientes. Es un hecho que en las grandes ciudades la gente tiende a zonificarse — las que han dado en llamarse "las ciudades dentro de la ciudad" (Ward, 1990) —, tendencia que también se advierte cuando se trata de elegir a un psicoanalista. Actualmente, en la ciudad de México, cuando un paciente requiere ser derivado a algún colega, es casi una constante que nos pidan que dicho profesional tenga el domicilio de su consultorio en una zona accesible al círculo geográfico en el que el paciente se mueve. Los viejos parámetros del prestigio, la experiencia y la categoría académica han sido sustituidos por consideraciones geográficas y de tiempo de traslado.

En relación a la frecuencia de las sesiones, admitamos que ha pasado mucho tiempo desde aquellas seis — y luego cinco — sesiones semanales instauradas por Freud y seguidas durante mucho tiempo como si se tratara de un dogma de fe; sin embargo, es verdad que poco a poco hemos ido restringiendo el número de sesiones a cuatro, luego a tres y, en la actualidad, somos legión los psicoanalistas que ejercemos cierta forma de psicoterapia psicoanalítica — ¿o psicoanálisis? — de dos veces por semana, cara a cara o manteniendo al paciente en el diván y conservando la mayor parte, si no todos, los parámetros del análisis clásico: regla fundamental de libre asociación y escucha libremente flotante, regresión regulada, análisis de las resistencias, análisis e interpretación de la transferencia, utilización constante del instrumento contratransferencial, etc. Los factores que han ocasionado estos cambios tienen que ver a veces con la falta de recursos económicos, pero en las megaciudades derivan también de la falta de tiempo de las personas inmersas en un mundo en el que, luego del trabajo, apenas queda espacio para vivir; asimismo ocurre — al menos en el medio mexicano — que amplios sectores de la población han sucumbido a una filosofía derivada del pragmatismo norteamericano que, en pocas palabras, podemos resumir en la consabida frase de *time is money*. Una prueba de lo anterior se puede constatar en esos métodos que se publicitan para que la gente aprenda a leer rápido... cuando, al menos desde mi perspectiva, deberían impartirse cursos para ¡aprender a leer despacio! ¿De qué sirve leer rápido *Hamlet,* el Quijote o *Madame Bovary*?

El hecho es que, nos guste o no, las personas inmersas en la vorágine de las megaciudades cada vez están menos dispuestas a emplear un cierto tiempo en el conocimiento de sus propias personas, de saber quiénes son y qué es lo que las determina. Con frecuencia escuchamos, luego de que hacemos una recomendación acerca de la frecuencia de sesiones semanales que convendría más para el tipo de problemática que el paciente nos presenta, el argumento de que no pueden *perder tanto tiempo* en un tratamiento, lo que habla a las claras del deslizamiento que ha habido en los valores que nos rigen como sociedad: el tiempo y, sobre todo, el dinero han llegado a ser, al menos en ciertos sectores, más importantes que los seres humanos.

Más allá de estos factores, también es cierto que el tratamiento psicoanalítico es caro y, por tanto, está fatalmente condenado a convertirse, en las condiciones actuales de su ejercicio, en un tratamiento destinado a elites económicas — lo que determina la distribución geográfica de los analistas por la gran ciudad. Es común que esta zonificación siga las huellas de las condiciones socio-económicas de sus habitantes. Aunque no es el tema que hoy nos ocupa, o quizás sí lo sea, es una pena que un método con la riqueza y la potencialidad revolucionaria del psicoanálisis tenga que quedar restringido al beneficio único de las clases acomodadas.

Lo que actualmente estamos confrontando en nuestra práctica psicoanalítica en las grandes ciudades son factores que nunca antes habían sido descritos en la literatura de nuestra disciplina. La realidad externa parecería haber inundado el espacio de nuestros consultorios. Parte importante del material que escuchamos tiene que ver con el tráfico vehicular, con el tiempo perdido, con las diversas fuentes de frustración cotidiana y constante, con los niveles crecientes de agresividad, tanto ajena como propia; con la constatación diaria de la miseria y el submundo de la delincuencia, con la desigualdad y la necesidad de una negación creciente del dolor y del sufrimiento ajenos, hasta llegar a una suerte de "des-sensibilización adaptativa". Es claro que todo lo anteriormente mencionado tiene sus referentes y su significación singular en el mundo interno del paciente, pero esto no invalida el hecho de que la realidad sea cada vez más y más frustrante. A veces parecería que el viejo conflicto neurótico entre las pulsiones del Ello y el Yo bajo la vigilancia del Superyó ha retornado a sus orígenes, antes de su internalización, cuando la frustración provenía del afuera.

Es importante mencionar que la cantidad de tiempo que la gente consume normalmente para desplazarse de un punto a otro en una ciudad como San Pablo o México, con el habitual desquiciamiento de la vida ciudadana por el tráfico y las llamadas "manifestaciones"[1], son experiencias que inciden sobre el equilibrio de la estructura psíquica de las personas. El hecho de que en ocasiones una manifestación pueda paralizar el tráfico vehicular a tal punto de que las personas no lleguen a sus citas o lleguen cuatro, cinco y hasta seis horas más tarde del tiempo que originariamente habían calculado, puede ser un factor de intenso desequilibrio en el psiquismo de muchos de los ciudadanos de las grandes ciudades — dado que se constituye en un trauma que, con frecuencia creciente, rebasa la capacidad yoica de tramitación. El problema en las megaciudades es que el trauma se ha hecho crónico, así como sus repercusiones en el psiquismo de los ciudadanos.

Lo anterior nos lleva a una serie de reflexiones y a la necesidad de establecer nuevas pautas de comportamiento como analistas ante estos factores nunca antes contemplados, como son las modificaciones en el entendimiento y la interpretación de las resistencias, las flexibilizaciones del contrato en relación a las ausencias y el manejo del tiempo de la sesión analítica.

Es claro que la gente tiende a adaptar sus tiempos a las nuevas condiciones de la ciudad, sin embargo, no deja de ser particularmente intrusivo al proceso analítico que los pacientes tengan que calcular tiempos cada vez mayores para poder arribar a tiempo a sus sesiones. Incluso, más allá de las previsiones naturales, tenemos que admitir que a veces resulta realmente imposible prever el tiempo que tomará atravesar cierto sector de la ciudad. Lamentablemente, este tipo de

---

[1] Las "manifestaciones", como las conocemos en el lenguaje de todos los días, son un fenómeno social creciente que no parece tender a menguar, sino, por el contrario, parecería que es un recurso al que la sociedad civil tiende a recurrir cada vez con mayor frecuencia.

situaciones lejos de ser una excepción, tiende a ser cada vez más frecuente, al grado que los analistas tenemos que ser flexibles en relación a lo que constituye una resistencia y lo que no lo es. Incluso problematiza la regla de cobrar o no las ausencias derivadas de estos embotellamientos citadinos.

De la misma forma, tenemos que admitir la posibilidad de instrumentar sesiones dobles con el fin de hacer posible un tratamiento de tres o cuatro veces por semana, pero favoreciendo que los tiempos de traslado no entorpezcan las posibilidades reales de acudir a los tratamientos. Las sesiones dobles o triples vienen a ser una cierta forma de adaptación que está ocurriendo cada vez con mayor frecuencia en nuestro medio. Sin embargo, aún están por estudiarse las repercusiones de este tipo de adaptación a las condiciones de las megalópolis. ¿Cuáles son las repercusiones de este tipo de adaptación? ¿Cómo evoluciona un tratamiento en estas condiciones? Es deseable investigar cómo evoluciona el proceso analítico cuando un tratamiento incluye una o dos "sesiones dobles". Estas preguntas nos llevan a repensar el problema del tiempo de las sesiones. Sabemos que éste continúa siendo, casi sin excepción, de 45 o 50 minutos y que se privilegian intervalos adecuados entre las mismas, lo que nos permite un seguimiento cercano y comprometido de la evolución de los pacientes.

Sabemos los antecedentes históricos que subyacen a la necesidad de la "hora analítica" de 50 o 45 minutos — originalmente calculada en una hora común y corriente. Pero tendríamos que preguntarnos, ¿por qué una hora y no dos o tres, o cualquier otra dimensión temporal? ¿Y qué ocurre con las sesiones de ocho minutos, como quieren algunos lacanianos rigurosos? ¿Cuál es el fundamento para elegir un tiempo u otro si el inconsciente es atemporal?

Creo que tenemos muchas dificultades, aún hoy, para saber a ciencia cierta si hay alguna suerte de tiempo óptimo para las sesiones analíticas. La costumbre ha sancionado nuestras sesiones, pero esto no quiere decir que éste sea el óptimo. Incluso nuestra práctica nos ha hecho conscientes de que lo que constituye un tiempo adecuado para una persona puede no serlo para otra, y lo que sirve en una etapa del tratamiento quizás requiera otro tipo de encuadre temporal en otra etapa del mismo. De momento, no vería objeciones ante la posibilidad de pensar en una suerte de encuadre diferencial en cada etapa del tratamiento y con distintos tipos de pacientes. Así como más allá de los lineamientos técnicos generales del tratamiento psicoanalítico, existe también la noción de una suerte de técnica especial dependiendo de si el paciente tiene una neurosis fóbica u obsesiva, si se trata de un limítrofe con una fuerte problemática narcisista, o si enfrentamos a un analizando que tiende a derivar al soma ciertos elementos antes de que puedan ser simbolizados a nivel psíquico; de la misma forma, podríamos establecer ciertos parámetros más específicos en relación a los factores temporales relacionados con la frecuencia de las sesiones y su duración en cada una de las etapas del proceso analítico. Podría suceder que determinado paciente se beneficiara más de un encuadre que distinguiera entre sus requerimientos durante el primer año de su tratamiento, mientras se va convirtiendo en un paciente analítico; otro ante la emergencia de las resistencias más importantes y otro más en una fase más avanzada del tratamiento.

Pienso que las nuevas condiciones que hemos tenido que instrumentar en relación a la frecuencia y a la duración de las sesiones debido a las condiciones de las megalópolis nos han abierto estos y otros interrogantes acerca de ciertas normas, al parecer muy bien y firmemente establecidas en relación a nuestro quehacer cotidiano, pero que están siendo cuestionadas en virtud de que estamos teniendo experiencias crecientes con otros parámetros analíticos, que otrora parecían inamovibles.

Los niveles cotidianos de violencia

Una consecuencia directa de los niveles de densidad poblacional tiene que ver con el incremento de la agresión entre los seres humanos — como ocurre con otras especies. El mero crecimiento del número de habitantes por kilómetro cuadrado provoca fenómenos bien estudiados por los etólogos, como son los problemas de territorialidad (Lorenz, 1962; Morris, 1967) y por los psicólogos sociales (Calhoun, 1965; Bastide, 1965) en el sentido del aumento de la sensación de irritabilidad o la franca violencia en las relaciones con los demás, nociones que nos obligan a repensar si la agresión es o no un simple derivado de la pulsión de muerte.

LA PRÁCTICA PSICOANALÍTICA EN LAS MEGACIUDADES

Creo que una de las consecuencias más alarmantes de la restricción del espacio que los sujetos necesitamos para una vida confortable tiene que ver con la alteración de ciertas pautas relacionales. Calhoun ha señalado la importancia del deterioro de la conducta cotidiana en condiciones de hacinamiento en tres aspectos primordiales: a) en primer término, el deterioro de la conducta social, dado que los espacios destinados a interacciones con los demás se ha reducido hasta casi desaparecer; b) un pansexualismo tendiente a la indiscriminación y c) una clara decadencia en las pautas de crianza.

Es un hecho que el habitante de las megaciudades vive aislado y ya casi no se habla con sus vecinos — con frecuencia, ni los conoce. El viejo concepto de barrio casi ha terminado por desaparecer, dejando lugar a la desconfianza y a la soledad. En vez de una vida social, el habitante de la megalópolis, en un aislamiento creciente, vive atrincherado en búnkeres más o menos sofisticados, dependiendo de los recursos. Nunca como ahora el incremento de las reacciones persecutorias se había manifestado en la forma exponencial de nuestro tiempo. Un dicho que se ha popularizado en la ciudad de México es: "en esta ciudad sólo los locos no son paranoicos", sentencia que habla de la desconfianza con la que se vive al otro, peligro potencial en vez de oportunidad de socialización o recurso al que podría acudirse en caso de necesitar ayuda. El deterioro de las relaciones sociales en la gran ciudad se ha distorsionado a tal grado que el vecino, en vez de ser lo conocido y lo confiable, ha llegado a transformarse en lo extranjero, es decir, en el enemigo de quien hay que defenderse.

Por otra parte, la realidad se impone de tal manera que es frecuente que el analista se vea confrontado con la necesidad de hacer algún tipo de intervención en el sentido de explorar con sus pacientes hasta dónde el hecho de salir a la calle con un reloj de cierto precio o marca, con joyas ostentosas o coches particularmente llamativos, pudiera ser interpretado como una provocación de la envidia y la potencial agresión del otro — en personas de un estrato socio-económico más bajo —, así como una incitación para los delincuentes.

En nuestras gigantescas ciudades, los robos, asaltos, secuestros y asesinatos son acontecimientos desgraciadamente cotidianos. Así como antes podíamos interpretar los elementos autodestructivos de un paciente que no tiene cuidado al atravesar una avenida, ahora los analistas estamos interpretando ciertas formas no cautelosas de conducirse en la calle como algo irresponsable o al servicio de una particular necesidad de castigo — o como derivado de un sentimiento inconsciente de culpa. Ciertamente, no ser paranoico en determinadas zonas de la ciudad o caminar displicentemente a ciertas horas de la noche, puede resultar de tal peligrosidad real que nuestras interpretaciones podrían ser vistas como una forma de *saludable paranoidización* de nuestros pacientes.

En relación a los niveles de agresión cotidiana constatables en la conducta de nuestros pacientes en su trato con los demás, en la forma de conducir un automóvil, en las relaciones con las autoridades y servidores públicos, etc., es obvio que sienten lo mismo que el resto de la población que acusa incrementos proporcionales de ira correlativos a los altos grados de frustración, angustias persecutorias y estrés que la gran ciudad promueve entre sus habitantes. De esta suerte, la necesidad de entender la angustia neurótica corre paralela a la necesidad de comprensión de la angustia real.

Los problemas de personalidad limítrofe que vemos en la actualidad, con la típica difusión de la identidad y la frecuencia creciente de conductas bisexuales, incluso pansexuales, son problemáticas que vemos en constante aumento en nuestras consultas. Los viejos paradigmas freudianos que tenían que ver en esencia con una teoría en torno del conflicto psíquico se han ido mudando hacia concepciones teóricas más atentas a las patologías de la carencia o, en términos de Balint (1979), de la falla básica. La amplia gama de personalidades narcisistas, impulsivas, las actuales psicosomatosis y otros cuadros afines no son sino la expresión de un cambio fundamental en la estructura de la familia y en las pautas de crianza.

Los efectos de la contaminación ambiental

Una de las singularidades más características de las megalópolis es el grado de contaminación que sufren. El esmog invade el aire respirable, las aguas reciben los desechos tóxicos de las fábricas, y la omnipresencia del ruido provoca una forma de estimulación que no cesa nunca y que influye definitivamente en el funcionamiento de nuestro aparato psíquico y deriva en un estrés que no por cotidiano deja de serlo.

Desde hace mucho tiempo, Césarman (1972, 1974, 1977) nos puso sobre aviso en relación a lo que el denominó *ecocidio*, un derivado de la pulsión de muerte que hace que destruyamos el entorno en el que vivimos. Desde su perspectiva, "la única solución real es que cada habitante de la tierra se dé cuenta de sus potencialidades destructivas, que pueda apreciar el daño individual y que al reconocer el significado de su conducta, pueda realizar modificaciones positivas y concordantes con la realidad" (Césarman, 1972, p. 15). Tesis muy discutible, ya que hasta el momento no tenemos evidencia de que la mente humana sea capaz de advertir su implicación personal — excepto raras excepciones — en el desastre del planeta. Las acciones deben ser tomadas a niveles de significación social: son las sociedades civiles o los gobiernos quienes tendrán que tomar las medidas necesarias, más allá de las determinantes económicas cuya importancia tendrá que ceder el paso a otros factores de aún mayor relevancia: la supervivencia de la especie humana sobre el planeta. El propio Césarman nos daría la razón pues nos advierte que el hombre contemporáneo no tiene la posibilidad de establecer las funciones adecuadas para desarrollar un principio de realidad que le permita un balance satisfactorio con su medio y se convierta en un elemento conveniente dentro de su ecosistema (Césarman, 1972, p. 43) — dado que no es lo mismo el individuo que el grupo, el sujeto que la sociedad en la que está inserto. Repito, se trata de problemas que atañen a la especie ya que son causados no por el individuo, sino por las colectividades: por lo tanto, la solución tiene que instrumentarse en el mismo nivel social. Sin embargo, el ciudadano de las megalópolis siente, día a día, de una manera u otra, el efecto de vivir en una atmósfera envenenada, el atroz nivel de ruido circundante; a veces tiene la fantasía de vivir en el seno de un estercolero.

Debemos indagar si existen mecanismos de regulación destinados a controlar el crecimiento de la población y la destrucción de su hábitat — tarea que corresponde a los biólogos y a los etólogos. Pero como ciudadanos, creo que deberíamos preguntarnos si no estamos llegando a ese límite en donde la especie empezará a imponer sus controles, más allá y de manera independiente de la voluntad de los individuos. Dichos controles podrían tomar la forma de severas hambrunas que diezmarían a poblaciones enteras, de guerras fratricidas, de enfermedades como la peste y otras graves pandemias, etc., — con lo que la población mundial tendría una mortandad de tal envergadura que la humanidad se reduciría hasta encontrar nuevamente los niveles adecuados para la supervivencia del hombre sobre la Tierra durante un nuevo periodo de tiempo. La guerra atómica sería otra alternativa, con lo cual el hombre le cedería el espacio a otras especies supervivientes.

Lo que constituye un problema cada vez más grave en las megalópolis tiene que ver con la casi imposibilidad de neutralizar el efecto dañino de miles de toneladas de desechos producidos por millones de seres humanos: tanto la polución del aire, que se ha vuelto irrespirable (un tanto en broma suelo decir que los habitantes de la ciudad de México somos una modalidad de mutantes que hemos desarrollado mecanismos adaptativos para sobrevivir respirando humos de todo tipo, distintos del oxígeno), como la contaminación de las aguas, donde las plantas de tratamiento de aguas residuales no logran reparar el daño causado a ríos y lagos — que, después de todo, es de donde provienen las aguas que consumen las megalópolis, son espadas de Damocles que penden sobre la testa de los habitantes de esas ciudades. ¿Cómo se inscribe esto en el psiquismo? ¿Cómo está siendo elaborado y simbolizado? Recordemos que las patologías preedípicas se caracterizan, esencialmente, por una lucha del Yo por la supervivencia y la identidad. No se trata de la sexualidad y las vicisitudes del Edipo, sino de algo mucho más fundamental.

La ciudad de México tiene una vieja historia que parte de la fundación de Tenochtitlan en una isla rodeada por un lago (Bernal, 1972). Desde su fundación ha tenido problemas con el agua, por lo que las inundaciones han sido proverbiales (Boyer, 1975) hasta tiempos relativamente recientes y orillaron a gobiernos anteriores a desecar el viejo lago de Texcoco, con lo que el problema del polvo resultante, las tolvaneras y un aire cada vez menos respirable dejan una no desdeñable secuela de enfermedades respiratorias y gastrointestinales. Este pasado, glorioso y sufriente, no deja de impregnar el inconsciente colectivo de los habitantes de la ciudad de México, una megalópolis que ha mostrado y demostrado a lo largo de los siglos su escaso fundamento, pero que a la vez ha sido imposible abandonar, incluso en épocas en las que el proyecto de construir la capital en otro sitio más favorecido por las condiciones naturales hubiese sido factible. Como podemos ver, el problema de la identidad puede ser de mayor trascendencia que el de la misma supervivencia.

Capítulo aparte merece el problema de la contaminación por ruido, dado que la respiración natural de una ciudad de 20 millones de habitantes por necesidad adquiere proporciones insalubres para cualquier tipo de ser humano al no existir espacio para el silencio y el reposo sin estímulos perturbadores. No tocaremos hoy el tema de la polución informática, es decir, el bombardeo que sobre los habitantes del mundo actual efectúan los medios masivos de comunicación, dado que su influencia se deja sentir tanto en las grandes ciudades como en los pequeños poblados. De la misma forma, la nueva galaxia de Bill Gates, que ha venido a desplazar a la de Gutenberg, nos está planteando nuevos desafíos, así como la posibilidad de nuevos instrumentos en nuestro campo. Sólo recomendamos la lectura de los tratados que informan sobre el efecto que el bombardeo de información de la radio, la televisión y la red del ciberespacio tiene sobre la estructura del psiquismo en el desarrollo de nuestros hijos.

Si unimos los problemas demográficos de superpoblación con el de los desechos que dichos conglomerados humanos dejan detrás de sí, es inevitable no acordarse de aquel ejemplo que Freud nos ofrecía en *Más allá del principio del placer* (1920) cuando nos recordaba que los infusorios podían aspirar a una vida casi eterna siempre y cuando se renovara su medio circundante nutricional. Nosotros, como aquellos organismos unicelulares, estamos regidos por leyes similares y, en la actualidad de las megaciudades, corremos el grave peligro de morir ahogados en nuestra propia mierda, para decirlo con toda propiedad.

Los cambios en la estructura familiar

Como se acaba de mencionar en el segundo apartado, uno de los cambios fundamentales impuestos por la ciudad, pero sobre todo por las grandes ciudades, tiene que ver con la estructura de la familia. De la vieja familia de corte patriarcal, rural, con una jerarquía vertical y claramente delineada, en la que todo nuevo miembro tenía ya un lugar preasignado y un rol a desempeñar, se ha pasado a la nueva familia de tipo urbano, con frecuencia nuclear, donde la estructura de tipo uniparental viene siendo la regla en un porcentaje dramáticamente alto en nuestros pueblos latinoamericanos. Unido a lo anterior, la crisis de la institución familiar con los niveles actuales de divorcio o fracaso de la pareja, parecería actuar en un sentido negativo para los hijos pequeños que, eventualmente, pueden acusar carencias importantes en los años vulnerables de su crecimiento físico y emocional, los denominados "periodos críticos" del desarrollo.

Este tipo de cambio es notorio en nuestros pacientes pues las redes de apoyo familiar y las figuras rescatadoras han cambiado notoriamente de uno a otro tipo de familias. Es claro que una persona que tiene la desafortunada vicisitud de nacer de una madre esquizofrénica tendrá muchas oportunidades de interactuar con personas no perturbadas cuando pertenece a una familia extensa de tipo rural, donde podrá experimentar múltiples vínculos y establecer relaciones saludables con al menos media docena de mujeres, entre hermanas, tías, primas y abuelas con las cuales enderezar todo aquello que hubiese podido resultar patogénico en la interacción con la madre. Por el contrario, el nacer con una madre psicótica en una familia citadina nuclear puede resultar desastroso, sobre todo si se trata de una familia uniparental, ya que no habrá ninguna posibilidad de otro tipo de experiencia más que la que esa madre le pueda brindar.

Otro tipo de problemas a los que nos enfrentamos de manera creciente tiene que ver con las vicisitudes que enfrentan muchos de nuestros pacientes con segundos o terceros matrimonios cuyos hijos están siendo criados por otros padres al tiempo que ellos tienen que ocuparse de la crianza de hijos no biológicos. Este tipo de combinaciones ha repercutido sobre el clásico concepto del complejo de Edipo, cuyas manifestaciones pueden aparecer ahora con mucha mayor nitidez, dado que las apetencias sexuales hacia el progenitor del sexo opuesto o las agresiones homicidas fantaseadas hacia el del mismo sexo pueden darse y vivirse con mucho menor represión cuando estas figuras no son, en la realidad, las figuras parentales biológicas originarias. El deseo sexual hacia la nueva esposa de papá o las fantasías de aniquilación hacia el nuevo esposo de mamá pueden ser mucho más crudas y directas que lo que solíamos detectar en el complejo de Edipo habitual de la familia común. No se necesita ser Woody Allen para saber que la barrera social en contra del incesto es mucho menos poderosa con los hijos de otros que la barrera social que se impone cuando el parentesco es biológico.

Finalmente y a propósito de la tendencia al pansexualismo, estamos conociendo un nuevo tipo de parejas, homosexuales y lesbianas, que cada vez más acceden a tener hijos. Aún desconocemos las repercusiones derivadas de que un niño o una niña tengan una madre y un padre mujeres ambos, o padre y madre varones, pero en un futuro próximo comenzaremos a tener experiencias clínicas al respecto. Creo que las vicisitudes de los procesos de identificación serán peculiares en estos casos y, con seguridad, derivarán hacia constelaciones caracterológicas y estructuras de personalidad nunca vistas hasta ahora.

El problema de la desigualdad socio-económica

Aunque es un problema que caracteriza al mundo en que vivimos, la desigualdad socio-económica que han producido prácticamente todos y cada uno de los sistemas de gobierno que han ideado los seres humanos, es un aspecto que nos golpea cotidianamente, sobre todo en las megalópolis, donde conviven la opulencia más insultante con la miseria extrema. Sólo gracias a la negación cotidiana y consistente podemos vivir olvidándonos de que la mitad del planeta padece hambre (México tiene un 50% de pobres y un 30% de personas que viven en pobreza extrema), que convivimos con personas que se enferman y mueren por padecimientos controlados en los países ricos desde hace muchas décadas, que estamos inmersos en una cultura del desperdicio — a pesar de las advertencias que a todos los niveles y con distintas voces nos tratan de prevenir sobre la terminación de los recursos no renovables (Dasmann, 1972; Obiols, 1973; Puiseux, 1973). Dicho en otras palabras, parecería que, si bien el individuo ha podido alcanzar y asumir un principio de realidad con el fin de ajustar cuándo y cómo puede llegar a gratificar sus deseos indestructibles, las colectividades suelen obedecer primordialmente a los imperativos del principio del placer, no haciendo caso alguno de los imperativos de la realidad — como ya Le Bon y Freud habían sancionado en su oportunidad (Freud, 1921). No creo que sea indiferente esta contradicción cotidiana que a todos nos habita entre un comportamiento ajustado a la realidad conviviendo en el mismo individuo junto con otro ajustado al puro hedonismo del momento. Esta suerte de escisión yoica debe ir aparejada por otra, aún más primordial, que tiene que ver con una lucha, de nueva cuenta, entre los imperativos del individuo por su supervivencia individual (los instintos de autoconservación o del Yo) y los de la especie a la que pertenece (los instintos sexuales) — determinantes que, por necesidad, son inconscientes y muy difícilmente concientizables. Esto nos abre un territorio, aún no explorado, con respecto a las relaciones de la sexualidad con la especie; desde Freud, hemos desentrañado el papel de la sexualidad, el deseo y el placer en relación al individuo, pero ahora tendremos que preguntarnos: ¿qué tipo de influencia ejerce la sexualidad desde los dictados y designios de las leyes que puso en evidencia Charles Darwin desde hace más de un siglo y medio?

No nos debe extrañar que un pensador como Octavio Paz nos advierta sobre los paralelismos existentes entre los problemas de la degradación del medio ambiente y los de degradación de la conducta humana. Si por un lado tenemos esa angustia latente y omnipresente llamada la amenaza atómica, las devastaciones de la naturaleza, esa forma de suicidio colectivo que implica la explosión demográfica, las convulsiones de los pueblos empobrecidos de la periferia del mundo industrial, las guerras sin tregua ni respiro que ocurren en los cinco continentes, las resurrecciones del despotismo tanto de la derecha como de la izquierda, la proliferación de la violencia y la falta de control de la agresión — tanto de los de arriba como de los de abajo —; debemos entender que estos problemas del afuera corren paralelos con los estragos que ocurren en los espíritus, con la sequía de las fuentes de la solidaridad, con la degradación del erotismo hasta una sexualidad carente de significación, con la esterilidad creciente de la imaginación. Para Paz, "nuestras conciencias son también el teatro de los conflictos y desastres de este fin de siglo. La realidad que vemos no está afuera sino adentro: estamos en ella y ella está en nosotros. Somos ella" (Paz, 1987, p. 98). Para este pensador mexicano, el problema medioambiental era, a finales del siglo pasado, tan importante como el peligro de una conflagración nuclear (Paz, 1989), pero para nosotros constituye el desafío de integrar cómo se interrelaciona el afuera con el adentro, qué hace el hombre para que el afuera tenga las características actuales y cómo dicho medio externo determina la estructuración y funcionamiento de nuestro aparato psíquico y nuestra conducta cotidiana.

Las nuevas formas de psicopatología social

Tradicionalmente hemos enfrentado a un buen número de problemas emocionales que tienen que ver tanto con el terreno de la psicología de los individuos como con la sociología de las culturas. Los estudios sobre el problema de la prostitución y la trata de blancas son tan antiguos como la humanidad; la preocupación por la delincuencia y las investigaciones sobre la mente criminal han ido de la mano con los que tratan de escudriñar sobre el caldo de cultivo social de quienes violentan la ley; los estudios sobre la mente del drogadicto vienen de lejos y se han acompañado siempre de las muy pertinentes consideraciones sobre sus vectores socio-económicos.

Sin embargo, nunca como ahora los habitantes de las megalópolis habían enfrentado el impacto de lo que conocemos como psicopatología social, pero ahora desde una nueva modalidad que tiene que ver con la delincuencia organizada: hoy no sólo se trata de prostitución, sino de turismo sexual, incluyendo el pujante negocio de la prostitución infantil y otras formas de sexo que han rebasado los linderos de las perversiones sadomasoquistas para ingresar directamente en el mundo del crimen. Las tristemente célebres mujeres asesinadas (casi medio millar) en nuestra fronteriza ciudad Juárez son sólo un ejemplo al que los medios han prestado atención. Asistimos a nuevas formas de esclavitud y de degradación de los seres humanos a manos de otros seres humanos, no sólo mediante drogas que embrutecen las mentes de quienes sufren intensamente el dolor de vivir, sino también en virtud de formas de maltrato que han desembocado en extremos casi no imaginables, como los que se han alcanzado en la tortura, la vejación y el asesinato perpetrado por delincuentes organizados, grupos paramilitares, policías y ejércitos.

El habitante común de las megalópolis se ve sometido, cotidiana y consistentemente, al peligro de ser robado, asaltado, secuestrado o asesinado. Si bien los ciudadanos tratan de defenderse amurallándose en sus viviendas, construyendo auténticos búnkeres, haciendo que proliferen las policías privadas y los guardaespaldas entre los ricos, etc., esto no deja de incidir en el grado de estrés y en la actitud paranoide de una población que vive con miedo, con angustia y con una desagradable sensación de inseguridad. Difícilmente puedan emerger los problemas del mundo interno, cuando la realidad externa está plagada de peligros y amenazas — nos decía Freud en relación a la posibilidad de ejercer el psicoanálisis en un país cuando se encuentra en guerra. Nuestras megalópolis enfrentan una modalidad encubierta de guerra civil, de pobres contra ricos, de hambrientos contra obesos, de ahítos contra necesitados, guerra que deja un saldo no despreciable de miles de muertos cada año.

No quiero terminar esta breve exposición sin mencionar un nuevo paralelismo, ya que los psicoanalistas que ejercemos nuestra imposible profesión en las modernas megalópolis — como San Pablo, Londres, Nueva York, Los Ángeles, Lima o la ciudad de México — estamos siendo testigos y, al mismo tiempo, vivimos los problemas de estos enormes conglomerados de seres humanos. Así como nuestra tarea implica una disociación yoica, fisiológica y transitoria, entre una parte vivencial que regresa con el paciente y otra que observa el proceso en ambos participantes del proceso psicoanalítico, de igual forma ahora nos toca entender, enfrentar y superar los retos con los que las grandes ciudades nos confrontan.

De nueva cuenta, el problema y el peligro es que los analistas de las megalópolis compartimos todos y cada uno de los problemas que nuestros pacientes enfrentan en la gran ciudad; nuestros aparatos psíquicos están expuestos a los mismos estímulos nocivos y cuantitativamente devastadores que los de nuestros pacientes, respiramos el mismo aire contaminado que el resto, estamos sometidos al mismo ruido, a los mismos estímulos informáticos y a los mismos niveles de violencia y estrés cotidiano. El peligro es que lo que ocurre en el afuera opere a la manera de los puntos ciegos neuróticos o psicóticos que solemos tener: es decir, que desarrollemos cegueras selectivas o negaciones flagrantes en relación a la forma como dichas determinantes influyen sobre el psiquismo de nuestros pacientes y en nuestra propia vida mental.

Tenemos que asumir nuestras limitaciones y entender que la tarea del analista dista mucho de la del sociólogo o la del promotor social, pero no podemos eludir la responsabilidad de señalar lo que, desde nuestra disciplina, sabemos está ocurriendo en nuestro entorno sociodemográfico y político, y las repercusiones que dichos factores tienen sobre el desarrollo del aparato mental, sobre las relaciones sociales alteradas y deformadas, sobre la estructura de la familia — vieja célula de la organización social y sitio de la transmisión de la cultura — y sobre el grave deterioro de la calidad de vida de hombres y mujeres reducidos a la condición de hormigas. Pienso que el psicoanalista debe denunciar el actual enajenamiento de los seres humanos habitantes de las megaciudades, denunciar la insalubridad que dichos espacios conllevan y la necesidad de recuperar las condiciones para una vida social, familiar, sexual y cultural dignas, con oportunidades reales de ser satisfactorias. Quizás no sea tan descabellado tratar de magnificar al viejo Eros y que regresen por una mayor hegemonía las otrora más comunes y frecuentes ocasiones de goce en el arte y el trabajo, la gratificación y el disfrute del tiempo libre, la charla con los amigos y el favorecimiento de las ocasiones para el amor en todas sus formas.

Referencias bibliográficas

BALINT, M. *The Basic Fault. Therapeutic Aspects of Regression*. New York: Brunner/Mazel, 1979.

BASTIDE, R. (1965) *Sociología de las enfermedades mentales*. Trad. de A. Suárez. México: Siglo Veintiuno ed., 1967.

BERNAL, I. *Tenochtitlan en una isla*. México: Sria. de Educación Pública, 1972.

BOYER, R. E. *La gran inundación. Vida y sociedad en México (1629-1638)*. Trad. de Antonieta Sánchez Mejorada. México: Sria. de Educación Pública, 1975.

CALHOUN, J. B. Densidad de población y patología social. *Psicología del animal*, Buenos Aires: Ed. Escuela, p. 89-107, 1965.

CÉSARMAN, F. *Ecocidio. Estudio psicoanalítico de la destrucción del medio ambiente.* México: Ed. Joaquín Mortiz, 1972.

CÉSARMAN, F. *Freud y la realidad ecológica*. Buenos Aires: Ed. Paidós, 1974.

_____. *Crónicas ecológicas.* México: Fondo de Cultura Económica, 1977.

DASMANN, R. F. (1972) *Un planeta en peligro.* Trad. de Juan Manuel Molina. México: Sria. de Educación Pública, 1975.

FREUD, S. (1920) Más allá del principio del placer. In: *Obras completas*. Trad. de Luis López-Ballesteros. Madrid: Biblioteca Nueva, 3ª ed., vol. III: p. 2.507-2.541, 1997.

_____. (1921) Psicología de las masas y análisis del Yo. In: *Obras completas.* Trad. de Luis López-Ballesteros. Madrid: Biblioteca Nueva, 3ª ed., vol. III: p. 2.563-2.610, 1997.

OBIOLS, J. M. *Crisis energética y recursos naturales.* Barcelona: Ed. Salvat, 1973.

PAZ, O. (1987) El lugar de la prueba. In: *Pequeña crónica de grandes días.* México: Fondo de Cultura Económica, p. 94-106, 1990.

_____. (1989) En el filo del viento. In: *Pequeña crónica de grandes días.* México: Fondo de Cultura Económica, p. 107-140, 1990.

_____. *Pequeña crónica de grandes días*. México: Fondo de Cultura Económica, 1990.

PUISEUX, L. (1973) *La energía y el desconcierto post-industrial.* Trad. de Juan Moreno. Barcelona: Ed. Plaza & Janés, 1974.

VIVES, J. Eros y Tánatos en las tendencias demográficas contemporáneas. *Cuadernos de Psicoanálisis,* México, v. XXX , n.3-4: p. 169-180, 1997.

WARD, P. M. (1990) *México: una megaciudad. Producción y reproducción de un medio ambiente urbano.* Trad. de Lili Buj. México: Alianza Ed., 1991.

A PRESENÇA DA CIDADE NO ANALISTA

Cláudio Laks Eizirik

Como qualquer pessoa, o analista habita e é habitado por várias cidades: aquela em que nasceu, aquelas em que viveu, aquelas que visitou ou deseja visitar, aquelas com que sonha ou que imagina. Mas seu particular ofício oferece-lhe também distintas geografias que deve palmilhar a cada dia: as cidades que habitam seus pacientes, ou com que sonham, ou que desejam habitar, e, nesses percursos compartilhados, muitas vezes os papéis de Virgílio e Dante se alternam, nessas descidas aos infernos do mundo interno, ou no trajeto do purgatório, com raros vislumbres de paraísos possíveis. Não por acaso o barqueiro diz: *per me si va nella città dolente*.

Mas além desses percursos, há outras cidades na mente e na memória do analista, cidades irrecusáveis como Viena, onde tudo começou, ou outros caminhos freudianos: Roma, Trieste, Berlim, Londres, Paris, Atenas, Veneza, Hamburgo...

Viajante infatigável, Freud estabeleceu com esse hábito um paradigma para seus seguidores, que, aliado às vicissitudes históricas e políticas, torna os analistas pessoas que gostam ou precisam deslocar-se, migrar, mudar de ares, buscar novas paisagens ou novos cenários para seus intermináveis congressos, reuniões, férias... Ao mesmo tempo, há uma condição de estrangereidade em muitos analistas, a começar por Freud. Conforme Ricci (2005), em seu belo livro *As cidades de Freud*, considerar-se estrangeiro para o verdadeiro viajante ainda é pouco. E provir do exílio não basta para empreender grandes viagens: somos exilados desde que nascemos, nômades nos tornamos assim que nos damos conta de que a geografia é sempre diferente do que parece. O itinerário começa quando se percebe que somos nós mesmos os mais distantes. Quando, como no caso de Freud, aventuramo-nos naquela terra estrangeira que é o inconsciente, o prosseguimento da aventura exigirá uma capacidade de pensar bem diversa e uma pulsão bem outra. As cidades – visitá-las, explorá-las, conhecê-las, habitá-las – nada mais são do que os nós de um fio sutil com o qual tentamos tecer o destino e arriscar.

Essa questão destacada por Ricci, a inevitável condição de estrangeiro face aos mistérios e às possibilidades inesgotáveis do contato com o inconsciente, torna cada um de nós um viajante incansável como Freud, pois apesar da imensa bibliografia de mais de cem anos que lemos e relemos, nesse ofício não há manuais, nem guias de viagem, nem dicas privilegiadas, recursos tão usados ao se empreender uma viagem a um local ainda desconhecido.

Fato curioso acontece quando visitamos uma dessas cidades, o que inevitavelmente nos ocorre em algum momento da vida. O que procuramos? Por que tratamos de visitar ruas, cafés, casas, museus, parques, trajetos, e com alguma frequência voltamos algo desapontados, como o elefante da poesia de Carlos Drummond, "faminto de seres e situações patéticas, de encontros ao luar no mais profundo oceano, que saiu à rua à procura de amigos num mundo enfastiado que já não crê nos bichos e duvida das coisas"? A procura se revelou infrutífera, e "já tarde da noite volta meu elefante, mas volta fatigado... ele não encontrou o de que carecia, o de que carecemos eu e meu elefante, em que amo disfarçar-me". De que carecemos, nessas peregrinações pelas cidades do mundo?

Penso que procuramos reencontrar ou recuperar momentos, situações, ou, como diria o poeta, "sítios, segredos, episódios não contados em livro, de que apenas o vento, as folhas, a formiga reconhecem o talhe, mas que os homens ignoram, pois só ousam mostrar-se sob a paz das cortinas à pálpebra fechada".

A PRESENÇA DA CIDADE NO ANALISTA

Dito isso, suponho que estamos à procura do mundo onírico das cidades invisíveis, de que tão bem nos fala Ítalo Calvino. Assim, dessas tantas cidades que habitam a mente do analista, de seus pacientes e de seus precursores, buscamos reencontrar o que não foi necessariamente vivido, mas predominantemente sonhado. Calvino nos conduz, através do diálogo entre o viajante veneziano Marco Polo e o imperador tártaro Kublai Khan, por uma série de cidades invisíveis e imaginárias. Em um dos diálogos entre os dois, pergunta o Grande Khan: para que serve, então, viajar tanto?

Marco Polo imaginava responder (ou Kublai imaginava a sua resposta) que, quanto mais se perdia em bairros desconhecidos de cidades distantes, melhor compreendia as outras cidades que havia atravessado para chegar até lá, e reconstruía as etapas de suas viagens, e aprendia a conhecer o porto de onde havia zarpado, e os lugares familiares de sua juventude, e os arredores de casa, e uma pracinha de Veneza em que corria quando era criança.

"Você viaja para reviver seu passado?" Era a pergunta de Khan, que também poderia ser: "Você viaja para reencontrar seu futuro?"

E a resposta de Marco: Os outros lugares são espelhos em negativo. O viajante reconhece o pouco que é seu descobrindo o muito que não teve e o que não terá.

Daí a natureza muitas vezes decepcionante ou tediosa de uma visita objetiva, em especial quando acompanhada por um guia ou um grupo, a qualquer cidade ou seus distintos lugares. O que procuramos não está lá, não da forma como uma visita objetiva ou guiada pode proporcionar. Só poderemos tentar algum encontro se nos deixarmos guiar pela emoção, o sonho, a associação livre, a memória, o imprevisto, o surpreendente.

Assim, nesse particular trabalho em que necessita lidar com suas próprias cidades, as cidades de seus pacientes e as cidades palmilhadas por Freud e outros antecessores, o que se passa, ou pode se passar na mente do analista? Uma primeira aproximação pode ser sugerida novamente por este trecho de Carlos Drummond: "Caminho por uma rua que passa em muitos países/ se não me veem eu vejo e saúdo velhos amigos/ Minha vida, nossas vidas formam um só diamante/ Aprendi novas palavras e tornei outras mais belas".

Ou seja, as cidades que se entrecruzam em nossas mentes não obedecem às fronteiras formais, nem se referem ao que os atlas ou o *Google Earth* nos mostram. Cada palavra, cada nome, cada referência a essas cidades está mesclada com a trama de afetos e lembranças, símbolos e associações que permitem a uma mesma rua cruzar distintos países.

O que tem a Viena que hoje visitamos com a Viena de Freud? Naturalmente passeamos pela Ringstrasse, entramos no Kunsthistorisches Museum e nos quedamos em longa contemplação da arte da pintura, de Vermeer, dos autorretratos de Rembrandt, dos quadros alegóricos de Breughel, dos retratos de Holbein, vamos comer uma Sacher Torte no hotel do mesmo nome, assistimos a uma ópera na Volksoper ou na Staatsoper, finalmente chegamos, cheios de emoção, na Berggasse 19, subimos os dois lances de escada, entramos no apartamento em que tudo começou, caminhamos com cuidado por aquelas salas, observamos detidamente as fotos que documentam o que havia em cada uma delas, compramos algumas lembranças ou livros, saímos com a sensação de testemunhas e herdeiros de um momento de criatividade e esplendor e nos dirigimos ao Café Landtman, para comer um Wiener Schnitzel ou um doce vienense, saboreando uma taça de vinho e imaginando em qual daquelas mesas Freud teria sentado, ou seus discípulos ou pacientes após uma sessão ou para compartilhar impressões ou emoções que o convívio com o professor certamente havia despertado.

Mas a qual Viena estamos nos referindo? À cidade em que Freud chegou quando criança ou à cidade que ao longo dos anos amou e odiou com igual intensidade? Ou à que teve que abandonar em junho de 1938, quando o nazismo empestara o ambiente e as mentes de seus habitantes? Ou à cidade que, ao longo dos anos, fomos construindo em nossa mente através de leituras, contemplação de fotos, escuta de trabalhos, sucessivas visitas, conversas com colegas? Ou à cidade atual, cosmopolita, com novos museus, setores modernos, e uma renovada e vibrante atividade psicanalítica?

A PRESENÇA DA CIDADE NO ANALISTA

Penso que a todas e a nenhuma delas. Cada um de nós tem sua própria Viena, construída ao longo dos anos em nossa mente, e essa cidade não é estática, é um ser vivo e cambiante, ou, para usar um termo analítico, Viena é um objeto interno na mente do analista. Voltando a Drummond, em um de seus poemas "Confidência do Itabirano", ele diz, entre outras coisas: "Alguns anos vivi em Itabira. Principalmente nasci em Itabira".

E, depois de descrever-se como alguém que tinha, como sua cidade, determinados traços de caráter, conclui dizendo: "Itabira é apenas uma fotografia na parede. Mas como dói".

Olhando as fotografias nas paredes da casa de Freud, em Viena, tentamos capturar com nossa empatia, ou com o grau possível a cada um de nós de identificação com ele e suas circunstâncias, o que teria pensado, sentido, vivido naquelas salas e naquelas ruas, e o que teria se passado naquelas sessões, e o que teriam pensado e sentido tantas daquelas figuras que subiam aquelas escadas, batiam na porta, eram recebidas por Paula Fichtl, e pouco depois deitavam naquele divã e passavam a tecer os fios e as tramas que constituem a matéria de que os sonhos são feitos, na expressão de Shakespeare. Qual o sentido desse exercício impossível? Para que serve? Aonde nos leva?

Penso que nos leva a novas indagações e a poucas respostas, felizmente. Cada analista, além de tantos problemas e turbulências emocionais que deve enfrentar, tem também uma relação pessoal com Freud e com outros antecessores ilustres. Seja quem for o outro antecessor ilustre que escolhamos, por afinidade teórica ou clínica, contudo, não podemos jamais nos desvencilhar de Freud e sua rica trajetória humana, na qual as viagens são um elemento central e as cidades, um ancoradouro e uma fonte de metáforas e analogias inesgotáveis.

A possível utilidade de tais indagações reside na constatação de que cada um de nós deve construir suas cidades, reais e fantasiadas, imaginárias e possíveis, e que tais cidades guardam uma relação tênue e apenas formal com as cidades formais e com suas estruturas básicas. Cada cidade que habitamos e que nos habita é construída, assim, a partir da trama de pessoas, situações, relações, lembranças e vivências anteriores e atuais. E, como no livro de Calvino, é através de um diálogo com o outro – como ocorre na sessão analítica – que tais cidades podem ser desveladas.

Ao mesmo tempo, as cidades que hoje habitamos e cujas ruas percorremos oferecem-nos temíveis desafios e inevitáveis riscos: a violência, a poluição, a superpopulação, as epidemias, os ruídos ensurdecedores, uma sensação contínua de aprisionamento e necessidade de cuidado, que pode chegar a um certo grau de paranoia adaptativa.

Essas cidades, que compartilhamos com nossos pacientes, e nas quais todos estamos igualmente sujeitos tanto a sua magia quanto a seus perigos, são uma presença irrecusável em nossa vida cotidiana.

No entrecruzamento das cidades imaginárias ou invisíveis que construímos em nossas mentes e essa realidade externa que nos grita aos olhos e ouvidos no dia a dia constrói-se uma espécie de espaço do qual somos todos condôminos e no qual necessitamos aprender a conviver.

Assim, o analista, que é cidadão desses três mundos que procurei descrever, pode contribuir com sua reflexão sobre esses caminhos cruzados e participar desse esforço conjunto que nos une nesse encontro, que dentre outros pode ser incluído na desafiadora proposta de Drummond: "Ó vida futura, nós te criaremos".

Referências bibliográficas

ANDRADE, C. D. *Antologia poética*. Rio de Janeiro: Editora do Autor, 1963.

CALVINO, I. *As cidades invisíveis*. São Paulo: Companhia das Letras, 1990 *(Le cittá onvisibili*, 1972).

RICCI, G. *As cidades de Freud.* Rio de Janeiro: Jorge Zahar Editor, 2005.

LA CIUDAD INTERIOR Y LOS OTROS (DIFERENCIAS-INDIFERENCIAS)

Alcira Mariam Alizade

Hablo de la ciudad inmensa, realidad diaria hecha de dos palabras: los otros,

Y en cada uno de ellos un yo cercenado de un nosotros, un yo a la deriva.

Octavio Paz (1986)

Introducción: La cuarta serie complementaria

Este simposio forma parte de una investigación novedosa en el campo del psicoanálisis. Estamos aquí para compartir ideas acerca de la subjetividad generada por las reglas sociales y los ideales culturales, así como acerca de la subjetividad generada por las cosas materiales, las formas, la arquitectura, la geografía, las variedades de hábitat.

He propuesto el concepto (Alizade, 2004) de una cuarta serie complementaria, añadida a las tres series complementarias clásicas descriptas por Freud (1917), como estructura del yo que recoge la multiplicidad de los aspectos de la cultura y su incidencia en el psiquismo. Es mi intención darle entrada en el seno del cuerpo teórico del psicoanálisis, no como un factor circunstancial, sino como un elemento participante en la conformación de la estructuración psíquica. La sociedad y la cultura se adentran cotidianamente en las normatividades familiares, escolares, universitarias y deportivas. Integrar al factor cultural como serie complementaria exige la inclusión de la psicosexualidad en el tejido íntimo sociocultural del psicoanálisis sin que por ello pierda éste su especificidad. Exige redimensionar la lectura lineal causal de las series complementarias para insertarlas en movimientos interrelacionados de influencia recíproca y de policausalidad concéntrica (Bleger, 1963, p. 116-118).

El cuerpo, la mente y la cultura se escalonan en una suerte de telescopaje entre distintos niveles de integración, siguiendo y profundizando líneas de pensamiento ya esbozadas por Bleger (1963, p. 62-63) y Pichon Rivière (1970)[1]. Empero, el impacto de la cultura sobre la intimidad psíquica suele ser poco considerada. Y aún cuando Freud haya incluido el nivel socio-cultural en su obra, es preciso, a esta altura del psicoanálisis contemporáneo, examinarla con mayor precisión sin temer al develamiento de condicionamientos culturales en la propia construcción de teorías psicoanalíticas. Condicionamientos culturales que se modifican a lo largo de las generaciones y que inscriben en el superyó de época distintas legislaciones, órdenes y alertas.

Ideales y fantasías están gobernados por ideas y deseos pertenecientes a las circunstancias socioculturales de cada ser humano y grupo familiar.

El énfasis en la dimensión socio-cultural e histórica subraya los determinantes de cultura inmersos en el material de nuestros pacientes. La cuarta serie no es directamente lineal, sino que participa de todos los movimientos evolutivos y está presente en todos los niveles de integración.

---

[1] Clases dictadas en la Escuela de Psicología Social.

La ciudad interior y sus habitantes

El espacio social-cultural-ambiental-comunitario no es homogéneo. La ciudad conforma un recorte de máxima importancia, un objeto parcial social que se integra al pensamiento psicoanalítico.

La ciudad es un núcleo urbano complejo demográfico, económico, sociológico y político con sus habitantes y sus dinámicas culturales. El psicoanálisis se desliza hacia un área de encrucijada donde confluyen distintas disciplinas. El carácter grupal del psiquismo no comprende solamente la introyección de las identificaciones con distintas personas significativas, sino también la identificación con conjuntos de *cosas materiales* en las cuales se proyectan fantasías y símbolos.

La ciudad interior, en el marco de este encuentro, es un constructo artificial que busca dar cuenta de la incorporación de la arquitectura afectiva y representacional del entorno ambiental. Conforma una estructura del yo que participa en los diversos movimientos emocionales.

En esta construcción ambiental interna e invisible se plasman los espacios de nuestra vida anímica. La ciudad interior es una construcción hipotética que considera los múltiples yoes heredados transgeneracionalmente desde el acervo hereditario, congénito y familiar. El entorno citadino penetra en la mente del sujeto, con sus diferencias, marginaciones, indiferencias y exclusiones. Sus avenidas mentales exploran rincones y zonas cerradas y abiertas, públicas y privadas, zonas de transgresión, de peligro y de violencia. La ciudad interior es una Gestalt del yo (una estructura del yo) donde interactúan las vidas de los otros (los vecinos, los prójimos) con la materialidad de las cosas (casas, calles, paredes, instituciones, etc.) y de las instituciones.

¿Acaso no emergen ansiedades de separación de una casa vivida en una mudanza o fenómenos desestabilizadores frente a un cambio de lugar geográfico?

El complejo de la ciudad conforma una red de representaciones y afectos, afín a la idea de un topoanálisis desarrollada por Bachelard. Según este filósofo:

"El topoanálisis sería... el estudio psicológico sistemático de los parajes de nuestra vida íntima" (Bachelard, 1957, p. 38). El topoanálisis explora las cargas libidinales depositadas en la memoria de recuerdos conscientes e inconscientes donde se abren escenarios novelados que llevan prendidos una arquitectura de fantasías adheridas a los rincones y los espacios evocados. La ciudad interior se convierte en un espacio de ciudad-recuerdo o de ciudad imaginaria lavada por el tiempo. No es un espacio único ni forzosamente íntimo. Es en cambio un complejo asociativo psíquico compuesto por las multiplicidades del medio ambiente. No es un rincón, son muchos rincones, no es una calle, son muchas calles. En la materia inerte se insertan escenarios de la vida y asistimos al mundo imaginario proyectado en una plaza, un auto, un vecindario, un ruido. En el mundo interno, la ciudad cobra vida, habla (como escribe Octavio Paz) y dice.

La ciudad interior posee una dimensión diacrónica y una dimensión sincrónica. En su diacronía está inscripta su historia y los desplazamientos del sujeto por sus barrios, por las ciudades de un país, de varios países, por las visitas a ciudades. En la dimensión sincrónica, la ciudad interior es una atmósfera que impregna al sujeto en su vida cotidiana generadora de representaciones y de afectos.

La ciudad, en su dimensión real, es geografía de viviendas, plazas y calles, instituciones y comercios. Los seres que en ella fluyen, configuran un enjambre heterogéneo donde abundan las diferencias de género, de edad, de clase social, de razas, de credo... más aún, dentro de cada agrupamiento se instalan diferencias intragrupo, ramificaciones y líneas de fuga. La arquitectura psíquica de los viajes incluye las problemáticas de las migraciones y las identidades multiculturales.

De los otros

Los seres de la ciudad conforman el conjunto de los otros, otros próximos, significativos (los míos, los amigos — los amados —, los enemigos — los odiados

LA CIUDAD INTERIOR Y LOS OTROS (DIFERENCIAS-INDIFERENCIAS)

—) y los no significativos, objeto de nuestra indiferencia o de nuestro interés solidario.

Reflexionar sobre el otro es incursionar en un tema infinito. El otro, una vez abierto en sus letras y desarticulado en su unidad, muestra una inconmensurabilidad de formas y tramas. El otro es aquel que se enfrenta al yo, la presencia ajena, y es a la vez el mismo en los espejismos con el que el yo proyecta partes de sí mismo o totalidades en el extraño. El extraño se torna en esos casos íntimo y su alteridad se pierde en el magma de las proyecciones del uno. El otro es también ajeno objeto de deseo, inmerso en la búsqueda inconsciente de anhelos y carencias. La temática del otro abarca la constitución de la mismidad, la estructuración psíquica, la problemática de la exterioridad, del vínculo y del concepto de realidad.

Los otros dibujan múltiples figuras: el otro del otro en una secuencia que se interna en el ombligo del ser, el otro en mí, el otro para mí, el otro para sí, etc. (Alizade, 2008).

Me centraré en dos polos en la relación entre los otros en la vida comunitaria: la indiferencia y la diferencia.

El otro desde la indiferencia emerge como cosa, como no-existente, como un ser inorgánico, una persona mueble o una persona piedra. Es otro — nada inerte. Una cierta dosis de neutralidad vincular es operativa en la existencia humana. La patología se manifiesta cuando esta indiferencia es debida a un encierro narcisista que limita el mundo de los otros amados a un cerco íntimo y limitado de seres significativos. El amor concentrado en unos pocos pierde función objetalizante social. La indiferencia deja suponer una permisividad en un "dejar hacer" sin incumbencia alguna en lo ajeno o una agresividad latente, automática, que aparta la representación intolerable de lo otro de lo que uno se aparta en forma casi refleja. La ciudad interior se fragmenta en yoes extraños, ante los cuales el sujeto del placer permanece impasible, encerrado en su mismidad patógena. La indiferencia cumple un rol defensivo, evitativo de la angustia ante el despliegue de sufrimiento y desamparo observable con facilidad en los otros que nos rodean. A este rol defensivo se agrega el rol preventivo, al percibir la "tensión de agresividad" (Lacan,

1948) fundada en las diferencias entre otro y otro: otra raza, otro credo, otra clase social, otro barrio. El otro puede incluso convertirse en traumático tanto con la muestra de sus miserias como en las explosiones de violencia y agresividad.

La evolución madurativa humana implica el encuentro con el otro indiferente y la transformación de este indiferente en un ser interesante. Esta transformación requiere un acto psíquico nuevo que rompe el encierro y que permite, más allá del narcisismo, el encuentro exploratorio — incluso apasionado — con lo que he denominado el objeto lejano (Alizade, 1995). El objeto lejano es aquel fuera de la órbita de nuestra percepción inmediata, que jamás conoceremos, pero que igualmente nos importa y hacia el cual tendemos redes solidarias. La transformación narcisista implica la desnarcisización de una parte del yo y la delegación de este narcisismo en el mundo externo. La operatoria psíquica vacía al yo de sus excesos egofílicos y la fuga libidinal se proyecta en un afuera que solicita tareas, labores de rescate y de salvaguarda de los valores éticos humanos.

En el cap. VIII de "El Malestar en la cultura", Freud enuncia la idea de un superyó cultural que promueve la unión humana en contraposición con el ideal de placer-felicidad a nivel individual. "... esta lucha entre individuo y sociedad no es hija del antagonismo, quizá inconciliable, entre los protoinstintos, entre Eros y Muerte, sino que responde a un conflicto en la propia economía de la libido, conflicto comparable a la disputa por el reparto de la libido entre el yo y los objetos..." (1930. VIII, p. 61). Quiero retomar esta idea de reparto de la libido para ligarla con el proceso transformativo libidinal, única operatoria que garantiza la ruptura del cerco de indiferencia y el acceso a la libidinización ajena. Freud también expresó que en la polaridad amor-indiferencia se espeja la polaridad yo – mundo externo (Freud, 1915). El otro es el extranjero, en cuya extranjería se incluye lo extranjero de cada uno de nosotros proyectado en el otro.

No hay vida fértil sin la participación del ser en esta dimensión deseante, sin el deseo genuino por otro más allá de uno mismo y de toda proyección narcisista.

Este movimiento libidinal de ruptura del cerco narcisista ilimitado — egofilia ilimitada (Freud, 1919) —, cerco de exclusión, permite la prolongación del yo en los otros, gracias a ensayos empáticos tendientes a incrementar la comprensión de nuestro estar en el mundo. El yo incorpora algunos de los "yoes a la deriva" según la expresión de Octavio Paz e incrementa la figurabilidad psíquica de un "nosotros" o de un "ellos" donde lo principal es el acceso a un enunciado en plural.

La diferencia es altamente positiva cuando incita a la exploración de lo otro que no soy yo. El trabajo con las diferencias pertenece a la vida en "estado de abierto".

La ciudad se amplia... el barrio, la zona habitual se expanden. El sujeto trasciende su dimensión individual y se incorpora a la red social.

El periodista polaco Kapuscinski, R. (1990) resalta la trascendencia del trabajo de acercamiento al universo de los otros. En un lúcido comentario, rescata a Heródoto y escribe:

> Consciente de la naturaleza sedentaria del hombre, Heródoto sabe que para conocer a los Otros hay que ponerse en camino, ir a buscarlos, llegar hasta ellos, salir a su encuentro; por eso no para de viajar... anhela conocer a los Otros porque comprende que el hombre lo necesita para conocerse a sí mismo, pues no son sino ellos ese espejo en el que nos reflejamos; sabe que solo así podemos compararnos, medirnos, confrontarnos...

En nuestros consultorios, día a día interactúamos con los otros que el paciente enuncia en su material y que a su vez se conectan con nuestros propios otros y sus complejidades vinculares.

En la visita a otras ciudades, cada quien viaja con su propia ciudad internalizada, la cual se enriquece en la interacción con la cultura de la extranjería.

Así yo hoy traigo mi Buenos Aires interior que dialoga con la ciudad de San Pablo y sus habitantes aquí presentes, en una conversación de aprendizaje y de fraternidad.

Referencias bibliográficas

ALIZADE, M. *La cuarta serie complementaria*, 2004. Inédito.

_____. El narcisismo terciario. En: *Clínica con la Muerte*, cap. 5. Buenos Aires: Amorrortu Editores, 1995.

_____. Los universales de existencia: el otro, el vínculo. En: *La pareja rota*. Buenos Aires: Lumen, 2008.

BACHELARD, G. (1957) *La poética del espacio*. México: Fondo de Cultura Económica, 1991.

BLEGER, J. *Psicología de la conducta.* Buenos Aires: Eudeba, 1963.

FREUD, S. *Introducción al psicoanálisis*. OC BN TII, 1917.

_____. *Introducción al narcisismo*. OC BN TI, 1915.

_____. *Lo siniestro,* 1919.

KAPUSCINSKI, R. (1990) El cronista como historiador. En: revista *ADN*, diario *La Nación,* Buenos Aires, 17 de noviembre, p. 14-15, 2007.

LACAN, J. L´agressivité en psychanalyse. In : *Écrits,* p. 101-124, 1948.

PAZ, Octavio. Hablo de la ciudad. *Revista Vuelta Sudamericana*, 2, septiembre, p. 4, 1986.

SÃO PAULO E AS ÁGUAS

Roberto Pompeu de Toledo

São Paulo é a primeira cidade brasileira do interior. Ela contraria a lógica da colonização portuguesa. A colonização portuguesa, tanto na África, quanto na Ásia, e na América, limitava-se a postos no litoral. Postos de contato com a população do interior, mas no litoral.

São Paulo, por um acidente de percurso, cujas causas não cabe examinar aqui, foi a primeira cidade implantada pelos portugueses no interior. Foi implantada numa colina circundada por dois rios, o Tamanduateí e o Anhangabaú. Esses rios formavam um ângulo, e para completar o triângulo havia uma vasta área alagada; eram as várzeas, mais tarde chamadas do Carmo e do Glicério. Assim, durante grande parte do ano, São Paulo era uma ilha. Consta que o padre Anchieta chegou a São Paulo atravessando uma ponte sobre essa região alagada.

A partir da sua fundação, São Paulo dorme três séculos de vida sossegada, de lugar distante e esquecido. Quando acorda, no século XIX, terá uma relação ambígua, ambivalente, conflituosa, e muito frequentemente hostil, com suas águas. Esse será meu tema. Sempre me intrigou essa relação de São Paulo com as águas. Acredito que o tema seja fértil de sugestões para psicanalistas.

Para se ter uma ideia da insignificância de São Paulo, durante seus três primeiros séculos, lembre-se que em 1872, ainda no período imperial, quando foi feito o primeiro censo nacional, a cidade tinha 31 mil e 300 habitantes. Era menor do que o Rio de Janeiro, que tinha 275 mil, logicamente menor também do que Salvador e Recife – cidades que desde o início tiveram vocação de centros importantes –, mas menor também do que Belém, Porto Alegre, Niterói, Fortaleza e Cuiabá, e empatava com São Luís. Isso numa época em que já começava a decolar: São Paulo desperta de seu sono por volta de 1860, quando a cultura do café se espalha pelo estado e a cidade assume o papel de cabeça da região, que logo será a mais próspera do país.

Segue-se uma expansão vertiginosa. Dos pouco mais de 30 mil habitantes de 1872, a população pula para o dobro – 64 mil – no segundo censo nacional, em 1890.

Em 1900, o terceiro censo nacional registra 240 mil habitantes. São Paulo, situada entre as regiões produtoras do café e o porto de onde o produto escoava para os Estados Unidos e a Europa, ocupava uma posição geográfica que lhe permitiu dobrar a condição de capital política do estado com a de capital econômica. Foi isso que fez com que ficasse importante e que a sua população crescesse enormemente, inclusive absorvendo levas sucessivas de imigrantes.

Em 1890 – portanto, no período de explosão da cidade –, ela recebe um visitante chamado Henrique Raffard, carioca de nascimento, filho do cônsul suíço no Rio de Janeiro. Ele vem a negócios. Sabe que aqui é que estão as oportunidades e quer identificá-las. Raffard passa algumas semanas na cidade e ao final escreve um relato sobre o que viu, enfeixado num livro intitulado *Alguns dias na Pauliceia*. O livro descreve a cidade sob o ponto de vista de (com a devida licença para usar uma palavra que não circulava na época) um empresário. São as potencialidades econômicas do lugar que lhe interessam. A certa altura – e é por isso que estou evocando esse personagem – ele diz o seguinte: "Ouvi falar bastante em tornar São Paulo porto do mar".

Porto do mar! A afirmação é espantosa. Mas é isso mesmo o que ele diz: que ouviu falar em transformar São Paulo em porto! E prossegue: "Apesar de conhecer o interessante folheto há muitos anos publicado pelo engenheiro Porfírio de

Lima, que imaginou uma série de comportas entre os dois pontos a ligar, tenho minhas dúvidas sobre a vantagem de semelhante plano..." – e então passa a enumerar as razões pelas quais duvida de sua viabilidade: "o custo da obra", "a altitude da Pauliceia" etc.

O que importa é que tenha passado pela cabeça de alguém – e esse alguém que ele cita é Porfírio de Lima, que foi vereador e engenheiro de São Paulo – transformar São Paulo em um porto de mar, ou seja: trazer o mar para São Paulo. Essa história de construir comportas dá a entender que de alguma forma ele queria erguer o mar, de modo que suas ondas se aproximassem da colina em que estava implantada a cidade. Em relação a esse trecho, consultei várias pessoas mais credenciadas do que eu. Todas reagiram com a mesma perplexidade, mas sem duvidar de que o autor do projeto falasse a sério. Seu interesse era comercial. Ele pensava em encurtar caminho, de modo que o escoamento da produção fosse mais rápido.

Essa história de trazer o mar para São Paulo é, de certa forma, uma resposta, ou uma reação, à singularidade que fez de São Paulo a primeira cidade do interior do Brasil. É uma tentativa de revogar a Serra do Mar, e trazer a cidade ao mesmo plano das irmãs/rivais do litoral, como Rio de Janeiro, Salvador ou Recife. Temos aí, para quem quiser enxergar além do nível do mero interesse comercial, uma manifestação do ódio-amor, desprezo e inveja, que marcará a relação de São Paulo – e dos paulistanos – com as cidades do litoral, em tese mais charmosas, e nas quais (sempre em tese) se aproveita melhor a vida.

Nessa mesma época, São Paulo tinha uma relação mais ou menos sossegada com seus rios. Não que os tratasse bem. Eram lugares sujos, descuidados, mas, de qualquer forma, ninguém se incomodava com eles como viria a se incomodar mais adiante. A relação era tão boa que não só nessa época, mas até um pouco mais tarde, o rio Tietê se prestava à natação e às regatas. Havia em São Paulo um porto – porto de rio, bem entendido, e não o delirante porto de mar referido por Henrique Raffard. Ainda existe, no centro da cidade, uma rua chamada "Ladeira Porto Geral". Esse nome vem do fato de que, descendo essa ladeira, dava-se no porto implantado à beira do rio Tamanduateí. Era um porto usado

A PSICANÁLISE NAS TRAMAS DA CIDADE

especialmente pelos beneditinos, que tinham uma fazenda em São Bernardo do Campo e, pelo rio, traziam a produção dessa fazenda até o convento, situado no mesmo lugar onde está até hoje. O Tamanduateí corria então junto ao sopé da colina histórica, no lugar em que hoje corre a Rua 25 de Março.

No século XX, vamos conhecer outra era de acelerado crescimento: em 1920, São Paulo tem 580 mil habitantes. Em 1940, 1 milhão e 300 mil. Em 1950: 2 milhões e 200 mil. Em 1960: 3 milhões e 800 mil. Nesse ponto, passou a ser a primeira cidade do Brasil. Entre o censo de 1950 e o de 1960, ultrapassa o Rio de Janeiro. O Rio em 1960 tem 3 milhões e 200 mil e São Paulo 3 milhões e 800 mil. Em 1970, 6 milhões. Em 1980, 8 milhões e 500 mil. Vou parar por aqui.

Nesse processo, teve lugar uma investida que eu chamaria de furiosa contra os rios, riachos e córregos da cidade. Foi uma investida sistemática e impiedosa. O objetivo final, a solução final desejada por São Paulo, parecia ser apagar suas águas até o último vestígio. Numa espécie de ensaio do que iria acontecer, o rio Anhangabaú já havia desaparecido no começo do século, em 1906. Antes de aquela área ser transformada num parque – isso aconteceu por volta de 1910, 1912 –, o rio já havia sido canalizado e coberto. Até hoje ele merece essa sorte. Desapareceu.

A partir dos anos 1930, com base nos planos urbanísticos desenhados por Prestes Maia, Ulhôa Cintra e outros, estabelece-se a regra de construir as chamadas avenidas de fundo de vale. Rios, riachos ou córregos foram transformados em avenidas. A 9 de Julho, a 23 de Maio, a Pacaembu, a Sumaré, mais recentemente a Juscelino Kubitschek, a Tancredo Neves, a Hélio Pellegrino, todas essas são avenidas construídas em cima de cursos d'água. Isso significa que transitamos em São Paulo sobre uma enorme sepultura de rios. Segundo apurei junto à prefeitura, dos cerca de 300 córregos e riachos existentes em São Paulo, dois terços estão cobertos. (Esse cálculo de 300 riachos não abrange a parte do extremo-sul do município, pouco habitada, e em boa parte coberta pela Mata Atlântica. Nessa área, há infinitos rios e riachos. Se vocês têm o mapa de São Paulo na cabeça, a parte sul é aquela que se espicha para baixo, até a divisa com o município de Itanhaém; começa mais ou menos onde está sendo construído o Rodoanel.)

SÃO PAULO E AS ÁGUAS

Os cursos d'água são cobertos pelo asfalto e viram esgotos subterrâneos, às vezes para se construir avenidas em cima, como nos casos citados, outras vezes a pedido da população. De tão maltratados, eles acabam se convertendo em ambientes sujos e malcheirosos, e a vizinhança prefere vê-los canalizados e cobertos.

A essa tendência, ou mania, de cobrir os rios, junta-se o tratamento a eles dispensado. Nem preciso me estender muito sobre isso – todos sabem o que acontece com o Tietê e o Pinheiros, os dois maiores rios da cidade. Quando se resolveu construir as marginais, fizeram a maldade de criá-las bem junto aos rios, sem deixar espaço para eles respirarem. As marginais foram construídas entre os anos 1950 e 1960 e inauguradas no final dos 1960. Naquela época, nem havia grandes problemas de desapropriações, eram áreas mais ou menos vazias. Podia-se ter dado 100 metros de distância com relação às margens dos rios. Teria sido ecológica e paisagisticamente mais correto. A ideia, de acordo com a tendência paulistana a olhar com desprezo para as águas, como se fossem obstáculos ao trabalho e ao progresso tão prezados na cidade, era mesmo sitiar os rios. O traçado das marginais contribuiu para uma característica que sempre me incomodou em São Paulo: nessa cidade, rio é feio, ponte é feio. Mundo afora, rios e pontes são enfeites que valorizam o espaço urbano e contribuem para a beleza da paisagem. Em São Paulo, contribuem para a feiura e a degradação do espaço urbano.

Além dos rios e riachos, podemos acrescentar – só vou mencionar de raspão – a questão das represas. São Paulo tem duas imensas represas na região sul. Poderiam estar a serviço do lazer e do paisagismo – isso se São Paulo não fosse o que é. Além da ocupação desordenada de suas margens, que contamina as águas e gera um entorno insalubre, há a ironia das ironias de nem se conseguir ver as represas, em seus trechos dentro da área urbana. As construções, tapumes, entulho, lixo e (antes da Lei Cidade Limpa) outdoors que se sucedem no recorte das represas vedam a paisagem, numa espécie de "vilas Potemkin" ao contrário. (As "vilas Potemkin" eram puros cenários que o ministro Potemkin mandava plantar nas cidades russas que a imperatriz Catarina II ia visitar, para esconder as feiuras atrás de falsas belezas.)

Há três casos que me interessam mais de perto, entre todos, porque dizem respeito à história da cidade e são emblemáticos do mau tratamento que ela dá à sua memória. O primeiro refere-se ao Anhangabaú. Desapareceu não só o rio Anhangabaú como seus dois formadores, o rio Saracura, que corria onde hoje é a 9 de Julho, e o rio Tororó, onde hoje se encontra a 23 de Maio. Os dois se juntavam onde hoje é o centro da cidade e formavam o Anhangabaú, circundando a colina.

O segundo caso, que me intriga mais do que todos, porque se refere não apenas à história da cidade, mas à história nacional, é o Ipiranga. O tal das "margens plácidas". O rio Ipiranga nasce no Jardim Botânico. Lá é bonito e está até bem tratado. Há passarelas para ver as nascentes, é um bom passeio a se fazer. Depois, o rio entra pela cidade e corre no meio da Rodovia dos Imigrantes, continuando pela Avenida Ricardo Jafet, que é uma continuação da Imigrantes. Nesses trechos, ele corre esmagado, ladeado por duas pistas de velocidade, com tudo o que isso implica, além de estreitado pela canalização. O rio tem um breve momento de respiro quando atravessa o curtíssimo espaço de não mais de 150 ou 200 metros do Parque da Independência, ao pé do Monumento da Independência. Ali é possível vê-lo. Claro que já chega maltratado, exangue, por tudo que sofreu no caminho. Mas de qualquer forma está lá, e guarda semelhança com o que conhecemos por "rio". Quando sai de lá, faz uma curva brusca e entra na Avenida Teresa Cristina. Ali, volta a ocupar um espaço entre duas pistas de tráfego, e sofre a ignomínia das ignomínias: há vigas que cobrem o rio de uma margem à outra, por toda a extensão dessa avenida.

Eu apreendi, na mesma consulta à prefeitura à qual já me referi, que as vigas são uma solução de engenharia para baratear o custo da obra. Na hora de canalizar o rio, em vez de fazer paredes reforçadas, de um lado e do outro, fazem-se paredes mais finas e se sobrepõem vigas, de uma parede até a outra, para escorá-las. O resultado, sob o ponto de vista estético, é de puro horror. Simbolicamente, tem-se um rio encarcerado, aprisionado. A visão que se tem é essa: um rio que está no xadrez. Não é xadrez porque as vigas são só paralelas, não há vigas verticais. Mas o rio está dentro de uma prisão.

SÃO PAULO E AS ÁGUAS

O terceiro caso histórico que me intriga é o do Tamanduateí. Pode ser chocante para os habitantes atuais da cidade, mas o Tamanduateí já foi bonito. Eu trouxe um depoimento de Saint Hilaire, famoso botânico francês que visitou São Paulo em 1822. No relato que escreveu a respeito, ele descreve a paisagem que se tinha das janelas do Palácio do Governo, que ficava no Pátio do Colégio. (O antigo Colégio dos Jesuítas, depois de muito modificado, foi, durante muitos anos, até o começo do século XX, a sede do governo de São Paulo. O prédio ali existente hoje é uma falsa construção colonial – uma alegoria – construído nos anos 1970.) Saint Hilaire escreve o seguinte:

> Das janelas do Palácio que dão para os campos, descortina-se uma vista maravilhosa. Abaixo da cidade vê-se o rio Tamanduataí (*é como ele grafa o nome*) que vai correndo por uma campina semialagada ao fim da qual se estendem pastos pontilhados de tufos de árvores baixas.

O Pátio do Colégio é um prolongamento da Rua Boa Vista. A rua tem esse nome justamente porque era boa a vista que se contemplava de lá. Hoje não se contempla mais vista alguma. Outro depoimento sobre o Tamanduateí é de uma interessante figura chamada José Vieira Couto de Magalhães, que foi o último presidente da província de São Paulo no período imperial. Além de político, ele foi empresário, escritor e sertanista; desbravou pedaços da Amazônia, conhecia línguas, falava tanto latim quanto tupi, escrevia seus diários em latim e em tupi. Em um de seus livros ele menciona "o belíssimo Tamanduateí".

"Belíssimo"? Vamos acabar com isso. A vocação de São Paulo não é dar bola para coisas belas. Primeiro deram um "chega prá lá" no Tamanduateí, que passava bem junto à colina, e, em duas ou três sucessivas retificações, foi empurrado até o leito atual. No processo, resolveu-se também eliminar as sinuosidades do rio, que perdeu curvas graciosas para virar um retão. (O Tietê e o Pinheiros também sofreram retificações para se tornarem retos.) Além disso, o Tamanduateí foi canalizado, seu volume foi minguando e acabou sitiado por pistas de automóvel.

Na década de 1970, o Tamanduateí sofreu a mais inominável das agressões. Foi tampado, no trecho em que passa pelo centro da cidade. Puseram uma cobertura de concreto sobre o rio. O trecho é conhecido como o "tampão do Tamanduateí". Isso foi feito para a circulação de automóveis; como sempre, para dar mais pistas para os automóveis. Há até um caso que me foi relatado pelo arquiteto, professor da FAU e historiador da cidade, Benedito Lima de Toledo. Na época em que se construía o tal "tampão", Benedito ciceroneou um ilustre visitante, o urbanista italiano Leonardo Benevolo, num sobrevoo da cidade. O que mais impressionou Benevolo foi o tampão. "Vocês vão tampar o rio?" Fico imaginando se fizessem isso com o Tibre em Roma, o Arno em Florença, ou o Sena em Paris.

A interpretação disso... Não, não vou arriscar uma interpretação, numa plateia de psicanalistas. Vou dar uma explicação. São Paulo é uma cidade que desde há muito – se não desde a origem, pelo menos desde a época em que explodiu como grande centro comercial e industrial – adotou, por opção de seus habitantes, uma feição utilitária. Era, e é ainda, uma cidade "para trabalhar". Os espaços urbanos são obstáculos a ser transpostos quando se vai do trabalho para casa, ou para outro trabalho, e não para ser usufruídos como lugares de descansar ou de conviver. São estorvos. A cidade serve para se circular de um ponto a outro, não para passear ou para curtir a paisagem. Não é uma cidade "de ficar". Não é uma cidade "de estar". A relação hostil da cidade para com suas águas decorre dessa feição, ou vocação, utilitária. Rios, riachos, represas – isso são estorvos.

Preparei dois fechos para este arrazoado. O primeiro é uma citação de mim mesmo. É um trecho de artigo que escrevi no ano passado, por ocasião da inauguração do "Fura-fila" – o famigerado sistema de transporte que não é nem bem ônibus nem metrô, mas uma mistura dos dois. O fura-fila é outra coisa "espetacular", típica da irresponsabilidade política e administrativa que caracteriza nossa pátria. Ele surgiu da mente de um marqueteiro, Duda Mendonça, que bolou, para a campanha para a qual trabalhava, uma animação mostrando uma espécie de trenzinho voador, apetitosa inovação em matéria de transporte público. O candidato

SÃO PAULO E AS ÁGUAS

para o qual ele trabalhava ganhou e então veio o pior – era preciso transformar aquele bonito desenho animado em realidade. O local escolhido foi o Tamanduateí – o pobre Tamanduateí, mais uma vez. A linha inaugural do "Fura-fila" caminharia paralela a ele. O prefeito em questão, Celso Pitta, começou a obra implantando uma série de horrendos pilares à margem do rio, sobre os quais seria construída a pista suspensa, e, por falta de dinheiro, ou por dúvidas sobre a sensatez da obra, ou pelas duas coisas, ficou por aí.

Sua sucessora, Marta Suplicy, ficou indecisa sobre o que fazer com aquilo – dar prosseguimento à obra ou destruir os pilares – e, na dúvida, não fez nada. A administração seguinte, começada por José Serra e terminada por Gilberto Kassab, torturou-se inicialmente com a mesma dúvida, depois decidiu que, já que os pilares estavam lá, o melhor era tocar a obra, e enfim o "Fura-fila", com outro nome, mais civilizado – "Expresso Tiradentes" –, foi terminado. O caso é um exemplo de como o delírio de um marqueteiro interfere na administração e a empurra a gastar milhões de reais numa obra duvidosa. O "Expresso Tiradentes", que tem esse nome porque pretende ligar o centro à Cidade Tiradentes, na periferia, começa a sua aventura sobre o tampão do Tamanduateí, e daí ergue-se para uma pista suspensa que ladeia o rio. O trecho do artigo que escrevi é o seguinte:

> No início da viagem, é exatamente o tampão sobre o rio que lhe serve de leito. Depois alça voo e, nos próximos cinco quilômetros, permanecerá na pista suspensa sobre os pilotis, altos de até quinze metros, plantados à margem do rio. Com cores fortes – um amarelão na pista, nas rampas e passarelas, e um azulão nas estações –, a engenhoca sobressai-se como nova dona do pedaço. Lá embaixo fica um Tamanduateí amiudado e acovardado. É um retrato de São Paulo. Multidões de carros passando de um lado, outras multidões do outro, em cima um ônibus voador e, no meio da balbúrdia, o rio reduzido à miséria de um inimigo aniquilado.

O outro final que preparei tem por objetivo terminar com uma nota de otimismo. Eu moro muito perto da Praça Buenos Aires e passo por lá todos os dias. Na entrada principal da praça, que dá para a Avenida Angélica, há uma pequena fonte, uma baciazinha de água, com uma escultura que simboliza Tritão e Anfitrite – Anfitrite, divindade da mitologia grega, era a mulher de Poseidon, divindade marítima, o Netuno dos romanos, e Tritão é o filho do casal. São duas divindades marítimas, portanto, apropriadamente representadas no meio de uma fonte. Ou melhor: no meio do que deveria ser uma fonte, porque, na verdade, é uma fonte que já secou há muito tempo. Com o descuido que também nos é característico, as esculturas estão deterioradas, e a bacia d'água sobre a qual se sustentam não tem mais água. Tenho em casa uma linda fotografia de Alice Brill, dos anos 1940, em que duas crianças se debruçam sobre a fonte e molham as mãos na água. Bons tempos. Eu, da minha parte, ao longo dos já muitos anos que frequento o local, nunca vi água no tanquinho onde deveriam se molhar os pobres Tritão e Anfitrite.

Pois nas últimas semanas – e esta é a nota de otimismo – percebi que há obras no local. Estão refazendo a fonte. Começaram por lhe dar um novo piso – de gosto duvidoso, é verdade, mais para piso de piscina do que para obra de arte pública –, mas em todo caso é um grande avanço que tenham se lembrado de uma coisa tão inútil, sob o ponto de vista da utilitária São Paulo, quanto uma escultura à entrada de um parque. Só estou aguardando agora ver se, terminados os reparos, a água voltará a banhar Tritão e Anfitrite. Se isso ocorrer, deve ser sinal de uma nova postura da cidade com relação a suas águas.

NOTA POSTERIOR DO AUTOR: Realmente, a água voltou à fonte da Praça Buenos Aires. Outro motivo de otimismo é a ponte estaiada, inaugurada sobre o rio Pinheiros, primeira em muitos anos em São Paulo construída com preocupação estética. Em compensação, nas eleições municipais de outubro/novembro de 2008, um dos candidatos a prefeito teve a ousadia de propor a construção de autopistas sobre o rio Tietê, como extensão das vias marginais. Seria uma gigantesca nova versão do tampão do Tamanduateí. Não por acaso, o candidato em questão é o mesmo que, quando ocupou o cargo de prefeito, construiu o tampão do Tamanduateí.

MEMÓRIA E RECONHECIMENTO: ENTRE OS AGLOMERADOS E A *PÓLIS*

Luís Carlos Menezes

Como um psicanalista pode encontrar uma linha de reflexão para o tema da urbanização, em particular dos aglomerados urbanos em que a concentração populacional cresceu e vem crescendo num ritmo extremamente acelerado – São Paulo sendo um exemplo disso – sem recorrer a essas duas balizas que são a memória e o reconhecimento?

Em todo caso, são referências nas quais o trabalho do psicanalista está imerso e com as quais pode ter melhores chances de trazer alguma contribuição.

Ora, a cidade está estreitamente imbricada com memória e reconhecimento desde suas origens, talvez mesmo em sua natureza. O historiador e etnólogo André Leroi-Gourhan, pelo menos a partir da memória escrita, nas grandes civilizações da Antiguidade, afirma, referindo-se à memória urbana, que "a cidade capital torna-se o pivô do mundo celeste e da extensão humanizada", envolvendo políticas de "memoração" (*mémoration*) das quais é o centro. Trata-se das instituições-memória, arquivos, bibliotecas, museus, monumentos e inscrições, o objetivo sendo eternizar os feitos e a glória dos reis e poderosos, mas, também, desde suas origens, manter a memória dos mortos em monumentos funerários – as pirâmides do Cairo são os mais grandiosos dentre estes, assim como os templos que testemunham a aliança continuada com as divindades, celebradas em rituais de comemoração, sustentados pela lembrança mítica destes. Os rituais sacralizam a memória. (Le Goff, *Histoire et mémoire*, p. 118-119 e p. 112).

A memória é filha do saber sobre a morte das pessoas e das coisas, no tempo que passa. Mas é o que dá espessura ao presente: impossível de concebê-lo fora de alguma dimensão de memória e de reconhecimento dos acontecimentos, de si, dos outros, vivos ou mortos, presentes ou ausentes, reconhecimento que remete a coisas, a sensações e a percepções. O presente é uma encruzilhada viva de tempos que se encontram.

O historiador Jacques Le Goff, em *História e memória* (*Histoire et mémoire*), ao observar que, nas sociedades sem escrita, a memória grupal, de que são depositários os cantos e os relatos orais, é uma memória com mais liberdade e com mais possibilidades criativas, dá uma boa ilustração disso, ao citar a passagem de De Bello Gallico (VI, 14) em que César escreve sobre os druidas gauleses:

> Lá, eles aprendem de cor, pelo que se diz, um grande número de versos, de maneira que alguns ficam vinte anos na escola. A religião proíbe de confiar esses cursos à escrita, enquanto que para o resto, em geral, para as contas públicas e privadas, eles se servem do alfabeto grego. Eles me parecem ter estabelecido esse costume por duas razões, porque eles não querem nem divulgar a sua doutrina, nem ver os seus alunos, ao confiar na escrita, negligenciar sua memória; porque quase sempre acontece que a ajuda de textos tem por consequência uma diminuição no zelo em aprender de cor e uma diminuição da memória.

Ou seja, essa proibição para o que mais contava naquela cultura testemunharia de uma "vontade de manter uma memória mais criativa que repetitiva..." (Le Goff, p. 114-115).

Na mesma linha, tanto Le Goff (p. 124), um historiador, como Pierre Fédida (*L'absence*, p. 13-14), um psicanalista, evocam, em contextos distintos, a mesma passagem de *Fedra*, de Platão, em que Sócrates conversa com o jovem Fedra, numa tarde, nos arredores de Atenas: o historiador e o psicanalista recorrem a essa estória para favorecer a ideia, importante tanto na História como na psicanálise, de uma memória reconstrutiva, plástica, criativa, capaz de operar na constituição do momento presente, da mesma maneira que opera na experiência do sonho.

Trata-se de um episódio, conta Sócrates, em que uma antiga divindade de nome Theuth, tendo inventado a escrita (além dos números, da Geometria, da Astronomia), apresenta-se diante do rei de Tebas, Thamous, para lhe falar de suas invenções. Quando chega à escrita, o rei diz a Theuth que, ao contrário do que pensa o deus inventor, o efeito dessa invenção engenhosa não será de favorecer a memória, mas, ao contrário, irá prejudicá-la, dizendo-lhe:

> ...confiantes na escrita, é de fora, por caracteres estrangeiros, e não mais de dentro, do fundo deles mesmos que procurarão suscitar as suas lembranças; ...o que você vai proporcionar aos seus discípulos é a presunção de que têm a ciência, não a própria ciência; porque, quando terão muito lido e aprendido, eles se acreditarão muito sábios, e eles não serão em geral senão ignorantes de comércio incômodo, porque se acreditarão sábios sem sê-lo (Flammarion, *Le Banquet/ Phèdre*, p. 164-165, trad. E. Chambry).

Podemos mencionar ainda um neurocientista atual, com o prestígio do prêmio Nobel, Gérald Edelman (p. 158 de *La Biologie de la Conscience*). Para este, a memória opera de forma indissociável da percepção e do aprendizado (em relação com o que chama de "categorizações"). Eu o cito: "Neste sistema, a rememoração não é estereotipada. Sob a influência de contextos que se modificam constantemente, ela muda na medida em que a estrutura e a dinâmica de populações neuronais implicadas nas categorizações originais mudam também". E, pouco adiante, escreve: "Uma vez que as categorias perceptivas não são imutáveis e que elas se modificam sob o efeito dos comportamentos do animal, a memória, vista sob esse ângulo, resulta de um processo de contínua recategorização". Para concluir que:

> ao contrário das memórias eletrônicas, a memória cerebral é imprecisa, mas possui, em contrapartida, grandes capacidades de generalização. As propriedades de associação, de imprecisão e de generalização decorrem do fato de que a categorização perceptiva, que é uma das bases primeiras da memória, é de natureza probabilística.

Na linguagem de um cientista contemporâneo, um pouco diferente da de Sócrates ou de César, encontramos essencialmente a mesma insistência em afirmar que a memória é produção que se constitui no tempo presente, em sintonia com ele, sem o que, ao menos na perspectiva darwinista, que é a do autor, não teria qualquer eficácia ou razão de ser.

Em suma, a memória humana não é um sistema rígido e repetitivo como o da informática ou o do código genético, na biologia, mas inventiva em função do entorno – o percebido. Não posso agora trazer mais elementos do modelo de funcionamento cerebral e de constituição dos tempos da consciência de Edelman; se pudesse, mostraria que há também convergência com a afirmação de Sócrates, talvez de forma ainda mais radical do que no filósofo, de que se trata de uma memória que se enraíza "no fundo de si mesmo", que a memória que importa é uma memória "de dentro".

A teoria freudiana da memória vai na mesma direção para dar conta da experiência com a qual trabalha, é maleável e multifacetada, baseada no que Freud chamou de traços ou marcas mnêmicas e que seriam restos de percepções dos

MEMÓRIA E RECONHECIMENTO: ENTRE OS AGLOMERADOS E A *PÓLIS*

sentidos e das emoções na relação com o outro humano de quem se depende muito, por muito tempo, para sobreviver biologicamente e para se tornar humano. Se nas *Confissões* Santo Agostinho busca Deus no fundo da memória e não o encontra, Freud encontra nela o que chama de desejo inconsciente: esse é o propulsor, enigmático, da vida psíquica, e que não seria senão busca interminável, e pelas vias as mais diversas, da "coisa" como presença visual alucinada. As marcas mnêmicas testemunham uma ausência incessantemente presente, a do objeto paradisíaco perdido – o da satisfação, a ser constantemente buscado nas imagens, nas percepções e pensamentos: o sonho é disso o paradigma. Ou seja, ilustra a tendência da vida psíquica, movida pelo desejo inconsciente, em viver alucinatoriamente as memórias, isto é, sempre no tempo presente.

É como Freud entende também o sintoma neurótico e a memória que nele se cristaliza, à espera de poder se converter em história – com futuro e passado, como toda história. Uma psicanálise propicia a mobilização das memórias abafadas no sintoma, mesmo quando são memórias vazias, memórias habitadas por excessos de silêncio ou de barulho, mas sempre em busca da palavra em que poderão encontrar corpo e história. As falas e os gestos que tiverem esse poder serão engendrados no interior da análise em que analisando e analistas tenham, em alguns momentos, podido se tornar "um possuído da memória", na bela expressão que Le Goff usa para designar o poeta da Grécia clássica (p. 125). Essa expressão lembra também o poeta épico que, segundo Freud, foi o primeiro humano, aquele que pela linguagem saiu da fala muda e compacta da massa para dizer, como drama, o assassinato do pai, de modo a despertar a fantasia e o desejo, reavivando os sonhos dos que o ouviam (*Totem e tabu*): isso foi no início da cultura, da moral, da religião, segundo Freud e, poderíamos acrescentar, no início da cidade e da história.

É em algo dessa ordem que penso quando falo em reconhecimento e que corresponde ao que Freud chamou de intervenção indispensável de uma pessoa que "esteja a par" quando o outro ser humano, um bebê em desamparo, requer a ação e a palavra justa, movimento que estaria na origem de "todas as razões morais" (Projeto, 1895). Esse é o ato humano e humanizante por excelência,

A PSICANÁLISE NAS TRAMAS DA CIDADE

e que por requerer "estar a par" supõe estreita e inspirada sintonia com o que, nas particularidades que lhe são próprias, o outro requer. Nisso difere da ação humanitária em que o saber sobre o que o outro precisa é suposto ser sabido *a priori* por todos, como universal, levando, por exemplo, a ações de solidariedade coletiva. Pode fazer bem para quem recebe a ajuda, mas não corresponde a um ato constitutivo do outro no que esse tem de mais singular em sua fantasia, em sua história, como o reconhecimento a que se refere a psicanálise.

Em nossa prática clínica, podemos fracassar nesse ato de reconhecimento do outro em sua íntima particularidade, e podemos, nós, analistas, não ser "possuídos de memória" (como o poeta da Antiguidade) sempre que disso precisamos. Então, ao inverso do que se busca na prática da psicanálise, atropelamos e destruímos as memórias, por um excesso de saber, por um apego a nossos ideais técnicos ou morais, por necessidades defensivas narcísicas ou libidinais, no terreno do que chamamos de contratransferência.

Le Goff, que vem nos acompanhando aqui e ali nestas considerações, afirma não só o caráter fundador da memória, como vê nela o fundamento da identidade das pessoas e dos povos, lembrando que "a perda voluntária ou involuntária da memória coletiva nos povos e nas nações pode ocasionar graves perturbações da identidade coletiva" (p. 108). Ora, na luta das forças sociais pelo poder, por exemplo, recorre-se à destruição voluntária da memória. Assim, enquanto os imperadores romanos procuravam, na linha do que dissemos acima, garantir a sua memória com monumentos, registros, inscrições, podiam, ao morrer, cair em *damnatio memoriae* por terem sido demasiado tiranos e despertarem o ódio do senado: este fazia desaparecer dos arquivos e das inscrições monumentais o nome do imperador. Todos vimos recentemente estátuas de líderes sacralizados tombarem no Iraque, bem como nos países dominados pelo comunismo no leste europeu. A cidade de Leningrado, antes Stalingrado, antes São Petersburgo, voltando ao nome original.

O sínodo (congresso de bispos católicos) de Reisbach decidiu sobre os excomungados da Igreja, no ano 798, que "depois de sua morte não se escreva nada em sua memória", e, em 1027, outro sínodo determinou sobre estes:

MEMÓRIA E RECONHECIMENTO: ENTRE OS AGLOMERADOS E A *PÓLIS*

"e que seus nomes não sejam lidos no altar sagrado entre aqueles dos fiéis mortos". O desobediente, o que caiu em desgraça, é punido pela Igreja, pela exclusão da comunidade dos fiéis para além da morte; nenhuma menção ao desaparecido, fazendo como se ele nunca tivesse existido, num ato de punição que vai à contra-corrente do que Freud descreveu como trabalho do luto. Neste, a lembrança viva e dolorosa de uma pessoa amada perdida é retomada na memória, detalhe por detalhe, mil vezes. Proust, em *Albertine disparue,* se exaspera em ter que perdê-la tantas vezes, pois ao reviver cada lembrança, por vezes ínfima, essa é seguida da dolorosa constatação da ausência sem retorno da pessoa amada ("Madeleine n'est pas là", p. 96).

Retomando o exemplo dos excomungados, além da destruição física é importante que a memória do morto desapareça, da mesma maneira que a memória de acontecimentos significativos para um povo, ao invés de serem comemorados regularmente com pompas e rituais, pode ser simplesmente eliminada e considera-da como não tendo acontecido, o que é sempre um ato de extrema violência pelo qual é negado o reconhecimento de uma marca da identidade social de um povo.

Reconhecer o acontecido, o mais próximo de sua configuração, é ato constitutivo tanto para um povo, como para uma pessoa com quem estamos em relação. Quando se trata de uma pessoa, tratar o acontecido como não tendo acontecido é uma forma de enlouquecer o outro, de desacreditar as referências daquilo que é, do que sabe ser. O reconhecimento requer largueza, generosida-de, coragem na relação com a vida, e também despojamento, pois implica em não negar mesmo aquilo que, não sendo vantajoso para si mesmo, impõe-se a nosso julgamento, em nossa relação com o outro. O filme *Dogville* dá uma boa ilustração dos efeitos nefastos para o outro da hipocrisia e das pequenas covar-dias do cotidiano.

Deparamo-nos, pois, com a pergunta sempre dirigida ao outro: o que sou para você? O que significo para você? O que você acha de mim, ou o que sen-te por mim? Existo para você? Você deseja que eu exista, tem algum prazer nisso? É uma pergunta imbricada com o que há de mais fundamental no senti-mento de existir. A psicanálise problematiza-a sob a noção de narcisismo, tendo encontrado – pelo estudo das condições psicóticas – nas camadas mais arcaicas do Eu uma potencialidade paranoica de radical incerteza. O reconhecimento por outrem que procura "estar a par", que se interessa pela pessoa em suas particularidades, é condição para que ela se constitua e se sustente dentro de uma margem de confiança indispensável para poder viver, sentir-se vivendo, sonhar, ter projetos e levá-los adiante.

E em que tudo isso nos instrumenta para pensar a oposição entre Pólis e aglomerados nas megacidades? Primeiro, preciso dizer, para responder a essa pergunta, que tomei a palavra *Pólis* no sentido que lhe é dado por Hanna Arendt em seu ensaio sobre "O que é a política": Pólis é, para ela, o lugar na cidade onde "acontece o político ao se falar entre iguais", onde uns dão atenção aos outros e se escutam, numa condição em que não estão nem submetendo nem sendo submetidos por outrem ou pelas necessidades da vida. Esse *lugar estável,* onde os homens falam na presença atenta dos demais, é essencial para que suas palavras efêmeras, ao criar acontecimentos memoráveis vindos de tempos longínquos, adquiram o poder de dar origem "a novos começos", ao se tornarem, elas mesmas, acontecimento. Isso constitui para ela o ato político por excelência. Ora, essa descrição pode nos levar a pensar no "lugar estável" que, não só materialmente, como psiquicamente, procura-se constituir para que uma análise aconteça. Entende-se que um dos elementos cruciais de uma análise são esses momentos de reconhecimento da condição de fala do analisando e a possibilidade de se estar "possuído pela memória". Somos, nesses momentos, capazes – analista e/ou analisando – de encontrar a palavra, o gesto justo, de uma presença que "está a par", "ao corrente" (Freud, Projeto, 1895), em sintonia, para ouvir a singularidade silenciada de um dito que refaz a história, ao mesmo tempo que a relança.

Por analogia, chamei de *Pólis* as configurações e lugares da cidade que permanecem fiéis à sua vocação, ao favorecer a construção de memórias e a criação de histórias entre os que ali habitam, histórias que, no presente, abrem para futuros, ou seja, lugares favoráveis ao desenrolar de vidas humanas. O crescimento explosivo e a constante transformação das megacidades, num ritmo excessivamente rápido quando comparado ao de uma vida humana, com migrações constantes e em larga escala das populações, cria evidentemente amplas áreas desvitalizadas culturalmente. São áreas que favorecem o anonimato das pessoas, a destruição das memórias, das referências e, portanto, das possibilidades de reconhecimento. Nelas, tendem a se desfazer o sentimento de identidade e de história pessoal na trama de vínculos, ambivalentes por natureza, próprios de toda vida humana. Os aglomerados, gerados nos lugares onde a cidade se refaz muito rapidamente seguindo uma lógica puramente funcional, muitas vezes com populações migratórias com poucas condições de preservar suas tradições de origem, diferem da "pólis" por serem áreas culturalmente amorfas, áreas sem história.

Os aglomerados, inóspitos para a "humanidade" das pessoas, surgem, em particular, nas megacidades subdesenvolvidas, em rápida expansão, como é o caso de São Paulo nas últimas décadas. Mas mesmo nestas, por adversas que sejam as condições, não podemos negligenciar a força das capacidades criadoras de memórias e de sonhos, por caminhos os mais inesperados. Veremos isso se estivermos atentos às respostas, às saídas, que as pessoas e as comunidades vão encontrando. Lembro, a esse propósito, do filme *Babilônia 2000,* em que um cineasta sobe com sua equipe numa favela do Rio no último dia de janeiro de 1999 e entrevista moradores. Virada de ano e de milênio iminente, dia de festa, vemos nos relatos referência frequente à perda de pessoas próximas por morte violenta, mas também nos surpreendemos com outras marcas de vida, habitadas por sonhos e projetos em cada um dos entrevistados. Outro filme documentário, *Edifício Master*, mostra algo semelhante. Trata-se de um prédio onde moram, perto de Copacabana, pessoas de classe média, média baixa, mas quanta história, sonhos, sonhos quebrados, vidas humanas vão surgindo com tanta diversidade e complexidade, à medida que o cineasta os convida a falar.

OS LUGARES E O ATO ANALÍTICO – A CIDADE ENTRE A *PÓLIS* E A AGLOMERAÇÃO[1]

Beatriz Helena Peres Stucchi, Francisca Vieitas Vergueiro, Lourdes Tisuca Yamane, Luís Carlos Menezes, Marina Kon Bilenky, Marina Ramalho Miranda, Patrícia Bohrer Pereira Leite, Silvia Martinelli Deroualle.

Neste trabalho, fazemos uma reflexão a respeito das transformações no desenho que as cidades dos dias de hoje vêm traçando, na perspectiva de interrogar o que se passa no interior de suas tramas. No mundo atual, percebemos, numa velocidade crescente, as transformações na configuração da cidade. Como observa Regina Meyer (2007), alguns urbanistas afirmam que, em um futuro próximo, nos países em desenvolvimento, encontraremos imensas cidades, com condições precaríssimas de sustentabilidade e infraestrutura, enquanto nos países desenvolvidos as metrópoles seguirão estáveis. Quando se fala dessas mudanças, hoje não é mais da metrópole que se trata, mas das megalópoles ou *mega-cities* formadas por grandes conglomerados. Comenta, a propósito, a afirmação de Habermas de que a cidade que está aí é difícil para nós, porque

---

[1] Este trabalho é fruto de um seminário na SBPSP, coordenado por Luís Carlos Menezes, no segundo semestre de 2007.

o nosso coração está apegado a um conceito de cidade que não existe mais. Segundo o autor, baseados nesse conceito, não alcançamos mais a cidade contemporânea.

Walter Benjamin (1989), ao trabalhar a obra de Baudelaire, desenvolve um estudo sobre a modernidade, traçando uma relação entre a cidade moderna e as novas características da subjetividade em função das mudanças das relações sociais. Com o desenvolvimento do capitalismo e das grandes cidades, surge um sujeito que, ao se perder na multidão, encontra-se no anonimato. Nesse contexto, novas relações entre o espaço público e o privado se configuram.

Na metrópole da modernidade pensada por Benjamin (1989), o homem se perde na multidão, porém a construção e preservação de referências estáveis garantem uma pertinência social. Já na megalópole de hoje, o marco de referência se dilui e em seu lugar surgem os grandes conglomerados indiferenciados; o centro se desloca para a periferia na memória de seu habitante, que caminha às pressas, em meio ao barulho nervoso do aglomerado de pessoas e carros; o espaço coletivo torna-se residual, não apenas as pessoas, mas também os lugares se tornam anônimos.

Assistimos ao crescimento desordenado das cidades, que rápida e desajeitadamente se transformam em grandes agrupamentos populacionais de migrantes que, privados de suas raízes culturais, encontram-se em condições as mais adversas. O centro da cidade transforma-se num espaço vazio, já não mais configurando o lugar sagrado: repleto de memórias e sentidos de sua origem. É o caso de Pequim, onde bairros inteiros estão sendo destruídos juntamente com uma história milenar; e onde o cidadão que ali habitava e trafegava é desenraizado de seu grupo de referência e deslocado para a periferia da cidade, sem nenhum laço histórico de reconhecimento e de identificação.

Sem precisarmos ir tão longe, lemos em um jornal brasileiro de grande circulação: "São Paulo ganha um prédio por dia e bairros mudam de perfil" (*Folha de S. Paulo*, 2007)[2]. Quadras residenciais são inteiramente destruídas e, em seu

---

[2] *Folha de S. Paulo,* caderno Cotidiano, 16 de dezembro de 2007.

OS LUGARES E O ATO ANALÍTICO – A CIDADE ENTRE A *PÓLIS* E A AGLOMERAÇÃO

lugar, imensos edifícios são projetados, dando-nos a impressão de terra devassada. Desse modo, perde-se toda uma trama tecida de memória e de relações de reconhecimento entre o habitante e seu bairro, o morador e seu vizinho; a pessoa e o padeiro de seu bairro, aquele em particular, que possui um nome, uma história para contar; entre a criança e a rua em que solta pipa e pedala sua bicicleta. Desse crescimento desordenado resulta uma cidade fragmentada, colcha de retalhos, prenhe de sentidos entrecortados, abortados ou ainda não nascidos.

Meyer (2007) afirma: "O caos instaura-se como uma nova ordem, porém ainda não encontramos o seu código".

Nas aglomerações nascidas a partir do crescimento desordenado das cidades, perdem-se os elos de comunicação entre as pessoas e as produções de sentido ficam desagregadas, gerando, na sequência, seres em isolamento, vivendo num meio cultural empobrecido.

O crescimento sem planejamento interrompe as cadeias de transmissão cultural, não propiciando espaço e nem tempo de troca, de fala, de construção de narrativas e de rememorização das mesmas Nessas condições, a diversidade não soma, mas cria pequenas ilhas, cada qual com uma cultura própria, que desconhece as outras e não tem acesso a elas. Há lugares em que a malha viva das trocas e das referências culturalmente produzidas é operante e outros em que se encontra desvitalizada, esgarçada. Esse processo é dinâmico e representa um desafio político para as pessoas implicadas ou para as que assim se sentem.

Para nos situarmos mais precisamente em relação a essas questões, foi-nos útil considerar as ideias curiosamente convergentes que encontramos em um psicanalista, Pierre Fédida, e em uma filósofa pensadora do social, Hannah Arendt, ambos com propósitos e épocas muito distintas. Fédida vai buscar em Platão uma teoria dos lugares: o filósofo afirma que entre o mundo do sensível e o mundo do inteligível é preciso postular um lugar engendrador de lugares tanto para o sensível como para o inteligível.

Fédida (1991) recorre a essa concepção para cercar de forma mais precisa e mais fina a condição da fala e da escuta na análise em seu poder de criar formulações e vivências significativas para o sujeito. Já Arendt (2002), em sua interrogação sobre o que seja o político, transporta-se também para a maneira como este era concebido na Grécia clássica. Para que o que diz aquele que fala, enquanto os outros o ouvem com atenção, torne-se significativo, adquirindo permanência – e não fique como um dito fugaz –, é indispensável que essa fala ocorra em um "lugar estável" na cidade, a "pólis".

Ora, de acordo com o que acabamos de considerar, somos levados a pensar que nas megalópoles dificilmente formam-se lugares estáveis possibilitadores do surgimento de sentido para o que ali se passa, vive-se, fala-se, e também que esses lugares tendem a ser destruídos ou nem chegam a se constituir de maneira estável. Formam-se assim lacunas no tecido cultural da cidade, com áreas que, de forma aproximativa, poderíamos dizer que não são "pólis", mas amontoados, aglomerações instáveis e desestabilizadoras, refratárias à permanência do sentido nas relações intersubjetivas entre seus habitantes. Nessas lacunas reina um ir e vir nervoso entre o barulho da violência e a violência do silêncio, como mudez impotente das falas que nada conseguem dizer, que nada conseguem fazer acontecer do que mais lhes importaria em suas vidas.

O originário na formação da cidade

Pensar a cidade e suas tramas nos dias de hoje coloca-nos diante da necessidade de recuperar no tempo a sua história e origem. Uma das compreensões a respeito da formação da cidade em seus começos diz respeito à busca de proteção e abrigo pelo homem em relação aos predadores e às forças da natureza e guarida dos provimentos, ao redor da qual procurava habitar. A psicanálise pode nos auxiliar a pensar mais além, no sentido de indicar que essas necessidades vão acompanhadas pela organização simbólica, como contraponto ao desamparo humano e ao caráter perecível dos que lhe são caros.

O nascimento da cidade é de fato associado, na origem da cultura humana, ao surgimento de uma espécie de espaço sagrado, sob o qual subjazem os sepultamentos dessas antigas civilizações. Assim é que os primeiros resíduos encontrados da história da humanidade têm em sua base o gesto de enterrar os mortos. A percepção da morte e os seus primeiros rituais religiosos são, pois, aquisições fundantes na formação da cultura humana.

No centro da cidade dos vivos, encontram-se sepultados os entes queridos e pranteados; lugar sagrado, no qual se esperava a *não violação* por parte de outros agrupamentos culturais. Não por acaso, as catedrais, os castelos e fortes ocupavam o centro, o ponto demarcatório, a partir do qual as cidades se expandiram e se desenvolveram. Lugar das divindades religiosas e do poder político vigente.

Em *Totem e tabu*, Freud (1913/1977) afirma que foi diante da morte de uma pessoa amada que teria surgido a crença na alma, como algo imortal, não perecível. Foi nessa crença, tão poderosa e persistente, que se originaram não só os temores em relação aos espíritos dos mortos, como a sua veneração, e foi, com certeza, o que levou à prática dos rituais de sepultamento e aos ritos e crenças religiosas nas origens da cultura e da condição humana.

O colapso dos lugares

A inter-relação cidade e indivíduo remonta, pois, às origens da cultura humana, no sentido de que o psiquismo humano desenvolve-se a partir da organização em comunidade. Foi também em *Totem e tabu* que Freud criou o mito do surgimento do homem como ser de cultura. Segundo o mito, o primeiro ato civilizatório teria sido o assassinato do pai da horda. Os filhos, dominados por um pai tirânico e onipotente, rebelam-se, matam-no e o devoram. Morto, retorna na forma de um ideal de grandeza e força a ser buscado por todos. Identificados com o pai morto, os irmãos são tomados por sentimentos de culpa e de nostalgia. Cria-se a partir de então um pacto contra o incesto e o assassinato. Assim, a criação da comunidade humana instaura suas primeiras leis: não matar e a interdição do incesto, como forma de conter a intensidade de seus impulsos (Freud, 1913/1977).

Porém, dizia Freud (1921/1977), "os destinos da horda primitiva deixam traços indestrutíveis na história da descendência humana". E é com essa herança que se constituiu a história do homem em todos os tempos. Na sucessão de momentos de obscuridade e cegueira alternados com os de luminosidade, observamos um movimento de báscula nessa fronteira frágil entre o humano e o desumano, entre a horda e a cultura.

Vemos que, na história da civilização, temos vivido períodos de grande feitos e produções culturais permeados por outros, de crises e regressão do espírito. As sucessivas guerras na história da humanidade apontam para isso. Nos períodos de tempos difíceis, uma espécie de colapso simbólico no tecido social se evidencia, como, por exemplo, no advento da Segunda Guerra Mundial. Esse período revela como a condição humana oscila entre a marca simbólica da memória do morto, de sua lápide, e a suspensão temporária dessa capacidade de abrigo simbólico, onde há homens que podem ser mortos impunemente, na medida em que não são percebidos pelo outro como semelhantes. Assim é que assistimos nos campos de concentração aos corpos, às centenas, sendo jogados em valas, sem a possibilidade de que seja reconhecida, no morto, a identidade de um sujeito: um nome, uma história particular.

Nessas situações extremas torna-se particularmente perceptível, em grande escala, o que chamamos acima de lacunas no tecido cultural. O que se desfaz é o delicado tecido do político, no sentido que lhe dá Arendt, pondo a nu a aridez dos corpos, cujas falas se tornaram, de saída, natimortas. Conglomerado compacto que inviabiliza brutalmente qualquer ato de fala capaz de criar lugares fecundos para os sonhos e os projetos, matéria de que são feitas as histórias individuais e coletivas (Menezes, 2006).

A megalópole e suas fissuras

As lacunas resultantes da desagregação da rede simbólica que sustenta as trocas intersubjetivas podem se estender a cidades inteiras, quando deixa de existir a "pólis" em sua função geradora e estabilizadora de sentidos, com a consequente desarticulação do psiquismo humano, que se volta a modos primitivos de funcionamento, como o animismo e o pensamento mágico. A história das crianças-bruxas de Kinshasa ilustra tenebrosamente esse movimento (Davis, 2006).

Kinshasa é a capital da República Democrática do Congo, país com enormes riquezas naturais, mas devastado por décadas de ditadura seguidas de guerra civil crônica, que desorganizaram todo seu sistema produtivo, político e econômico. A economia informal predomina e a população de Kinshasa vive uma completa erosão da estrutura social. Sem nenhum amparo institucional e rede social que as apoiem, as famílias não têm condições de criar seus filhos, somando-se ainda a essas limitações a epidemia de Aids responsável por milhares de crianças órfãs e portadoras do HIV. A esse fenômeno, segue-se uma explosão de seitas pentecostais, assim como a denúncia em massa de milhares de crianças "bruxas", e sua expulsão para as ruas, até seu assassinato.

> Quando as profecias falham, os pregadores podem facilmente atribuir a miséria constante a causas espúrias, como a bruxaria, muitas vezes apontando crianças como a causa, porque são fáceis de culpar e menos capazes de se defender. A família que busca o conselho do pregador pode ouvir, por exemplo, que seu filho deficiente está provocando o sofrimento de todos, tendo a deficiência da criança como indicador claro de que é uma bruxa (Davis, 2006, p. 195).

Para Zaltzman (1999), a história política do século XX, cujos regimes totalitários praticaram formas inéditas de massacres, inscreve o assassinato como acontecimento possível fora de toda lei.

Em artigo inspirado no livro de Giorgio Agamben, o *Homo Sacer,* pergunta: "Como pensar a partir de agora o crime nu, a vida reduzida a bios puramente degradável, e o homem definido como 'matável'?"

Agamben (2002), filósofo da atualidade, ao apresentar a ideia de suspensão temporária da capacidade de abrigo simbólico, indica-nos a figura do homem nu, ou seja, o homem cuja vida perde seu halo de sacralidade culturalmente estabelecida e que passa a ser "matável", num ato que não teria qualquer significado social e jurídico. A destruição de sua vida deixando de configurar um assassinato, para se tornar um fato sem qualquer significação legal ou moral.

Insistimos na ideia forte da psicanalista Zaltzman, ao postular a existência de uma área primeira do psiquismo que escapa a qualquer registro da organização cultural humana em sua função de muro protetor do indivíduo, presente como um enclave pré-cultural, desumano no sentido de pré-humano, e que é da ordem do puro ato, destituído de qualquer significação.

Na relação civilizada entre os homens, permaneceria, pois, latente um modo de relação em que o outro pode ser visto como excluído da condição humana, portanto, "matável" como um inseto. Impõe-se a violência da indiferença (Zaltzman, 1999). Ao inverso, a autora enfatiza a importância de um invólucro de proteção e de sustentação primordial, inerente ao "fato" de pertencer à condição de humano.

Para o humano manter-se, para sustentar o pacto gerador da cultura, é necessário uma força psíquica no sentido de uma contínua construção da "pólis". Não podemos esquecer que, se nos referirmos ao pensamento de Freud, os marcos sagrados que sustentam a cultura se originam na memória imemorável de um assassinato, a morte e a devoração coletiva do pai primevo.

Um fato quase corriqueiro do noticiário dos jornais ilustra o quanto é frágil essa relação intersubjetiva da qual a cultura é fiadora: anos atrás em Brasília, jovens de classe média atearam fogo em um homem que dormia num ponto de ônibus. Diante da revolta da tribo indígena, pois se tratava de um índio, justificaram-se dizendo que pensavam que fosse um mendigo. Um mendigo... seria "matável". Sua morte pelo fogo seria um mero divertimento que não implicaria em qualquer responsabilidade ou justificativa.

O engendramento de "lugares"

Como pensar a questão da subjetividade nos dias de hoje, quando esvaziada de sentido fecundo? O desejo humano é uma formação singular, no entanto, é preciso considerar que o eu faz-se também em conformidade com o entorno, protegendo-se na malha da cultura. Há sempre uma tensão entre o ser igual e o ser único. Apazigua-se a tensão com o reconhecimento da própria existência por meio do reconhecimento do outro e de si próprio.

Por isso as pessoas não cessam de buscar brechas nos muros de massificação, de violência e de indiferença criando estratégias espontâneas de encontro nos espaços na cidade.

Na construção dos novos marcos, temos a possibilidade de resistência ou resgate de possibilidades de vida. Vemos, assim, tentativas de agrupamento por bairros, que se transformam em guetos de resistência, oásis de sobrevivência. Na geografia da cidade revelam-se lugares de troca de singularidades nas relações funcionais. Surge a importância da memória e da historicidade como reduto contra a indiferença, a desterritorialização, como respostas ou construções autoterapêuticas; desígnio no qual se admite que algo de cada um tem lugar, permanência no tempo e espaço, apropriação de existência e suporte para a subjetividade.

É no momento em que parece não haver mais lugar para a existência de uma linguagem e relações humanas significativas que vemos a tenacidade com que as pessoas lutam com os espaços urbanos hostis e, muitas vezes, conseguem reutilizá-los para sua vida. No filme *Não por acaso*, Phillippe Barcinski (2007) retrata o uso do Minhocão da cidade de São Paulo, aos domingos e feriados, pelos pedestres da região. Nesses dias, presenciamos, num movimento de ir e vir, carrinhos de nenês, pessoas pedalando bicicletas, passeando, jogando conversa fora, namorando, tocando violão. O cineasta conta que vê ali toda uma poesia. A etimologia sempre está por perto do "dar origem", relançar a vida que força caminho por onde dá e quando dá, no meio das massas volumosas de concreto e nas pistas apinhadas de carros e caminhões.

No documentário *En el hoyo*, que retrata a construção de um gigantesco viaduto na Cidade do México do ponto de vista dos operários, o cineasta Juan Carlos Rulso (2006) explora o contraste dos operários "pendurados" nas ferragens altíssimas, enquanto a cidade frenética se agita lá embaixo, no ir e vir dos automóveis, no barulho ensurdecedor de um tempo acelerado. Numa situação tão árida, hostil e turbulenta, emerge uma espécie de rede social e solidária em meio aos operários. Desse lugar extraem-se depoimentos sensíveis como o do guarda de trânsito que comenta o quanto é difícil permanecer ali dez horas por dia sendo agredido ao tentar organizar o trânsito, como o de um operário que diz não poder inaugurar esse viaduto, já que não sabe dirigir um carro e nem possui uma bicicleta. Ao final, fazem uma troca de fotos para que essa experiência possa ficar na memória.

Em seu ensaio *Ethos e amizade: a morada do homem,* Olgária Matos (2008) procura refletir sobre a questão do ético como condição de enraizamento e pertencimento a um mundo compartilhado, para que nessa morada possa criar valores, laços afetivos de reconhecimento entre os homens, de *phylia* e comunidade política.

Necessitamos de "lugares" onde seja possível exercer uma comunicação necessária para a sobrevivência, onde sejamos reconhecidos e encontremos algo que nos pertença e com o qual nos identifiquemos. Onde possamos, ativamente, deslocarmo-nos e sermos reconhecidos.

Pensando o espaço analítico como um lugar de produção de sentidos, como construção do humano, discorreremos sobre um caso clínico, no qual uma criança, a partir do trabalho analítico, vive uma experiência de humanização e de inserção na cultura, fundando no interior de sua realidade psíquica a noção de eu e outro, de tempo e espaço. Ao mesmo tempo, pela primeira vez, a morte passa a ter um lugar e reconhecimento na vida desse garoto.

Trabalho realizado por meio de rituais, como nos povos primitivos, a fim de dar abrigo psíquico a uma tentativa de elaboração do luto em relação à separação do objeto primário. Como é dito no final do *Fausto* de Goethe: "No princípio, era o ato". E assim se sucedeu com essa criança.

Théo, um pequeno garoto que vivia alheio ao mundo humano, gostava de dizer que era um *alien,* um *ET* ou um *lobisomem*, ficando por um bom tempo a urrar como um lobo. Vivia aturdido, sem um fio condutor que sustentasse algum desejo, movimento ou ideia. Brincar não sabia. Pedia à analista para ensiná-lo, o que a comovia imensamente: "L., me ensina a brincar". Gostava mesmo era de ficar fusionado ao corpo da mãe, *chuchando* o seu cabelo (o da mãe). Fora isso, nada mais lhe interessava. Sem o corpo da mãe só lhe restava ser um *alien,* já que não havia um espaço outro, no qual pudesse sustentar uma possibilidade de existência.

Alguns anos de análise, entre idas e vindas, num certo dia configurou-se um jogo de natureza simbólica. Surgiu um *grupo* composto de vários personagens e, simultaneamente, *o líder,* que se dispunha no centro divisor entre, de um lado, *os monstros*, os lagartos pré-históricos, o homem-sem-cabeça, o homem pau-nogueira e, de outro, *os humanos, as pessoas normais*, como gostava de chamá-los. Na verdade, eram dois grupos, o *dos monstros*, *do mal*, e o *dos humanos, do bem*. Ocorre aqui a primeira expressão de uma cisão, o recalque primário.

Após repetir inúmeras vezes esse jogo, como um trabalho insistente de elaboração, Théo realiza de modo comovente o que vamos chamar de celebração de seu rito de passagem à cultura humana, por meio de um gesto inusitado: o do sepultamento do objeto perdido, o corpo materno. Nesse momento, morte, finitude e separação se introduzem na vida psíquica desse menino de sete anos.

Assim foi que, em uma determinada sessão, enquanto procurava os bonecos na sua gaveta para montar *o grupo,* encontrou, por um acaso, uma cabeça solta a rolar entre os brinquedos. Durante muito tempo esse menino, com frequência, arrancava a cabeça dos bonecos. Tomou-a em sua mão, a observar por alguns instantes, intrigado com aquela cabeça solta, sem saber o que fazer com ela. Comenta com a analista:

"Ele está morto... Cortaram a cabeça dele... o que vamos fazer com ele?"

Titubeante e indeciso, vira para um lado, para outro, até que diz:

"Já sei, vamos enterrar o morto aqui."

Revolve os brinquedos do fundo de sua gaveta e enterra o morto, jogando todo o material restante em cima.

No dia seguinte, Théo deparou-se novamente com a cabeça solta e, intrigado, comenta:

"L., essa é a cabeça do morto!..."

Théo pede uma bacia à analista e enche de água. Dispõe ao seu redor *o grupo,* composto, dessa vez, pelos lagartos pré-históricos, o líder e o juiz. E, com a tesoura, passa a cortar a cabeça, pedaço por pedaço, e diz:

"L., agora vamos rezar para ele... Vamos L., reza!..."

"Como podemos rezar, Théo?"

O paciente une as duas mãos, inclina levemente a cabeça e começa a orar:

"Morto, que você vá para o céu, vá ressuscitar em paz, lá no céu... E... o demônio também!..." (faz um gesto como que para espantar um espírito mau). "Amém."

E todos os outros personagens participam, ao redor da bacia, desse ritual totêmico. Nesse momento, Théo já pode contar com um recurso, agora de natureza mágica e onipotente, para lidar com suas ansiedades.

Fusão e separação do corpo materno; elaboração do luto; reconhecimento da morte que traz em si a possibilidade de vida; noção de finitude que se abre para a temporalidade; cisão e recalque primário; relação dual que se desdobra em direção à triangulação edípica; ritual totêmico e de sepultamento, todos esses ingredientes vieram selar o despertar de Théo para a vida. Ao criar no seu imaginário um grupo sortido de objetos internos, pôde realizar o seu próprio ritual de passagem ao universo da cultura humana. No entanto, é preciso ressaltar que *esse destino indestrutível da horda primitiva* sobrevive na forma de um *alien* ou *ET*, não sabemos até quando, mergulhado em águas calmas sob um novo movimento que impulsiona Théo para a vida.

Vida e morte se movimentam como um pêndulo nesse pequeno garoto, movimento este agora permeado de humanidade.

Reencontramos a passagem antes mencionada de *Totem e tabu* sobre a origem da ideia da alma e dos rituais de sepultamento. Esta – a ideia da alma – supõe que a morte acarreta uma perda dolorosa para quem fica, por ser o morto uma pessoa amada, ou seja, uma pessoa que tem importância. Daí a crença de que apenas o corpo perece, mas a pessoa continua vivendo como espírito.

É assim que, como afirma Freud (1913/1977), a morte é reconhecida como uma potência contra a qual o sujeito nada pode e que fere frontalmente sua onipotência narcísica, mas é também, ao mesmo tempo, negada pela afirmação de uma alma que continua existindo, por ser imortal. Essa crença, formação de compromisso, situa-se nas bordas em que se constitui a cultura e o humano, como dois termos indissociáveis.

A operação pela qual nos identificamos com nossos objetos de amor, com o outro tomado como semelhante a nós mesmos e aos que amamos, é a única via para que sintamos algo – sofrimento, indignação, horror – diante da morte ou sofrimento de desconhecidos. Essa identificação, condição de empatia, encontra-se no terreno entre o Eu Ideal – o Eu como objeto de amor único – e o Ideal do Eu – amor pelo outro com quem partilha os mesmos valores, as mesmas expectativas e que também aspira alcançá-las. As formações da cultura são o que asseguram, com alguma precariedade, a comunidade do humano. O limite entre o humano e o desumano na relação com o outro, como já assinalamos, depende de um trabalho sempre atual da cultura, como algo processual em constante transcorrer, como desafio ético-político do dia a dia no social e na "pólis".

É inegável que a memória da "pólis", ou a memória na "pólis", torna-se cada vez mais difícil de ser mantida nos dias de hoje, movida que é por uma atmosfera de pressão excessiva e turbulenta imposta pelas megalópoles.

A nós, resta encontrar referências estáveis, os marcos de nosso interesse na cidade, a memória que vai construindo a história em oposição aos lugares anônimos, de maneira a recuperar a capacidade de uma escuta que favorece a fala, ao despertar suas potencialidades mito-poéticas na produção de sentido.

Contra a violência da indiferença e a anomia permanece a possibilidade de construção, através de surgimentos espontâneos, de encontros movidos pelo desejo nas brechas de um novo espaço nos tempos da vida e da cidade.

Referências bibliográficas

AGAMBEN, G. *Homo Sacer: o poder soberano e a vida nua.* Belo Horizonte: UFMG, 2002. (Trabalho original publicado em 1995).

ARENDT, H. *O que é política?* Rio de Janeiro: Bertrand Brasil, 2002. (Trabalho original publicado em 1993).

BARCINSKI, P. *Não por acaso.* São Paulo: 2007.

BENJAMIN, W. *Charles Baudelaire, um lírico no auge do capitalismo.* São Paulo: Brasiliense, 1989. (Obras escolhidas: V. 3).

DAVIS, M. *Planeta favela.* São Paulo: Boitempo Editorial, 2006.

_____. *Cidades Mortas.* Rio de Janeiro: Record, 2007.

FÉDIDA, P. *Nome, figura e memória. A linguagem na situação psicanalítica.* São Paulo: Escuta, 1991.

_____. Humain/Déshumain. L'oubli, l'effacement des traces, l'éradication subjective, la disparition. In: P. Fédida *et al. Humain / Déshumain.* Paris: PUF, 2007.

FREUD, S. Totem e tabu. *Edição Standard brasileira das obras completas de Sigmund Freud.* Trad. J. Salomão. Vol. 13. Rio de Janeiro: Imago, 1977. (Trabalho original publicado em 1913).

_____. Psicologia de grupo e a análise do ego. In: *Edição Standard brasileira das obras completas de Sigmund Freud.* Trad. J. Salomão. Vol. 18. Rio de Janeiro: Imago, 1977. (Trabalho original publicado em 1921).

MATOS, O. C. F. Ethos e amizade: a morada do homem. *Revista IDE, Cultura,* nº 46, vol. 31, 2008.

MENEZES, L. C. Preservem as flores selvagens. *Revista Brasileira de Psicanálise,* vol. 40, n. 2, 2006.

MEYER, R. *Nova ordem urbana: vida cotidiana e subjetividades.* Conferência realizada na Sociedade Brasileira de Psicanálise de São Paulo, set 2007.

RULSO, J.C. *En el hoyo.* México, 2006.

ZALTZMAN, N. *De la guérison psychanalytique.* Paris: PUF, 1998.

_____. *La résistance de l'humain.* Paris: PUF, 1999.

CIDADE, SUBJETIVIDADE, POESIA[1]

José Miguel Soares Wisnik

"A criança olha a chuva, as gotas de chuva escorrendo na vidraça, e pressente o que é a tristeza, pressente uma continuidade, uma indefinível e incurável tristeza que marcará talvez sua vida. Mas a chuva passa e a criança esquece. Muitos anos depois, essa imagem lhe retorna como lembrança involuntária num momento de grande melancolia. Curiosamente, porém, ela aparece agora como um bálsamo, por romper a continuidade do presente e por fazer pressentir alguma coisa, na infelicidade atual, que poderá ser recordada com gratidão no futuro". (Paulo Neves, poema em prosa inédito)

É um grande prazer e uma honra ser convidado para iniciar essa longa conversa que envolverá Cidade e Subjetividade, aqui na Sociedade Brasileira de Psicanálise, ao longo deste ano. Para mim, além disso, é uma situação muito feliz que tenham tido a ideia de convidarem a mim e ao Guilherme. A oportunidade de discutir temas como esse, perante este público, certamente nos faz vê-los de maneira diferente da usual – daquela que nos é familiar.

Quero tratar do assunto relacionando a metrópole aos impactos e transformações que ela produziu no sujeito, conforme apontam alguns textos clássicos,

---

[1] Transcrição e edição do *Café Cultural*, realizado no dia 14 de abril de 2007, na SBPSP.

enfocando especialmente a relação da cidade com a poesia: de que modo a experiência da poesia lírica sofre certa mutação significativa com o advento da grande cidade. Pode-se relacionar essas transformações poéticas com o próprio surgimento da teoria psicanalítica – a poesia moderna e a psicanálise acusariam, juntas, as transformações que constituem o sujeito na metrópole.

É imperioso comentar o texto clássico de Georg Simmel, escrito em 1902-1903, "A metrópole e a vida mental", em que se assinala a experiência das grandes transformações de Berlim em processo de industrialização nas últimas duas décadas do século XIX. É o que faz também a *Pauliceia desvairada* de Mário de Andrade um pouco depois: acusa a grande transformação de São Paulo nas duas primeiras décadas do século XX (a cidade, que era um núcleo urbano modesto no fim do século XIX, tinha já 500 mil habitantes em 1920 e cerca de um milhão uma década depois). Nesse período de crescimento exponencial, Mário definiu-a, num verso tão sugestivo quanto engraçado, como *risco de aeroplano entre Mogi e Paris:* instantâneo da máquina moderna assinalando e apagando a distância entre a província e a metrópole.

Assim como Mário de Andrade dizia em 1922 que a poesia moderna não era mais melódica e linear, mas simultaneísta, harmônica e polifônica, já que afinada – ou desafinada – com as dissonâncias da cidade, Simmel afirma em 1902 que o processo está ligado ao impacto dos estímulos simultâneos a que está sujeito o habitante da metrópole. Mais ainda, diz que a cidade é o lugar paradoxal em que o tremendo incremento de liberdade e de autonomia individual, em relação à vida provinciana, convive com a pressão esmagadora da divisão e da especialização do trabalho. Ela é o campo de provas da moderna individualidade hiperpotencializada ao mesmo tempo em que anula a escala da pessoa, violentamente desproporcional à escala da vida objetiva. O indivíduo está, assim, entre a necessidade de ser diferente e o peso avassalador da indiferenciação.

Simmel reconhece nesse habitante algumas atitudes típicas de uma nova vida mental: excentricidade e indiferença, sugestionabilidade e reserva defensiva. É como se o indivíduo fosse exigido por uma espécie de sugestionabilidade permanente – ele tem que responder continuamente aos estímulos –, o que o

CIDADE, SUBJETIVIDADE, POESIA

leva paradoxalmente a uma indiferença anestesiante. Colocado entre a extrema sugestionabilidade e a proteção em relação à solicitação contínua, ele se defende do bombardeio desenvolvendo algo como uma couraça psíquica, uma proteção "racional" através da qual mantém uma espécie de reserva metódica diante das excitações. No limite, na impossibilidade de ser inteiramente sugestionável e inteiramente indiferente, faz de uma certa antipatia tácita e recíproca para com o vizinho o modo por excelência da sociabilidade média.

Quem melhor encarna o resultado dessa polarização cruzada, como tipo mental, na visão de Simmel, é o *blasé*. A sua figura é talvez a mais peculiar contribuição da metrópole à galeria dos tipos culturais. O *blasé* é aquele indivíduo que figura a saturação de estímulos e de informações numa atitude entre petulante e entediada por indiferença e por excesso. Não a indiferença pura e simples, mas uma indiferença marcada pelo acúmulo, e cuja chave, diz ainda Simmel, são as indeterminações determinadas pelo dinheiro, que distingue e indiferença a tudo e todos. Na figura do *blasé*, como na do homem comum, reconhecer-se-ia o curto-circuito da vida mental urbana, em que a atitude reservada manifesta o choque circular entre o apelo à individualidade e a indiferenciação.

Essa questão é crucial para a poesia moderna: trata-se, nela, de expressar e dar forma à sensibilidade num ambiente de insensibilização, ou melhor, num ambiente em que a sensibilidade é inseparável, no próprio sujeito, da proteção insensibilizante. Se o *blasé* se compraz no estado de insensibilização do qual ele se faz o índice típico e atípico, o poeta moderno é, de certa forma, o quase *blasé* compulsório que, no entanto, examina a fundo as condições a que está submetido, a ponto de extrair delas um saldo inesperado. Os choques da aglomeração urbana são a carga insensibilizante e ao mesmo tempo o magma de uma nova sensibilidade. A figura do *dandy*, que leva a atitude *blasé* às raias da mais extremada estetização, dando a si próprio o acabamento das coisas e do fetiche, foi como se sabe uma referência incisiva na constituição da poética baudelaireana, que se confronta com o choque, a mercadoria e seus avatares, a massa e a moda.

A questão viva do texto de Simmel será retomada justamente num outro texto clássico, "Sobre alguns temas em Baudelaire", de Walter Benjamin. Embora não o cite, Benjamin retoma Simmel, relacionando-o a Bergson, Proust e Freud. No fundo, expõe o quanto o diagnóstico de Simmel está ligado a intuições e a formulações freudianas, através do comentário ao texto "Mais além do princípio do prazer". Antes de mais nada, coloca-se que a questão bergsoniana da experiência da duração ressoa em Proust no conceito de *memória involuntária* – confluência de "dados acumulados, não raro inconscientes", que emergem na lembrança como a aura *não verbal* da experiência. Memória involuntária é, pois, o contato com a experiência que ressurge de maneira sinestésica e difusa quando somos tocados, em momentos quase secretos, por certos estímulos disparadores – sonoros, olfativos, táteis, visuais. Esse estímulo dispara uma sensação de vívida recordação, o sentimento de ser transportado para uma experiência perdida que retorna com mais força do que quando foi vivida. Essa questão, como se sabe, está no cerne da obra de Proust. Benjamin diz que a formulação de Bergson, em afinidade com a de Proust, indicia o que a cidade faz perder, aquilo que nela se tornou difícil e problemático: a espontaneidade da memória involuntária nas condições de choque continuado que o mundo urbano produz.

É nesse momento que Benjamin recorre a Freud, falando de uma passagem de "Mais além do princípio do prazer" que, embora não sendo o ponto central do argumento freudiano, é fundamental aqui. A passagem diz que a memória consciente, ao registrar uma experiência, põe em ação um dispositivo de apagamento que a queima ao guardá-la, cauterizando o seu núcleo afetivo. A lembrança conscientemente inscrita, acessível a nós através da memória voluntária, guarda a experiência reduzindo-a a uma vivência desfibrada do seu nervo. No texto de Freud, como se sabe, o próprio sistema da consciência aparece como um sistema de proteção contra estímulos excessivos e dolorosos. É como se a couraça psíquica à qual se refere Simmel fosse um excedente de proteção e de insensibilização já socializado no mundo da metrópole pelo fato de estar-se exposto ao meio traumatizante. Ou seja, a vida na metrópole redobra o caráter defensivo da consciência. Freud observava que, quando a barreira defensiva não suporta o choque traumático, sendo rompida por ele, é o sonho repetido e a lembrança obsessiva que buscam apará-lo, pondo em ação o efeito cauterizador da consciência pela repetição imaginária do trauma (como sabemos, a presença dessa repetição

CIDADE, SUBJETIVIDADE, POESIA

enigmática tem consequências importantes, levando Freud a pensar que o sonho tem uma função diferente daquela da realização de desejos, o que o levou à ideia da pulsão de morte). Se a consciência serve de proteção contra os estímulos e o poder destrutivo dos choques, é a normalização do choque pela sua repetição na consciência que protege contra o efeito traumático dos mesmos.

Para efeito do nosso tema, importa em primeiro lugar o fato de que a poesia moderna vigora, certamente pela primeira vez, num mundo em que a memória involuntária, com seus sortilégios líricos, torna-se um artigo raro. É como se o chão imemorial em que ela medrou, dispondo do pré-requisito psíquico das suas propriedades associativas – aquilo que se chama romanticamente de inspiração ou, classicamente, de voz das musas –, parecesse agora faltar ou, pelo menos, não estar no mesmo lugar. Se a memória involuntária, isto é, a força integral da experiência, é a fonte da poesia lírica, a questão que Walter Benjamin se coloca, ao pensar em Baudelaire, é: como se dá a lírica num mundo em que a memória involuntária tornou-se problemática? Ou: se a cauterização insensibilizante esteriliza "para a experiência poética" a força do acontecimento, "incorporando-o diretamente ao inventário da lembrança consciente", a poesia lírica tem que se fundamentar numa experiência atrofiada em que a recepção do choque se tornou regra.

Essa situação se reconhece em avatares da poesia moderna, na linhagem de Baudelaire, Poe, Mallarmé, Valéry, Pessoa: poetas reflexivos, autoconscientes, que reviram a enorme sensibilidade subjacente a uma insensibilização compulsória, e para os quais o processo de criação da obra de arte ganha a relevância de uma obra de arte. Na leitura de Baudelaire por Benjamin (simplificando-a muito), o poeta esgrima – introjeta, projeta, injeta – nas palavras os choques expostos da cidade, as massas e as mercadorias. Marshall Berman interpreta – num capítulo sobre Baudelaire de seu livro *Tudo o que é sólido desmancha no ar* – um poema em prosa presente em "Spleen de Paris", cidade então recentemente pavimentada de macadame na qual o simples atravessar um bulevar cheio de veículos velozes tornara-se física e psiquicamente uma exposição ao choque. É nela que o poeta, ao cruzar apressadamente a rua tornada agora perigosa, deixa cair a sua auréola sacral sem condições de voltar para recuperá-la, sob pena de ser esmagado pelas rodas e patas do próximo veículo. Assim, o ato prosaico de cruzar a rua ganha uma empostação alegórica, acarretando a renúncia definitiva ao halo pré-moderno do vate e, com ele, à correspondente disposição da sensibilidade. Fique claro que essa perda não se esgota numa atitude deceptiva, e que, ao contrário, em Baudelaire a queda é uma conquista: a poesia está liberada da carga mítica da elevação, e frequenta agora tanto as alturas quanto as sarjetas, o sublime e o mercado.

Podemos reconhecer uma virada similar em Edgar Allan Poe, poeta norte-americano que Baudelaire traduziu e lançou na Europa. Em *A filosofia da composição,* Poe expõe o acintoso (perante uma visão sentimental da poesia) método de composição que atribui ao seu famoso poema "O corvo". Segundo diz, o poema foi construído de maneira prévia, programática e pragmática visando ao seu efeito emocional: o poeta calculou o número de versos compatível com a duração média da intensidade afetiva, deduziu a forma estrófica e o ritmo, tudo isso de maneira a fazer ressoar a cada final de estrofe o famoso estribilho que tomava como mote: "Never more!" (um refrão cheio de tenebrosas intensidades afetivas em busca de uma trama poética e narrativa à altura do seu difuso efeito prévio). Como de um sonho do qual se acorda sem recordar-lhe o conteúdo, as duas palavras lhe pareciam, por si só, carregadas de um impacto indizível, de uma poderosa impressão subjetiva que o poema deveria poder produzir no leitor, como uma máquina de fabricar comoções. Mas, para isso, tratava-se então de construir o poema às avessas, do fim para o começo, de maneira que ele desembocasse sempre, a cada ciclo, no fatídico estribilho. É só assim, posto o poema nos termos da resolução desafiante de um problema prático, que Poe diz ter recorrido então à imagem da ave negra que repete sempre, num automatismo sinistro, o sintagma fatal cujo conteúdo desconhece. A questão da "filosofia da composição" em Poe consiste, pois, em reconstituir ou produzir pela forma poética, já com a frieza de cálculo própria à futura publicidade, um efeito indizível do qual o leitor se configura como o alvo, e o poema como a arma disparadora.

CIDADE, SUBJETIVIDADE, POESIA

O mínimo que podemos dizer, no caso, é que a expressão "Never more!", tal como descrita por Poe, concentra a força típica da memória involuntária. De certo modo, o que ele propõe como método não seria novidade: não é novidade que os poetas tenham procurado, desde sempre, "no reino das palavras", a forma capaz de condensar conteúdos afetivos intensos e difusos, e que tenham chegado a isso guiados, mais do que por desígnios transcendentais, pela rede semântica e sonora das palavras – pela poesia como um fazer, tal como se inscreve na palavra *poiesis.* A grande novidade aqui, para a história da poesia, é o caráter declarativo e peremptório desse intento, o teor dado a ele de uma empreitada racionalizante, ditada pelo indivíduo, cujos objetivos prévios tomam a espontaneidade da memória involuntária como um objeto a ser mimetizado e construído. Em suma, Edgar Allan Poe está dessacralizando a figura do vate inspirado e assinalando, com evidente propósito, a cisão moderna, no sujeito, entre a espontaneidade lírica e a sua formulação, entre a disponibilidade para as associações não conscientes e a árdua reconstituição de sua intensidade. O rito da poesia moderna converte-se não na expressão da prévia intensidade indizível (que, no entanto, está lá), mas numa declarada técnica de produção da memória involuntária, que está como que inacessível a ela mesma.

Curiosamente, o linguista e poeticista Roman Jakobson observou um detalhe que teria escapado à armadura consciente exibida por Edgar Allan Poe na fabricação do seu poema: a palavra em inglês *raven,* corvo, é um anagrama – senão o palíndromo – de *nevar*, a expressão fonética de *never*, nunca, a indicar que a conexão inconsciente entre o refrão e a figura principal do poema, entre o verbal e o não verbal, o som e o sentido, o intencional e o involuntário, continua, apesar de tudo, a alimentar e a realimentar surdamente a poesia, mesmo em condições de extrema racionalização. Esta resultaria, aliás, numa espécie de manobra propiciatória através da qual se extrai poesia lírica, em condições forçadas, da própria proteção insensibilizadora que a neutraliza.

A primeira modernidade opera, pois, nesse lugar em que o sujeito é ele mesmo o campo de choque produzido pela cidade e o contato da carga elétrica da imensa massa de realidades que ela mobiliza (leia-se, por exemplo, Walt Whitman ou a

"Ode triunfal" de Fernando Pessoa /Álvaro de Campos). A exaltação frenética que acompanha nesses momentos a tremenda carga energética mobilizada, ao modo de uma descarga psíquica, não esconde o seu fundo melancólico: a acreditar em Simmel e Benjamin, a metrópole "democratiza" e eletriza, poderíamos dizer, a acídia do melancólico medieval, transformando a disposição saturnina numa condição de massa. É nesse sentido que a psicanálise e a poética moderna parecem vir juntas: são ambas, mesmo que não somente isso, técnicas de produção da "memória involuntária", com suas associações de valor inconsciente, num sujeito que não sabe de onde tirá-las (o poeta as extrai da sua impossibilidade mesma). A própria "atenção flutuante", inerente ao método clínico, indica ao psicanalista uma atitude correspondente.

Tomemos agora, ainda que muito rapidamente, um outro exemplo naquele poeta que, mais que nenhum, entre nós, deu voz à questão do sujeito moderno na metrópole: o "Poema de sete faces" de Carlos Drummond de Andrade, que abre seu primeiro livro, *Alguma poesia*, em 1930. Não se veja nessa breve leitura mais do que um apontamento sobre as refrações, no poema, das questões de que tratamos:

"Quando nasci, um anjo torto
desses que vivem na sombra
disse: Vai, Carlos! Ser *gauche* na vida.

As casas espiam os homens
que correm atrás de mulheres.
A tarde talvez fosse azul,
não houvesse tantos desejos.

O bonde passa cheio de pernas:
pernas brancas pretas amarelas.
Para que tanta perna, meu Deus, pergunta meu coração.
Porém meus olhos
não perguntam nada.

CIDADE, SUBJETIVIDADE, POESIA

O homem atrás do bigode
é sério, simples e forte.
Quase não conversa.
Tem poucos, raros amigos
o homem atrás dos óculos e do bigode.

Meu Deus, por que me abandonaste
se sabias que eu não era Deus
se sabias que eu era fraco.

Mundo mundo vasto mundo,
se eu me chamasse Raimundo
seria uma rima, não seria uma solução.
Mundo mundo vasto mundo,
mais vasto é meu coração.

Eu não devia te dizer,
mas essa lua
mas esse conhaque
botam a gente comovido como o diabo."

A primeira impressão construída pelas sete estrofes é de desconexão e fragmentação: cada uma delas parece abrir um universo paralelo sem nexo aparente com o anterior. Ao fazê-lo, coloca o seu leitor sob uma espécie de bombardeio de estímulos poéticos em colisão, cuja primeira vítima já parece ser o próprio eu, o *gauche* fadado ao deslocamento e à inadaptação no mundo em que é lançado sem contemplação nem escolha. A segunda estrofe parece-me traçar, num raio subliminar, a passagem da província à metrópole: "As casas espiam os homens / que correm atrás de mulheres. / A tarde talvez fosse azul / não houvesse tantos desejos.". Algo dessa quadrilha desencontrada de desejos (onde homens desejam, vigiados por janelas desejantes, mulheres que não se sabe o que desejam) faz lembrar, do poema "Cidadezinha qualquer", do próprio Drummond, o momento em que "as janelas olham", devagar, a monótona "vida besta, meu Deus". Manter a vida individual sob o controle do olhar geral é um traço da vida provinciana – assinalado também aqui ("as casas espiam"). Mas, no caso desse "Poema de sete faces", numa velocidade e numa voragem ("os homens... correm" sob um impossível céu azul turvado pela proliferação de impulsos) que denunciam já a celeridade da metrópole como campo de liberação da individualidade. A terceira estrofe nos lança diretamente na fragmentação da cidade: "O bonde passa cheio de pernas: / pernas brancas pretas amarelas./ Para que tanta perna, meu Deus, pergunta meu coração. / Porém meus olhos / não perguntam nada.". A cisão entre perguntar e não perguntar, entre a percepção e o sentimento do mundo, entre os olhos e coração, estranhados uns perante o outro, reafirma a economia do choque, de que viemos falando, reconhecível também nesse indivíduo que se apresenta como o homem comum sob a espécie da reserva, "o homem atrás dos óculos e do bigode".

Saltemos sobre as interpelações pelo sentido de tudo ("Meu Deus, por que me abandonaste / se sabias que eu não era Deus / se sabias que eu era fraco."; "Mundo mundo vasto mundo / seu eu me chamasse Raimundo / seria uma rima não seria uma solução."), indo direto à última estrofe: "Eu não devia te dizer, / mas essa lua mas esse conhaque / botam a gente comovido como o diabo." Vai nisso uma piscadela ao leitor, que desvela esse aparente bêbado, esse poema desconexo e desafinado, que aí fala, como algo posto no próprio gume compulsório entre a sensibilidade e a insensibilidade. A *lua* e o *conhaque* fazem aqui, mais uma vez, o papel de índices da memória involuntária, da espontaneidade enviesada, revelando-se em negaceio, como se dissessem, à maneira do que fará a futura bossa nova: "eu mesmo mentindo devo argumentar – eu não devia te dizer –, mas no peito do desafinado também bate um coração". Temos aqui, assim, mais um exemplo de constituição da sensibilidade moderna no período que vai do meio do século XIX ao meio do século XX, carregando e descarregando os choques da grande cidade através da sua saturada autoconsciência, enquanto lança acenos, embebidos de ironia, às fontes inconscientes da poesia lírica. Não esqueçamos, aqui, o fato de que Carlos Drummond de Andrade escreveu aquele

CIDADE, SUBJETIVIDADE, POESIA

outro poema, verdadeiro divisor de águas, em que um trauma enigmático, compulsivamente repetido ("no meio do caminho tinha uma pedra / tinha uma pedra no meio do caminho / tinha uma pedra / no meio do caminho tinha uma pedra"), ficará para sempre – mais além do princípio de prazer – impresso na vida das nossas "retinas tão fatigadas". (Um desenvolvimento dessas e outras questões pode ser encontrado no meu ensaio "Drummond e o mundo", em Adauto Novaes, *Poetas que pensaram o mundo.* São Paulo: Companhia das Letras, 2005.)

Poderíamos falar ainda da poesia-música paulista – considerando São Paulo a capital do século XX no Brasil, a cidade que produziu a "Pauliceia desvairada" e a poesia concreta, que produziu Oswald de Andrade e os poetas cancionistas como Luiz Tatit, Arnaldo Antunes, Arrigo Barnabé. Numa canção de Luiz Tatit, pode-se dizer que é como se ele estilizasse ironicamente a situação neurótica do indivíduo que não aguenta a felicidade, que se espanta com a felicidade e que a recusa como uma ameaça à sua economia psíquica, como se o excedente de sensações aprazíveis pudesse queimar o fusível da vida mental. É uma curiosa extensão das síndromes apontadas lá longe por Simmel. Arnaldo Antunes assume por sua vez a plena positividade do paradoxo de que o indivíduo é uma pessoa e um ninguém. (Esse tema foi desenvolvido longamente por mim no ensaio "Te-manduco-não-manduca: a música popular de São Paulo", encontrável no livro *Sem receita – ensaios e canções*. São Paulo: PubliFolha, 2004.)

Se o jogo estético é a elaboração de uma experiência traumática que nos permite conviver com a dor, a poesia moderna se colocou, no período aqui tratado, num lugar novo em que a operação com o trauma – a insensibilização e a necessidade de jogar com ela – tem como campo o indivíduo, mais propriamente o sujeito constituído sob o crivo que separa a consciência saturada, de um lado, da aura inconsciente da experiência, de outro. O que dizer, no entanto, de uma realidade contemporânea em que o pesadelo traumático se reproduz por conta própria na escala objetiva, por uma espécie de compulsão das coisas, antes mesmo de ser sonhado defensivamente pelo sujeito? Em que o sujeito é destituído daquele privilégio pelo qual se constituiu, mal ou bem, por ocasião da primeira eclosão moderna, como o lugar por excelência da vigorosa crise trazida pelo

A PSICANÁLISE NAS TRAMAS DA CIDADE

mundo das grandes cidades? (Carlos Drummond de Andrade assinalou, a partir do final dos anos 1950, na onipresença da logomarca e da publicidade, a viragem que minava o chão histórico que permitira a existência da sua poesia.) Deixo indicados, mesmo assim, três livros recentes em que se decanta com sutileza a atualidade da lírica: *A cidade e os livros*, de Antonio Cícero; *Viagem, espera*, de Paulo Neves; e *Cinemateca*, de Eucanaã Ferraz.

CIDADE GENÉRICA, CIDADE GLOBAL[1]

Guilherme Teixeira Wisnik

O tema deste texto é a passagem da pré-modernidade, isto é, de um vislumbre de modernidade, de quando a modernidade ainda convive com seu contrário – que é o passado da civilização ocidental que então se transforma –, para a situação atual, em que o resquício daquele elemento anterior já quase se perdeu, ou está muito esgarçado. Esse contexto corresponde a uma passagem de modelo urbano. Naquele período do fim do século XIX houve o surgimento da metrópole.

A metrópole é um fenômeno recente, que traz uma série de elementos palpitantes para os artistas e para a cultura em geral. No momento, fala-se já de uma "pós-metrópole", do fim da cidade, da diluição da ideia de cidade diante de uma globalização tecnológica. Acredito que seja uma visão um pouco exagerada ou muito catastrofista, ou que tenta fazer um elogio exagerado a uma situação que ainda não é exatamente essa. Mas essa, enfim, é a passagem. Nessa passagem, podemos, de fato, perceber uma série de elementos importantes. A metrópole industrial europeia surge a partir do modelo da concentração, e é por isso que gera inúmeros problemas inicialmente. Pois o aumento populacional na cidade foi

---

[1] Transcrição e edição do *Café Cultural,* realizado no dia 14 de abril de 2007, na SBPSP.

um fenômeno novo no séc. XIX. Essa questão foi muito tratada por autores como Dickens, Engels, entre outros. Primeiro Londres, e depois outras grandes cidades, viviam uma situação precária, em que muitas pessoas eram atraídas para lá. Os subúrbios eram terríveis, e as condições de higiene muito ruins. Era uma realidade nova dada pela concentração urbana, porque a metrópole industrial atraía trabalhadores para as fábricas. Um processo que se baseou no seguinte triângulo: a fábrica, a linha de ferro e as minas de carvão. Isso gerou os grandes conglomerados. A maioria das cidades importantes teve origem anteriormente, mas, como fenômeno de crescimento, foram tais elementos que criaram a atração.

Hoje vivemos um fenômeno muito diferente, que é o da dispersão. É o modelo pós-industrial. As indústrias abandonaram as cidades e, elas próprias, com a sua sofisticação tecnológica, já não empregam grande quantidade de mão de obra. O modelo industrial da urbanização entrou em decadência, e vive-se no mundo da pós-industrialização. É esse o mundo das nossas grandes cidades contemporâneas, que não pararam de crescer. Não significa que o fim da indústria tenha ocasionado a dissolução das cidades ou a parada do crescimento urbano. Ao contrário, cada vez mais as populações abandonam o campo e dirigem-se à cidade, porém já se trata de um crescimento urbano sem industrialização e sem desenvolvimento. É uma situação extremamente crítica, sobre a qual desenvolverei mais adiante. Está mais baseada no modelo da dispersão do que no da concentração, à medida que isso cria enormes redes e não polos concentrados. Ao invés do modelo que acompanha as cidades desde seu surgimento, na Mesopotâmia, que era a ideia ritual, umbilical, da cidadela murada, do lugar vinculado ao solo, ao território fechado em si mesmo, hoje em dia a cidade parece mais um fenômeno da mobilidade, ou seja, de lugares de trânsito. Afirma-se muito que: "o espaço tornou-se um derivado do movimento". É a ideia de que não importa mais o elemento rígido da fixidez, do lugar enraizado, mas os lugares que permitem grandes circulações de contingentes cada vez maiores de pessoas. Por exemplo, Paul Virilio, pensador francês ligado à filosofia e ao urbanismo, diz que, em francês, na linguagem corrente, progressivamente, trocou-se a expressão "aller à la ville" por "aller en ville", quer dizer, ir à cidade

CIDADE GENÉRICA, CIDADE GLOBAL

é estar sempre dentro da cidade. Em outras palavras, a cidade não tem mais uma fachada, uma face, em relação à qual nos colocamos. Oposições como "centro-periferia", "cidade-campo" estão em crise. Estão sendo continuamente desfeitas nesse fenômeno de dispersão e de mobilidade.

Se o fenômeno de metropolização no séc. XIX era radicalmente baseado na ideia da dessacralização, de perda da aura, e de trazer uma espécie de choque metropolitano a essa relação de desidentificação-identificação contínua na relação com o outro, atualmente, ao contrário, parece que a relação dos espaços leva a uma espécie de turismo generalizado. No turismo massificado de hoje parece que você vai ver um lugar só para confirmar aquilo que já sabia. Por exemplo, é reagindo exatamente a isso que o personagem do filme/romance "O céu nos protege" (Bernardo Bertolucci/Paul Bowles, 1990) afirma ser um viajante e não um turista. O que está em jogo é a manutenção do sentido existencial da experiência. Portanto, as realidades já são dadas de antemão, e não mais provocam essa fricção do diferente, da relação do sujeito no espaço onde ele tem que lidar com o imprevisível, com esses choques que a metrópole originalmente colocou em causa. Os fenômenos da banalização e da comercialização turística do mundo parecem aludir de alguma forma a isso: como se o mundo inteiro já estivesse colonizado pela civilização, e tudo o que fazemos é confirmar essas informações que já nos foram dadas anteriormente. Um exemplo é o fenômeno dos japoneses que não param de fotografar em qualquer lugar em que estejam: armazenar imagens de uma situação previamente dada e não mais viver a experiência daquele lugar.

O tema da perda da experiência – que é benjaminiano – radicaliza-se cada vez mais na relação entre as nossas cidades contemporâneas e o espaço. Nessa passagem da ideia de concentração para a dispersão, há outros elementos que poderíamos elencar. Um deles é a mudança da ideia de "lugar" para a ideia de "localização". Há um exemplo claro que ilustra isso. Recentemente, a cidade de Lille, na França, tornou-se um polo estratégico na Europa. Era um burgo antigo, de importância histórica relativamente pequena, que, de um momento para outro, tornou-se um polo estratégico. Isso porque, quando a Europa fez sua integração econômica, essa mudança se refletiu também na integração territorial – por exemplo, criou-se o túnel sob o Canal da Mancha –, modificando completamente a relação dos transportes e da mobilidade entre esses países. É o TGV, o trem rápido, que atravessa o túnel, ligando Paris e Londres. Nessas circunstâncias, percebeu-se que Lille, burgo esquecido, era um ponto intermediário entre Londres, Paris, Bruxelas e próximo também de algumas cidades da Alemanha. Não foi pela importância histórica da cidade de Lille, pelo seu enraizamento na região ou pelo seu contexto topográfico e natural, mas pela sua localização. O fato de estar nesse entroncamento tornava-a muito importante. Criou-se, então, ao lado dela, uma nova cidade chamada Euralille, que é, na verdade, um grande nó de troca de transportes, do TGV, que é o trem rápido, com o trem tradicional, com as grandes autoestradas, com os aeroportos. Percebeu-se que, para uma grande empresa que queira instalar-se na Europa, o melhor lugar é Lille, porque está a 45 minutos de cada uma dessas grandes cidades. Mais fácil chegar à cidade estando em Lille do que estando na periferia da própria cidade, devido ao trânsito. Então, a cidade é localização, ao invés de lugar como essência de lugar. O fenômeno da dispersão é isso, ou seja, a relação estratégica de um território visto de modo ampliado, no caso, o continente europeu.

O primeiro comentário é sobre o impressionismo. Nos quadros de Pisarro, por exemplo, veem-se os bulevares de Paris durante o dia, à noite, no final da tarde, uma série de variações em torno desse tema. Os temas preferidos dos impressionistas são o próprio espaço urbano ou as máquinas, a *Gare Saint-Lazare,* de Monet. O trem é um grande personagem dessas pinturas, as pontes de ferro, enfim, a técnica nova dos engenheiros que estavam construindo essa nova realidade metropolitana é o foco de atenção dos artistas. A torre Eiffel é exatamente isso. O historiador e crítico Giulio Carlo Argan comenta, numa bela passagem, que a torre Eiffel tornou-se muito importante porque foi o primeiro monumento surgido na história humana que era um monumento a si mesma, ou seja, à própria técnica. Não comemorava um papa, uma figura da nobreza, nada disso. Ela era um símbolo em si. Um monumento do (ao) presente. O

CIDADE GENÉRICA, CIDADE GLOBAL

impressionismo trata disso. É a invenção de uma subjetividade fundamental que vira de ponta-cabeça a história da arte, a partir dessa relação com o espaço urbano. A nossa subjetividade ainda é, de certa forma, pautada por isso. Trata-se de descobrir qual seria a subjetividade de um espaço mais disperso. Ainda nos identificamos muito com a experiência da concentração. No entanto, historicamente, é uma experiência já ultrapassada.

Como contraponto a isso, temos as grandes metrópoles. Como contraste com o bulevar de Paris – a ideia de que o que circula não são mais as pessoas, mas as coisas. Os contêineres, as grandes caixas, as trocas encontradas nos aeroportos, nos mercados... A multidão se multiplica em diversos níveis. Não só nas pessoas, mas nas coisas e nos edifícios.

Em grande medida, o que a arte contemporânea fez com o tema da subjetividade foi negá-la. O que corresponde à sensibilidade contemporânea do mundo pós-industrial e da dispersão generalizada é a impossibilidade da subjetividade se expressar, de ter um ego artístico que possa dar o seu recado de modo afirmado. Não se vive mais a experiência genuína, portanto, o que a obra de arte faz é reproduzir essa opacidade, vacuidade, essa serialidade, essa ausência de ego, a ausência do eu como forma de expressão. Na arte americana, o minimalismo – ou a *pop art,* que também é um bom exemplo para tratar essa ambivalência entre o culto da personalidade e a banalização, o fato de ser reproduzido como imagem – leva tal vacuidade ao grau máximo. O passo anterior a esse foi Jackson Pollock negando o ego e tentando fazer uma arte que fosse, em grande medida, aleatória, espalhando tintas com o movimento do corpo, ao acaso, no chão. O minimalismo considerou que Pollock foi altamente autoral, expressivo, porque é o "inconsciente que se revela ali". Então, eles partiram para fazer caixas, cubos, todos como se fossem feitos em série, soltos no meio do espaço.

E os shopping centers tratam com precisão nossa realidade. Estacionamentos vazios e a grande construção. E aí, é claro, a construção das rodovias, os automóveis, que expressam mais do que tudo essa ideia de mobilidade como estávamos dizendo. Na verdade, estamos sempre em trânsito, seja com o automóvel, seja mudando de cidade, nesses grandes núcleos que são os aeroportos contemporâneos, aos quais vamos nos referir mais adiante.

É interessante ver como a ideia do anonimato e da multiplicação em série e da desindividualização ocorre de maneiras diversas. Não só nos grandes edifícios da COHAB ou de residências coletivas, mas também nos condomínios que fazem as casinhas todas iguais, com suas piscinas.

Há uma cidade de trailers nos Estados Unidos. São lugares em que você aluga o espaço, chega com o seu trailer, pluga-o em uma rede de água e energia, e tem toda a infraestrutura. Isso nos Estados Unidos é muito presente. É o princípio da mobilidade absoluta e, ao mesmo tempo, a propriedade privada, que é a casa. Eles têm a casa, mas estão em eterna mobilidade, em trânsito.

No espaço urbano atual encontramos também cidades espalhadas, como Los Angeles, tentaculares, que vão crescendo no território, simplesmente através do movimento do mercado mobiliário, que é muito poderoso e vai expandindo suas redes.

Lagos, na Nigéria, no momento tem 17 milhões de habitantes e está previsto que em 2020 seja a terceira maior cidade do mundo, com trinta e tantos milhões de habitantes e sem nenhuma infraestrutura. É um estudo de caso interessante para urbanistas e arquitetos, porque reflete uma situação contemporânea, que é o crescimento enorme das cidades, sem dinheiro, sem desenvolvimento e, portanto, sem que o Estado dê o suporte da infraestrutura. É quase um movimento autogerado.

Las Vegas tornou-se o símbolo do pós-modernismo. Foi erigida como o grande baluarte da crítica ao movimento moderno, e como elogio ao vernáculo comercial americano. Em Las Vegas vista de cima podemos observar um território construído no deserto, feito absolutamente pelo mercado imobiliário e com a ocupação absolutamente dispersa, em torno de um eixo. Robert Venturi e sua equipe – que eram professores de Yale – fizeram, em 1968, uma expedição com os alunos a Las Vegas, como um estudo de caso. Assim como os nossos antropólogos vão às aldeias indígenas, eles foram com uma equipe, anotando, e

CIDADE GENÉRICA, CIDADE GLOBAL

ficaram ali durante um mês. Depois, em 1972, escreveram um livro, *Aprendendo com Las Vegas* (2003), que é um manifesto do pós-moderno. O argumento – que era absolutamente ofensivo ao movimento moderno da arquitetura – era o de que os arquitetos estão preocupados com seu próprio umbigo, com as formas que imaginam, mas legal mesmo é o que o "povo" faz. No caso, o "povo" é o mercado imobiliário americano. Há um deslocamento da ênfase do edifício para a ideia de sinalização, paisagem urbana, que é comercial. O que comunica, numa cidade contemporânea, dizia Venturi, não são os edifícios (a obsessão dos arquitetos pelos edifícios), mas a comunicação urbana, enfim, aquilo que o nosso prefeito Gilberto Kassab (2007) está atacando. Essa é a Las Vegas, com os espaços dos neons, dos letreiros, toda a linguagem kitsch que, no entanto, é tão atraente, ou pelo menos era naquele momento; hoje em dia, já perdeu o caráter de novidade.

A gravura do Piranesi, da série dos "cárceres", mostra como o artista, no século XVIII, teve essas visões absolutamente futuristas. Considera-se, de fato, que ele anteviu muita coisa. Na imagem muito sombria que ele formulou, estava-se pondo em causa a sociedade de massa, que estava surgindo com esses amplos espaços labirínticos e dobrados sobre si mesmos, sem possibilidade de horizonte, de abertura, de escape, espaços gigantescos, monumentais e opressivos em relação aos sujeitos que tentam se locomover lá dentro. Estava-se formulando a sensibilidade moderna de uma situação nova, ligada à multidão, à ausência de Deus, e ao surgimento das metrópoles.

Mas voltemos ao tema da arquitetura moderna – é o movimento moderno na arquitetura e no urbanismo que está em questão, como comentei antes, a propósito da passagem do século XIX para o XX. O livro de Marshall Berman (1986), *Tudo que é sólido desmancha no ar*, coloca em pauta esse tema: defende a ideia da modernidade genuína do século XIX, de autores como Baudelaire, Dostoiévski, num percurso que vem desde Goethe. Essa primeira modernidade foi formulada quando ainda estava em choque com o contexto que a antecedeu, com o que não era ela. O autor acha que a energia moderna que havia então – e que se alimentava da sua própria contradição – é anulada, esterilizada pela modernidade que vem em seguida, e que são as vanguardas – o movimento moderno do século XX –, que na verdade desfazem o que havia de resquício, de contato com o universal, e tentam instaurar um regime do eterno presente, do novo, e esterilizam aquelas contradições. Um movimento dialético da própria modernidade que faz com que ela se autodevore. Berman vê isso acontecer no espaço urbano. Para o autor, o bulevar de Paris ainda é o paradigma do espaço que devemos ter como referência. Para nós arquitetos, isso é, em certa medida, regressivo. Até hoje, quando se pergunta aos arquitetos qual é a ideia de cidade, qual é a imagem de espaço público, eles dizem que é a praça pública como lugar de convívio democrático, lugar do encontro. Permanece a lembrança do bulevar de Paris, dos cafés, da vida a pé. Será que é possível ainda cultivar esse tipo de nostalgia? No livro isso é colocado de maneira viva, trata de Nova York, dos conflitos que a comunidade da contracultura dos anos 1960 viveu ali, contra as grandes obras das rodovias. Ele é muito favorável, embora com alguma crítica, a Jane Jacobs, que tentava restaurar a vida de vizinhança, de bairro, do Greenwich Village, da vida de corações transparentes, dos vizinhos que se conhecem, toda essa relação, digamos, pré-moderna.

Como dois exemplos da mesma questão em polos opostos, temos uma cidade soviética e uma americana. Há cidades soviéticas onde podemos observar o desolamento do espaço público; quase um resíduo, uma sobra. O edifício Mies van der Rohe, em Chicago, talvez seja um exemplo mais animador, mas o paradigma é o mesmo. É a ideia das torres de vidro sobre a cidade-parque. O térreo da cidade é um térreo público. Aquele era um playground, com praças e edifícios soltos. Todos conhecem as críticas a Brasília, tema bastante discutido. Basicamente trata-se da ideia de eliminar a vitalidade do comércio, eliminar a cidade como um lugar de fluxo caótico, de encontro, de choque. Marshall Berman diz que a modernidade pega o que havia formulado antes como encontro de contrários e fricção, e o segmenta através do "mundo da rodovia", das autoestradas – que são já a segunda modernidade. Quer dizer, apropria-se de todas essas contradições e compartimentaliza, espalha, e faz com que não haja mais o choque. O autor cita até uma frase real de Le Corbusier, ao tentar vender a arquitetura moderna para os grandes governantes: "Arquitetura ou revolução!". Ou seja, a arquitetura pode evitar a revolução, deixando o espaço menos permeável a esses confrontos.

CIDADE GENÉRICA, CIDADE GLOBAL

Para concluir, citamos aquela aquela gravura do cárcere que ele prefigurou. O que se comenta – e acho muito estimulante pensar e concordar com isso – é que Piranesi, ao prefigurar esse mundo dos espaços abissais, de gigantismo opressor, que é a sociedade de massas, compreendeu o fim da unidade barroca. O que isso significa? Até o período barroco, o espaço urbano servia ainda como acolhimento, servia para abrigar o ser humano no espaço das cidades. O barroco leva isso a uma apoteose, criando essa grande coreografia na qual tudo o que está no espaço – não só os edifícios, mas os elementos urbanos como um todo – participa de um movimento único. A unidade barroca é essa: criar uma ilusão de que o espaço todo joga junto. É por isso que o barroco se baseia na ilusão do movimento e, ao mesmo tempo, nos espaços muito organizados a partir de centros, obeliscos, eixos. Se considerarmos o espaço urbano desde a cidade antiga, vemos que no Renascimento, por exemplo, Brunelleschi fez o Hospital dos Inocentes, em Florença, a praça com uma série de arcadas, que é um bom paradigma. Mas é fácil lembrar outros exemplos. No Renascimento parte-se da dimensão ainda muito fechada das cidades medievais e se dá universalidade a elas através das praças e lugares que amparam o pedestre, amparam o ser humano que se sente, ao mesmo tempo, dentro de uma universalidade e de um lugar protegido e acolhido. O barroco ainda leva isso a um efeito coreográfico. Prevalece e sobrevive no barroco a ideia de uma unidade espacial entre espaço e edificação: tudo faz parte de um todo orgânico e o ser humano se sente confortavelmente inserido. Piranesi prefigura a consciência moderna, uma consciência profundamente trágica que se dá no espaço; é a ideia de que o espaço não abriga mais, os edifícios já não são mais capazes, perderam a força de imantação que tinham de se relacionar uns com os outros, de criar uma paisagem que nos abriga.

Então, o espaço moderno é um espaço de resíduos. O espaço é um resíduo, é uma sobra e os edifícios são volumes soltos nesse espaço desertificado. A cidade soviética e o Mies van der Rohe também são assim: são torres soltas, num espaço genérico. A consciência da modernidade, da sociedade de massa, está ligada a isso, ou seja, o espaço não tem mais aquele poder de reunião. Pensemos em De Chirico, por exemplo, nos pintores metafísicos com aquele espaço, aquela praça que parece estar expulsando as pessoas, que estão se sentindo oprimidas

125

naquele espaço aberto. É esse tipo de sensibilidade que chamo de percepção trágica da modernidade. Termino com a relação entre o barroco, a modernidade e Oscar Niemeyer. Os edifícios de Brasília, como o Congresso, por exemplo, têm como suporte a linha do horizonte e o infinito, e não mais uma coreografia. Fala-se que Niemeyer é barroco. Ele não é nada barroco; é profundamente moderno nesse sentido. Eu fico por aqui.

Referências Bibliográficas

Berman, M. *Tudo que é sólido desmancha no ar.* São Paulo, Companhia das Letras, 1986.

Brown, S., Izenour, I., Venturi, R. *Aprendendo com Las Vegas.* São Paulo: Cosac Naify, 2003.

ACOMODAÇÕES DO ESPAÇO MENTAL NAS TRAMAS DA CIDADE

Luiz Carlos Uchôa Junqueira Filho

A visão psicanalítica do espaço mental sempre me pareceu fascinante, levando-me a estudá-la com cuidado (Junqueira Fº, 1998/2003). Lembremos, inicialmente, que Freud não faz qualquer referência a um espaço mental ou psíquico, apesar de referir-se a processos internos e externos, à introjeção e incorporação, bem como à projeção e mundo externo. No seu Rascunho H (1895) dedicado à paranoia, Freud utiliza pela primeira vez o conceito de projeção, assinalando que o efeito econômico dessa defesa ocorreria em função de um rearranjo espacial do processo global, em consequência do qual "o assunto principal permanece intocado".

Esse mecanismo, como muitos outros da vida inconsciente, já havia sido descrito por artistas e filósofos antes de Freud ou intuído como podendo explicar certas reações do homem primitivo ou medieval. Um historiador das mentalidades, Bruno Roy, oferece-nos um interessante testemunho a esse respeito:

> O medo do desconhecido geográfico, do qual os monstros são a materialização, não é senão um reflexo dos numerosos medos que estão no interior dos homens, medo de perder a integridade

corporal, medo de uma punição iminente a certos comportamentos, medo do desmoronamento do frágil edifício social.

Freud, como sabemos, propôs várias conceitualizações topográficas do aparelho psíquico, chegando mesmo a sugerir num artigo de 1938 que a concepção humana de espaço poderia ser consequente a uma projeção desse aparelho, invertendo a ideia de Kant de que o espaço e o tempo seriam determinados aprioristicamente.

Paul Federn (1871-1950), estudando os estados narcísicos, as psicoses e as experiências de transição entre consciência e inconsciência, postulou dois tipos de vivência ligadas à psicologia do ego:

O "sentimento do ego" seria um estado obtido pela integração de três condições: um senso de continuidade temporal, um senso de proximidade espacial e um senso de causalidade.

O "sentimento das fronteiras do Eu" seria uma condição inconsciente que forneceria uma noção demarcatória dinâmica entre o eu corporal, o eu psíquico e o superego, garantindo que o eu possa existir até onde se sustente um sentimento de unicidade.

Michael Eigen (1993), inspirado nas teorizações de Federn, sugere que o Eu para progredir precisaria aprender a encolher-se e, para oxigenar-se, aprender a se esticar: através dessa oscilação constante o ser humano poderia explorar as polaridades finitude/infinitude e encarnação/desencarnação, descobrindo continuamente quem ele *é* e quem ele *não é*.

Didier Houzel (1985) estudou a evolução do conceito de espaço mental em Melanie Klein lembrando-nos terem sido E. Bick e D. Meltzer que descreveram o estado de bidimensionalidade onde há indiferenciação entre espaços internos e externos, geradora das identificações adesivas. Com a tridimensionalidade surgem os espaços internos do sujeito e do objeto no interior dos quais qualquer coisa pode ser projetada ou introjetada. A quadridimensionalidade, finalmente, seria possível através da introjeção da parelha parental, marcando a transição de uma relação narcísica com outra de tipo objetal.

A contribuição de Winnicott (1967-1971), através das noções de "espaço potencial", ajudou-nos a entender a interação entre o brincar, a criatividade, os fenômenos transicionais e a experiência cultural. Esse espaço potencial estaria situado, portanto, "entre o objeto subjetivo e o objeto objetivamente percebido, entre as extensões do eu e o *não eu*".

Em Bion (1965), o domínio do pensamento é vislumbrado como um espaço ocupado por *não coisas* e a Geometria Euclidiana rastreada em suas origens intrapsíquicas, surgindo da experiência de um espaço que, no passado, foi ocupado por um sentimento ou emoção. O não seio, ou seja, o seio esvaziado, reduz-se a um ponto, enquanto o *não pênis*, o espaço anteriormente ocupado pelo pênis, fica representado pela linha. O desenvolvimento geométrico de pontos e linhas produz um "desenho"[1] da presença ou ausência de um objeto, de sua existência ou inexistência; a avaliação aritmética, por outro lado, fornece-nos uma noção de se o objeto está inteiro ou fracionado, se é objeto total ou objeto parcial.

Antes de encerrar esse rápido apanhado sobre a concepção psicanalítica de espaço mental, gostaria de destacar a derivação metafórico-metonímica, proposta por Didier Anzieu (1994), ao traçar um paralelo entre a localização cerebral do *Homo sapiens* após sua verticalização vertebrada e a evolução da condição humana que situou o pensar no cimo do psiquismo. Ele baseia sua tese numa alegoria descrita por Beckett em sua obra *Le Depeupleur* (1970), onde as três modalidades de habitantes de um cilindro recapitulam três níveis do pensar em relação às posições de base: 1) Os *sedentários* corresponderiam a corpos sem psique envolvidos com a destruição do pensamento e reduzidos a um ponto no espaço unidimensional; 2) Os *indagadores* seriam corpos habitados por pensamentos

---

[1] Bion apoiou-se para propor esse "desenho" nas origens biológicas da matemática, na constatação de que a unidade (o indivíduo) e a fração estão na base de todas as harmonias da Natureza, como, por exemplo, a Secção Áurea. Trata-se, portanto, de uma concepção com origens bem diferentes da crença no "design inteligente" proposta pela concepção religiosa criacionista.

erráticos e circulares, movimentando-se num espaço bidimensional, enquanto 3) Os *trepadores* aspirariam à ascensão, a um pensar pessoal, ou seja, a um espaço psíquico tridimensional.

Mimetismo: estratégia de convívio social.

Foi Lacan, no seu famoso artigo sobre "O Estádio do Espelho como Formador da Função do Eu" (1949), quem nos chamou a atenção para o papel desempenhado pelo mimetismo[2] como estratégia do convívio social.

Na biologia, o mimetismo é conceituado como a semelhança de um organismo com outro (ou com um objeto inanimado) que confere uma vantagem adaptativa a pelo menos um deles. O organismo imitador recebe o nome de mímico e aquele cujas características são copiadas, o de modelo.

O naturalista inglês Henry Bates (1825-1892) foi o primeiro a conceituar cientificamente o mimetismo ao estudar populações de borboletas no Amazonas e notar a mistura entre duas famílias no mesmo habitat que apresentavam uma grande semelhança física.

Em resumo, os modelos devem apresentar ingredientes repugnantes ao predador, bem como características chamativas como, por exemplo, cores berrantes; além do mais é imprescindível que a população de modelos exceda em número a de mímicos, de modo a "treinar" os predadores a desviarem seu interesse dos mímicos, que, nesse sentido, funcionam como parasitas da reputação do modelo.

Em 1879, o naturalista alemão radicado no Brasil Fritz Müller (1822-1897) descreveu um outro tipo de mimetismo, onde a proteção de um grupo de animais se torna efetiva depois que o predador aprende, pela experiência, a selecionar suas presas: nesse caso não se trata de enganar o predador, mas sim de adverti-lo da presença de características desagradáveis.

---

[2] Agradeço a Diogo Meyer a disponibilização de dados atualizados em relação à concepção biológica do mimetismo.

ACOMODAÇÕES DO ESPAÇO MENTAL NAS TRAMAS DA CIDADE

Um ponto interessante a ser destacado é a possibilidade de ocorrência de interferência cruzada, ou seja, um mímico batesiano de uma espécie pode atuar como mímico mülleriano de outra.

No referido artigo, Lacan descreve-nos como a criança ao redor dos seis meses, ainda mergulhada numa impotência motora, busca fixar ortopedicamente um aspecto instantâneo de sua imagem refletida no espelho, obtendo assim a ilusão de que seu corpo não está mais fragmentado (*corps morcelé*) e, mais importante ainda, constituindo uma matriz simbólica do Eu, um primeiro esboço de subjetividade. No entanto, como essa imagem de si é fugidia, a criança esforça-se para capturá-la e fixá-la, tornando-se assim, num certo sentido, alienada nessa imagem, antes mesmo de iniciar seus procedimentos identificatórios com o outro.

A seguir, o artigo vai nos descrevendo as peripécias vividas por esse Eu primordial, oscilando entre o mundo interior e o mundo exterior, visando a estabelecer uma relação do organismo com sua realidade. Nesse sentido, a imagem especular apresenta-se como o limiar do mundo visível, oferecendo à criança uma base para um tipo de identificação homomórfica, a identificação com um duplo, gerando efeitos normativos a seu organismo. O exemplo biológico trazido por Lacan é o da maturação da gônada das pombas, conseguida pela simples visão de um congênere, ou mesmo pela sua própria imagem especular.

É nesse ponto que Lacan sugere aproveitarmos a identificação heteromórfica presente no mimetismo para estudarmos a significação do espaço no organismo vivo. Seu ponto de apoio é o artigo de Roger Caillois (1913-1978) "Mimetismo e Psicastenia Lendária", constante do livro *Le Mythe et L'Homme* (1938). Segundo Caillois, o mimetismo envolve uma perturbação da relação entre o organismo e seu espaço circundante: no caso humano, a personalidade vai progressivamente renunciando a si para confundir-se com o entorno, adentrando ao campo da "psicologia da psicastenia lendária", se optarmos pela terminologia de Pierre Janet. No limite, cria-se um estado de despersonalização por identificação com o espaço, ou seja, aquilo que o mimetismo realiza morfologicamente em certas espécies animais. Os gafanhotos-folha da América tropical, por exemplo, apresentam élitros que reproduzem folhas chanfradas com uma total exatidão: essa, naturalmente, é uma escolha perversa, pois os torna presas fáceis para indivíduos da sua própria espécie. Nesse cenário em que o animal mimetiza o vegetal, dissimulando ou abandonando suas funções de relação, tudo se passa como se a vida recuasse um grau.

A resposta invariável do psicótico à pergunta "Onde está você?" é: "Eu sei onde estou, mas não me sinto no lugar onde me encontro". O espaço para esses espíritos desapossados parece uma potência devoradora, algo que os persegue, cerca e digere numa fagocitose gigantesca, acabando por substituí-los. O corpo deixa então de ser solidário ao pensamento, o indivíduo franqueia a fronteira de uma pele passando a morar do outro lado dos seus sentidos. Ele próprio se sente virar espaço, espaço negro onde não se podem colocar coisas: passa a ser semelhante, não semelhante a algo, simplesmente "semelhante". E inventa espaços, dos quais é "possessão convulsiva"'.

Como o encontro da intersecção entre a arquiteta-urbanista e o psicanalista poderia também ser considerado como uma representação entre o espaço mental e o espaço urbano, é chegada a hora de focarmos diretamente essa questão.

A Praga de Kafka e a Nova York de Koolhas

Franz Kafka (1883-1924) nasceu e viveu em Praga durante toda sua vida e, apesar de sentir-se sufocado por essa cidade sentida como uma "mãezinha com garras", só a abandonou nos oito meses finais de sua existência, retornando depois para ser ali enterrado. Na época de seu nascimento, a cidade provinciana contava 300 mil habitantes, sendo a capital do Reino da Boêmia, então pertencente ao Império Austro-Húngaro. O fator crucial para as pessoas ali nascidas era, naquele momento histórico, conseguir equilibrar-se no precário cenário de conflitos étnico-religiosos protagonizado entre os checos, os alemães e os judeus.

Para Kafka, que nascera checo falando alemão, o qual, além de ser semelhante ao iídiche, era a língua oficial do império, restava ainda a tarefa esdrúxula de precisar destilar o misticismo judaico que lhe corria pelas veias, mesmo sem abandonar a atmosfera viciada e insalubre do gueto que "rodeia toda a minha vida como um círculo estreito". Essa área, conhecida como Judengassen, era constituída por um emaranhado de ruas e becos escuros e sinuosos que se estendiam das bordas da Praça da Cidade Velha até a famosa Ponte Charles sobre o rio Moldau.

Numa conversa com Gustav Janouch, Kafka comentou:

> Em todos nós, estão vivos ainda as esquinas escuras, os becos secretos, as janelas fechadas, os pátios esquálidos, os bares arruaceiros e as hospedarias sinistras. Andamos através das amplas ruas da nova cidade recém-construída. Mas nossos passos e nossos olhares são incertos. Dentro de nós continuamos a tremer como anteriormente, quando percorríamos as ruas antigas de nosso infortúnio. Nossos corações não registraram a desmobilização dos cortiços que foi realizada. A enfermiça Cidade Judia que habita nosso interior é muito mais real do que a nova cidade higiênica que nos rodeia. Andamos desfeitos no meio de um sonho, solitários como fantasmas de tempos remotos.

Extraí esse texto de um belo livro de Karol Kállay, chamado *Franz Kafka e Praga*.

Hermann Kafka, pai de Franz, era um pequeno comerciante instalado fora do gueto que se esforçava para renegar a comunidade judaica, mas, ao mesmo tempo, como todo judeu "assimilado", sentia-se obrigado a engolir uma espécie de "antissemitismo" saudável, qualificando-se assim como um ser inofensivo e maleável. Essa modalidade de "mimetismo psicossocial" transmitiu-se ao filho, que, em função de sua fragilidade e insegurança, mostrava-se temeroso e submisso a toda autoridade pelo simples fato de serem "respektpersonen", ou seja, de ocuparem posições de mando. Em vez de rebelar-se ele transformava seu medo em culpa, passando a apresentar sintomas psicossomáticos e, dentro da dialética perversa da relação entre senhor e escravo, assumia como suas as críticas denegridoras com as quais o pai o bombardeava.

Muitas dessas situações dramáticas da vida de Kafka foram retratadas caricatamente pelo traço ferino do cartunista Robert Crumb num livro magnífico, recentemente traduzido para o português, onde se encontra essa expressiva reprodução de uma suposta refeição familiar.

Seria legítimo imaginarmos que esse embate de forças vividas no microcosmo doméstico fosse um reflexo fiel das tensões sociopolíticas geradas pela burocracia do sistema imperial, sempre às voltas com dominar as populações através da dupla mensagem de primeiro reprimir para depois afagar.

Mesmo considerando-se que o adjetivo "kafkiano" adquiriu a conotação de impotência diante das "forças ocultas" produtoras de injustiças, a própria obra literária de Kafka é um excelente testemunho de que ele desenvolveu um pensamento realístico-sonhante que lhe permitiu captar o mundo com rara sensibilidade.

Em 1921, um amigo (o mesmo Gustav Janouch, já mencionado) levou a Kafka uma fotografia tirada por uma nova máquina que permitia superpor seis ângulos de uma pessoa numa mesma cópia, comentando entusiasmado tratar-se de um "conhece-te a ti mesmo mecânico". Kafka retrucou sorrindo: "Você quer dizer um engana-te a ti mesmo?". O amigo protestou: "Como assim? A câmera não pode mentir!". Kafka respondeu: "Quem lhe disse? A fotografia concentra o olho no superficial. Por isso, obscurece a vida oculta que reluz de leve através do contorno das coisas, como um jogo de luz e sombra. Não se pode captar isso, mesmo com a mais nítida das lentes. É preciso tatear com o sentimento para alcançá-la [...] Essa câmera automática não multiplica os olhos dos homens, apenas oferece a visão de um olho de mosca fantasticamente simplificada".

Adauto Novaes (2005), ao contextualizar a imagem e o espetáculo, lembra-nos de que as imagens sempre exigiram dos humanos um tempo lento da vivência e da evidência, condição que Praga parece ter propiciado a Kafka, independentemente dos conflitos sociopolíticos que a afligiam. Na metrópole moderna, em contrapartida, o excesso de imagens simultâneas abole o passado e o futuro, concentrando a visão num presente que acaba nos cegando.

ACOMODAÇÕES DO ESPAÇO MENTAL NAS TRAMAS DA CIDADE

Segundo o arquiteto Rem Koolhaas, seus ancestrais holandeses, que conceberam Nova York como uma malha urbana quadriculada, pecaram pela simplificação, comprometendo o fluxo natural dos moradores. Um subproduto dessa estase funcional seria o excesso de imagens, a começar pela dimensão da própria multidão circulante, como pode ser observado na impressionante foto da 5ª Avenida na hora do almoço, tirada por Andréas Feininger em 1950. Com esse pano de fundo, podemos agora nos debruçar sobre a São Paulo de 2008.

Pauli-moto-ceia desvairada

Para os moradores atuais de São Paulo, a quarta megalópole mundial, os maiores problemas são o trânsito e a criminalidade. Sofrendo na própria pele esses problemas e após convencer-me da utopia de encontrar uma cidade vibrante para morar a salvo dessas mazelas, dei-me conta, com um misto de alívio e perplexidade, que meu dilema mudava significativamente de figura se encarado por outro vértice. Constatei o óbvio: que uma megalópole é um ecossistema habitado por animais humanos e, por isso, sujeito à disputa imemorial entre presa e predador. Abstraindo nossa tendência sartreana de achar que "predadores são os outros", percebi que a única "solução" possível seria aprendermos a ser "predadores conscientes" e, principalmente, "presas espertas".

No caso da segurança pessoal, não se trata evidentemente de abrir mão de medidas preventivas de proteção, mas sim de preparar-se com naturalidade para o eventual embate direto com o predador. Nesse quesito, a melhor arma de que podemos dispor é nossa herança filomimética, quer dizer, a captação instintiva de que vamos ser atacados levando-nos a buscar rotas de fuga enquanto elas forem viáveis. Fundamental, porém, é reconhecermos o momento em que passamos a estar rendidos e impotentes. Nessa circunstância, o mais sensato seria mimetizarmos a presa colaboradora que passa a atuar em parceria com o predador, visando a saciar seu apetite por bens materiais, e cônscios de que, na grande maioria dos casos de assalto, o que se visa não é a utilizar a vítima como alimento direto, mas sim como possuidora de bens cobiçáveis.

A meu ver, a grande vantagem desse enfoque é não abdicarmos de nossos recursos filo e ontogenéticos de defesa, projetando-os ilusoriamente em dispositivos externos como muros, blindagens, câmeras e assim por diante. Assim procedendo, estaremos inclusive fortalecendo nossas chances de salvar a própria vida no caso extremo em que sentirmos que a mesma esteja ameaçada, já que, nessas circunstâncias, só poderemos contar mesmo com recursos próprios.

Consideremos agora um aspecto *sui generis* do trânsito paulistano que é a presença dos *motoboys*. Como o próprio nome sugere, esses novos frequentadores de nossa malha viária são considerados como seres imberbes, uma espécie de filhos bastardos da classe motorizada, que com arrogância e agressividade tentam apossar-se de um espaço que não lhes pertence. O paralelo com os sentimentos de invasão e rivalidade vividos pelo filho(a) únicos em relação à chegada de um novo irmão (ou irmã) parece ser pertinente, em especial quanto à questão da antiguidade: afinal de contas, os carros chegaram antes das motos. Não é só que o motorista do carro se identifique com o irmão mais velho ou com o pai, mas também que ele, ao ocupar o interior de um veículo, formula o motoqueiro como um David atrevido que, munido só de estilingue, está prestes a destroná-lo de sua até então sólida posição de Golias.

A semelhança com os dramas descritos em *Totem e tabu* é evidente. O clã totêmico dos *motoboys* reivindica assumir o poder social dos pais-motoristas, aí incluído a admiração que as mulheres lhes devotam. Toda vez que um membro do clã é atropelado e, portanto, derrubado de sua "máquina-aspirante-a-totem", instala-se instantaneamente um postulado básico de ataque (Bion, 1961) para cima do "motorista-pai agressor", o qual passa a ser ameaçado de linchamento pela horda primitiva de "moto-filhos". O ferido, via de regra, é simbolicamente estendido no próprio asfalto que, manchado assim de seu sangue, deverá servir de advertência para os futuros "pais-motoristas" de que os filhos unidos poderão, se necessário, puni-los com o parricídio.

É evidente que o que está em jogo por trás disto tudo é uma luta intestina por espaço, seja o espaço vital para garantir o amor dos pais, seja o espaço operacional do deslocamento social. Nesse último caso, porém, é preciso enten-der que o motoqueiro não está disputando o mesmo espaço que o motorista, mas sim as "sobras de espaço", ou seja, aquele espaço intersticial aparentemente ocioso que os carros acabam deixando como margem de segurança. É nesse espaço que o motoqueiro se insinua com agilidade e ousadia, inclusive por saber que ele é efêmero e fugidio: nesse sentido, a questão originalmente espacial sofre uma transformação para uma questão temporal.

Mas não é exatamente a questão temporal que gerou o surgimento dos mo-toqueiros? Não é exatamente a impossibilidade do próprio motorista, preso ali no trânsito, ou acuado em sua casa, de deslocar-se para realizar todas suas tarefas, que o levou a gerar esse Hermes moderno, cuja meta cega é cumprir ordens com velocidade? Segundo o desejo dos deuses, seus pares, Hermes teria de ser o mais sagaz e astuto: é isso que ele passou a ser, como bom cumpridor de ordens que era. O motoqueiro, de modo tosco e despretensioso, encarna o desejo de consumo do homem pós-moderno, o desejo da ubiquidade: estar em todas as situações, saber de tudo, não ser excluído de nada.

Ao contrário das "estamiras"[3] da vida que sobrevivem das sobras da so-ciedade de consumo, os motoqueiros no fundo são mais piratas de um espaço residual que não é nem desprezado nem excedente: trata-se, antes, de uma espécie de espaço "reciclado", no qual ele pretende forjar uma identidade social inédita e não, como no caso do mimetismo animal, diluir ou mesmo dissolver sua identidade já consolidada. Nesse ponto, entrevemos um importante conflito lavrado entre a identidade estabelecida da presa e a identidade frágil e poten-cialmente invejosa do predador: no limite, a predação acaba se dirigindo mais à identidade preestabelecida do que ao confisco de um espaço vital.

---

[3] Este termo corresponde à adjetivação de uma mulher real, Estamira, personagem do filme do mesmo nome, que, malgrado sobreviva das sobras de um lixão, e ainda mergulhada nos detritos de um colapso psicótico, possui uma visão de mundo candidamente verdadeira.

Conclusão

Nesta breve apresentação, procurei esboçar as acomodações vividas pelo espaço mental para garantir nossa sobrevivência na cidade e na megalópole. A tese central sugerida é de que precisamos acolher plenamente o mimetismo de nossa herança filogenética, operacionalizando-o ontogenicamente através da função do pensamento que a psicanálise tanto tem nos ajudado a desenvolver.

Referências bibliográficas

BION, W. R. *Transformations.* London: Heinemann, 1965.

CAILLOIS, R. *O mito e o homem.* Lisboa: Edições 70, 1972.

FREUD. S. (1913) *Totem and Taboo.* In: *S.E.* vol. XIII.

JUNQUEIRA Fº, L. C. *Sismos e acomodações: a clínica psicanalítica como usina de ideias.* São Paulo: Ed. Rosari, 2003.

KÁLLAY, K. *Franz Kafka and Prague.* Steinerova: Flovart Publish, 1996.

LACAN, J. O Estádio do Espelho como formador da função do Eu. In: *Escritos.* Rio de Janeiro: Jorge Zahar, 1998.

NOVAES, A. *Muito além do espetáculo.* São Paulo: Ed. Senac, 2005.

O INVISÍVEL NAS CIDADES

Carlos Alberto Cerqueira Lemos

Esse tema relativo ao "invisível na cidade" fatalmente nos leva a pensar no seu contraponto, a cidade tangível vista e compreendida por todos, quando também há de se lembrar das intenções edificatórias dos homens. As mentes e determinações humanas são invisíveis. Quem enxerga uma construção em andamento jamais irá ver o pensamento do arquiteto que a delineou, a intenção de seu promotor naquele instante fazendo cálculos sobre seus lucros ali garantidos após a venda a pessoas que nada pensam no momento. As ideias e os ideais obviamente estão dentro do tema deste breve texto baseado em nosso improviso pronunciado no *Primeiro Simpósio Latino-americano de Psicanálise Cultura e Comunidade – A Psicanálise nas Tramas da Cidade*. Assim, estamos à vontade para falar de amores à cidade, de éticas, de ganâncias, de honestidades, de leis norteadoras de conforto ambiental, de concepções mil e de todos os agentes que despertam nossos cinco sentidos quando perambulamos pelas tramas da cidade.

A fé, além de remover montanhas, também levanta igrejas, cujas torres sineiras são proeminentes na paisagem, constituindo pontos de referência na inteligibilidade do espaço urbano. Sem a fé invisível, nada de edificações religiosas. Por sua vez, a vaidade de um imigrante enriquecido em São Paulo leva-o a construir nos retro anos 1920 um arranha-céu na cidade de casas baixas e a população se orgulha do Prédio Martinelli visto de todos os quadrantes da cidade, um verdadeiro marco orientador não só dos desorientados no labirinto das ruas, mas também indicador dos méritos do trabalho persistente, que pode levar os ganhos às alturas elevadas. Mesma sugestão aos indecisos oferecem as esguias chaminés fumegantes das grandes indústrias daquela citada época e, por isso, estiveram elas figurando no logotipo heráldico do conde Matarazzo, outrossim dono de envaidecimento sem conta. E assim, a cidade, um fato social como sabemos, vai ganhando formas segundo as relações que os homens desenvolvem entre si, relações necessárias ou ocasionais. Disso resulta ser ela um artefato nascido do pensamento, da vontade e das providências de todos, sobretudo dos que estão a governar, isto é, ditando as regras e códigos para ordenar e financiar as obras de interesse coletivo. Dessa forma, inclusive, o traçado urbano vai ganhando corpo e se definindo como receptáculo para as obras particulares.

Com o contínuo progresso provocando sucessivas alterações nos programas de necessidades e nas expectativas de todos, a cidade incessantemente tem alterações em sua conformação, mormente para atender às solicitações do trânsito e dos sistemas de transporte coletivo que exigem sempre alargamentos de ruas, mais pontes, viadutos e agenciamentos vários que estão sempre a modificar a paisagem onde os principais figurantes são as edificações. As relações espaciais entre os logradouros públicos regidos pelas câmaras municipais e as construções privadas nas áreas edificáveis são coordenadas pelos códigos de obras e posturas, que estabelecem conexões que, em alguns momentos, tornam-se incômodas aos empreendedores imobiliários. Desse fato naturalmente resultam conchavos variados entre construtores, advogados, vereadores e demais personagens interessados em anular esses empecilhos legais ao melhor aproveitamento de terrenos. Exemplo histórico de conciliábulo, envolvendo incorporadores de condomínios e políticos da cidade, foi aquele que acabou anulando artigos do Código Arthur Sabóia que regulamentavam a insolação dos compartimentos das moradias em geral. Tal providência, que garantia a higiene da habitação, surgida nos inícios do século passado, foi pioneira no mundo inteiro, nascida das recomendações de congresso internacional sobre o tema

O INVISÍVEL NAS CIDADES

relativo ao poder bactericida dos raios ultravioletas da luz solar. Uma daquelas imposições exigia que as áreas internas de iluminação dos edifícios tivessem dimensões compatíveis com a altura das paredes que olhassem para o quadrante sul. Os arquitetos então eram munidos de gráfico capaz de garantir a "osculação solar" de duas horas, no dia mais curto do ano, no interior dos dormitórios do andar mais baixo do prédio. Essa exigência constituía um sério entrave à verticalização da cidade, principalmente no Centro, onde os lotes de terrenos vinham de velhas repartições de glebas, lotes estreitos e compridos, às vezes, em ruas na direção norte-sul, onde era impossível subir mais de dois pavimentos. Aconteceu que, logo no início dos anos 1950, a exigência baseada em sérios estudos dos higienistas foi substituída por uma fórmula bem camarada elucubrada nos porões da Câmara Municipal. Se a insolação dos edifícios fosse exigida até hoje, nossa cidade seria totalmente diferente, semelhante a Paris ou Londres, mas Nova Iorque foi o modelo ambicionado. De nossa parte, nada contra ou a favor, só queremos mostrar que as invisíveis inquietações do mercado imobiliário refletiram-se na conformação urbana e no adensamento populacional.

Os governantes, em geral, dão preferência absoluta a obras visíveis levantadas à luz do sol; daí o fato dos sistemas de transporte de esgotos estarem sempre relegados a um segundo plano. É-nos absolutamente normal enfrentarmos o mau cheiro das áreas próximas aos cursos d'água, sobretudo daqueles vindos das favelas onde tudo ocorre a céu aberto. Em certas noites, o canal de águas paradas que ora substitui o antigo rio Pinheiros exala cheiro nauseabundo. É a sina da cidade poluída. Tirando a visão, o invisível olfato talvez seja o mais requisitado de nossos cinco sentidos, ganhando mesmo da audição. Também acomodamo-nos facilmente aos odores. Sempre foi assim. Talvez os cegos tenham a capacidade de sentir com mais intensidade o coquetel de aromas que nos envolve, em que imperam os gases dos motores de combustão. Certa vez, um senhor bastante idoso nos falava a esse respeito e nos contou a história de um velho paulistano cego que, ao percorrer com sua bengala as ruas centrais, distinguia com precisão o local que desejava alcançar guiado somente pelo nariz sensibilíssimo. A mais de um quarteirão de distância, ele já sabia que estava se aproximando da Praça da Sé, onde as várias dezenas de cavalos de tílburis estacionados intermitentemente urinavam e defecavam. Os resíduos líquidos desses excretos misturados impregnavam as juntas dos paralelepípedos do calçamento, ali fermentando. O cego farejava de longe o miasma talvez imperceptível aos tão acostumados homens da boleia. A cidade antiga exalava uma porção de cheiros que até os donos de olhos vivos também captavam: fragrâncias das padarias na hora do pão ainda quente; das torrefações de café; das lojas de armarinhos com os seus tecidos engomados; do curtume de peles finas; do matadouro com o seu permanente fluxo de água ensanguentada mal cheirosa, que muita reclamação provocou entre os moradores do Bexiga; dos grandes cortiços como o "Navio Parado" ou o "Vaticano", cujas famílias tinham seus fogareiros a carvão situados nas portas dos cubículos escuros sem ventilação, e o mercado dos caipiras, lá em baixo, atrás do Palácio do Governo, com toda sorte de gêneros, inclusive com a sua peixaria precária abastecida tanto em Santos como pelos pescadores do morro do Pari às margens do Tietê, que exalava odores de longe reconhecidos.

E o som nas cidades? Nossa audição invisível acostumou-se ao burburinho urbano e praticamente ninguém reclama dos roncos dos motores dos carros, ônibus, caminhões, helicópteros, aviões e de motocicletas de escapamentos abertos. Todos se habituaram ao alarido dos feirantes aos berros anunciando seus produtos, dos camelôs apregoando sua mercadoria e dos gritos e bravatas de ébrios saindo das danceterias, que, por sua vez, infernizam a vizinhança com os seus precários isolamentos acústicos. O toque dos sinos, os apitos das chaminés de Noel Rosa, a gaitinha do amolador de facas e outros rumores não marcam fisicamente os locais onde ocorrem. Suas ondas sonoras misturam-se pelo céu afora e espalham-se pela atmosfera poluída. Tirando os gritos e gargalhadas dos boêmios, à noite o silêncio é geral, somente interrompido de vez em quando pelas sirenes das ambulâncias aflitas. Na verdade, esses tipos de sons não nos interessa neste momento.

O som inaudível pelos humanos, mas processado pela parafernália eletrônica desde os dias de Hertz, é aquele que nos chama a atenção porque, além de fazer a cidade funcionar, deixa-a marcada com torres, antenas de variadíssimos modelos, postes, fios, "orelhões" e demais aparatos poluidores visuais do meio

O INVISÍVEL NAS CIDADES

ambiente. A nossa esperança está na maior eficácia dos satélites, que talvez possam reduzir ao máximo aquelas presenças incômodas.

O tato, como nos define bem o mestre Aurélio, é o "sentido através do qual recebemos as sensações de contato e pressão, as térmicas e as dolorosas". Pois o tato também se reflete na conformação das cidades na defesa contra o calor; a busca do conforto térmico alcançou agenciamentos técnico-construtivos caracterizadores de várias arquiteturas urbanas. Aqui nos trópicos, os portugueses, para melhor se acomodarem à quentura do ar, somente amenizada com a brisa vinda do mar, na sua arquitetura domiciliar, apelaram às experiências árabes, berberes e indianas, vindas de empirismo milenar que chegara a soluções bastante vantajosas na tentativa de suavizar a vida intramuros. As soluções vernáculas constantes nas construções indígenas não interessaram aos colonos porque os abrigos abobadados de palha destituídos de amplas envasaduras e os escuros promíscuos não ofereciam a versatilidade requerida pelo senso de bem morar da cultura cristã ao se adaptar ao sul do Equador. A primeira providência drástica foi a expulsão do fogo de dentro de casa, fato impensável na Europa, na Península Ibérica e tanto no Portugal do norte como no do sul. O fogão vindo da lareira romana, daí o *lar* simbolizando a moradia e a própria família, foi definitivamente instalado fora do telhado principal, agora destinado a abrigar tão-somente a intimidade dos moradores. E as casas de pedra e cal das cidades quentes passaram a ter ventilação permanente graças a paredes internas à meia altura, janelas, balcões e painéis entrelaçados, rótulas e muxarabis, mais tarde substituídos por venezianas, muitas com paletas móveis, abrindo e fechando, basculantes para melhor se ver sem ser visto. O primitivo xadrez de fasquias, as treliças controladoras do ar e da luz foram usadas em todo o litoral, de norte a sul, e chegaram até São Paulo, que nunca foi tão quente assim. Em São Luís do Maranhão, até hoje, enquanto os magníficos sobrados mantêm em seus frontispícios uma compostura pombalina de cidade lusitana transladada para a Colônia, as fachadas dos fundos, olhando os quintais alheios, todas se igualam num festival de gradis, treliças, alpendres e passagens gradeadas escancaradas para captar a brisa, domando o vento e regulando a luz forte e permanente dos trópicos. E nas frontarias muitos balcões também recebiam aquelas grades de vãos miúdos, constituindo os chamados *muxarabis*, que no linguajar original dos árabes era "o local onde os potes de água se refrescavam" com a evaporação do líquido, uma questão de física aplicada, normal nas primitivas arquiteturas sem arquitetos.

Logo acima, falamos em alpendres e devemos lembrar aqui ao leitor que esse telhado encostado à construção, destinado a sombrear as paredes com o fito de evitar a osculação da energia radiante do sol, aquecedora dos interiores é de origem indiana, comparecendo nas construções rurais de lá denominadas bangalôs. Essa solução refrescadora das habitações nunca passou pela cabeça dos arquitetos europeus. No entanto, é bom lembrarmos que a forma do alpendre também existiu nas construções religiosas de Espanha e Portugal, cumprindo atuação que nada tinha a ver com o conforto térmico; nelas, era reservada a função de abrigar, nos primeiros dias do Cristianismo, os catecúmenos, pois no interior dos templos somente podiam entrar os batizados. A existência dessas *galilés* (agora consultar o mestre Antônio Houaiss) nas capelas rurais brasileiras nunca influenciou o surgimento dos alpendres das casas-grandes, como insinuava Gilberto Freyre (1985, p. 26). Curiosamente, pelo menos no Rio de Janeiro, nos sobrados de pedra e cal dos sítios urbanos declaradamente comerciais providenciavam-se fachadas superpostas de madeira com grandes vãos, mas visivelmente inspiradas nos alpendres terreiros, como se vê em algumas aquarelas de Thomas Ender (Ferrez, 1976, p. 57). Mas viajante que entendeu bem as razões do alpendre sombreador nas casas cariocas foi Debret, cujas pranchas aquareladas são de consulta obrigatória aos interessados na história de nossa arquitetura (Debret, 1954, p. 141).

Modernamente, para anular as sensações caloríficas desagradáveis proporcionadas pelo tato, o delicado agente invisível espalhado pela superfície da pele humana, o homem se vale de toda a parafernália dos dutos e máquinas condicionadoras do ar, que, logo após sua invenção, foram acoplados às construções já existentes, e nestes dias os projetos arquitetônicos são imaginados de acordo com sua atuação ampla em todas as dependências previstas pelos programas de necessidades. Disso resultam, hoje necessariamente, nos "edifícios inteligentes", os partidos arquitetônicos privilegiando as elevadas torres totalmente envidraçadas. Roteiro interessante pode ser feito em São Paulo, por exemplo, acompanhando

O INVISÍVEL NAS CIDADES

o percurso dos prédios de escritórios, desde os primeiros, posteriores ao fim da Primeira Guerra Mundial, construções já "modernas" de concreto armado e portando grandes janelas que as edificações altas de tijolos ainda não permitiam. Esse itinerário pela cidade teria início no Marco Zero da Praça da Sé, onde até agora restam construções dos anos 1920 do século passado, que constituíam um agrupamento pioneiro de escritórios, de consultórios e de salas de variada serventia e de usos prosaicos a nós impensáveis, porém, naquele tempo, normais no centro histórico da cidade, quando todas as diversificadas atuações do dia a dia aconteciam. Tudo ali ocorria nas pequenas salas enfileiradas ao longo dos corredores estreitos e compridos. Nesse passeio pela cidade, o leitor irá também conhecer os escritórios surgidos a partir do armistício da Segunda Guerra, situados fora do Triângulo Histórico e se aproveitando dos fáceis acessos decorrentes da reformulação urbanística providenciada por Prestes Maia. Tais construções, quanto a suas plantas, pouco diferem daquelas do Centro Velho; a maioria no estilo *art-déco* e muitas já possuindo equipamentos de ar condicionado instalados em buracos perpetrados nas paredes externas. Mas já nos fins dos anos 1940, iniciando a verticalização sistemática por que passou a cidade, surgiram aqui e ali prédios de arquitetura moderna providos de salões corridos, garantindo plantas livres, deixando para trás as compartimentações típicas dos tempos de telefones de parede. O pioneiro desses prédios foi o CBI – Esplanada, de 1946, projetado por Lucjan Korngold, no Anhangabaú. Nessas novas edificações, a maioria agora na Avenida Paulista, as instalações condicionadoras de ar eram facilitadas nos andares amplos, e, decorridos cerca de 50 anos, o que era privilégio dos muito ricos, como os condôminos do Edifício Prudência, projeto de Rino Levi, em 1944, donos de uma instalação central única servindo todos os apartamentos, esse provimento refrigerador comunitário banalizou-se. É só o nosso amigo continuar a percorrer as avenidas Faria Lima, engenheiro Luís Carlos Berrini e demais vias do Jardim Santo Antônio às margens do rio Pinheiros, que encontrará os inteligentíssimos edifícios nascidos da experiência norte-americana de gestão do que há de mais moderno nas instalações dos ambientes de trabalho. Aqui não é o lugar para falarmos da complexidade dos equipamentos garantidores de segurança, mormente se tratando de incêndios; de conforto ambiental, onde predominam a iluminação e a temperatura ideal; de comunicação intraespacial e de circulações, sobretudo a vertical, e de um enorme número de pequenos itens completando o intrincado quadro de relações computadorizadas responsáveis pelo bem-estar de todos e, consequentemente, pela produção exemplar. Mas, dentro desse complexo técnico-arquitetônico, sem dúvida, é a presença do ar condicionado a responsável pela feição final das construções do bloco envidraçado refletindo as nuvens do céu. Pensamos nós, até onde chegou a influência do tato, ao exigir temperaturas amenas compatíveis com as estações do ano, na conformação das cidades verticalizadas.

Toda a população urbana, bem ou mal, come e bebe diariamente porque beber e comer atendem a carências naturais do organismo humano. Assim, é natural que avistemos nas cidades agenciamentos decorrentes dessas ne-cessidades, como matadouros, frigoríficos, feiras livres de gêneros alimentícios, mercados e restaurantes. Comer é preciso, mas distinguir, avaliar e escolher sabores não é pendor amplamente disseminado por razões óbvias. O homem é visível e podemos apreciá-lo comendo e até satisfazendo as suas necessidades excretoras, porém a gastronomia é transparente. Os paladares seletivos e os regionalismos gastronômicos, comumente, localizam nas cidades agrupamen-tos de restaurantes quase sempre temáticos, oferecendo cardápios de terras distantes, origem das famílias migradas há gerações. É o caso, por exemplo, do bairro curitibano de Santa Felicidade. Em São Paulo, no bairro da Bela Vista, na parte dita "do Bexiga", há variadas cantinas totalmente voltadas a oferecer comida italiana aos paulistanos. O mercado e seus boxes culinários do "Ver o Peso", em Belém, com o seu fronteiro mercado de carnes, é outro complexo à beira-mar balizando a cidade.

No crepúsculo do fim das tardes, as luzes das miríades de lares começam a ser acesas, iniciando a noite; a noite de muitas horas, onde tudo incide nas mentes sempre distraídas na claridade do sol. Numa visão ampla do cenário urbano noturno, vemos, pelas janelas das casas e dos apartamentos, paulatino acendimento das lâmpadas para iluminar as mesas de jantar de todos. Depois, televisões ligadas, celulares em ação, um ou outro aparelho de som e, sem dúvida, o computador é acionado. A comunidade familiar se esclarece dos sucessos do dia a dia. Com o passar do tempo, contudo, lentamente as persianas, as venezianas e cortinas se cerram; as luzes aqui e ali se apagam. No entanto, mal definida a escuridão da paisagem, outras janelas de repente cintilam, não só devido à chegada dos notívagos, mas também por estarem lá mentes com preocupações de toda a ordem. Como já lembramos, as mentes são invisíveis, mas, à noite, elas dão sinais de si acendendo e apagando a iluminação artificial, avisando que existem e que decidem. No início do crepúsculo da manhã, quando o sono de todos vai acabando, a cidade pensa melhor.

A mente é o "sistema organizado no ser humano referente ao conjunto de seus processos cognitivos e atividades psicológicas", como nos define o dicionário *Houaiss*, aqui o auxiliar prestimoso do arquiteto atrevido ao aceitar o convite dos psicanalistas responsáveis por esta publicação para falar sobre o invisível. Enfim, a mente é a parte incorpórea sensível e inteligente do homem. As mentes constroem e derrubam edifícios segundo suas conveniências; abrem ruas e providenciam pontes e viadutos. Daquelas mais sensíveis ocorrem obras de arte, monumentos e quadros dos museus. Na verdade, as mentes constituem e definem a cidade. Elas são a cidade. A cidade visível não passa de mero invólucro material, muitas vezes também de interesse turístico destinado à fruição de mentes de outras plagas.

Referências bibliográficas

DEBRET, Jean-Baptiste. *Viagem pitoresca e histórica ao Brasil.* São Paulo: Livraria Martins Fontes Editora, 1954.

FERREZ, Gilberto. *O Brasil de Thomas Ender – 1817.* Rio de Janeiro: Fundação João Moreira Salles, 1976.

FREYRE, Gilberto de Mello. *Casa-grande e senzala: formação da família brasileira sob o regime da família patriarcal.* 5ª ed. Rio de Janeiro: José Olympio, 1985.

AS TRAMAS DO INVISÍVEL

Plinio Montagna

I

Atrasada quinze minutos para sua sessão psicanalítica, uma pessoa, ao deitar-se no divã, comunica-me, após o que faz silêncio: "Fiquei parada na Atlântica".

As associações que vêm à mente de um psicanalista no exercício de sua função são imprevisíveis. A Polissemia da comunicação humana, seus níveis linguísticos de mensagens diversas, o âmbito não verbal, a operatividade da transferência e as mobilizações contratransferenciais implicam em voos a um sem número de possibilidades na busca do objeto psicanalítico, possibilidades estas que passam do nível dos cinco sentidos a uma dimensão intrapsíquica representada pela assim chamada realidade psíquica. Tudo aquilo que nos ocorre, desde as mais rudimentares sensações corporais às surpreendentes rememorações, figurações ou criações que de repente perpassam nossa mente, pode ter serventia como subsídios na perspectiva de intervirmos tentando ampliar o campo de (auto)consciência de nosso interlocutor; e de expansão de nosso campo intersubjetivo. Guia-nos a intuição, um faro psicanalítico que a experiência costuma aprimorar, favorecendo o discernimento daquilo que de fato interessa e do que não é relevante, a partir de nossa atenção flutuante, esta, a essência da atividade psicanalítica. Isso interessa na tarefa de compreendermos um sentido além de manifesto da comunicação, ou de construirmos um significado, em parceria com nosso parceiro no percurso.

Fiquei parado na Atlântica me faz desviar, aparentemente, por um momento, do caminho diretamente ligado ao mundo interior daquela pessoa. É indireta nossa jornada a ele. Com as mudanças urbanas é mais difícil em São Paulo dispormos do tempo a nosso bel-prazer e a nosso comando. A cidade se diz presente a cada passo, empurrando-nos ao destino ou nos detendo. Ela se faz visível e ruidosa em nosso fazer, do mesmo modo como patologia e saúde compareciam às primeiras aulas de propedêutica e patologia nos cursos de medicina. Se um órgão se faz sentir, aí há algo. Na saúde, os órgãos são silenciosos, não manifestam sua presença. Sua presença é imperceptível. Mas, ainda assim, estão lá, fundamental e estruturalmente. Assim é com a cidade, ela pode se tornar invisível quando as coisas andam naturalmente. Desse modo, muitas vezes temos de dar um desconto à ideia dos comandos inconscientes que determinam atrasos a sessões de análise. Não é essa, nesse caso, a primeira linha de consideração. Eu me disperso no ir e vir urbano e sua operatividade, acompanham-me paisagens de sua trama. Como aí, muitas vezes temos de buscar outros caminhos associativos como atalhos em nossa apreensão. *"Logo na Atlântica ? Ué..."*, ocorre-*me*. Das ruas que costuma atravessar para chegar ao consultório, foi dessa vez a Atlântica a segurá-lo. Seus atrasos não são habituais, mas a cidade nos ensina a cada dia a ter paciência com sua volúvel imprevisibilidade. São Paulo de hoje requer concessões para usufruirmos suas possibilidades. Dentre as vias de seu percurso habitual, do qual já me pôs a par, é seguramente a Rua Atlântica a que, em geral, menos tempo se leva para atravessar. Surpreendo-me, considerando que são apenas dois quarteirões arborizados e mais um, após a avenida Brasil, para se estar bem próximo do consultório. Situa-se num lugar civilizado da cidade, uma rua usualmente sem grandes complicações para ser atravessada de automóvel, agradável para a maioria das pessoas que lá transitam. Não é uma via de ligação importante, mas tem sua serventia. É claro que qualquer artéria da cidade pode estar congestionada, meus argumentos quase "a favor" da Rua Atlântica não passavam de imaginação. Eu estava a rigor impactado inicialmente pela *função referencial da linguagem*, cognitiva, centrada no "referente" do processo comunicativo, na conceituação de Jakobson (Campos, 1986).

Mas o tom da fala não me podia passar despercebido. Em princípio podia parecer uma comunicação trivial. "Fiquei parada na Atlântica". Não disse "na Rua Atlântica", a elipse denota certa intimidade e parceria quanto a uma certa parcela da malha urbana. Também não me informou o que considerou a razão de seu atraso dizendo "O trânsito estava ruim", ou algo como "A Marginal estava parada", coisas que costumo ouvir com frequência suficiente para considerar muitas vezes antes de buscar qualquer conotação semântica. Por outro lado, o tom de "fiquei parada na Atlântica" podia soar como *en passant,* mas não era. Tinha um quê de familiaridade, mais ainda, de cumplicidade, de quem estava convicta que eu sabia muito bem onde é a Rua Atlântica e que esta era familiar a mim, bem como que eu sabia que ela conhecia muito bem essa rua de ligação entre seu local de trabalho e meu consultório, assim como um dia em sua infância ligara sua casa com a escola onde estudava. Tudo isso me parecia implicitamente incluído na conversa, a qual tinha, ali, a marca de um universo urbano comum. Essa história paulistana, lastreando a comunicação, ganhava visibilidade à medida que se escavasse o implícito. Questão de criar visibilidade.

Nesse momento, o trabalho analítico era fundamentalmente de associações espontâneas, trabalho de criação, de construção, na dinâmica da dupla. Muitas vezes é esse o passo inicial para voos posteriores de maior ou menor ambição. Quando é assim, pode-se dar um encontro de dois estados de *reverie*, uma desmaterialização proposital da matéria concreta, transformação na imaterialidade facilitadora de um retorno à representação, ou, à figurabilidade, a um outro nível de expressão e de significação. Trata-se de "sonhar o material do paciente", utilizando-o como restos (diurnos), no caminho inverso da caracterização da transferência por Freud (1912). Até nossas experiências mais mundanas, aparentemente banais, são fontes de informação para o *reverie*. Pois esse peculiar sonhar é constituído por "coisas feitas a partir das vidas e do mundo que as vidas habitam (...) pessoas trabalhando, apaixonando-se, pensando sobre coisas, sua qualidade comum ou estranha etc. (...) São nossas ruminações, devaneios, sensações corporais, percepções fugazes, imagens emergindo de estados de semissonolência, tons, frases que correm através de nossas mentes" (Ogden, 1997).

No caso, meu passeio vai das avenidas à beira-mar de cidades praianas brasileiras, a mais famosa no Rio de Janeiro, penso na imagem mitológica de Atlas segurando o mundo antes de nomear a Atlântida e sua civilização perdida (fato ou lenda?), nas cataclísmicas manifestações geológicas do planeta, chegando à explosão atlântica na música de Chico Buarque de Holanda. Perscrutamos o mundo intenso das possíveis emoções subjacentes à calmaria da superfície manifesta. É essa a trilha que me anima percorrer, é por aí que suponho aproximar-me do mundo inconsciente, trazendo-o à conversação. O modelo geológico me agrada para a situação. Quando duas pessoas estão em contato efetivamente supõe-se que uma turbulência emocional sobrevém, e esta, material precioso para nosso fazer, pode ser tangenciada pelas indicações associativas.

O que sinto é um clima de proximidade e amistosidade, aconchego mesmo, embora entremeado de certo desassossego. Era-me claro que, subjacente à calmaria, explosões atlânticas podiam sobrevir e, se isso não fosse tomado em consideração, o fluxo e o desenvolvimento da dupla estavam em risco. Que tipo de irrupções eu ainda não sabia, podia supor, mas efetivamente não sabia, poderia vir a saber à medida que prosseguíssemos? A compreensão da virtualidade permitia-me estar atento e cuidadoso aos sinais no início muito débeis, mas que poderiam se intensificar, das emoções intensas de presença potencial. Ao mesmo tempo, se eu estava certo, seu mundo submerso de algum modo necessitava vir à tona para que nosso trabalho fluísse e o risco de nossas construções conjuntas serem afundadas diminuísse.

A sequência da sessão nos brindou com conexões surpreendentes, mas eu a deixo, já que interessa aqui não a sessão em si, mas a descrição da construção de uma peculiar condição intersubjetiva e sua inserção na realidade exterior, para que tenhamos um suporte para pensar essas conexões realidade interna/externa e, mais especificamente, homem/cidade.

O *reverie*, estado em que somos capazes de "sonhar" o outro, permite encontrar visibilidade onde ela não está, construir a figurabilidade onde ainda não existe representação. Pode-se vê-lo também no campo das chamadas *redes de criação*. As possibilidades representativas se configuram como redes de conexões plásticas, complexas, em movimento paulatino na direção de se construir nexos baseados em estados afetivos. Trata-se de um "pensamento de relações" em oposição a um "pensamento de essências", como aponta Parente (2004). Inexistem linearidades e hierarquias, estabelecem-se nexos intensos, profusos, os quais vão reforçando as conectividades e a proliferação de outras conexões, ligadas ao desenvolvimento do pensamento em criação (Salles, 2006). Sua mobilidade constante passeia no incerto e no "inacabado".

Esse pode ser um modelo para nossa questão, "O visível e o invisível na cidade", de meu ponto de vista psicanalítico.

II

O olhar psicanalítico é necessariamente oblíquo. A percepção contém sempre subjetividade. Não interessa a cidade ou a rua em si, mas suas reverberações em cada um de nós, que por seu turno nos levam a depositar nela nossos sentimentos, fantasias, anseios, ansiedades, o que a modifica. Os ângulos de velar/desvelar, esconder/revelar de cada percepção é que nos dizem respeito. A cidade só existe na exata medida do olhar oblíquo que contém a subjetividade necessária à vida, mas o conjunto das subjetividades vai influir na vida da cidade, e assim por diante. A fugacidade das coisas vai sendo apreendida e assinalada, lastreando-nos no acervo que cada analista dispõe, dentro de si, levando em conta o novo e a experiência vivida, e evocada, como apontei, oniricamente.

Para decepar a cabeça da Medusa, cujo olhar petrifica, Perseu não volta jamais o olhar para a face de Górgona, apenas para sua imagem refletida no seu escudo de bronze. O analista penetra o mundo de fantasias de cada um, olhando não a realidade em si, mas o modo do analisando vivê-la. Vai além da concretude do real, eventualmente petrificadora da subjetividade. Só pode haver subjetividade na exata medida de iluminação apropriada, do campo, como no mito da caverna de Platão.

Por outro lado, ainda que a realidade externa nos seja incognoscível, algo dela é obviamente cognoscível, de outra forma não poderíamos nos engajar em nada que diga respeito a ela. Nossa relação com a realidade externa é cheia de afeto, não só porque obviamente é constantemente investida de afetos projetados, mas também porque o sentimento de familiaridade do real requer que o real seja tratado de forma positiva (Green, 1982).

III

Constituem uma cidade seu equipamento físico – prédios, ruas, praças, espaços, seu ar, suas águas, vegetação, asfalto, as redes invisíveis de esgoto e da infraestrutura e sua população, aqueles que nela vivem e que por ela transitam. Uma cidade sem gente é uma cidade fantasma. E constitui uma cidade o conjunto de intra e intersubjetividade produzido por aqueles que nela vivem, trabalham, visitam, amalgamado pelos restos intersubjetivos, conscientes e inconscientes, ideologia, anseios, frustrações, dores, daqueles que nela viveram, trabalharam, aqueles que a construíram, lutaram e a modificaram. A grupalidade intrapsíquica e o grupo intersubjetivo nos confrontam com o múltiplo. Indivíduo e grupo, no espaço urbano compõem figura-fundo, continente-contido, em constante movimento de dupla mão, versão e reversão. Esse visível-invisível histórico-cultural, por exemplo, é terrivelmente presente numa cidade como Berlim, em que saltam aos olhos algumas feridas ainda abertas, não cicatrizadas, em constante relação com cada um daqueles que nela vivem ou transitam. Lá estão presentes, também para que a memória não seja apagada, para que sua visibilidade se imponha e se sobreponha à passagem do tempo, já que significa, hoje, a marca do que não deve ser esquecido. É diferente da catedral cristã da Cidade do México, erguida e instalada sobre ruínas do templo maior asteca, impondo-se com dizeres da vitória dos espanhóis sobre aqueles que sucumbiram para sempre à nova civilização. É diferente também do traço de Garcilaso de la Vega, o pintor mestiço que fantasia uma Santa Ceia, na catedral de Cuzco, Peru, alimentada por um assado de *cuy*, animalzinho típico da região de cultura híbrida.

Ou os fragmentos de um tempo que declarou a independência de nosso país num rio que outrora foi vermelho, o Ipiranga, rio vermelho no idioma tupi, e que hoje, canalizado, nem lembramos que existiu.

Nós falamos também em nome dos que nos antecederam. Nós só existimos na medida em que internalizamos os outros.

Assim, o invisível permanece, da história, como camadas arqueológicas no espaço físico, que se podem ver exemplarmente no Castelo de Sant'Angelo, em Roma, ou nas ruínas de uma murada no centro de São Paulo, onde de repente faz-se visível uma história invisível. Ou permanece no conjunto que constitui uma cultura, um folclore, hábitos sociais plasmados também num contexto geográfico.

"A relação das pessoas com a realidade externa é cheia de afeto não apenas porque a realidade é constantemente investida de afetos projetados, mas também porque o sentimento de familiaridade do real requer que o real seja tratado afetivamente de forma positiva" (Green, 1982). Se a realidade externa nos é incognoscível, algo dela nos é cognoscível, senão não poderíamos nos engajar em qualquer atividade que dependa do dimensionamento do real. As pessoas são visíveis, o invisível das pessoas é invisível. A mentalidade grupal e o inconsciente coletivo são invisíveis, mas se materializam nas ações urbanas. Temos a visibilidade e a invisibilidade física e a visibilidade e a invisibilidade da relação das pessoas com a cidade. Com Merleau-Ponty, o que está lá, na Rua Atlântica, foi a paciente que colocou, ainda que algo da Rua Atlântica, enquanto dado do real, possa ter se imposto a ela e a nós para criarmos um mundo em que podemos habitar fora de suas fantasias e das minhas, para compartilhar fantasias e partilhar realidade. Essa aproximação é evidentemente muito próxima à de Winnicott, no objeto e espaço transicional. Uma instância imaterial, na qual imagens e representações não possuem uma localização, expressa-se à medida que é estimulada por um elemento material, físico, exterior – e vice-versa. Nessa ótica, a rua não tem importância nenhuma, com exceção de servir de veículo à expressão interior de A. Para Merleau-Ponty (2007, p. 19), "a percepção binocular não é feita de duas percepções monoculares sobrepostas, é de outra ordem".

Apropriar-se do espaço urbano em si mesmo e como receptáculo de investimentos conscientes e inconscientes, projetivos, introjetivos, hierarquicamente organizados ou não de seus cidadãos, é procedimento inverso à alienação. O espaço urbano será sentido como prolongamento de si mesmo, uma continuação do ego, depositário de tinturas maternais, paternais etc. Aqui a cidade tem função na constituição e manutenção da própria identidade de cada um.

Podemos estabelecer uma relação viva, ou projetar no vazio, por outro lado. As cidades que habitamos precisam ser imantadas de conteúdos de significação para cada um. Assim, a Rua Atlântica daquela sessão psicanalítica existe, é a cidade pulsando para nós, com aquilo que nós fazemos dela.

Freud dizia que os seres precisam de um objeto de prazer, Fairbarn e as escolas de relações objetais de um objeto para amar, Bion mostrou como é preciso encontrar outro continente para nossos transbordamentos pulsionais, uma reserva onde derramar afetos. Anzieu propõe que o ser humano precisa de um invólucro de bem-estar, a que atribui função essencial na constituição do ego. Berry (1987) estende essa necessidade para a necessidade de "um lugar familiar", objetos inanimados, superfícies de projeção, paredes para abrigar suas mágoas ou proteger suas felicidades, uma casa natal aonde possa retornar, espaços livres para explorar.

Necessitamos um enraizamento no espaço externo, com possibilidade de uma relação significativa, o qual usamos como referência de nossa contínua reafirmação e, melhor, reconstituição permanente de nossa identidade. Quando vivi em Londres, para mim o coração da cidade e o bairro onde sentia um aconchego particular era aquele onde se situava a simpática ruazinha Antrim Grove, onde se situava o consultório de minha analista. Ali era o coração da cidade, em meu interior.

Se um lugar familiar permanece, isso é importante para que revisitemos nossa vida e estruturemos o tempo que ajuda a memória.

> O retorno à casa natal é um movimento da reafirmação da identificação consigo mesmo. Ao nos depararmos com lugares que permaneceram, estamos num lugar que não é mais o que foi, a vivência da perda, transformação e passagem do tempo nos expõem a confusão da perda, da crise, da referência a nossa identidade que se refaz. No lugar percebemos a nós mesmos (Berry, 1987).

> [...] Fiz uma peregrinação pelos lugares que me viram nascer com toda a piedade de um peregrino e vivenciei mil sentimentos a um quarto de légua da cidade. Atravessei a porta da cidade e me encontrei totalmente... Lembrei-me como eu parava algumas vezes... Tais eram os limites, tal a felicidade dos admiráveis antigos... (Goethe, *Os sofrimentos do jovem Werther*).

Retorno e distanciamento, continua a autora (Berry, 1987), são movimentos complementares que evitam uma exagerada aderência a si mesmos; o confronto com o estranhamento também é necessário para reconhecer de longe quem se é. Não seria o afastamento (exílio) a forma mais segura de se conhecer sua propriedade?

IV

Na questão identidade, lembremos que na cidade podemos exercer atos que se contraponham à angústia de não existir para o outro. A pichação, por exemplo, marcas que são deixadas da presença, através da apropriação privada de espaço alheio. A transgressão é uma forma, frequentemente, de se fazer excepcional.

A cidade nos permite reconhecer-nos a nós mesmos quando ela nos exibe por reflexo nossa existência para ela. Quando a imagem do sujeito deveria aparecer e não se mostra, quando não há devolução de humanidade, vive-se a ausência de si. Vive-se o vazio de não se ter a própria existência reconhecida. É o sujeito invisível na cidade. A cidade oferece-nos um entorno continente, mas a pergunta de Rouanet é inevitável: "É a cidade que habita os homens ou são os homens que moram nela?" (Rouanet, 1992). Afinal, são as representações imaginárias, projeções do imaginário sobre o espaço que nos configura, ancoradas na existência real desse espaço, que nos configuram um espaço, novo, dentro de uma rede particular.

Por outro lado, as relações entre pessoas, na cidade, é questão fundamental.

Simmel (1984, p. 672, cit. por Canevacci) nota que

> o fato de estarmos todos comprimidos uns contra os outros e o cruzamento de tráfego das grandes cidades seria insuportável sem um distanciamento psicológico. Sermos obrigados, na civilização urbana, a nos movimentar tão colados uns aos outros, poderia fazer com que o ser humano caísse num estado de desespero total se a objetivação dos relacionamentos sociais não determinasse também um limite interno e um tipo especial de privacidade.

No âmbito individual essa é, sem dúvida, uma das questões cruciais, por excelência, da psicanálise.

Referências bibliográficas

ANZIEU, D. *O eu pele*. São Paulo: Casa do Psicólogo, 1989.

BERRY, N. *O sentimento de identidade.* São Paulo: Escuta, 1987.

CAMPOS, H. Ideograma, anagrama, diagrama. In: *Ideograma.* São Paulo: Cultrix, 1986.

CANEVACCI, M. *A cidade polifônica.* São Paulo: Studio Nobel, 1993.

FREUD, S. (1912) A dinâmica da transferência. *Edição Standard brasileira das obras psicológicas completas de Sigmund Freud*. Rio de Janeiro: Imago, 1996.

GREEN, A. (1975) *O discurso vivo*. Rio de Janeiro: Francisco Alves, p. 235, 1982.

GUTMANN, D. *Psychoanalysis and Management*. London: Karnac, 2003.

OGDEN, T. *Reverie and Interpretation.* North Vale, New Jersey, London: Jason Aronson Inc., 1997.

SALLES, C. A. *Redes de criação*. São Paulo: Horizonte, 2006.

MUDANÇAS TÉCNICAS E DESAFIOS NA INTERFACE SOCIAL DA PSICANÁLISE

Maria Teresa Naylor Rocha[1]

A psicanálise, como um saber que diz respeito ao humano, não pode ser indiferente a seu tempo histórico. Em um mundo globalizado, as novas relações político-econômico-sociais trouxeram problemas que demandam novos modos do pensar e do fazer para os quais os modelos vigentes até então são insuficientes. Os sujeitos e as relações sociais, produto da cultura que são, sofrem reconfigurações. A psicanálise é, assim, convocada a atuar nesse cenário juntando suas ferramentas às de outras áreas do conhecimento humano.

A imbricação entre o social-histórico e o indivíduo se manifesta na experiência clínica dos psicanalistas. Ao lado das formas conhecidas do sofrimento humano, desde Freud, outras expressões clínicas que escapam à representabilidade surgem: patologias do vazio, drogadições, transtornos alimentares, pânico etc. Retratam, na singularidade de cada sujeito, as marcas do desamparo traumático provocado pela instabilidade, inconstância, fragmentação e exacerbação do individualismo na atualidade.

---

[1] Em colaboração com: Eliane Pessoa de Farias, Celmy de A. A. Quilelli Correa, Eloá Bittencourt, Flávia Costa Strauch, Liana Albernaz de Melo Bastos, Maria Elisa Alvarenga, Munira Aiex Proença, Sonia Eva Tucherman, Sonia Cecília Bromberger, Wania Maria Coelho Ferreira Cidade

Se, desde sempre, o homem sofreu do desamparo inerente a sua condição, este, na contemporaneidade, revela-se de formas mais cruentas na medida em que as redes sociais se encontram esgarçadas, deixando de exercer sua função continente, comprometendo os processos identificatórios e sublimatórios. O adoecimento individual também revela o adoecimento social, exigindo uma abordagem interdisciplinar.

Essa percepção não é apenas dos psicanalistas. Há uma crescente solicitação, feita pelas várias instâncias sociais, aos psicanalistas para intervenções em esferas para além do habitual enquadre dos consultórios.

Vivemos uma global crise civilizatória com peculiaridades regionais. Para o entendimento da realidade brasileira, temos de nos remeter à história da constituição de nosso país, que se deu de forma violenta e se assentou sobre grandes desigualdades sociais, em grande parte devida aos séculos de escravidão. Vivemos um modelo de "apartheid social". Existe um abismo entre o Brasil formal dos cidadãos e o dos não cidadãos, lados que frequentemente não se reconhecem em suas humanidades. Esse fosso estabelece uma não comunicação, desenvolvendo estratégias mútuas de defesa e ataque, geralmente de perfil violento.

Os efeitos da ordem social traumática se fazem sentir em todos os segmentos. Independentemente da classe econômica, constatam-se as representações dessa realidade. Temos, por um lado, pessoas economicamente privilegiadas que se percebem como amedrontadas, solitárias e inseguras, com comportamentos automutiladores ou violentos, por se sentirem imunes e acima de qualquer código social. Por outro lado, pessoas relegadas à condição de invisíveis pelos códigos sociais de exclusão, que não teriam nada a dizer e de quem nada teríamos a escutar, que conquistam visibilidade através da transgressão social e seus desdobramentos. Trata-se de uma realidade que a uns mutila, apagando-os; aos outros mutila, pois atinge a sua percepção do outro e, consequentemente, de si mesmo.

A psicanálise tem contribuição relevante a dar nesse contexto. Inclui desde a crítica da contemporaneidade até a elaboração de novas estratégias de atuação psicanalítica no campo da prática individual e social. Compromissada com a promoção da saúde e atenta aos movimentos da cultura, possui instrumentos que, somados aos demais, podem ajudar na elaboração de políticas sociais que realcem as condições subjetivas da experiência, permitindo fazer resistência à degradação do ser humano.

Essa concepção do homem contemporâneo exige da psicanálise considerar as causas sociais na contingência do adoecimento. Por outro lado, exige, das teorias sociológicas, maior consideração à complexidade e aos processos inconscientes implicados na qualidade de vida social. Tal exercício não se faz sem criatividade.

No entanto, essa abertura para novos cenários não significa abrir mão do rigor dos fundamentos teóricos e de pesquisa psicanalíticos. Trata-se de buscar desenvolvimentos técnicos que atendam aos novos objetos.

É com essa compreensão que a Sociedade Brasileira de Psicanálise do Rio de Janeiro organizou o Programa de Psicanálise e Interface Social.

Diante da gravidade de nosso quadro social, há mais de 10 anos, membros de nossa Sociedade passaram, por iniciativa pessoal, a desenvolver atividades de assistência, por demanda de ONGs e instituições de educação e saúde. Em 2006, para integrar essas atividades, criamos o PROPIS, que pretende ser, ao mesmo tempo, um instrumento de divulgação da psicanálise e uma renovação de seu campo de saber e prática, reavivando, desse modo, o interesse pela formação psicanalítica e ampliando a clínica psicanalítica. O Programa tem sido divulgado em congressos e seminários nacionais e internacionais e através de publicações no Brasil e no exterior.

Desafios e inovações técnicas

Na experiência da SBPRJ, a demanda por intervenções psicanalíticas tem sido feita por alguns setores: programas de reinserção social de ex-apenados e de crianças e lideranças de comunidades de baixa renda, familiares de portadores de fibrose cística (ou mucoviscidose), divulgação radiofônica e pela imprensa escrita do saber psicanalítico, ações culturais e terapêuticas através da literatura infantil com crianças. Além disso, alguns psicanalistas da SBPRJ, compreendendo a importância da interface social, formularam intervenções para atenção a pais-bebês e para crianças em idade escolar e seus pais.

Sabemos que cada uma das atividades listadas tem suas especificidades, que vão do manejo teórico-técnico até questões éticas. O que as reúne, no entanto, e permite uma abordagem comum, é o pressuposto teórico do trauma revisitado na contemporaneidade.

Nos sujeitos atendidos pelo PROPIS, além do excesso pulsional, as repercussões da sociedade traumatogênica são neles agravadas por suas fragilizações que dificultam e/ou corroem as estruturações narcísicas. Doenças crônicas e incapacitantes, exclusão social, desamparo infantil etc. implicam uma vulnerabilidade maior aos excessos traumáticos.

O evento traumático é a conjunção dos "excessos" tanto da realidade material quanto da psíquica mantida pela repetição. A dor psíquica experimentada vem pela ausência de sentido, pela impossibilidade de representar. "O traumático – na condição do sem forma, sem figura e sem sentido – está sempre à espreita no horizonte externo do fazer sentido produzindo, na condição de irrepresentável, intensa dor psíquica" (Figueiredo, 2005, p. 80).

O ato psicanalítico, no que se refere ao traumático, busca propiciar a criação de sentidos. O analista funciona como uma "membrana paraexcitatória" para que o sujeito possa estabelecer ligações, inscrevendo psiquicamente e transformando em representável o irrepresentável. A criação de sentidos, o "fazer gente", inclui a presença encorpada do analista, seu acolhimento, sua escuta, sua fala. O analista está lá, corpo e afeto, oferecendo-se como um "espaço analítico transicional", um "dentrofora". O *setting* é portátil, pois se materializa na presença viva e vitalizada do analista num face a face que permite espelhamentos narcísicos reparadores. Essa vitalização que emana do analista gera a erotização instituinte das representações.

O trabalho se dá a partir das condições oferecidas pelos sujeitos e pelas instituições. Desse modo, o fazer analítico se dá fora do enquadre habitual dos consultórios, em qualquer espaço, em grupos ou não, com duração e periodicidades contratadas a partir de cada situação. A regularidade e a permanência permitem aos sujeitos confiar e estabelecer uma relação transferencial possibilitadora de mudanças pela criação de novos sentidos de existência.

Ainda que, aparentemente, os programas radiofônicos e os livros editados não se enquadrem na descrição acima, consideramos que, também aí, o instrumental psicanalítico produz efeito. A intervenção psicanalítica convida o ouvinte/leitor a refletir, com a suspensão do julgamento moral, sobre novos sentidos para o sentir e o viver. Essa fala/escrita não se confunde com a pedagógica na medida em que não oferece fórmulas ou conselhos. O "texto analítico" funciona como uma rede social de amparo, acolhimento e ressignificações.

Além da flexibilização da técnica, considerando a realidade contemporânea, e da manutenção do rigor teórico, o PROPIS amplia, com a sua proposta, as possibilidades de atuação dos psicanalistas, enfatizando a dimensão ética da psicanálise e fazendo do ato psicanalítico um ato político.

Atividades

Grupo de estudos

Fórum de debates

Em 26 de outubro de 2007, o PROPIS realizou o projeto "Rio, que cidade é essa?", em parceria com o Fórum de Ciência e Cultura da UFRJ, com apoio da ABP, da FEPAL, da IPA e do Banco do Brasil.

O objetivo do projeto foi promover uma discussão interdisciplinar envolvendo vários segmentos da sociedade como contribuição para políticas sociais que visem ao exercício pleno da cidadania e à melhoria da qualidade de vida no estado do Rio de Janeiro e, especialmente, na cidade do Rio de Janeiro.

A partir da indagação feita e do conceito de qualidade de vida, buscamos abrir democraticamente o fórum para todos aqueles que, de alguma forma, pudessem com seus saberes contribuir para nosso propósito. Essa abertura pressupôs uma não hierarquização das contribuições. A radicalidade dessa posição advém do entendimento de que a complexidade do que ora vivemos demanda novas formas de abordagem que, sem confundir os campos, sugere alguns divórcios: entre o que é da ordem social e o que é da ordem individual; entre o público e o privado; entre o acadêmico e o popular; entre a inovação e a tradição; entre o emocional e o racional.

A questão posta serviu como catalisador para a articulação dos vários pensamentos e contribuições dos apresentadores e do público que resultou em intercâmbios novos além de reafirmar as iniciativas já existentes. A abrangência do conceito de qualidade de vida, que se imbrica com o de cidadania, permitiu um denominador comum, pois diz respeito à saúde, à educação e cultura, à segurança, à moradia e aos direitos humanos e civis.

O objetivo de criar um espaço interdisciplinar foi exitosamente atingido, contando com um público de mais de 200 pessoas.

Os debates contaram com a colaboração de Marcelo Viñar (Comitê de exclusão Social da IPA); Benilton Bezerra Jr. (psicanalista e professor da UERJ); Guti Fraga (artista e coordenador do projeto "Nós do Morro"); Vera Malaguiti (socióloga do Instituto Carioca de Criminologia); Caíque Botkay (músico e autor); Francisco Valdean (fotógrafo do laboratório Imagens do Povo, do Observatório de Favelas); Neuza do Nascimento (liderança comunitária e diretora executiva do Centro Integrado de Apoio a Criança e Adolescente de Comunidade/CIACAC); Carlos Minc (secretário de Meio Ambiente do Estado do Rio de Janeiro); Joel Rufino (historiador e professor da UFRJ); Sueli Lima (educadora e diretora da Associação Casa das Artes de Educação e Cultura); Bira Soares e José Alailton (realizadores do projeto "Lab.Lata"); André Urani (economista, professor da UFRJ e diretor executivo do Instituto de Estudos do Trabalho e Sociedade/IETS e coordenador do projeto "Rio como vamos"); músicos integrantes da Escola de Música da Associação do Movimento de Compositores da Baixada; Jorge A. Barros (jornalista do diário *O Globo*); Maria Helena Junqueira (psicanalista e professora da UFRJ); Elizabeth Castro (curadora do projeto "Cultura e Saúde" do

Fórum de Ciência e Cultura da UFRJ); Sergio Zaidhaft (psicanalista e professor da UFRJ); Altamirando Andrade (presidente da SBPRJ); Sergio Cyrino da Costa (representante da Associação Brasileira de Psicanálise); Wilson Amendoeira (representante regional da América Latina no Board da IPA).

Projetos

Atualmente, o PROPIS é composto por seis projetos.

Vi Vendo a cidade

Coordenadora: Maria Teresa Naylor Rocha

O projeto "Vi Vendo a Cidade" é uma parceria da Sociedade Brasileira de Psicanálise do Rio de Janeiro com a Associação Casa das Artes de Educação e Cultura, instituição conveniada com o Ponto de Cultura pelo Ministério da Cultura do Brasil. Obteve chancela da Unesco em 2005; em 2004, contou com financiamento parcial da empresa estatal Eletrobrás, e em 2005 e 2006 com a empresa estatal brasileira Furnas Centrais Elétricas.

O projeto atende mensalmente a crianças de 5 a 18 anos e a lideranças sociais de comunidades de favelas da cidade do Rio de Janeiro. Muitas dessas crianças nunca ou raramente saem dos limites de onde moram, o que lhes dificulta construir uma percepção diversificada da realidade. O sentimento de vergonha de serem quem são, de onde moram, de não saberem seu próprio valor e de suas famílias, constitui grande violência simbólica, gerando feridas narcísicas que as tornam, muitas vezes, sem apego à vida e ao bem comum. Sentem-se invisíveis, destituídas de humanidade e de tudo que nelas é singular. É impossível a manutenção de nossa identidade quando não nos sentimos pertencentes a um grupo e visíveis para os outros.

Partindo dessa compreensão de "apartheid social", criamos, em 2003, um conjunto de ações alternativas de assistência, apoiadas na teoria psicanalítica e na metodologia da arte-educação: grupos operativos e oficinas com as crianças e os adolescentes, visitas guiadas ao patrimônio cultural da cidade, seminários sobre desenvolvimento emocional e oficinas de aprimoramento técnico em arte-educação para os adultos envolvidos. Tais atividades visam a estimular a elaboração de soluções criativas para lidar com situações existenciais reais, mediante a emergência de novas narrativas, com o objetivo de minimizar a violência simbólica da exclusão social.

As visitas guiadas pretendem estabelecer pontes de convivência entre as áreas de nossa cidade, estimulando o reconhecimento mútuo de nossas humanidades. No início do projeto, 100% das crianças não conheciam música instrumental; 57% nunca tinham ido ao cinema. Através dos questionários de avaliação realizados após cada segmento, pudemos constatar que 75% consideram relevante ter acesso a cultura; 50% atribuem às experiências do projeto um elemento importante para a construção da autoestima; 25% apontam essas experiências como fator de diminuição para a violência nas comunidades. Depoimentos das lideranças falam da transformação percebida nas conversas entre as crianças, que passaram do relato sobre o defunto do dia ou da bala perdida da semana para a curiosidade sobre a exposição vista, um tipo de música diferente ou o filme assistido; elas acreditam que "as crianças estão podendo sonhar e não mais estão reféns da violência".

Nesse período:

Publicação de artigo na revista do *Programa Educativo do CCBB,* 2003;

Apresentação de trabalho no Congresso da FEPAL, Lima, Peru, 2006;

Apresentação de trabalho na *I Jornada Anual do Núcleo Psicanalítico de Belo Horizonte*, Brasil, 2006;

Apresentação de trabalho no *XXI Congresso Brasileiro de Psicanálise*, Porto Alegre, Brasil, 2007;

Publicação de artigo na revista *TRIEB/SBPRJ*, 2007;

Realização de *clippings* em três idiomas (português, espanhol e inglês).

O viver e a doença

Coordenadora: Sonia Bromberger

Psicanalista-chave: Maria da Conceição Davidovich

O projeto "O Viver e a Doença" foi gestado em 2001, por demanda à SB-PRJ da Associação Carioca de Assistência à Mucoviscidose (como também é conhecida a Fibrose Cística), com o apoio do Instituto Fernandes Figueira do Ministério da Saúde do Brasil, hospital de referência pela Organização Mundial da Saúde no diagnóstico e tratamento da FC para crianças e adolescentes até 18 anos, para lidar com a angústia que o diagnóstico e tratamento da mucoviscidose promovem.

A estratégia do atendimento se dá em encontros mensais de duas horas, nas dependências do hospital, em grupo operativo, denominado pelos integrantes de "A Roda da Psicanálise", com um número não fixo de membros, entre 10 e 30 adultos. Estes dispõem por duas horas desse espaço de escuta psicanalítica, que é, ao mesmo tempo, espaço de encontro e troca com seus pares para a expressão de suas dúvidas, angústias, e, inclusive, suas competências, tecendo suas próprias histórias da doença.

O Grupo Operativo funciona como uma proteção contra os efeitos traumáticos da descoberta do quadro de FC em uma família, propiciando que cada participante, pelo uso da palavra, outorgue-se o lugar de porta-voz e intérprete do seu sofrimento, e, desse modo, ganhe ou recupere a capacidade de lidar mais ativa e integradamente com o processo de tratamento e cuidados que a FC requer para a vida toda.

Esse projeto, pelo seu formato, presta-se para o atendimento a inúmeras outras patologias crônicas.

Como desdobramentos do projeto, estão previstos atendimento e acompanhamento psicológico individualizado, bem como familiar e domiciliar; supervisão e assessoria aos profissionais de saúde envolvidos (pediatras, pneumologistas, fisioterapeutas etc.).

Nesse período, realizou-se:

Apresentação no *I Simpósio Carioca de Fibrose Cística*, Rio de Janeiro, 2003;

Encaminhamento do relato do trabalho para Stanford Medical Center, Palo Alto, Califórnia, EUA, por solicitação do Dr. Richard Moss, médico;

Publicação de artigo na revista *TRIEB/SBPRJ*, 2007.

Agentes sociais da liberdade

Coordenadora: Flávia Costa Strauch

O projeto consta de uma série de ações de assistência como grupos operativos semanais, grupos de apoio psicológico aos egressos do sistema penal, componentes do projeto municipal da cidade do Rio de Janeiro para inserção social.

No final de 2003, a SBPRJ foi solicitada a formar parceria com uma ONG gerenciadora de um projeto municipal de capacitação e inserção social dos egressos do sistema penal da cidade do Rio de Janeiro. De 2006 em diante, essa atividade sofreu duas interrupções por conta do rompimento de contrato da prefeitura com a ONG. Atualmente, a atividade semanal, do grupo operativo, desenvolve-se junto ao Sistema Único de Assistência Social (CREAS) no Centro de Referência Especializada de Assistência Social Maria Lina Castro Lima, órgão público municipal.

Os grupos de egressos capacitados pelo programa exercem a função de multiplicadores, cada um junto a outros dez egressos.

Estima-se em cem o número de egressos que viveram essa experiência pioneira, que tem possibilitado a essas pessoas, através da escuta psicanalítica, a contenção de seus impulsos destrutivos.

Motivada pelas respostas positivas, e percebendo uma vontade indomável de alguns em mudar, tem-se buscado dar continuidade a essa proposta contatando empresários, bem como legisladores, visando a transformar esse projeto em projeto de lei e/ou programa suprapartidário, uma vez que essa iniciativa tem protagonizado um resultado valioso, a queda para 16% da reincidência dos participantes do projeto, quando a aferição do Ministério da Justiça atinge a casa de 80% de reincidência, em nosso país. Isso ocorre por conta da exclusão de toda ordem a que são condenados antes, durante e pós-encarceramento. Até 2006, dentre os participantes do grupo operativo, apenas um havia reincidido. E, no grupo atual, um deles solicitou indicação particular para evitar "cair em tentação".

Através de depoimentos dos participantes, podemos intuir as possibilidades de transformação ocorridas: "mexer com as emoções me ajudou a crescer como pessoa, me ajudou no relacionamento familiar"; "aprendi a ser mais humana e ter mais calma, pois sou uma pessoa muito agressiva"; "no grupo aprendemos a conhecer nossas próprias potências e limites".

Ao longo desse período, essa atividade teve os seguintes desdobramentos:

Apresentação no *Seminário Anual da SBPRJ*, Rio de Janeiro, 2005;

Elaboração de um dossiê encaminhado a autoridades competentes, demonstrando os resultados da importância da continuidade desse projeto;

Apresentação de trabalho no *Congresso Anual Argentino*, em Mendoza, maio de 2006;

Apresentação de trabalho no *Congresso da FEPAL*, no Peru, outubro de 2006;

Apresentação de trabalho no *Simpósio Anual do Núcleo Psicanalítico de Belo Horizonte*, Minas Gerais, dezembro de 2006;

Apresentação de trabalho no *XXI Congresso Brasileiro de Psicanálise*, Porto Alegre, maio de 2007;

Publicação de artigo na revista *TRIEB/SBPRJ*, 2007.

Clínica pais-bebê

Coordenadora: Eliane Pessoa de Farias

A "Clínica Pais-Bebê" é um projeto vinculado à Clínica Social da Sociedade Brasileira de Psicanálise do Rio de Janeiro, cujas atividades são desenvolvidas na sede da SBPRJ, e conta com uma equipe de 16 psicanalistas. Desde abril de 2004, funciona um grupo de estudos quinzenal com os psicanalistas da equipe que tem promovido palestras abertas aos profissionais da primeira infância. O atendimento psicoterápico conjunto – da gestação aos três anos de idade da criança – teve início em março de 2005 e pretende ser contínuo. O atendimento é imediato – face à urgência dessa clínica –, semanal, focal e breve.

A Clínica Pais-bebê tem como objetivos:

1. Oferecer atendimento à população de pais e bebês – de baixa renda – em dificuldades e/ou sofrimento, nos moldes das *Clínicas de 0 a 3*, internacionalmente conhecidas, priorizando o cuidado e a atenção a essa população, num tríplice enfoque: prevenção, diagnóstico precoce e atendimento.

2. Construir espaço para uma discussão multidisciplinar desse tema junto aos profissionais de saúde voltados para a primeira infância, através de grupos de estudos, palestras e cursos dentro de uma perspectiva psicanalítica e multidisciplinar.

A relevância desse projeto consiste na oferta de um atendimento pioneiro e específico a uma população que nunca fez parte dos propósitos terapêuticos de uma Sociedade de Psicanálise, de um aprofundamento de uma abordagem terapêutica nova, de uma maior integração da Sociedade Psicanalítica com a comunidade profissional não psicanalítica e da possibilidade de recolher dados para estudos e pesquisas.

Nesse período, foram apresentados trabalhos científicos nos seguintes foros:

Congresso Internacional de Psicanálise da IPA, no Rio de Janeiro, em 2005;

Congresso Brasileiro de Psicanálise, em Brasília, em 2005;

Simpósio sobre Violência, na Universidade Estadual do Rio de Janeiro, em 2005.

Escutar e pensar

Coordenadora: Sonia Eva Tucherman

Psicanalistas-chave: Bernard Miodownik, Eloá Bittencourt Nóbrega, Gabriela Pszczol, Lucia Pallazzo, Marina Tavares, Maria Elisa Alvarenga, Mônica Aguiar, Simone Rothstein.

O projeto "Escutar e Pensar" é uma parceria exitosa da Sociedade Brasileira de Psicanálise do Rio de Janeiro com a Rádio Ministério da Educação do Rio de Janeiro (MEC-AM), iniciado em outubro de 2001 e que continua até hoje, com apoio e transmissão gravada e ao vivo nas instalações da Rádio MEC-RJ, com staff técnico da rádio, abordando temas da vida cotidiana, familiar, social e profissional, em uma linguagem acessível, objetivando difundir o pensamento psicanalítico. Em 2008, o projeto conta com o apoio financeiro do DPPT.

Esse programa radiofônico estrutura-se no formato de cinco transmissões semanais (cinco janelas), sendo quatro com duração de cinco a sete minutos, e a quinta com duração de uma hora. Nessa quinta, transmite-se ao vivo, do estúdio da rádio, uma mesa redonda com um psicanalista e dois convidados, profissionais das mais diversas áreas, escolhidos pela equipe pela afinidade com o tema da semana. Os inúmeros programas realizados foram selecionados e divulgados em congressos e seminários nacionais e internacionais através de trabalhos em mesas redondas, cartazes, pôsteres auditivos e um CD em quatro idiomas (português, inglês, francês e espanhol). O programa "Escutar e Pensar" está disponível nos sites da SBPRJ, da SBPSP e da ONG Viva Rio, que transmite os programas na íntegra através da rádio comunitária Rede Viva Favela.

Durante dois anos, o "Escutar e Pensar" também foi transmitido com a programação editada pelo Supremo Tribunal de Justiça de Brasília – DF. Está sendo transmitido há mais de dois anos nas cidades de Fortaleza, no Estado do Ceará, e Fernandópolis, no estado de São Paulo, Brasil, através das rádios universitárias locais.

Como desdobramento do "Escutar e Pensar", temos:

Ler e pensar

Psicanalistas-chave: Gabriela Pszczol, Liana Albernaz de Melo Bastos e Maria Elisa Alvarenga

Edição de três livros, cada um com 70 páginas – "Família", "Sexualidade" e "Sentimentos" –, ora no prelo, financiados pela Editora Mauad do Rio de Janeiro. Os livros, realizados a partir do material escrito por diversos psicanalistas da equipe de redação para programas radiofônicos, visam à divulgação da psicanálise através das Sociedades de Psicanálise, dos Grupos de Estudo Psicanalíticos e outras instituições interessadas, além de Universidades e Ministérios da Educação e Cultura. As experiências de D. Winnicott e F. Dolto, que publicaram livros com seus respectivos programas na BBC, Londres, e RNF, França, fazem-nos acreditar que a circulação dos livros com temas do cotidiano escritos de forma acessível a partir de uma visão psicanalítica pode ter sucesso, principalmente, nos países de língua portuguesa e língua espanhola (América Latina e os hispânicos da América do Norte).

Grupos operativos do DEGASE/Conversar e pensar

Atividade em grupos operativos com agentes penitenciários do DEGASE, Departamento Geral de Ações Socioeducativas, da *Secretaria de Estado da Família e da Assistência Social do Estado do Rio de Janeiro – AEFAS,* órgão do Governo do Estado do RJ que abriga adolescentes e jovens apenados. O objetivo é a discussão de temas introduzidos pelos CDs dos programas "Escutar e Pensar", visando a aproximar os agentes dos jovens a partir da reflexão sobre emoções universais.

Essa atividade está suspensa provisoriamente.

Perguntar e pensar

Psicanalistas-chave: Celmy Araripe Quillelli e Magda Costa

Programa radiofônico, também em parceria com a Rádio MEC-RJ, estreou em março de 2008. Dirige-se ao público infantil e adolescente, assim como ao adulto. Em formato de radiodramaturgia, consiste em diálogos entre uma criança de 8 anos e outra de 12 anos com a madrinha, focando as ansiedades mais comuns de crianças e adolescentes. Trata dos mais diversos temas de maneira simples, clara e direta, de forma a estimular a conversa familiar e ajudar a pensar questões ansiogênicas da vida cotidiana familiar.

Ao longo desse período:

Esse projeto tem sido divulgado na mídia;

Possui todo o material gravado, em três idiomas;

Publicação de artigo na revista *TRIEB/SBPRJ*, 2007.

Mais uma vez... Era uma vez...

Coordenadora: Celmy de A. A Quilelli Correa e Wania Maria C. F. Cidade

Psicanalista-chave: Cláudia Maria de Lima Brandão

O projeto, vinculado à Biblioteca da SBPRJ, é realizado em parceria com creches e escolas públicas, situadas no bairro de Botafogo, no Rio de Janeiro.

O projeto "Mais uma vez..." propõe sessões de animação de livros de histórias, comportando ilustrações e textos estéticos.

Partimos da convicção de que o contato precoce da criança com os livros e a linguagem narrativa interfere sensivelmente em sua organização psíquica, no acesso ao simbólico e na capacidade de aprendizagem. As histórias enriquecem o imaginário e a fantasia, desenvolvendo o vocabulário, ajudam a criança a lidar com seus medos e angústias e a encontrar soluções para seus conflitos, através das identificações e projeções que se operam.

Cada sessão semanal tem duração de duas horas, são gratuitas e abertas às crianças de todas as idades, a partir de um ano, e de todas as classes sociais das comunidades circundantes à SBPRJ, desde que na presença de adultos cuidadores.

Inicialmente, o "Mais uma vez..." atendeu crianças entre quatro meses e cinco anos da Creche Comunitária UNAPE Anchieta e do berçário/maternal Santa Marta (instituições mantidas pela Associação de Moradores do Morro Santa Marta, em Botafogo), oriundas de famílias com precárias condições socioeconômicas que vivem em clima de grande violência urbana.

O projeto tem como objetivos a elaboração dos afetos, organização do pensamento e expressão verbal no público infanto-juvenil, servindo de referência para novas possibilidades de transformação da realidade psíquica e social.

Referências bibliográficas

BASTOS, L. A. M. & PROENÇA, M. A. Psicanálise e interface social. *Trieb, Revista da SBPRJ* (Rio 2), vol. V, n. 2, dez. 2006.

BROMBERGER, S. Grupos operativos com familiares de pacientes fibrocísticos – a contribuição da psicanálise. *Trieb, Revista da SBPRJ* (Rio 2), vol. V, n. 2, dez. 2006.

FIGUEIREDO, L. C. A questão do sentido, a intersubjetividade e as teorias de relação de objeto. *Revista Brasileira de Psicanálise*, volume 39, número 4, 2006, p. 79-88.

ROCHA, M. T. N. Psicanálise e interface social: experiência em favelas do Rio de Janeiro. *Trieb, Revista da SBPRJ* (Rio 2), vol. V, n. 2, dez. 2006.

STRAUCH, F. C. Invisíveis Sociais. *Trieb, Revista da SBPRJ* (Rio 2), vol. V, n. 2, dez. 2006.

TUCHERMAN, S. E. Psicanálise e ação social: programa radiofônico "Escutar e Pensar". *Trieb, Revista da SBPRJ* (Rio 2), vol. V, n. 2, dez. 2006.

PSICOCOMUNIDAD. UNA APLICACIÓN DE MÉTODO PSICOANALÍTICO AL TRABAJO EN COMUNIDADES MARGINADAS[1]

Maria Teresa Lartigue Becerra

Psicocomunidad es un método creado en la década de los setenta por José Cueli y Carlos Biro (1975) como una aplicación del psicoanálisis a la exploración y la investigación de situaciones grupales en una comunidad marginada. Cabe recordar que el psicoanálisis implica una triple dimensión: una teoría estructural y funcional del aparato psíquico y de la personalidad (con sus aplicaciones a otras ramas del conocimiento), un método de investigación de los procesos inconscientes y un procedimiento terapéutico. La teoría está basada y deriva de los descubrimientos psicológicos fundamentales realizados por Sigmund Freud.

Al marginado desde el punto de vista sociológico se le puede definir como aquella persona que ha sido excluida de la fuerza de trabajo en forma más o menos permanente. Desde el punto de vista psicológico, como aquella persona a quien una combinación de circunstancias internas y externas impiden, en forma

---

[1] Trabajo presentado en el I Simposio Latinoamericano de Comunidad y Cultura, FEPAL y Sociedad Brasileira de Psicoanálisis de San Pablo, San Pablo, Brasil, en el panel "Intervenciones clínicas en la comunidad, ¿qué psicoanálisis es?", 11 de febrero de 2008.

más o menos permanente, hacer fructificar sus potencialidades incidiendo sobre la realidad. El trabajo de desarrollo de la comunidad consiste en "desbloquear" las potencialidades de esa persona marginada (o grupo de personas); convertir una situación de apatía, de desesperanza, de impotencia (producto de la constatación de que no ha sido posible incidir en forma predecible sobre la realidad) en otra de autogestión, por cualquier método, usando cualquier estilo de diálogo que resulte eficaz, con el propósito de convertir los recursos externos de una comunidad en recursos internos (Biro, 1986a).

La aproximación psicológica al conocimiento de lo social mediante el manejo de las fantasías y las vivencias de las investigadoras y los investigadores es, desde el punto de vista técnico, la contribución más importante de Psicocomunidad para el enriquecimiento de la comunicación interdisciplinaria, ya que la comprensión de los datos, fenómenos o hechos grupales y comunitarios es mucho más profunda que la obtenida mediante los instrumentos tradicionales de la psicología social como son los censos, cuestionarios, encuestas, escalas, pruebas psicológicas, entrevistas, historias de vida, o a través de las distintos métodos y técnicas de observación y de experimentación en el laboratorio. Además, la comparación entre el trabajo esperado y lo realmente efectuado en la comunidad da la posibilidad de operar conscientemente sobre las motivaciones y expectativas personales que pudieran llegar a distorsionar la percepción de la realidad y la acción sobre ella, constituyéndose en un control que contribuye a reducir el error subjetivo de la observación (Cueli y Biro, 1975).

Uno de los supuestos básicos del método de Psicocomunidad es que existe una correspondencia biunívoca entre las manifestaciones conductuales que se observarían a nivel individual[2] y lo observado en la comunidad[3]; esto es, "que los conjuntos de estímulos y respuestas en lo individual y en lo comunitario son isomorfos" (Cueli y Biro, 1975: 41).

---

[2] De acuerdo con los modelos de Rapaport quién sistematizó los puntos de vista genético, tópico, dinámico, estructural y económico de la teoría psicoanalítica.

[3] El término comunidad se refiere a un grupo de personas que viven contiguas en una zona geográficamente delimitada, sin importar su grado de integración (Cueli y Biro, 1975: 414).

PSICOCOMUNIDAD. Una aplicación de método psicoanalítico al trabajo en comunidades marginadas

Cabe hacer notar que el método psicoanalítico (ya sea como método de investigación y/o terapéutico) se puede aplicar a una comunidad marginada, siempre y cuando se controlen ciertas variables, como en la situación individual. Las variables relevantes del método de Psicomunidad son[4]:

1. Las fantasías de las investigadoras y los investigadores previas a la visita comunitaria. Freud definió las fantasías en *La interpretación de los sueños* (1900, tomo V: 488–489) de la manera siguiente:

> [...] son cumplimientos de deseo; como los sueños, se basan en buena parte en las impresiones de vivencias infantiles; y como ellos, gozan de cierto relajamiento de la censura respecto de sus creaciones. Si pesquisamos su construcción, advertiremos cómo el motivo de deseo que se afirma en su producción ha descompaginado, reordenado y compuesto en una totalidad nueva el material de que están construidas. Mantienen con las reminiscencias infantiles, a las que se remontan, la misma relación que muchos palacios barrocos de Roma con las ruinas antiguas, cuyos sillares y columnas han proporcionado el material para un edificio de formas modernas.

Susan Isaacs (1964) por su parte, considera que las fantasías constituyen el contenido primario de los procesos mentales inconscientes, son los representantes psíquicos de las pulsiones libidinales y destructivas, y desde el comienzo de su desarrollo se elaboran también como defensas y/o realizaciones de deseos y con contenidos de ansiedad. Los postulados de Freud de la realización alucinatoria de deseos, identificación primaria, introyección y proyección son la base de la vida de la

---

[4] Con base en las expectativas teóricas y a las experiencias en sus diversas aplicaciones, con las modificaciones introducidas por Cueli, Biro, Lartigue y Cantú; ver capítulo tercero del libro de Psicocomunidad (Cueli y Biro, 1975), y el capítulo siete de Alternativas para el diálogo con comunidades marginadas (Lartigue y Biro, 1986).

fantasía. A través de la experiencia externa, las fantasías se elaboran y pueden expresarse, pero no dependen de la experiencia externa para su existencia ni tampoco de las palabras. Sin embargo, bajo ciertas condiciones, pueden ser capaces de expresarse en palabras (habladas o escritas). Las fantasías inconscientes ejercen una influencia continuada durante toda la vida, tanto en las personas normales como en las neuróticas, la diferencia radica en el carácter específico de las fantasías dominantes, en el deseo o la ansiedad asociados a ella y a su interrelación mutua y con la realidad externa. Cabe señalar que las fantasías escritas constituyen una excelente prueba proyectiva para identificar el nivel de desarrollo emocional de las investigadoras y los investigadores (Lartigue, 1980; Lartigue *et al.*, 1981).

2. La visita a la comunidad[5], delimitada dentro de los parámetros de espacio, tiempo y persona, y con un objetivo específico del servicio (corresponde al encuadre dentro del proceso psicoanalítico). El servicio a la comunidad se ubica por lo general en el campo de la prevención primaria, por ejemplo, la ayuda a la parentalidad y la prevención de la violencia doméstica, la educación para la salud en lo relativo al desarrollo socioemocional de niñas y niños, lactancia, estimulación temprana, detección de población en riesgo de padecer depresión en la gestación y/o postparto, etc. Se le brinda de esta manera una oportunidad a la comunidad, al igual que en el tratamiento individual de solicitar ayuda para conflictos internos si así lo desea.

3. La integración de las experiencias vividas en estas situaciones, dentro de una sesión de supervisión en grupo, por un psicoanalista o un psicoterapeuta grupal que no participe en el trabajo comunitario (cabe hacer notar que desde 1911, la supervisión constituye un aspecto central y

---

[5] Las visitas domiciliarias por parte de profesionales y/o paraprofesionales de la salud, por un período de 12 a 18 meses (una vez por semana) han demostrado tener una gran efectividad en la prevención de trastornos en la relación madre-hijo o madre-hija en familias en riesgo (Ammaniti *et al.*, 2006; Boris *et al.*, 2006).

obligatorio del proceso formativo de las psicoanalistas y los psicoanalistas de acuerdo con el trípode de Eitingon)[6]. Las principales funciones de la supervisión son: proporcionar a los interventores o las interventoras la posibilidad de elaborar las confrontaciones con las propias carencias y la toma de conciencia de los afectos surgidos en las interacciones con las familias de la comunidad, con el propósito de darles una salida y ponerlos al servicio de la comunidad. Asimismo, favorecer la cohesión e integración grupal; determinar los efectos que el grupo interventor tuvo sobre la comunidad (a través de las reacciones contratransferenciales surgidas); facilitar el manejo adecuado de la separación; permitir la exploración personal, individual y aprender a reparar en lugar de repetir.

4. La participación en el grupo de investigación es libre, aunque una vez aceptado el compromiso con la comunidad, se vuelve obligatoria hasta la terminación de la intervención; la persona que falte a la comunidad más allá del mínimo establecido se separa de manera permanente del grupo.

5. Las visitas comunitarias y sesiones de supervisión están espaciadas en un tiempo lo suficientemente grande para realizar la elaboración necesaria del enfrentamiento con la comunidad, por lo que se llevan a cabo solamente una vez a la semana o, como máximo, dos veces (con el fin de evitar la invasión masiva al aparato psíquico de los miembros del grupo por los contenidos de la comunidad y las actuaciones[7]).

6. Un tutor o tutora comprometido con el trabajo comunitario y relacionado con el objetivo específico de servicio a la comunidad (la problemática a la que se desea atender o prevenir).

---

[6] En el Instituto de Psicoanálisis de la Asociación Psicoanalítica Mexicana se requieren 350 horas de supervisión dentro del curso de formación en psicoanálisis.

[7] En el primer grupo que se aplicó el método en ciudad Netzahualcóyotl en marzo de 1970, las investigadoras y los investigadores (catorce profesores de la Facultad de Psicología de la UNAM) visitaban diariamente la comunidad por varias horas, lo que provocó conductas regresivas y algunas actuaciones. Los objetivos de esa primera intervención fueron: a) elaborar una metodología capaz de afrontar los problemas de una comunidad y promover su desarrollo y b) diseñar una alternativa, una vía para llevar a cabo el papel de los centros de enseñanza superior en la comunidad (Cueli y Biro, 1975).

7. Un manejo adecuado de la despedida, que permita vivir con el otro la separación; ésta por lo general, se empieza a elaborar durante la segunda mitad de la visita comunitaria.

8. Un informe semanal sobre las vivencias en la comunidad y sobre la problemática de cada una de las familias visitadas, que facilite la identificación del nivel de desarrollo de la comunidad, ya que, como señala Biro (1980): "No todos los pobres son iguales". Escribir después de cada visita a la comunidad ofrece las mismas oportunidades que hacer la relatoría después de cada observación de bebés con el método Esther Bick señaladas por Dorado de Lisondo (2008) y que son las siguientes: dar forma a las intensas vivencias, organizar una narrativa en la cual el observador u observadora, o el investigador o investigadora sea un personaje importante de la escena en el campo observacional, donde la distancia temporal-espacial permita una nueva mirada y también el ejercicio de la autoobservación. También pueden aparecer nuevos sentidos, ideas, fantasías, lapsus en la escritura, olvidos, recuerdos, memorias evocativas y permite asimismo que el observador u observadora y/o investigador o investigadora pueda metabolizar las intensas emociones e identificaciones proyectivas vividas durante la experiencia (función también de la supervisión grupal).

9. La devolución de la información a la comunidad con el fin de realimentar sobre el impacto mutuo a las familias visitadas. Puede ser en forma de bitácora, diario, fotografías, evaluaciones del desarrollo de los bebés, etc.

10. Una evaluación del trabajo realizado en la comunidad y en las sesiones de tutoría y supervisión; todos estos parámetros introducen un dispositivo de cambio que hace posible el desarrollo individual, grupal y comunitario (Lartigue, 1986).

El método de Psicomunidad está planteado para utilizarse dentro de un contexto contemporoespacial: comunidades marginadas a estudiarse y modificarse, dentro de ciertos límites de tiempo y de determinada manera (Cueli y

Biro, 1975). Por su parte Biro hace notar que el tiempo propio del trabajo de Psicomunidad es mucho más rápido que el del psicoanálisis y el de la supervisión psicoanalítica; no se trata únicamente de la "gran analogía" entre los contenidos afectivos internos, propios de los miembros del grupo interventor, y los externos, traídos de la comunidad marginada visitada, sino de que existe también una similitud entre las carencias de la comunidad y las carencias tempranas de los miembros del grupo, donde las primeras son una caricatura grotesca, magnificada de las segundas.

> Así producen un fenómeno regresivo al ser traumática su percepción, rompen resistencias cuando éstas existen y llevan a *insights* útiles, tal y como lo hace una interpretación apropiada en tiempo y en contenido. Puede agregarse que el gran número de personas visitadas en el trabajo habitual de Psicomunidad también, tiene que ver con el tiempo acelerado propio del cambio con este modelo (Biro, 1986b, p. 188).

El objetivo general del método es: poner el instrumento psicoanalítico al servicio del desarrollo de una comunidad. De este planteamiento, derivan dos objetivos medulares, uno diagnóstico y otro terapéutico. Se pretende manejar las resistencias que inevitablemente ocurren en el encuentro entre el grupo de investigadoras e investigadores y la comunidad para que sea posible un contacto interno entre ambos. Así, y solamente así, se tendrá acceso a la comunicación interna (psicológica) de la comunidad y a identificar su nivel de desarrollo. De igual manera se interpretan y manejan los mecanismos de defensa despertados en los miembros del grupo por el eco interno que hacen las carencias de la comunidad con sus carencias tempranas.

El objetivo terapéutico es que el grupo de investigadores o investigadoras (cada uno en lo individual con sus familias) pueda constituirse en un objeto de afecto, enteramente predecible, no juzgante y no demandante, de la comunidad.

De esta manera, la comunidad podrá aprender nuevas formas de relaciones objetales, tanto al observar las relaciones entre los miembros del grupo interventor como en su interacción con ellos. Este tipo de relación precluye la posibilidad de usar a la comunidad, tal y como lo refiere Freud respecto del paciente individual (Biro, 1981). En otras palabras, se trata de intentar establecer una comunicación afectiva con familias de una comunidad marginada, un ligamen o vínculo emocional o relación de intimidad, que promueva desarrollo mutuo en sus dimensiones individual y social (Lartigue, 1980).

Aplicaciones del método

En el transcurso de estos casi ocho lustros, Psicocomunidad ha sido objeto de distintas aplicaciones, donde lo que cambia es el objetivo del grupo particular que desea trabajar en una comunidad marginada; ya sea este de investigación, transmisión y/o formación, intervenciones diagnósticas, terapéuticas, de rehabilitación, prevención, integración, etc. Respecto de la duración, se ha trabajado con dos modalidades de tiempo limitado; en la primera las visitas semanales a la comunidad se han extendido de 10 a 80 semanas y, en la segunda, se ha instrumentado de manera intensiva, donde las visitas se efectúan una por la mañana y otra por la tarde, durante una semana (por ejemplo en el Hospital Neuropsiquiátrico de Granada, España), o por un período de cuatro semanas (Hospital Psiquiátrico, Orizaba, México). Las comunidades han sido diversas, familias de una zona geográfica seleccionada previamente, de acuerdo con los objetivos del grupo (por ejemplo, una manzana, un mercado, un parque); una escuela primaria, secundaria o universidad; un hospital psiquiátrico, una empresa, un centro de desarrollo infantil etc. El tamaño del grupo de trabajo ha variado de seis a treinta y seis estudiantes y/o investigadores o investigadoras; las disciplinas han sido Medicina, Psicología, Desarrollo Humano, Teología, Actuación, Psicoterapia, etc. (ver al respecto Biro, Lartigue y Cueli, 1981; Lartigue, 2005).

Algunos ejemplos

1. Como método de enseñanza aprendizaje, se ha aplicado en la Universidad Nacional Autónoma de México en las Facultades de Medicina y Psicología, al igual que en la Universidad Iberoamericana (Departamentos de Psicología y Desarrollo Humano y en el Centro de Orientación Psicológica), así como en el Centro de Estudios de Postgrado de la Asociación Psicoanalítica Mexicana. Se ha observado que Psicocomunidad propicia el crecimiento personal en los miembros del grupo, ya que el contacto con la comunidad acelera el desarrollo individual y social.

2. Como método de investigación-acción, siguiendo los lineamientos de Kurt Lewin; método que se caracteriza por realizar simultáneamente la expansión del conocimiento científico y la solución de un problema, mientras aumenta igualmente la competencia de las investigadoras y los investigadores al ser llevado a cabo en colaboración, en una situación concreta y usando la realimentación de la información en un proceso cíclico (Martínez, 1996: 221).

3. Formación de tutores y supervisores de trabajo comunitario, de la misma manera que en el proceso de formación psicoanalítica, es decir primero se tiene la vivencia integral del método y después se puede fungir como tutor o tutora, o supervisor o supervisora.

4. Teatro popular: expresión y comunicación de emociones; las investigadoras y los investigadores pertenecen a un grupo de teatro o estudian actuación o arte dramático.

5. Formación de cooperativas, con sus tres principios básicos: puerta abierta, estatuto interno y educación para todos.

6. Psicocomunidad institucional: en lugar de trabajar con población abierta se interviene en una institución, ya sea de salud mental, por ejemplo, en hospitales psiquiátricos, de manera simultánea con el personal de la

institución, como con los pacientes o usuarios o usuarias de los servicios de dicha institución. También puede ser en una institución educativa, ya sea en el nivel de primaria, secundaria, preparatoria tanto con las profesoras y los profesores, como con los estudiantes, o bien en un centro de desarrollo social (Lartigue y De La Cerda, 1996). La última intervención que realizamos fue en un Centro de Día del Departamento del Distrito Federal que atiende a niños y niñas indígenas y/o niños y niñas que viven en zonas de alta peligrosidad, dependiente de la Dirección de la Niñez en Riesgo del Sistema Integral para el desarrollo de la familia, tanto con el personal de la institución, como con los padres, las niñas y los niños, y psicoterapeutas de la Asociación Psicoanalítica Mexicana (Lartigue *et. al.*, 2006).

En México al igual que en Brasil existe un alto porcentaje de hogares ubicados por debajo de la línea de la pobreza, por lo que es urgente —a mi manera de ver— que el psicoanálisis, además de continuar en los consultorios psicoanalíticos, se expanda hacia el trabajo con comunidades marginadas, ya sea en las grandes ciudades o en el medio rural. COWAP, gracias a la persistente tarea de Candida Sé Holovko y al apoyo de Giovanna Ambrosio, Mariam Alizade y otras colegas, está intentando colaborar con las familias con mayor vulnerabilidad psicosocial, principalmente en la prevención de la violencia contra las mujeres y las niñas o los niños y en la construcción de la parentalidad, lo que permitiría a la larga interrumpir la transmisión transgeneracional de la psicopatología y con ello, elevar la calidad de vida y de bienestar emocional.

Referencias bibliográficas

AMMANITI, M.; SPERANZA, A. M.; TAMBELLI, R.; MUSCETTA, S. *et. al. A prevention and promotion intervention program in the field of mother-infant relationship.* Paper presented at de World Association of Infant Mental Health Conference, Paris, in July, 2006.

BIRO, C. *No todos los pobres son iguales.* México: Diógenes, 1980.

_____. Prólogo. En LARTIGUE, T. y BIRO, C. (comps.). *Alternativas para el diálogo con comunidades marginadas.* México: Alhambra Mexicana, p. 13-15, 1986a.

_____. El regreso al consultorio. En LARTIGUE, T. y BIRO, C. (comps.). *Alternativas para el diálogo con comunidades marginadas.* México: Alhambra Mexicana, p. 187-192, 1986b.

_____. LARTIGUE, T. y CUELI, J. *Tres comunidades en busca de su identidad.* México: Alhambra Mexicana, 1981.

BORIS, N. W.; LARRIEU, J. A.; ZEANAH, C. H.; TAGLE, G. A. *et. al. The process and promise of mental health augmentation of nurse home visiting programs: Data from the Louisiana Nurse-Familiy Partnership.* Paper presented at de World Association of Infant Mental Health Conference, Paris, in July, 2006.

CUELI, J. y BIRO, C. *Psicomunidad.* México: Prentice Hall Int., 1975.

DORADO DE LISONDO A. Observación de bebés. Método Esther Bick. Ponencia a presentar en el taller de Observación de Bebés, durante el *XXVII Congreso Latinoamericano de Psicoanálisis*, FEPAL Santiago de Chile, 2008.

FREUD, S. (1900). La interpretación de los sueños. En: *Obras Completas.* Trad J. L. Etcheverry. Buenos Aires: Amorrortu, Volumen V, 1976.

ISAACS, S. Naturaleza y función de la fantasía. En: *Desarrollos del psicoanálisis*. Buenos Aires: Ed. Hormé, 1964.

LARTIGUE, T. *Biopsicología social.* México: Alhambra Mexicana, 1980.

_____. Psicocomunidad. Un método para el desarrollo de comunidades marginadas. En: SERRANO, R. *et. al. Modelos de Desarrollo Humano Comunitario. Sistematización de 20 años de trabajo comunitario.* México: Plaza y Valdés, p. 215-264, 2005.

_____. y BIRO, C. (comps.) *Alternativas para el diálogo con comunidades marginadas.* México: Alhambra Mexicana, 1986.

_____. y DE LA CERDA, D. Psicocomunidad institucional: método para educación de la salud en el ámbito maternoinfantil. *Cuadernos de Psicoanálisis,* XXIX (1-2): p. 37-46, 1996.

_____. CHARDÓN, M. C.; HARRSH, C.; y GOYONECHEA, M. A. Descripción del proceso de un grupo de alumnos a través de sus fantasías. En: BIRO, C.; LARTIGUE, T. y CUELI, J. (comps.). *Tres comunidades en busca de su identidad*, México: Alhambra Mexicana, p. 70-82, 1981.

_____. PÉREZ CALDERÓN, M.; ORTIZ, O.; MANCERA, P.; PIEDAD, C.; y RAMÍREZ, M. Ayuda a la parentalidad en familias indígenas inmigrantes al D.F. En: *La Cultura de la Parentalidad. Antídoto contra la violencia y la barbarie.* México: El Manual Moderno, p. 195-208, 2006.

MARTÍNEZ, M. *Comportamiento humano. Nuevos métodos de investigación.* 2ª. Edición. México: Trillas, 1996.

INTERVENÇÕES CLÍNICAS NA COMUNIDADE: QUE PSICANÁLISE É ESSA?[1]

Roberto Tykanori Kinoshita

Queria agradecer ao Oswaldo pela oportunidade de participar desse Simpósio. Devo confessar que hesitei bastante em vir aqui, pois não é a minha área, não sou psicanalista. Desde a residência que não trabalho mais com nada desse campo. Desde então – o dr. Oswaldo era Assistente do IPQ-HC, quando eu era residente –, não tive mais essa referência.

Minha presença deriva da prática de gestor. Minha função, nos últimos anos, sempre foi a de gestor de saúde mental. Fui coordenador de saúde mental no Município de São Paulo no período 2003-2004, coordenador em Santos por mais de oito anos, coordenador de outros municípios, consultor de diversas cidades do país. Além dessas funções, fui também consultor da Organização Mundial da Saúde, para a Saúde Mental, em Moçambique. É a partir desse "lugar" que vou compartilhar algumas questões com vocês. Não vim propor nenhuma técnica,

---

[1] Transcrição e edição da fala do autor no *Primeiro Simpósio Latino-americano de Psicanálise, Cultura e Comunidade* na SBPSP.

nenhuma questão específica, e sim levantar problemas e compartilhar ideias que surgiram a partir da minha experiência.

A primeira questão que me ocorre quando nos referimos à comunidade é a de que tenho sempre a impressão de que essa "comunidade" não existe.

Eu nasci em São Paulo, como talvez a maioria de vocês, que são ou se tornaram paulistanos. E duvido que a maioria de vocês conheça a cidade. Vim a conhecer mais a cidade de São Paulo nos últimos dois anos – quando estive na Coordenação Municipal de Saúde Mental – do que durante os vinte e tantos anos em que vivi na cidade.

São Paulo tem 10,5 milhões de habitantes. Uma vivência prática: quando algo passa de mil, nós perdemos a noção. Não temos mais noção do que se trata. Não temos percepção com referência ao nosso corpo desse tamanho. Nessa dimensão, alguma coisa se perde, torna-se uma abstração. A partir daí, imaginem o que é sentar à mesa e pensar: "Tenho de tomar conta de 10,5 milhões de pessoas. O que faço?" É muito difícil. Decorre disso que precisamos percorrer a cidade. Minto, se disser que fui a todos os extremos da cidade. Mas percorri extremos da zona leste, extremos da zona sul, da zona norte e da zona oeste.

A primeira noção é a de que essa "comunidade da cidade de São Paulo" é uma abstração: são centenas de cidades. Cada cidade é um núcleo organizacional, geográfico, econômico. São pequenas cidades que coalescem umas às outras. Percebe-se até que há identidades. As pessoas se reconhecem: "eu sou daqui; eu sou dali". Nesse grau de referência geográfica, podemos dizer que existe até uma noção de identidade. Porque as pessoas se referenciam com seus espaços geográficos, seus territórios. Nesse sentido, na Saúde Pública, o termo "território" tem sido incorporado como conceito de referência para a organização das políticas públicas; mais do que "comunidade", a ideia de "território" é uma questão importante.

Quando se coloca a questão do território, etimologicamente há duas vertentes. A primeira vertente é a de que a palavra *território* tem origem na palavra "terra", demarcação geográfica ou área geográfica. A segunda vertente – só encontrei em um dicionário etimológico em inglês – é curiosa. Diz assim: "é um espaço no qual o sujeito exerce terror". Isso remete a noções etológicas de demarcação do espaço de dominação. É uma área na qual você exerce o terror, exerce um domínio; é um lugar de competência, de dominância.

Uma vez fiz uma apresentação em Milão sobre as grandes cidades e tive a seguinte ideia: o que é a cidade de São Paulo em minha vida? Peguei o Google Earth, tirei uma foto da cidade de São Paulo e tracei os locais em que vivi durante 20 anos. Vivi basicamente em dois eixos: uma pequena linha que ia de minha casa até a escola em que eu estudava, na Aclimação; meu território era uma linha muito estreita. Quando entrei na faculdade, a linha estendia-se da Aclimação até a Avenida Paulista e até a Dr. Arnaldo e o entorno disso. Um pouco mais, se eu ia até a Cidade Universitária. Quando era adolescente, a Cidade Universitária não existia para mim. O Alto de Pinheiros estava fora da minha vida. Ir até a Cidade Universitária era mais um trechinho. Geograficamente, dá menos de 0,1% de toda a cidade. E isso, andando quilômetros e quilômetros.

O espaço real que você ocupa é mínimo. Temos a ideia de ter o território expandido, mas na verdade aquilo sobre o que temos domínio é muito restrito. Depois que comecei a trabalhar, esses espaços aumentaram. Você se desloca por questões de trabalho e de emprego. Depois, expande-se, porque tendemos a viajar. Há um pontinho em Milão, um pontinho em outro lugar. Mas são pequenas linhas que vão compondo certo território. Isso gera um paradoxo: eu vivo na cidade de São Paulo, uma cidade grande, gigantesca, mas na verdade vivo num espaço muito restrito. Meu território vivido, operativo e vivenciado é muito restrito.

Embora vivamos a opressão da ideia de que vivemos numa cidade gigantesca, porque operacionalmente é muito difícil, a vivência é dupla. Temos um espaço enorme e, ao mesmo tempo, um domínio muito reduzido. Isso é para nós, que temos a possibilidade de deslocamento e acesso a bens e a possibilidade de consumir essa cidade. É uma cidade que depende de sua capacidade de consumo.

Quando comecei a sair para a periferia entendi porque as crianças não conhecem, por exemplo, cinema. Estava uma vez na zona norte de São Paulo, e um paciente me disse: "Mas a gente pode andar de carro?" Perguntei: "Como assim?

Você nunca andou de carro?" "Não. Nunca entrei num carro. Queria andar no seu carro". É estranho. Como alguém nunca entrou num carro aos vinte e tantos anos, no século XX ou XXI? Ele não teve a vivência corporal de sentar-se no banco de um carro, embora veja carros aos montes por aí. Dentro de algo que parece trivial, não creio que seja tão trivial. Que experiência de mundo, que território é esse que ele tem, do qual conseguiu se apropriar e que não entra em um carro?

Começamos a pensar que a noção de território é também uma questão existencial. Qual é a dimensão existencial dos territórios que as pessoas conseguem constituir para si? Essa ideia de que o território é existencial está ligada a como a sociedade se organiza. Particularmente na cidade de São Paulo, ela é muito estratificada e segregada. A estratificação social gera um gradiente da cidade. Nesse gradiente, já está demonstrado que a questão da violência está diretamente ligada à distância do centro. Quanto mais periférica a posição, maior a violência: acidentes, mortes, crimes são sempre mais frequentes; a proporção é inversa nas áreas mais centrais.

Além da segregação espacial, existe uma segregação que é a questão da vivência, da existência. Parece que as pessoas transitam em interstícios de coisas às quais não têm acesso. Não têm acesso à indústria cultural, a bens e a um conjunto de coisas que compõem o mundo moderno. Isso gera problemas. Você vive no interstício. Não faz parte daquilo que é visto e é visível. O prédio é visível, o carro é visível, as avenidas são visíveis, mas a pessoa vive no interstício. Esse território é complicado.

Uma das questões que temos nos colocado é como constituir, como trabalhar no território físico e existencial das pessoas. A questão não é simples, não é simplesmente chegar e dizer: "Vamos à periferia". Ir à periferia traz complexidades grandes. A questão do território é um tema sobre o qual vale a pena pensar. Pode instigar vocês em seus trabalhos.

No período em que estive na Coordenação de Saúde Mental de São Paulo, fiz uma coisa – eu não sou analista e vou falar de uma coisa que também não sou –, mas, como gerente, pude iniciar a implementação de uma prática que é a "terapia comunitária". Os psicólogos e psicanalistas arrepiam-se com essa terminologia. É estranho, à primeira vista. "Terapia comunitária" é uma prática desenvolvida por um psiquiatra antropólogo do Ceará, chamado Adalberto Barreto. Ele é bastante bizarro; não é trivial, é interessante. Por que achei, como gestor, que valia a pena implementar isso? Adalberto fez dois doutorados. Um em Psiquiatria, na França, e outro em Antropologia. Voltou para o Nordeste, fez pesquisas com o povo do Nordeste, e acabou formulando umas ideias que podem parecer que carecem de rigor, mas eu as achei muito inteligentes.

Ele diz o seguinte: na estrutura cultural de nosso país, a mistura da cultura judaico-cristã junto com a pobreza é um problema. Em que sentido? Nossa cultura está marcada por um, digamos assim, complexo de culpa. A culpa originária judaico-cristã. Isso está muito arraigado nas emoções do povo. O povo vive isso muito intensamente. A religião é organizada em torno da culpa, da noção do pecado original. Num contexto de pobreza, isso é uma tragédia, na opinião dele. Eu achei que isso fazia sentido. Ele diz assim: "A pessoa se sente *a priori* culpada. Ela nasce culpada. Não sabe do que, mas é culpada. E vive a sua pobreza. A pobreza entra como resposta à própria culpa: quem é culpado merece ser punido. A pobreza funciona como prova e punição da sua própria culpa". Então, fecha-se um círculo danado. Ele é pobre, porque é culpado, e é culpado, porque é pobre. Reafirma que a pobreza é o testemunho de seu crime. É uma tautologia que remete a uma situação de conformismo, de reconfirmação contínua de sua incompetência, de sua ilegalidade, de sua falta de legitimidade. Nesse lugar em que o sujeito é pobre, incompetente, desvalido, geram-se muitas relações de dependência. Se não consigo resolver as coisas, dependo de alguém. Talvez isso no Nordeste seja bem mais marcado pela história centenária entre escravos e senhores, na qual isso é cada vez mais reforçado. A escravidão e a pobreza ficam na repetição da culpa e punição e na falta de legitimidade. O escravo, então, vai estar sempre na dependência do senhor que garante sua sobrevivência. Mesmo que seja uma sobrevivência pobre, culpada, como reafirmação daquela culpa.

Dentro desse raciocínio, a terapia comunitária tenta trabalhar com esse eixo, de alguma forma, enfrentar a questão dessa culpa. Adalberto faz um jogo de palavras: se você passou por tantas dificuldades na vida, as dificuldades foram obstáculos que você superou. Então, você não é incompetente. Ao contrário, você é muito mais competente, porque superou problemas. A superação de problemas mostra que você tem soluções viáveis. Não quer dizer que sejam as melhores soluções, mas soluções viáveis são possíveis. Ele remete à ideia de que, embora não seja a melhor solução, pode haver soluções melhores. E diz: "Onde encontrá-las? Na comunidade, no compartilhar experiências de superação. Ao compartilhá-las, você multiplica a ideia de solidariedade, cooperação e soluções viáveis para a vida". Enquanto ele explicava essas coisas, percebi que esse complexo culpa e punição é vivido muito individualmente e "individualisticamente". Você não vive a culpa de modo compartilhado. A culpa é pessoal. Você está sozinho, não há como estar acompanhado. Mas as soluções podem ser compartilhadas e multiplicadas. Foi nesse sentido que entendi a ideia de que não há comunidade: há um monte de indivíduos que vivem culpados – estou caricaturando um pouco – e sozinhos, desconectados. Esse processo da terapia comunitária não é para fazer a terapia de uma comunidade, mas é uma elaboração coletiva que pode gerar comunidades, pode gerar potências comunitárias.

Nessa linha, começamos a poder, a partir do lugar de gestor, viabilizar a formação de terapeutas comunitários, que são pessoas da comunidade. São técnicas bastante simples, bastante organizadas. São regras de convivência. Pensando naquela ideia de processo civilizatório, é um kit de regras. Por exemplo: "Você tem de se sentar e discutir dessa forma". E tem algumas coisas inteligentes. Determinadas regras são interdições, diriam vocês. São interdições de coisas que desagregam. Não se pode dar conselhos, não se pode julgar o outro. Compartilhar não implica julgar ou dar conselhos aos outros. Você pode perguntar, fazer a pessoa falar mais, mas não pode dizer "Acho que você devia...". Você pode dizer: "Em minha vida, vivi coisa parecida e fiz assim, assim e assim". Você compartilha experiências, mas não julga o outro. Essas são as intervenções que dão movimento nesse tipo de dispositivo. Essas histórias que vão sendo contadas vão tecendo a comunidade, dentro da qual surgem outras tantas histórias muito interessantes. Aqui a comunidade é um porvir.

A INSTITUIÇÃO COMO INTERVENÇÃO TERAPÊUTICA

Chulamit Terepins

Na introdução ao livro de Winnicott *Privação e delinquência*, diz Clare Winnicott (2005, p. 1), sua esposa e companheira de trabalho: "Não parece exagero dizer que as manifestações de privação e delinquência em sociedade constituem uma ameaça tão grande quanto à da bomba nuclear". De fato, existe certamente uma conexão entre os dois tipos de ameaça, uma vez que assim como aumenta a proporção do elemento antissocial na sociedade, também o potencial destrutivo atinge níveis cada vez mais altos. Vivemos um momento em que lutamos para impedir que esse patamar de perigo aumente e, para essa tarefa, precisamos mobilizar todos os recursos possíveis. A criação pela sociedade civil de instituições que atuam em zonas de vulnerabilidade social tem tido um papel importante nesse campo. Um recurso seria a utilização de instituições como intervenção terapêutica e outro, intervenções terapêuticas com os usuários dessas mesmas instituições.

Lembramos que para Winnicott (2005, p. 138) "a tendência antissocial *não é um diagnóstico*. Não se compara diretamente com outros termos diagnósticos, como neurose e psicose. A tendência antissocial pode ser encontrada num indivíduo normal ou num indivíduo neurótico ou psicótico". É importante destacar

A PSICANÁLISE NAS TRAMAS DA CIDADE

também que segundo Winnicott (2005, p. 135) "a *defesa antissocial* (grifo do autor) *organizada está sobrecarregada de ganho secundário e reações sociais que tornam difícil ao investigador atingir seu âmago. Em contrapartida, a tendência antissocial* (grifo do autor) pode ser estudada tal como se apresenta na criança normal ou quase normal, em que se relaciona com dificuldades inerentes ao desenvolvimento emocional".

O que me ocorreu, quando sugeriram que falasse sobre o trabalho social que eu e uma equipe de profissionais e voluntários de diferentes áreas realizamos, foi fazer uma breve apresentação da instituição: seus objetivos; sua origem e desenvolvimento; população a que se destina; caracterização e demandas de seus usuários; problemas e principais dificuldades; áreas profissionais abrangidas; convênios e parcerias; instalações físicas; atividades curriculares e extracurriculares.

O nome da instituição em que atuamos é POF (Posto de Orientação Familiar), criado em 1993 pela Fisesp (Federação Israelita do Estado de São Paulo) com o objetivo de prestar atendimento social às famílias da favela Porto Seguro/Paraisópolis. No início, esse trabalho era realizado por uma assistente social profissional.

Em 1994, um grupo de psicólogas, entre as quais eu me incluía, que já atendiam pessoas carentes em seus consultórios dentro do Programa Psicologia da Fisesp, foi convidado a trabalhar no POF. Nossa primeira proposta foi abrir um espaço de escuta e reflexão, para discriminarmos as demandas da população local, que nos permitisse elaborar um projeto de atendimento psicológico. Não tínhamos experiência nesse tipo de trabalho, nem noção de suas dificuldades. Essa sondagem seria realizada por meio de "Grupos de Conversa" abertos à população da região. Os grupos eram frequentados quase exclusivamente por mulheres. Planejávamos trabalhar com famílias ou grupos de pais porque, pensando como Winnicott (2005, p. 138): "Quando conseguimos ajudar os pais a ajudarem seus filhos, na verdade estamos ajudando-os a respeito de si mesmos". No entanto, o que surgia como expectativa era a necessidade concreta e urgente de atendimento para suas crianças.

A INSTITUIÇÃO COMO INTERVENÇÃO TERAPÊUTICA

Considerando a demanda do grupo, decidimos iniciar um trabalho com as crianças, contratando uma educadora que desenvolvia atividades de recreação no período em que não estavam na escola. Como a maior parte das mães era de chefes de família que trabalhavam, a proposta inicial foi, portanto, "tirá-las da rua". Observando-as, verificamos que, embora as crianças frequentassem a escola, muitas eram analfabetas funcionais. Julgávamos que a alfabetização, ao lado de outros recursos pedagógicos, seria valiosa no processo de maturação emocional e inclusão social. Pensávamos que trabalhando com essas vertentes poderíamos ter resultados satisfatórios e, com esse objetivo em vista, contratamos uma equipe técnica formada por uma coordenadora e vários educadores. Embora focados em educação informal, contamos sempre com um grupo de psicólogas voluntárias atuando em atendimento de famílias, grupos de mães e grupos de crianças. A ação dessas voluntárias foi decisiva na estruturação do POF. Ainda que a proposta não tivesse um caráter clínico, as intervenções terapêuticas e o apoio à equipe técnica foram valiosos tanto em termos práticos como em pesquisas, que resultaram em trabalhos apresentados em congressos e teses de mestrado.

Atualmente, continuamos enfrentando dificuldades e desafios, porém nada se compara às vicissitudes iniciais. Tratava-se de um meio ambiente estranho a todos nós e nós estranhos para eles. Nas palavras de Bauman (2003, p. 104): "Na figura do estranho (não simplesmente o 'pouco familiar', mas o *alien*, o que está 'fora de lugar') o medo da incerteza, fundado na experiência da vida, encontra a largamente procurada, e bem-vinda, corporificação". A população nos olhava com muita desconfiança. Além de não saberem quem éramos e a que viemos, o POF, ao contrário de outras instituições da vizinhança, aceitava inicialmente sem restrições todos que o procuravam. Esse fato também causava estranheza e de certa forma acabamos recebendo crianças excluídas ou rejeitadas por essas instituições. Os pais não atendiam requisitos mínimos de cuidado: as crianças se apresentavam sem as menores condições de higiene, com roupas sujas, piolhos, e malcheirosas. Se, por um lado, fomos acolhedores, por outro, essa prática nos trouxe muitas dificuldades: nosso conhecimento e experiência eram escassos.

Nossos recursos iniciais e nossas instalações físicas eram muito precários. Nós nos sentíamos muito incomodados trabalhando naquelas condições e imaginávamos que os usuários também deviam compartilhar desse mal-estar. Nossa sede consistia em uma pequena construção com um grande quintal, que era usado como campinho de jogos por crianças e jovens. Tínhamos uma combinação de horário de uso que não era atendida. Os horários para atendimento social dos adultos também não eram respeitados. As atividades eram perturbadas pelo barulho das peladas. Tivemos que devolver parte do quintal à proprietária, nossa vizinha, pois ela exigia um controle do espaço que não conseguíamos exercer. As crianças brigavam muito. Algumas, quando contrariadas, agrediam os educadores ou riscavam seus carros. De acordo com Winnicott (2005, p. 142): "A manifestação da tendência antissocial inclui roubo, mentira, incontinência e, de modo geral, uma conduta desordenada, caótica. Embora cada sintoma tenha seu significado e valor específico, o fator comum para o meu propósito de tentar descrever a tendência antissocial é o *valor de incômodo dos sintomas*". A hora da refeição era um caos. Em dias de festa então, nem lembrar... Como impedir que crianças com fome levassem bolo para os irmãos? Lembro de uma ida ao teatro, quando um deles pôs um sorvete no bolso. Realmente era muito difícil obter disciplina, impor regras, ainda que mínimas, de funcionamento.

Uma questão que sempre suscitou a nossa atenção foi, como eu disse no início, que o nosso trabalho se desenvolve numa favela, com toda a conotação negativa que esse título carrega. Embora, para todos os efeitos, essa seja a denominação que se dá a esse local, seus habitantes se dizem moradores da Comunidade Porto Seguro. Ainda que sua população seja constituída em grande parte por excluídos, autores e vítimas de agressões, ironicamente a vizinhança geográfica do Colégio Porto Seguro é expressa não como aspiração ou desejo, mas como uma ilusão de pertencimento. O fato é que seu morador carrega uma identidade carimbada que ele recusa. Não é alguém que tem nome, endereço ou profissão: ele é pobre e favelado, portanto, bandido.

A INSTITUIÇÃO COMO INTERVENÇÃO TERAPÊUTICA

Para Hannah Arendt, citada por Silvia M. Bracco (2001, p. 59), "Um indivíduo não consegue alcançar existência se não ocupar um lugar, fizer parte de uma história, de uma casa, de uma família, uma cidade, uma cultura. A condição humana (...) só se define se pertencemos a um mundo compartilhado por outros homens. Ela mostra como o totalitarismo e outras formas de exclusão da espécie humana destroem não só a esfera pública (jurídico-política), mas também o psiquismo na sua capacidade de pensamento e simbolização".

Outra questão é a identificação com o "como se mora". Quem mora em casa, apartamento ou Morumbi, não é "caseiro", "apartamenteiro" ou "morumbiano". Morar em um aglomerado de barracos é ser favelado. Que identidade é essa? Confesso que conheço pouco da cultura da periferia, *funk*, *rap*, embora reconheça ser essa uma falha. Sei que existem músicas que enaltecem e assumem esta nomenclatura, mas, em nossa experiência, a forma como o favelado se autodenomina exprime bem a rejeição ao estigma.

Um artifício para recusar esta identidade discriminatória que lhes é imposta é se considerarem membros de uma comunidade. Será essa uma comunidade? Considerando as definições de Bauman diria que não. Eles constituem um gueto real, tanto no sentido territorial como social. Comparando os guetos voluntários com os verdadeiros, Bauman (2003, p. 106) afirma: "Os guetos reais são lugares dos quais não se pode sair..." e que "... as pessoas confinadas no verdadeiro gueto vivem em prisões". Muitos têm a mesma região de origem e muitos laços de parentesco, mas estes não constituem vínculos e redes sociais suficientes para configurá-los como uma comunidade. Os laços de parentesco existentes, na maior parte dos casos, são promíscuos, são fatores de esgarçamento e não de coesão social esperados numa comunidade. A ausência do poder público é patente em relação às necessidades básicas de urbanização, saneamento, coleta de lixo, correio e, principalmente, segurança. Esta última é preenchida geralmente por lideranças autoritárias, violentas e frequentemente marginais. A lei do silêncio é um fato, a obediência também. De certa forma, funcionam como prisões sem muros. Aliás, o intercâmbio entre favela e prisão é a norma.

No contexto apresentado, os problemas dessa comunidade não são difíceis de identificar: a infância está exposta a múltiplos riscos agravados pela pobreza, ou melhor, pela miséria em que vivem. As moradias não possuem privacidade e as paredes carecem de isolamento acústico. Muitas não possuem sanitários. As escolas são ruins e os professores cansados e despreparados. Não há espaço de lazer. Não há novidade. Para Bauman (2003, p. 110): "A vida no gueto não sedimenta a comunidade. Compartilhar o estigma e a humilhação pública não faz irmãos os sofredores; antes alimenta o escárnio, o desprezo e o ódio". Ainda segundo esse autor: "A experiência do gueto dissolve a solidariedade e destrói a confiança mútua antes que elas tenham tido tempo de criar raízes. Um gueto não é um viveiro de sentimentos comunitários. É, ao contrário, um laboratório de desintegração social, de atomização e de anomia". Exemplos são muitos: violência, abuso sexual dentro da família, agressão a mulheres, abandono dos filhos pelos pais, prostituição infantil, várias moças grávidas do mesmo rapaz, gravidez de adolescentes... São em sua maioria sobreviventes. Podemos dizer que muito poucos "existem". Não têm querer, não acreditam possuir recursos pessoais. Não têm projeto de vida.

É com esse universo humano que trabalhamos. Com essas condições, como resgatar o psiquismo? Como transformar sobreviventes em existentes? Como ajudá-los a se sentirem algo mais do que "favelados"? Como lidar com pessoas cujo nível de privação e consequente agressividade são uma constante? Como transformar explosões agressivas em atividades criativas? Esse foi o tema inicial das nossas preocupações.

Diante desse quadro o que é que fomos fazer naquela região? Sonhadores? Utopistas? Burgueses culpados? Talvez um pouco de tudo e certamente com a esperança de que com algum esforço poderíamos contribuir para melhorar a condição de vida de alguns deles. Segundo Winicott (2005, p. 146): "Num caso favorável, (...) as condições favoráveis podem, com o tempo, habilitar a criança a encontrar e amar uma pessoa, em vez de continuar a busca através de reivindicações dirigidas a objetos substitutos que perderam todo o seu valor simbólico".

E da psicanálise, o que esperamos? Como ajudá-los a se sentir algo mais do que favelados? Como influir em políticas sociais mais abrangentes? É claro

A INSTITUIÇÃO COMO INTERVENÇÃO TERAPÊUTICA

que a proposta da psicanálise seria a de favorecer mudanças psíquicas, tendo estas um efeito multiplicador. Mas também sabemos que a psicanálise não é uma panaceia, nem uma solução para problemas tão agudos e radicais. Concordo com Clare Winnicott (2005, p. 41) quando afirma: "Hoje em dia, como sempre, a questão prática coloca-se em como manter um ambiente que é demasiadamente humano, e também intenso, a fim de abarcar aqueles que fornecem os cuidados e aqueles que foram privados, além dos delinquentes que necessitam desesperadamente de cuidados e contenção, mas que farão de tudo que estiver ao seu alcance para destruí-lo quando se depararem com ele".

Apesar das dificuldades, sabemos que as pessoas criam mecanismos de "saúde" e sobrevivência e que os estudos relacionados à "resiliência" são um testemunho e uma perspectiva positiva para políticas sociais interdisciplinares.

Contando essas possibilidades, nossa prática tornou-se um desafio permanente, um longo aprendizado em pleno curso. Esse foi sempre pautado por muitos erros e alguns acertos. Fizemos revisões constantes em nosso trabalho pedagógico, várias intervenções com intenções terapêuticas, todas com resultados variáveis. Muitas vezes pensamos em desistir. Superadas as crises, novas energias surgiam.

Em meio a esses percalços decidimos fazer uma campanha para construir uma nova sede. Pensávamos que com aquelas instalações seria muito difícil desenvolver um bom trabalho. Aquelas crianças mereciam melhores acomodações e nós deveríamos procurar obtê-las. Durante a construção, uma preocupação: se aquele espaço tão precário era tão difícil de administrar, como seria com um grande espaço, quadra poliesportiva, salas de computação, duas televisões, aparelhos de som, material esportivo, dispensas com alimentos? Como preservar o espaço? Como evitar roubo e depredação? Muita discussão. Noites de insônia.

 Resolvemos que o uso do novo espaço seria programado: durante a semana seria ocupado com atividades educativas, aos sábados atividades esportivas organizadas para a comunidade e aos domingos confiado a um grupo da comunidade, que se responsabilizaria pelas atividades esportivas. O acesso atual é controlado por um porteiro, velho e desarmado. O POF não é autoridade, não tem guardas. Nunca tivemos depredações ou desaparecimento de material. As pessoas nos procuram atendendo às regras de atendimento (horário). Houve uma mudança significativa na aparência dos usuários. Muitas crianças chegam mais arrumadas. Não levam mais comida nos bolsos para casa. Os pais vinham muitas vezes buscar as crianças sem camisa, o que não tem mais ocorrido. Para Winnicott (2005, p. 144): "Assim como a avidez pode ser uma manifestação da reação à privação e de uma tendência antissocial, o mesmo pode ser dito da sujeira (defecar, urinar) e da destrutividade compulsiva. Todas essas manifestações estão intimamente ligadas". Os carros de funcionários e voluntários não são mais riscados. O que mudou nessas pessoas? O que lhes permitiu passarem a ter mais cuidados com os filhos, comparecendo e aproveitando dos encontros de pais?

Penso como Silvia M. Bracco (2001, p. 32): "A instituição ocupa um lugar que estava vago, promove experiências que podem ser significadas pela ordem da construção, vai aos poucos oferecendo vocabulário, modelos, perspectivas". Oferece elementos de confiabilidade. Funciona como um campo sociocultural de referência, embora muito restrito e limitado. Supre algumas falhas ambientais.

O que quero destacar é como o POF, como trabalho educativo de acolhimento, com espaço físico agradável, limpo e bem equipado, tem funcionado como um facilitador ambiental na constituição dessas pessoas. Algo fizemos que nos diferencia, por exemplo, do que acontece em muitas escolas públicas onde é muito comum ocorrerem agressões e depredações. Ao se sentirem reconhecidas em algumas necessidades básicas, as pessoas tornaram-se mais respeitosas consigo próprias, com os outros e com o espaço público comum, que ao mesmo tempo é e não é delas, como é o caso do POF. Segundo Winnicott (2005, p. 147): "Em resumo, o tratamento da tendência antissocial não é a psicanálise. É o provimento de cuidados à criança, que podem ser redescobertos pela própria criança e nos quais ela pode experimentar de novo os impulsos do id, com possibilidades de testá-los. É a estabilidade do novo suprimento ambiental que dá a terapêutica".

Nessa comunidade moram aproximadamente três mil pessoas. Considerando que hoje atendemos diariamente 270 crianças e perto de 200 pessoas nos fins de semana, é claro que nem todas são atingidas diretamente por nosso trabalho. Acredito que os atendidos são elementos multiplicadores em suas famílias. Não temos estatísticas, mas temos informação de muitos casos de pessoas que nunca trabalharam e que agora estão trabalhando, empregados. Jovens encaminhados para cursos profissionais já estão trabalhando, inclusive alguns são educadores. A população criou um novo tipo de relação com a instituição e com eles mesmos. Penso que resgatamos algo de confiável e construtivo nessas pessoas. Se consolidarmos essa confiança atingiremos a ideia de Caligaris (2008, p. 4): "Confiança no quê? A confiança recíproca entre os cidadãos alimenta a confiança de todos na existência de uma coletividade".

O que fazemos hoje

Mantemos atualmente 4 áreas de atuação:

1 – Programa de complementação escolar.

Funciona diariamente nos períodos (manhã e tarde) e atende 240 crianças com idades entre 4 e 14 aos, divididas em 4 grupos por faixa etária (4 – 5; 6 – 8; 9 – 11; 12 – 14) no período inverso ao da escola formal. Recebem duas refeições (café e almoço e lanche).

Trata-se de um programa de educação *não formal* – as crianças frequentam a escola pública – e visa a complementar a educação formal.

A programação abrange atividades pedagógicas (leitura, escrita e reforço de aprendizagem) e complementares (computação, esporte e arte).

2 – Programa de preparação para ingresso em cursos profissionalizantes.

Funciona diariamente das 18h30 às 21h30, com duração de 6 meses e destina-se a jovens de 15 a 18 anos.

Compreende aulas de português, matemática, computação e grupos de sensibilização sobre atitudes e posturas relacionadas ao mercado de trabalho.

3 – Atividades de fim de semana.

A PSICANÁLISE NAS TRAMAS DA CIDADE

Aos sábados, são realizadas atividades organizadas com profissionais da área (esportes, jogos, culinária, computação) destinadas à comunidade, frequentadas por crianças, adolescentes e adultos, com uma média de 200 usuários/dia.

Aos domingos, atividades esportivas organizadas por um grupo de jovens e adultos da comunidade.

4 – Atendimento social e psicológico destinado aos usuários, suas famílias e à comunidade.

Profissionais envolvidos

As atividades realizadas com os usuários referem-se às áreas pedagógica, esportiva, atendimento social e atendimento psicológico. A equipe profissional é constituída atualmente por uma coordenadora geral, uma gerente administrativa, uma assistente social, uma coordenadora pedagógica e vários educadores em alfabetização, esporte, artes e computação. Conta também com o apoio de um grupo de voluntários, profissionais em diferentes áreas.

Parcerias

O POF mantém parcerias com entidades públicas e privadas, a saber: CAMP (Centro de Aprendizagem e Monitoramento Profissional), Nurap (Núcleo Rotary de Aprendizagem Profissional), Unibes (União Israelita do Bem-Estar Social), Conselho Tutelar e escolas públicas frequentadas por seus usuários e FUMCAD (Fundo Municipal da Criança e do Adolescente).

Atualmente, em fase de desligamento da entidade originária (Fisesp), a instituição é mantida há dois anos por um grupo de voluntários que fundaram uma Oscip (Organização de Sociedade Civil de Interesse Público): Associação de Amigos do POF.

Referências bibliográficas

ARENDT, H. *A condição humana.* Rio de Janeiro: Forense Universitária, 2000, *apud* BRACCO, S. M. *Entre os muros da favela* (Dissertação de mestrado). São Paulo: PUC, 2001.

BAUMAN, Z. *Comunidade – a busca por segurança no mundo atual*. Rio de Janeiro: Jorge Zahar, 2003.

BRACCO, S. M. *Entre os muros da favela* (Dissertação de mestrado). São Paulo: PUC, 2001.

CALIGARIS, C. Calculando os danos. *Folha de S. Paulo*, 18/12/2008.

WINNICOTT, C. (1984), *apud* ABRAM, J. *A linguagem de Winnicott*. Rio de Janeiro: Revinter, 2000.

WINNICOTT, D. W. *Privação e delinquência*. São Paulo: Martins Fontes, 2005.

SETE PRINCÍPIOS PARA REDES SOCIAIS

Fernando Rossetti Ferreira

O campo social vive atualmente uma moda que poderia ser chamada de "redismo", que resulta na criação de diversas redes, muitas delas com pouca ou nenhuma sustentabilidade. Por vezes, breves reuniões são suficientes para formar uma "rede", que se traduz, na prática, em um *e-group*, que não dura mais do que o tempo das afetividades construídas no encontro presencial.

Mas esse modismo está bem fundamentado em uma série de evidências teóricas e práticas a favor das redes. Há obras já clássicas, como *A sociedade em rede* (Paz e Terra, 1999), do sociólogo espanhol Manuel Castells, que apontam ser esta uma das formas mais adequadas para a organização do trabalho no contexto da revolução nas tecnologias de informação e comunicação, que caracteriza o modo de produção capitalista no século 21.

Hoje, movimentos globais da maior importância, como o *Fórum Social Mundial* (com seu lema "Um outro mundo é possível"), cada vez mais recorrem a conceitos de organização em rede para fundamentar seu modelo de atuação. No Brasil, o ideólogo mais influente nesse campo é o acadêmico militante Francisco Whitaker.

Alguns trabalhos até apontam as redes como uma forma mais "natural" de organização. Um exemplo é a recente publicação *Redes: Uma introdução às dinâmicas da conectividade e da auto-organização*, da WWF Brasil (2003), que cita extensamente, além de Castells, um dos autores mais "naturalistas" em relação às redes: Fritjof Capra, em *A teia da vida – Uma nova compreensão científica dos sistemas vivos* (Cultrix/Amaná-Key, 2001), que também escreveu *O tao da física* (Cultrix, 1985).

O fato é que, a começar do campo empresarial, as redes realmente constituem um meio poderoso de organização social. Nesta virada de milênio, elas oferecem uma das formas mais lucrativas de produção – de pequenos negócios às grandes corporações. Segundo esses autores, a articulação de redes também favorece enormemente a transformação social.

Os consultores Remo Häcki e Julian Lighton, em um artigo publicado na *McKinsey Quarterly* (*The Future of the Networked Company*, 2001), afirmam que o sucesso de um negócio em rede – como Cisco, CNET, Schwab ou eBay – deve-se à disseminação de uma plataforma de relacionamento, em que as organizações que fazem parte da rede usam essa plataforma não só para as relações com a rede, como também em suas relações com outros fornecedores e parceiros. Ou seja, para formar uma rede no mundo dos negócios é preciso desenvolver uma plataforma (um *software*) de relacionamento que dê conta do conjunto das relações envolvidas no empreendimento – isto é, bem mais do que um simples *e-group*.

As redes de movimentos sociais são, talvez, mais complexas do que as empresariais, pois implicam as já citadas afetividades e, além disso, utopias. Mas, na prática, quanto mais bem definido o objetivo de uma rede, melhor tende a ser seu resultado.

No Seminário Internacional Avaliação, Sistematização e Disseminação de Projetos Sociais, da Fundação Abrinq, em São Paulo (2003), o intelectual orgânico colombiano Bernardo Toro iniciou sua lista do que faz uma rede social funcionar com "construir confiança". Toro também define que, para participar de uma rede, suas lideranças têm que ter os objetivos "voltados para fora", para aquilo que é público. Os princípios abaixo incorporam essa ideia do coletivo, comum, mas acrescentam que os indivíduos e as organizações participantes precisam obter benefícios individuais, privados, se não a rede não arma.

No instigante livro *Linked* (Plume, 2002), o físico húngaro Albert-László Barabási, da Universidade de Notre Dame (EUA), desvenda o funcionamento de todas as redes: elas não são uniformes. Há pontos numa rede que concentram muito mais conexões do que outros – os nós (ou *hubs*, em inglês).

No campo social, isso é representado pelas lideranças, os empreendedores. Há também subgrupos nas redes, frequentemente chamados de "grupos de afinidade" (*clusters*, em inglês). Qualquer projeto que focalize esses nós tende a ter mais sucesso, pois atinge – por reedição, como diria Toro – muito mais gente. Da prevenção da aids ao controle social do Estado, o foco em lideranças, em pontos mais articulados da rede, incrementa os resultados, demonstra Barabási.

Há pouco, foi lançado o livro *Da árvore à floresta – A história da Rede ANDI Brasil* (Cortez, 2005), que sistematiza as experiências dessa rede promovida pela Agência de Notícias dos Direitos da Infância, de Brasília. Este artigo tenta resumir as aprendizagens da pesquisa feita para essa publicação. O objetivo é oferecer alguns parâmetros para quem quer estruturar uma rede social. Os sete princípios adiante devem ser vistos como arquétipos, ou caricaturas, de uma realidade sempre muito mais complexa.

Construir confiança

Bernardo Toro afirma que, para construir confiança, é necessário que as pessoas envolvidas numa rede saibam como cada participante reagirá em situações de grande pressão, por exemplo, a divisão de um financiamento insuficiente para todos. É nessas situações que se conhece os princípios e valores de cada um. Para armar uma rede, é necessário reservar tempo para as pessoas se conhecerem e construírem confiança. Os *coffee-breaks* devem ser longos. É preciso conversar sobre as relações, expor as divergências, vivenciar conflitos, de preferência, com facilitadores profissionais. A transparência nos mecanismos de governança e tomada de decisões também favorece a construção de confiança.

Compartilhar valores

Toda vez que o grupo se encontra presencialmente é preciso reafirmar os valores, repactuar os princípios. Por vezes, os pioneiros da rede estabelecem valores que esperam ser eternos. Mas os valores devem ser sempre revisitados, reeditados, pois a realidade muda constantemente. Redes sociais, em geral, têm uma rotatividade elevada de membros. Em cada reunião presencial há várias pessoas novas. Por isso, deve-se sempre promover e compartilhar valores, se possível, de maneira planejada e sistemática.

Dar e receber

"O que eu ganho com isso?" Essa pergunta, que caracteriza mais o mundo dos negócios privados, também orienta o sucesso de uma rede social. As pessoas e organizações participam de redes que trazem benefícios individuais. Pode ser no alcance de objetivos maiores, públicos – e, para isso, estão dispostas a dar muito do que possuem, em conhecimento e trabalho. Mas a missão da rede também tem que estar inscrita nos objetivos de cada pessoa e organização-membro, se não, as demandas do dia a dia se sobrepõem às necessidades da rede.

Criar produtos e eventos

Na maioria dos casos, a simples troca de informações, por site, e-mail ou *e-group*, não é suficiente para armar uma rede social. As tecnologias de informação e comunicação são meio, não fim. Há exceções – por exemplo, o processo de produção do sistema operacional Linux, em que o fim (um *software* de informação e comunicação) confunde-se com o meio (uma plataforma de relacionamento). Outro campo em que a relação virtual por si só produz resultados é a academia, a universidade, cujo trabalho é a produção e disseminação de conhecimento. Mas redes sociais envolvem prática. A transformação social implica ação, além de reflexão. As redes sociais armam de fato quando se instaura um processo de produção coletiva, em que todos se reconhecem como autores em produtos e eventos.

Investir em lideranças

Segundo Albert-László Barabási, redes não são uniformes. Há sempre elos e conjuntos de elos muito mais conectados do que outros. Esses nós e grupos de afinidade têm um poder de multiplicação de ideias e práticas muito maior do que unidades com poucas conexões. Além disso, alguns elos da rede reúnem competências, habilidades e conhecimentos que não estão presentes nos outros. Redes sociais com um centro muito carregado, responsável pelo conjunto das atividades, tendem a ter menos sustentabilidade do que outras em que as funções estão distribuídas de acordo com as competências e lideranças de suas partes. É necessário identificar e fortalecer esses nós e promover grupos de afinidade. Em geral, é preciso também ter alguém que assuma o papel de "líder chato", que mantenha o cronograma de ações e cobre de cada parte seus compromissos. Por isso, é favorável ter uma secretaria executiva ou estrutura semelhante – sem, no entanto, concentrar nela todas as atividades e funções da rede.

Sistematizar conhecimentos

A memória de uma rede tem que ser planejada. O tempo e a rotatividade de pessoas em uma rede são sempre uma ameaça de "amnésia sistêmica". Novos membros numa rede tendem a diluir os princípios e valores, se não houver mecanismos de transmissão dos conhecimentos acumulados. Sem isso, há também o risco da rede ter que se reinventar periodicamente. Assim, toda rede precisa sistematizar suas aprendizagens, o que implica não só produzir materiais escritos, como manter processos estruturados de oferta desses conhecimentos – manuais, cursos, tutoria por pares etc.

Aprender fazendo

Por mais que existam princípios comuns, cada rede é uma rede, as relações e os objetivos são únicos, é sempre uma nova aprendizagem. Nenhuma rede está nunca completa, pois vive sempre em mutação. Redes são orgânicas, alcançam tanto sucesso no mundo dos negócios porque se adaptam às mudanças do ambiente, além de reunir num coletivo diversas competências, habilidades e conhecimentos. Cada rede tem uma cultura, seus princípios e valores. Para construir esse tipo de identidade é necessário se arriscar a aprender fazendo.

CULTURAS JUVENIS E REALIDADE URBANA

Miguel Calmon du Pin e Almeida

Para Luiza, na intensidade dos seus 17 anos.

O vazio-cheio é esvaziado, pois está repleto de demandas e desejos, está atolado de exigências e reivindicações em falta. O vazio-vazio está sempre em aberto, desprovido de coisas e conteúdos, isento de solicitações e expectativas. Existir consiste em reunir numa unidade dinâmica estes dois vazios.

Emmanuel Carneiro Leão,
Comunicação pessoal

Introdução

Já me acostumei de tempos em tempos a me desencontrar daquilo que faço e sou. Reconheço, agora, que são momentos em que aquilo que sou e faço estão a me exigir novas definições, mesmo as de antes, mas de novo e outra vez reafirmadas. Desencontro-me do meu lugar, desencontro-me de mim, e refaço através, e por causa desse desencontro, o próximo encontro.

Mas devo admitir que ultimamente experimento dificuldades novas e bem diferentes daquelas que senti e sinto ao perceber os adolescentes. Desencontrei-me deles, outra vez. Claro que sou capaz de pensar que envelheci e por isso me descompassei. Consolo-me ao conversar com amigos e reconhecer que esse descompasso também está na experiência deles (que também envelheceram).

Escuto-os com ouvidos de quem cobra o que falta em seus discursos de modo a que façam sentido? Pedagogicamente inscrevo o que sei nas lacunas do que eles vivem e lhes dou coerência?

Sinto-me desamparado da minha própria experiência, que pouco me serve aqui. Lanterna de popa que, ao me mostrar o caminho que percorri, me encoraja a seguir em frente.

Percebo que sou exigido a me manter ativamente na posição de incompreensão. E incompreender não é simplesmente não compreender. Incompreender significa resistir a toda forma de recusa da existência do problema, mas também quer dizer resistir a qualquer forma de solução rápida, de modo a fazer desaparecer a questão que nos assombra. Incompreender é um exercício duro, exigente, disciplinado e que nos custa os olhos da cara ("e da alma", como dizia Hélio Pellegrino).

Segundo o filósofo Emanuel Carneiro Leão, jovem[1] e seus derivados provêm do indo-europeu IUP – Júpiter, deus supremo dos romanos, é uma composição de IUP-PATER, o fogo, o raio, pai de todas as coisas. O étimo IUP quer dizer a luz, o céu, tanto o céu estrelado da noite quanto o iluminado do dia, a claridade, o relâmpago. É o lume que faz ser a aparecer o ser de tudo que é e está sendo. Do étimo IUP derivam também Zeus e seu genitivo Jovis. Assim JOVIS, genitivo do étimo IUP (quer dizer "de IUP", "de Deus"), e seus derivados, jovem, jovial, juventude, juvenil, têm a ver com a força originária da vida, o viço e o florescimento de tudo o que irrompe e desabrocha.

---

[1] Emanuel Carneiro Leão, comunicação pessoal, a partir de consulta em Arthur Bernard Cook em *ZEUS, a study in ancient religion*. Cambridge: Cambridge University Press, 1940.

CULTURAS JUVENIS E REALIDADE URBANA

Jovem, em uma interpretação mais livre, quer dizer aquele capaz de dar um testemunho de sua procedência, de sua origem, aquele capaz de dizer de onde veio e de dar um testemunho de seu tempo e de si mesmo.

Em que língua estão falando? Que testemunho eles dão sobre nosso tempo? De que forças brotam e se fazem brotar?

Como dar hospitalidade a esse estranho que me visita e habita?

Realidade urbana e sujeito

Mais do que em outros tempos[2], experimentamos hoje a necessidade do exercício da hospitalidade para com os novos eixos e centros de ordenamento das experiências subjetivas e da coletividade. A hospitalidade é um dos traços característicos de quase todas as nações que alcançam certo grau de civilização. Nos países civilizados, a necessidade geral da hospitalidade não é muito sentida, uma vez que todas as suas instâncias de acolhimento são claramente percebidas e acessíveis a qualquer um. Um estrangeiro chega a qualquer país civilizado sem ter a necessidade de alguém para recebê-lo e abrigá-lo.

Mas nem sempre foi assim: em outros tempos, na Grécia clássica ou na Roma antiga, quando os recursos de acolhimento dos viajantes ainda não estavam assimilados pelas cidades e disponíveis a qualquer um, ou ainda hoje quando o Estado ou o conjunto de leis de uma nação assegura apenas precariamente a segurança do indivíduo qualquer, quando o viajante em sua jornada não encontra nenhum lugar destinado a recebê-lo e acomodá-lo, o exercício da hospitalidade é absolutamente necessário.

---

[2] O desenvolvimento dessa reflexão se encontra no trabalho apresentado no XX Congresso Brasileiro de Psicanálise, novembro de 2005, Brasília, organizado pela Federação Brasileira de Psicanálise. *O fascínio do poder na sociedade contemporânea.*

A PSICANÁLISE NAS TRAMAS DA CIDADE

É nessa condição, daqueles que apenas precariamente podem assegurar a necessária acolhida a esse sujeito – estrangeiro que nos frequenta de forma desconhecida, incômoda e insistente –, que nos encontramos. Alguns entre nós criamos expressões tais como "novas formas de subjetivação" para tentar fabricar essa acolhida. Mas restam sempre, como de hábito, as perguntas.

Entre os modos da hospitalidade se exercer, encontramos na Antiguidade a instituição da *tessera hospitalis* (súmbolon, daí deriva símbolo)[3], uma prova de mútua hospitalidade e amizade. Consistia em uma pequena medalha dada pelo anfitrião ao convidado, e que, quando de sua partida, era quebrada em duas partes. Uma parte remetendo à outra parte. Guardavam e reasseguravam desse modo a possibilidade da reunião no todo formado originalmente pela medalha, e assim os indivíduos podiam se reconhecer um ao outro e renovar ou restituir, até mesmo para seus descendentes, suas antigas obrigações familiares. Para os viajantes funcionava, por exemplo, como um salvo-conduto para a travessia de regiões conflagradas.

A palavra *tessera* primeiramente designava um pequeno cubo de pedra ou mármore utilizado na construção de mosaicos ou pavimentos. Portanto, dizia respeito ao conjunto de cubos que compunham o mosaico ou pavimento.

A esse significado, gostaria de acrescentar um outro recolhido na pesquisa que fazia na internet. Descobri que há um *software* chamado Tessera Password Generation. Sua finalidade é prover senhas. Como vivemos em um mundo de senhas e somos constantemente afetados pela possibilidade de termos as senhas descobertas por estranhos indesejados, esse *software* oferece um meio de multiplicar a geração de senhas de modo a dificultar o reconhecimento do usuário.

Diz o site: "...*Tessera Password Generation* é um rápido, eficiente e muito poderoso aplicativo capaz de gerar 2.147.483.647 senhas combinando de 4 a 128 caracteres (...) *Tessera* utiliza um sistema randômico para iniciar a geração

---

[3] Sobre símbolo, diz o *Dicionário Houaiss*: do gr. *súmbolon*, ou "sinal, signo de reconhecimento", orign., "um objeto partido em dois, em que dois hospedeiros conservam cada um uma metade, transmitida a seus filhos; essas duas partes comparadas serviam para fazer reconhecer os portadores e para comprovar as relações da hospitalidade contraída anteriormente".

de caracteres. Isso serve para impedir a detecção de padrões e a possibilidade de duplicação da senha".

A garantia de confiabilidade é dada na medida em que o programa de geração de senhas multiplica extraordinariamente a possibilidade de combinações dos caracteres e desse modo reduz qualquer meio de relacionar senha e indivíduo.

Há, portanto, uma passagem importante para ser reconhecida e refletida no modo de relacionar *tessera*, sujeito e contemporaneidade.

A *tessera* que, em suas diversas formas de apresentação, designa o pertencimento de algo ou alguém a um dado conjunto, e, ao ver elevadas exponencialmente suas possibilidades de combinação de caracteres, passa a expressar de forma múltipla, fugaz e passageira um sujeito para seu meio social. Expressa assim uma mudança de sentido do que performa o pertencimento de um indivíduo a uma classe, para dizer de singularidades múltiplas, mas de tal modo múltiplas e fugazes que ou ocultam o sujeito ou passam a exigir novas definições para sujeito.

O deslizamento de sentido que ocorre na passagem da *tessera* designando uma classe – contribuindo mesmo para a construção de uma imagem de classe e de pertencimento – para o sentido de *tessera* como processo multiplicador de geração de senhas nos orienta para a questão que pretendemos discutir.

Vale dizer que, nesse deslizamento de sentidos, eles não se excluem mutuamente.

A definição dos traços mediante os quais a classe e o pertencimento se fazem e se constituem se dá por intermédio do jogo de inclusão-exclusão, reconhecimento do que está dentro e do que está fora, código do que é *in* e *out*, pelo estabelecimento de uma agenda de condutas a serem observadas. Pertencer a uma comunidade, ter a *tessera*, a presença, a palavra, a senha que inscreve e permite o acesso, ancora o sujeito em um mundo de experiências possíveis e o retira do que é pura compulsão a repetir – enquanto esforço de fixar a pulsão.

Em tempos de individualismo exacerbado, em que predominam a lógica do mercado e do consumo, os limites não se apresentam com contornos tão claros e pressionam por satisfação. Não há impossível que ordene a experiência humana. Tudo é excesso. Tudo é assustadoramente possível. O indivíduo sidera em torno desse excesso e não se ancora em lugar nenhum. O sujeito repete suas tentativas de buscar uma inscrição no mundo, que todavia resvala – e a ele nada resta senão repetir.

Sujeito e realidade urbana

A totalidade da vida social poderia ser definida com muitas das palavras que um dia identificaram quase que exclusivamente a juventude: transitoriedade, turbulência, agitação, possibilidade de ruptura, crise, instabilidade, multiplicidade de sentidos, simultaneidades e imediatismo. Assim, as tentativas de pensar a sociedade como entidades estáveis, ordenadas e ordenadoras não só perde seu lugar como não há mais a possibilidade de se contrapor a uma ordem social todo-poderosa. Tudo aquilo que é considerado jovem (Vianna, 2003, p. 8), que cai no gosto dos jovens, que é sancionado como sendo dos jovens, passa a ter maiores chances de ser um produto sedutor para consumidores de todas as faixas etárias.

Zygmunt Bauman, em seu livro *Mal estar na pós-modernidade*, afirma que a identidade é "a mais essencial de todas as criações ou invenções modernas" (1998, p. 221).

Um paciente me diz: "Tudo na minha vida foi muito sofrido. Todos os dias, mas todos os dias da minha vida, tive que dizer para alguém quem eu sou".

Sob certo ângulo, Zygmunt Bauman e meu paciente dizem a mesma coisa: diante de tamanha multiplicidade de sentidos, diante de tantas possibilidades de ser e existir, diante do horror de siderar em torno do vazio (vazio-cheio), do hipersentido, assistindo a todo o instante às marcas que nos reconhecem e identificam sendo modificadas, não só temos que saber bastante bem quem somos, como afirmá-lo todos os dias – "mas todos os dias de minha vida" – para não

CULTURAS JUVENIS E REALIDADE URBANA

enlouquecer diante da provisoriedade e precariedade de toda e qualquer escolha, enlouquecer no vazio-cheio que aponta constantemente o que falta.

João Freire Filho (2005), em seu artigo "Paradoxos da autenticidade: gênero, estilo de vida e consumismo nas revistas femininas juvenis", trata dessa questão, afirmando a existência de certo consenso entre os autores de a identidade ter se tornado "mais móvel, múltipla, sujeita a mudanças e inovações no atual estágio da sociedade".

Em seu artigo, João Freire Filho se propõe a refletir como as

> questões fundamentais da existência (quem sou? o que sou? quem poderia ser? quem quero ser?) ganham no mundo moderno mais premência e lançam o sujeito em duas direções opostas e simultâneas, paradoxais, portanto: por um lado, a condição de maior mobilidade, de mais multiplicidade, oferece ao sujeito chances e oportunidades mais ampliadas para a autonomia individual; e por outro lado, e por isso mesmo, intensifica a ansiedade e o risco frente à precariedade de qualquer escolha.

Esse artigo faz parte de uma pesquisa em andamento e busca recolher, por meio do acompanhamento de uma revista feminina destinada ao público juvenil, a revista *Capricho*, a maneira pela qual, através dos editoriais, artigos, reportagens, entrevistas, depoimentos, tais publicações "oferecem descrições textuais e visuais daquilo que é conveniente em matéria de personalidade, economia, relacionamento afetivo, saúde, comportamento sexual, aparência, vestuário e acessórios", proporcionando modelos quinzenais ou mensais de feminilidade e autoestima, a partir dos quais "as leitoras poderão construir o seu senso do que significa ser – nesse exato momento – uma jovem 'popular', '*cool*', '*in*', '*fashion*', 'moderna', 'bela' e, por mais paradoxal que possa parecer, 'diferente' e 'autêntica'".

A PSICANÁLISE NAS TRAMAS DA CIDADE

Aqui, encontramos o paradoxo a que a psicanálise ajuda a dar visibilidade: a relação paradoxal entre o "eu" e o "outro". Para ser "eu", o sujeito humano tem de ser o "outro". Para ser "diferente", tem de ser idêntico. Não há relação de contradição entre um e outro – onde existe um não existe outro. O "eu" e o "outro", identidade e diferença, habitam-se mútua e simultaneamente; eles se constituem mútua e simultaneamente. Paradoxalmente. Mas deixemos a psicanálise apenas como pano de fundo.

Freire Filho constata que, no movimento que impele a escolher e construir e sustentar quem devemos ser ou parecer, "lançamos mão, de maneira estratégica, de uma variedade fenomenal de recursos materiais e simbólicos, selecionados, interpretados e disponibilizados pela publicidade, pelo *marketing*, pela indústria da beleza e da moda e pelos sistemas de comunicação globalizados".

De quinze em quinze dias, ou de trinta em trinta, novos "estilos de viver" são propostos como capazes de articular e garantir aos seus portadores a "segurança ontológica" necessária à vida, ao associar o número crescente (e potencialmente desorientador) de opções de bens, serviços e lazer a um padrão mais ou menos ordenado, significativo e socialmente inteligível. Valores, desse modo, reconhecidos e sancionados pela mídia.

A maior parte dos produtos da mídia é também mercadoria e a maior parte das mercadorias funciona como mediadora de significados, ao determinarem e dizerem quem você é.

Continuando com Freire Filho em seu artigo,

> o estilo de vida difere tanto das ordens de *status* tradicionais que veio a substituir quanto das clivagens estruturais modernas (como classe, gênero e etnia), em pelo menos dois aspectos: em primeiro lugar, tende a indicar um modelo puramente cultural – constituído por imagens, representações e signos disponíveis no ambiente midiático e, em seguida, ligados a *performances* associadas a grupos específicos; em segundo lugar, qualquer

CULTURAS JUVENIS E REALIDADE URBANA

pessoa pode, em tese, trocar de estilo de vida, ao mudar de uma vitrine, um canal de televisão, uma prateleira de supermercado para outra.

Vivendo nesse ambiente de múltiplas oportunidades e riscos, em que cada ato de compra ou consumo expressa seu gosto, seus valores, sua visão de mundo, sua inserção social, seu estilo de vida, cada vez mais os indivíduos recorrem aos especialistas (consultores de moda, celebridades, marqueteiros em geral) como meio de encontrar suas referências identitárias. Esses mensageiros do mercado assumem, em certa medida, o papel das tradições culturais, no sentido de oferecer pontos de referência para a identidade pessoal e social, na busca de sinalizar a cada um quem ele é ou pode (e deve) vir a ser na vida.

Estilos de vida constituem uma forma por intermédio da qual o pluralismo da identidade na contemporaneidade é administrado pelos indivíduos e organizado (e explorado) pelo comércio.

Assiste-se a um deslizamento de sentido semelhante ao proposto em torno da *tessera*. Estilo de vida, uma marca conquistada através do tempo, da classe e do pertencimento, indicando o que de mais original e autêntico há naquele indivíduo ou grupo, passa a significar uma espécie de defesa contra a insegurança ante o excesso promovido pela modernidade, administrada e organizada pelo mercado e pelo consumo, onde a mercadoria é ratificada como remédio contra a ansiedade existencial e a crise de identidade. Ao mesmo tempo, incrementa a necessidade da escolha correta e, consequentemente, a incerteza, uma vez que a escolha correta desta semana pode ser diferente da escolha correta da semana que vem.

Uma das conclusões a que João Freire Filho chega em seu artigo é a de que os estilos de vida, construídos de maneira reflexiva e lúdica, "deveriam ser definidos como improvisações performáticas nas quais a autenticidade é concebida como uma entidade que pode ser manufaturada". E essa fabricação da autenticidade, auxiliada pela mídia e pelo consumo, segundo ainda o autor, deve ser encarada como fato tipicamente pós-moderno.

Conclusão

Em *Cidades invisíveis*, Ítalo Calvino (1991, p. 79) nos conta as histórias de Marco Polo e Kublai Khan. Transcrevo um diálogo:

> Marco Polo descreve uma ponte, pedra por pedra.
>
> – Mas qual é a pedra que sustenta a ponte? – pergunta Kublai Khan.
>
> – A ponte não é sustentada por esta ou aquela pedra – responde Marco Polo –, mas pela curva do arco que estas formam.
>
> Kublai Khan permanece em silêncio, refletindo. Depois acrescenta:
>
> – Por que falar das pedras? Só o arco interessa.
>
> Polo responde:
>
> – Sem pedras o arco não existe.

Falar sobre o que constitui e identifica uma cidade ou um indivíduo nos deixa em situação semelhante à de Marco Polo no diálogo proposto a Kublai Khan. Falamos do visível para tornar o invisível visível. Falamos exaustivamente de pedras para ver o arco, pois "sem pedras o arco não existe".

Dizer o que se diz para poder transmitir o que não se diz.

Mas, e do arco que as pedras formam: como falar dele?

Confrontamo-nos com o vazio. Mas não um vazio qualquer, mas um vazio que é abertura e condição de possibilidade para toda e qualquer construção. Falamos de um vazio-vazio, por oposição a um vazio-cheio.

O vazio-cheio é esvaziado, pois está repleto de demandas e desejos, está atolado de exigências e reivindicações em falta. O vazio-vazio está sempre em aberto, desprovido de coisas e conteúdos, isento de solicitações e expectativas. Existir consiste em reunir numa unidade dinâmica esses dois vazios[4].

Para tratar da realidade urbana falamos de alguns dos conjuntos que a formam no intuito de destacar o que se vive nela – e o que se vive nela não se esgota no conjunto de objetos e práticas que a definem.

Do mesmo modo, podemos dizer que descrever um indivíduo através de suas características, filiações e pertencimentos, mesmo os mais mínimos, não resultará no que o identifica como indivíduo.

É o confronto entre a questão de a vida não se reduzir ao conjunto de ações que a compõe (uma vez que implica o porvir, o vazio-vazio) e a contemporaneidade (definida aqui por suas técnicas de manipulação, estratégias de melhoramento e progresso) o que nos instiga nessa discussão. Interessa-nos o confronto entre a necessidade de identificação dos indivíduos e a realidade urbana – ou, dito de outro modo, interessam-nos as maneiras pelas quais o sujeito humano se constitui na relação com o meio ambiente.

---

[4] Emanuel Carneiro Leão, "Sobre os dois vazios", comunicação pessoal.

Referências bibliográficas

BAUMAN, Zygmunt. *O mal-estar na pós-modernidade*. Rio de Janeiro: Zahar, 1998.

CALVINO, Ítalo. *Cidades invisíveis*. São Paulo: Companhia das Letras, 1991.

COOK, Arthur Bernard. *Zeus, a study in ancient religion*. Cambridge: Cambridge University Press, 1940.

FREIRE FILHO, João. Paradoxos da autenticidade: gênero, estilo de vida e consumismo nas revistas femininas juvenis. In: FREIRE FILHO, João e HERSCHMANN, Micael (Orgs.) *Comunicação, cultura e consumo*. Rio de Janeiro: e-papers, 2005.

LEÃO, Emanuel Carneiro. "Sobre os dois vazios", comunicação pessoal.

VIANNA, Hermano (org.). *Galeras cariocas*. Rio de Janeiro: Editora UFRJ, 2003.

TRAJETOS DE JOVENS NA CIDADE[1]

José Guilherme Cantor Magnani

A Delegacia de Crimes Raciais e Delitos de Intolerância identificou algumas das gangues envolvidas em crimes na região metropolitana. Entre elas estão Devastação Punk, Ameaça Punk, Vício Punk e Vingança Punk. A vertente dos skinheads é representada por Impacto Hooligan, Carecas do ABC, Carecas do Subúrbio e Front 88. Integrantes da facção Vício Punk são apontados como os responsáveis pelo espancamento do menor G.C. em frente à Estação Tiradentes do metrô, no último dia 21. É o mesmo grupo relacionado ao assassinato de um membro do Front 88 na rua Augusta, em abril (...). "Está havendo um tipo de guerra entre essas tribos urbanas depois que mataram o líder de uma das facções", afirma a delegada Margarette Barreto[1].

Revista Veja, 31/10/2007

Tribos urbanas?

Quando a imprensa noticia incidentes envolvendo grupos de jovens ou adolescentes com enfrentamentos entre bandos rivais, ou comportamentos considerados agressivos em *shows*, festivais, "rolês" de pichação, etc., inevitavelmente faz-se uma associação com o termo "tribos urbanas" no *box* explicativo

---

[1] Este texto incorpora e amplia alguns temas já desenvolvidos em Magnani, 1992 e 2005.

que acompanha a matéria. E a lista logo aumenta, incluindo outras galeras: emos, góticos, *straigth edgers*, *b. boys*, *headbangers*, *rappers*, *indies*, skatistas, cyber-manos, etc.

Com essa designação, o que se pretende é introduzir algum princípio de ordenamento num universo caracterizado pela diversidade, fragmentação e sin-gularidade. Analisando mais de perto essa tentativa de explicação, contudo, percebe-se que na maioria das vezes o caráter das transgressões identificadas em tais manifestações não extrapola um limiar até certo ponto previsto e tole-rado como característico de determinada faixa etária. Quando os efeitos de tais práticas vão além desse limiar, então muda o enfoque: está-se no âmbito da delinquência, da violência urbana.

Algumas dessas ocorrências, por outro lado, oscilam entre as fronteiras do tolerado e do francamente reprovado: é o caso das pichações, creditadas ora a uma necessidade de afirmação juvenil, ora à delinquência, pura e simplesmente, e até mesmo a propostas estéticas. Fica-se na dúvida entre acionar os policiais da Secretaria de Segurança, os psicólogos da Saúde ou os funcionários da Se-cretaria da Cultura[2].

Como se pode ver, "tribos urbanas" não prima pela precisão: muitos e con-traditórios são os significados que designa. A expressão, entretanto, divulgada principalmente por influência do livro *O tempo das tribos*, de Michel Maffesoli (1987), tem apelo e é imediatamente reconhecida, principalmente pela mídia.

Nessa obra, o sociólogo francês colocava os comportamentos dos jovens nos centros urbanos sob a égide do nomadismo, da fragmentação e de certo tipo de consumo. O ponto central era mostrar o lado "afetual" de microgrupos caracterizados como um tipo de comunidade emocional: seriam efêmeros, de inscrição local, desprovidos de organização. Com essa postura, o autor trazia para o campo da análise social a perspectiva que então caracterizava uma série

---

[2] E até do Ministério da Cultura, como foi o caso da prisão da jovem que pichou um dos andares da 28ª Bienal de São Paulo, em 2008.

TRAJETOS DE JOVENS NA CIDADE

de transformações que vinham ocorrendo no campo da literatura, da arquitetura, da moda, das comunicações, da produção cultural, como "pós-modernas". No caso da emergência desses pequenos grupos, voláteis, altamente diferenciados, a novidade que apresentavam era sua contraposição à homogeneidade e ao individualismo característicos da sociedade de massas, bem como às identidades bem marcadas da modernidade.

Cabe lembrar que já se vão quase duas décadas desde que o texto de Maffesoli foi publicado[3]; impõe-se uma releitura de seu pioneiro *insight*. A primeira providência é assinalar que, quando se fala em "tribos urbanas", está-se usando uma metáfora, não uma categoria. E a diferença é que, enquanto aquela, tomada de outro domínio, abrange um leque conotativo amplo, *categoria* é construída para recortar, descrever e explicar algum fenômeno a partir de um esquema conceitual previamente escolhido. Pode até vir emprestada de outra área, mas nesse caso deverá passar por um processo de reconstrução.

A metáfora, não: traz consigo a denotação e todas as conotações distintivas de seu uso inicial. Por algum desses traços é que foi escolhida, tornando-se metáfora exatamente nessa transposição: o significado original é aplicado a um novo campo. A vantagem que oferece é poder delimitar um problema para o qual ainda não se tem um enquadramento. É usada no lugar de algo, substitui-o, dá-lhe um nome. Evoca o contexto original, em vez de estabelecer distinções claras e precisas no contexto presente. O problema é que dá a impressão de descrever, de forma total e acabada, o fenômeno que se quer estudar, aceitando-se como dado exatamente aquilo que é preciso explicar. Para apreciar devidamente os limites e alcances de seu emprego, é preciso antes de mais nada ter presente qual é o domínio, o sistema de significações de onde foi tirada.

E qual é o domínio original de "tribo"? Estudos de etnologia indígena e, neles, uma das formas de organização de sociedades que constituíram os primeiros

---

[3] Há uma controvérsia sobre a data da publicação desse livro: a edição em português, da editora Forense Universitária, vem com a data de 1987, enquanto o original em francês é de 1988.

objetos de pesquisa antropológica. Não deixa de ser significativo o fato de se tomar emprestado um termo usual no estudo das sociedades de pequena escala para descrever fenômenos que ocorrem em sociedades contemporâneas altamente urbanizadas e densamente povoadas. O recurso parece deslocado, mas é exatamente isso que se quer com o uso de metáforas: um de seus efeitos é produzir uma primeira e aproximativa forma de entendimento a respeito do que se pretende explicar.

Para poder avaliar até que ponto esse termo é produtivo no sentido de ajudar a entender tais fenômenos nas sociedades modernas, é preciso inicialmente descobrir os significados que ele tem no campo em que é manejado como termo técnico, nas sociedades indígenas. O segundo passo é identificar os nexos que existem entre o recorte original e aquele que se produz com a utilização no novo contexto.

Sem entrar em detalhes e controvérsias que não cabem nos limites e propósito deste texto, pode-se dizer que "tribo" constitui uma forma de organização ampliada que vai além das divisões de clã ou linhagem: trata-se de um pacto que aciona lealdades acima dos particularismos, por exemplo, de grupos domésticos e locais[4]. E o que é que vem à mente quando se fala em "tribos urbanas"? Exatamente o contrário dessa acepção: pensa-se logo em pequenos grupos bem delimitados, com regras e costumes particulares em contraste com o caráter homogêneo e massificado que comumente se atribui ao estilo de vida das grandes cidades. Não deixa de ser paradoxal o uso de um termo para conotar exatamente o contrário daquilo que seu emprego técnico denota: no contexto das sociedades indígenas, "tribo" aponta para alianças mais amplas; nas sociedades urbano-industriais, evoca particularismos, estabelece pequenos recortes, exibe símbolos e marcas de uso e significado restritos.

Por isso é que não se pode tomar um termo de um contexto e usá-lo em outro, sem mais ou ao menos sem ter presente as reduções que tal transposição

---

[4] Cf. Evans-Pritchard, E. E. (1978) e Sahlins, Marshall (1970). Atualmente, há quem discuta a legitimidade desse uso do termo "tribo": argumenta-se que a categoria mais apropriada seria "sociedade". Tribo não passaria, então, de uma designação inadequada porque é empregada para designar povos indígenas sem reconhecer seus direitos e estatuto ante a sociedade nacional. Levando-se em conta, porém, o sentido e contexto do uso do termo tribo por inúmeros autores – além dos citados – mantém-se, neste texto, a referência ao seu uso mais tradicional.

acarreta. Como categoria, tribo quer dizer uma coisa; como metáfora, é forçada a dizer outras, até mesmo contra aquele sentido original. Sendo metáfora, "tribo" mais do que recorta, evoca. E evoca o quê? *Primitivo, selvagem, natural, comunitário* – características que se supõe estarem associadas, acertadamente ou não, ao modo de vida de povos que apresentam a organização tribal. O fato de substituir a precisão do significado original por imagens associadas de forma livre (e algumas delas incorretamente) é que dá ao termo "tribo" seu poder evocativo, permitindo-lhe designar realidades e situações bastante heterogêneas.

Essa liberdade que a metáfora possibilita não a desqualifica em contextos de pesquisa e análise; exige, contudo, que se tenha presente que seu emprego não é unívoco e que se tomem os cuidados correspondentes, sob pena de, aí sim, torná-la equívoca. Sem esse exercício prévio, corre-se o risco de iniciar o trabalho na base de uma convenção do tipo: todos sabem do que se está falando, quando na realidade cada qual lê o termo em questão (no caso, tribo) com um significado diferente e com base no senso comum.

Considerem-se, por exemplo, alguns significados decorrentes de seu emprego: um deles, o mais geral, tem como referente determinada escala que serve para designar uma tendência oposta ao gigantismo das instituições e do Estado nas sociedades modernas. Diante da impessoalidade e anonimato destas últimas, tribo permitiria agrupar os iguais, possibilitando-lhes intensas vivências comuns, o estabelecimento de laços pessoais e lealdades, a criação de códigos de comunicação e comportamento particulares.

Em outro contexto, tribo evoca o "primitivo" e designa grupos com ênfase não já em seu tamanho, mas em determinados elementos que seus integrantes usam para estabelecer diferenças com o comportamento "normal": os cortes de cabelo e tatuagens de *punks*, a cor da roupa dos góticos e assim por diante. Quando evoca o "selvagem", o termo designa principalmente o comportamento agressivo, contestatário e "antissocial" de alguns grupos e as práticas de vandalismo e violência atribuídas a outros, como as galeras de pichadores, as torcidas organizadas. Não se pode deixar de notar, ademais, a carga de preconceito nessas leituras que veem disputas de gangues como "conflitos tribais". Grandes concentrações – concertos de *rock* em estádios, *shows* e outras manifestações (envolvendo ou não consumo de drogas ou comportamentos coletivos tidos como irracionais) – ensejam também o emprego de "tribos urbanas". Nesse caso, o que se evoca é algo confusamente imaginado como "cerimônias primitivas totêmicas".

Por último, é preciso ainda levar em conta que até mesmo a particular ideia que vê na tribo indígena uma comunidade homogênea de trabalho, consumo, reprodução e vivências através de mitos e ritos coletivos[5], não se aplica às chamadas "tribos urbanas": sob essa denominação, costuma-se designar grupos cujos integrantes vivem simultânea ou alternadamente muitas realidades e papéis, assumindo sua tribo apenas em determinados períodos ou lugares. É o caso, por exemplo, do *rapper* que oito horas por dia é *motoboy*; do vestibulando que nos fins de semana é *emo*; do bancário que só após o expediente é *clubber*; do universitário que à noite é gótico; do secundarista que nas madrugadas é pichador, e assim por diante.

Essa rápida análise das utilizações mais frequentes da expressão "tribos urbanas" mostra que na maioria dos casos não se vai além do nível da metáfora. Assim, esse termo – a menos que seja empregado após um trabalho prévio com o propósito de definir seu sentido e alcance – não é adequado para designar, de forma unívoca e consistente, nenhum grupo ou comportamento no contexto das práticas urbanas. Pode constituir um ponto de partida, mas não de chegada, pois não constitui um instrumento capaz de descrever, classificar e explicar as realidades que comumente abrange.

Assim, em vez de tentar reduzir os múltiplos grupos e práticas a um suposto denominador comum, mais proveitoso será explorar sua diversidade na paisagem urbana, procurando determinar, por meio de categorias analíticas, as relações que estabelecem entre si e com outras instâncias da vida social. É o que será feito a seguir, com base em etnografias realizadas por membros do Núcleo de Antropologia Urbana da Universidade de São Paulo. Trata-se de resumos de alguns

---

[5] Homogeneidade que está longe de caracterizar a cultura, o modo de vida, os sistemas simbólicos desse tipo de sociedade.

trabalhos já publicados, na íntegra, por seus autores (Magnani e Mantese, 2007) e as categorias utilizadas são *pedaço*, *mancha*, *trajeto* e *circuito*.

Pedaço designa aquele espaço intermediário entre o privado (a casa) e o público, onde se desenvolve uma sociabilidade básica, mais ampla que a fundada nos laços familiares, porém mais densa, significativa e estável que as relações formais e individualizadas impostas pela sociedade.

Manchas são áreas contíguas do espaço urbano, dotadas de equipamentos que marcam seus limites e viabilizam – cada qual com sua especificidade, competindo ou complementando – uma atividade ou prática predominante. Essa categoria foi proposta para descrever um determinado tipo de arranjo espacial, mais estável na paisagem urbana se comparado, por exemplo, com a *pedaço*, mais estreitamente ligada à dinâmica do grupo que com ela se identifica. A qualquer momento, os membros de um *pedaço* podem eleger outro espaço como ponto de referência e lugar de encontro. A *mancha*, ao contrário, resultado da relação que diversos estabelecimentos e equipamentos guardam entre si, e que é o motivo da afluência de seu público, está mais ancorada na paisagem do que nos eventuais frequentadores. A identificação destes com a *mancha* não é da mesma natureza que a percebida entre o *pedaço* e seus membros. A *mancha* é mais aberta, acolhe um número maior e mais diversificado de usuários, e oferece a eles não um acolhimento de pertencimento, mas, a partir da oferta de determinado bem ou serviço, uma possibilidade de encontro acenando, em vez da certeza, com o imprevisto: não se sabe ao certo o que ou quem se vai encontrar na *mancha*, ainda que se tenha uma ideia do tipo de bem ou serviço que lá é oferecido e do padrão de gosto ou pauta de consumo dos frequentadores.

Já o termo *trajeto* surgiu da necessidade de categorizar uma forma de uso do espaço que se diferencia, em primeiro lugar, daquele descrito pela categoria *pedaço*. Enquanto esta remete a um território que funciona como ponto de referência – e, no caso da vida no bairro, evoca a permanência de laços de família, vizinhança, origem e outros –, *trajeto* aplica-se a fluxos recorrentes no espaço mais abrangente da cidade e no interior das *manchas* urbanas. É a extensão e, principalmente, a diversidade do espaço urbano para além do bairro que colocam a necessidade de deslocamentos por regiões distantes e *não contíguas*.

Com relação a *circuito*, trata-se de uma categoria que descreve o exercício de uma prática ou a oferta de determinado serviço por meio de estabelecimentos, equipamentos e espaços que não mantêm entre si uma relação de contiguidade espacial; ele é reconhecido em seu conjunto pelos usuários habituais. A noção de *circuito* também designa um uso do espaço e dos equipamentos urbanos – possibilitando, por conseguinte, o exercício da sociabilidade por meio de encontros, comunicação, manejo de códigos –, porém de forma mais independente com relação ao espaço, sem se ater à contiguidade, como ocorre na *mancha* ou no *pedaço*. Mas ele tem, igualmente, existência objetiva e observável: pode ser identificado, descrito e localizado[6].

As pesquisas

Analisados por Bruna Mantese em sua dissertação de mestrado, os *straight edgers* apresentam uma particular forma de uso do espaço e sistema de trocas que mantêm com outros grupos e personagens urbanos. Em vez de constituir um grupo exótico, isolado e confinado a algum gueto (como uma visão do senso comum tenderia a considerar), eles têm, ao contrário, presença visível no cenário urbano e participação ativa em sua dinâmica. Originalmente uma variante do movimento *punk* (com o qual ainda compartilham o estilo musical e algo do visual "agressivo"), apresenta, porém, diferenças significativas: contrários ao consumo de drogas e álcool, avessos à permissividade sexual e à homofobia, têm como traço mais acentuado a adesão ao vegetarianismo e, em alguns casos, a uma versão mais radical, o veganismo.

Essa variante proíbe não apenas a ingestão de carne, mas o consumo de todo e qualquer produto de origem animal ou que esteja vinculado, em seu processo

---

[6] Para uma discussão mais ampla desses termos, ver Magnani, 2002.

de fabricação e pesquisa, a algum tipo de utilização de animais domésticos ou silvestres. Coerentes com esse princípio, as festas do grupo são denominadas "verduradas" – em contraposição às costumeiras churrascadas ou cervejadas. É justamente essa adesão que explica o vínculo aparentemente paradoxal que os *straight edgers* mantêm nada mais nada menos que com os Hare Krishna, muitas vezes encarregados da comida que é servida em suas festas.

Os jovens identificados com esse movimento constituem um bom exemplo de trocas e encontros surpreendentes: além do contato com os Hare Krishna, frequentam espaços vinculados ao movimento anarquista e ambientalista, devido a uma opção política. No entanto, para as festas, os encontros e até mesmo as opções de moradia, têm seus pontos de preferência na cidade, conhecidos por todos e difundidos em contatos diretos e nas listas de discussão pela internet. A pesquisa de campo realizada por Bruna mostra a existência de um extenso *circuito* frequentado pelo grupo, formado por restaurantes vegetarianos, determinadas sorveterias, lojas de disco, de produtos naturais e orgânicos, casas de *shows*, espaços culturais anarquistas, etc.

Dentre os vários aspectos a considerar com relação aos *straight edgers*, cabe ressaltar duas formas de relação com espaços e equipamentos da cidade com os quais estabelecem vínculos e onde melhor expressam as particularidades de seu estilo de vida. A primeira delas mostra a ocupação de um espaço institucional já existente – no caso, a Associação de Grupamento de Resgate Civil, cuja sede, alugada para as verduradas, passava a ser regida, durante o evento, pelas normas e valores do grupo: só se consumia comida *vegan*, nada de bebidas alcoólicas, drogas ou cigarro; não se contratavam seguranças; os CDs, livros e objetos de consumo à venda eram claramente identificados com os valores do grupo.

A outra forma de relação, que permitiu um interessante acompanhamento etnográfico, mostra a transformação de um estabelecimento comercial, inicialmente sem nenhum vínculo com os ideais do grupo, num ponto de referência para o movimento. Trata-se da sorveteria Soroko, na rua Augusta, que, com a frequência dos *straight edgers*, começou a fornecer sorvetes sem os ingredientes interditos – principalmente o leite, que foi substituído por soja – e terminou constituindo um "*point*" para os membros do grupo não apenas da capital, mas de todos os lugares, incluindo o exterior. A rua Augusta, onde está situada a sorveteria, vem se tornando uma região de referência para os *straight edgers*, em parte pelo preço relativamente baixo do aluguel dos apartamentos, em parte pela própria localização, que permite fácil e rápido acesso a duas centralidades urbanas de interesse para os jovens do movimento: o centro da cidade propriamente dito (com sua oferta de restaurantes vegetarianos, produtos das lojas das Grandes Galerias, mais conhecidas como "Galeria do *Rock*", os preços populares de muitos artigos de consumo) e a avenida Paulista.

Pode-se dizer que os *straight edgers* constituem um *circuito* bem delimitado na cidade, estabelecem *links* com outros *circuitos* e seus frequentadores, e, em sua movimentação por eles, descrevem alguns *trajetos* que permitem conhecer um aspecto da dinâmica da cidade, apropriada por um segmento jovem que, em vez de dissolver-se em categorias abrangentes e redundantes, marca sua presença e seu estilo de vida de forma pública e visível na paisagem da metrópole.

Baladas *black* e rodas de samba

No trabalho de campo desenvolvido sobre este tema, Márcio Macedo buscou rastrear, historicamente, a presença negra no centro da cidade e, a partir dessa ocupação, descrever *trajetos* dentro de um *circuito* específico de jovens negros na noite paulistana. "O centro é *black*, *man*!" – e não é de hoje. Sem ir muito longe, tomando como referência apenas a ocorrência de salões de dança, é possível remontar até antes do período da Frente Negra Brasileira, nos anos de 1930, com seus bailes sociais, nos moldes dos clubes recreativos e sociais dos imigrantes ou da elite paulistana: por volta de 1910, já se tem notícia da expressão "negro de salão" para designar o frequentador de clubes que, em eventos familiares e bailes caseiros, diferenciava-se pelas maneiras e indumentária mais refinadas, adquiridas nos salões de baile do centro da cidade.

O exercício etnográfico proposto por Macedo foi partir da presença significativa de jovens negros no centro de São Paulo ao final da jornada de trabalho de sexta-feira, reunidos numa roda de samba coloquialmente denominada de "samba de bandido", e, a partir dela, rastrear o *circuito black* em alguns pontos de diferentes regiões da cidade. Esse ponto de encontro no centro, no calçadão de uma das ruas até essa hora tomadas por camelôs e seus produtos de origem duvidosa (roupas, tênis, bonés, DVDs, etc.) que aos poucos vão cedendo espaço para vendedores de CDs de *rap*, R&B (*Rhythm and Blues*), samba e carrinhos com bebidas, situa-se em frente a uma lanchonete sem nome. E a rua ferve! É uma espécie de *happy hour* para os jovens trabalhadores da região e ponto de partida para a noite que, em sua versão *black*, promete...

Foram três os espaços pesquisados e que se diferenciam pelo entorno, pelo tipo de música e de dança, pela roupa dos frequentadores, por seu poder aquisitivo e pela proporção entre jovens negros e brancos. O primeiro, chamado "Sala Real", fica na Boca do Lixo, ainda na região do centro; os ingressos são mais baratos, 90% dos frequentadores são negros, há forte presença do *hip-hop* e a música é predominantemente internacional. O outro é o "Sambarylove", no Bixiga: o público é também majoritariamente negro, provém de toda a cidade e também do interior do Estado via ônibus de excursão; as opções musicais são mais variadas: samba, samba-*rock*, axé music, rap, R&B, *raggamuffin* e "melodia" (lenta). Se na Sala Real o som é considerado *underground,* aqui é mais "comercial". A terceira casa é o "Mood Club", no bairro de Pinheiros: mais elitizada, conta com manobristas e tem página na internet. O público de jovens brancos é maior, cerca de 30%, e, ainda que a interação entre negros e brancos seja pequena, é consenso que a atração da casa é a possibilidade de encontros e paqueras inter-raciais. A seleção de músicas – R&B, *rap* e *raggamuffin* – privilegia as internacionais, não há pagode nem música lenta.

A Vila Madalena propriamente dita não possui casas diretamente identificadas com a *black music*: algumas delas oferecem esse estilo em determinados dias da semana – e, nesse sentido, também fazem parte do *circuito black* jovem –, para um público mais heterogêneo. Algo muito interessante observado nesse *circuito* foi a tensão entre uma postura de "afirmação" e a apropriação do estilo *black* internacionalizado por parte de um público mais amplo, o que possibilita, de certa forma, encontros e contatos. Mas não se pode esquecer que, na ponta do *circuito*, instaurando *trajetos* específicos na noite *black*, está o "samba de bandido", que remete não apenas a uma ocupação histórica do centro da cidade pelos negros, como também a um tipo de afirmação que joga duplamente com o estigma: o perigo atribuído à presença massiva de negros e, em menor medida, o samba, apenas um item a mais (e nem sempre o mais valorizado) na cena *black* jovem e nas suas formas de afirmação.

B. boys e streeteiros (japas e manos) na estação Conceição do metrô

Dois foram os pontos de interesse para o desenvolvimento deste tema por Fernanda Noronha, Renata Toledo e Paula Pires: em primeiro lugar, a ocupação por parte desses atores da estação do metrô Conceição, na zona sul da capital, seguindo a tradição do *hip-hop* paulistano que, inicialmente, nos anos de 1980, ocupou a estação São Bento, na região central: tanto em um caso como no outro, trata-se de um espaço ideal para os ensaios/exibições típicos dessa forma de manifestação. O outro aspecto é o contato e as trocas entre dois grupos – japas e manos – que, a julgar pela procedência, classe social, preferências estéticas e *trajetos* na cidade, dificilmente se poderia imaginar que pudessem estabelecer algum vínculo. Os "japas" são adeptos da *street dance* e os "manos", da *break dance*; os primeiros são de classe média, descendentes de japoneses, alunos de escolas particulares; os outros, da periferia da zona sul, já no mercado de trabalho.

Os manos, ou *b. boys*, que estão já há mais de cinco anos no Centro Empresarial Itaú/metrô Conceição, cultivam como estilo de dança o *break* (ou batida quebrada), que é ligada ao *hip-hop*. É uma modalidade que exige mais força física, alongamento prévio e as apresentações são mais individuais, culminando nos rachas ou desafios. Os *b. boys* criticam os streeteiros, cuja dança não passaria de uma mistura de estilos, sem o rigor do *break*; ademais, eles não teriam o "conhecimento" – traço constitutivo de uma identificação com o movimento, elemento fundamental do estilo *hip-hop.*

Os streeteiros, há três anos frequentando o Centro, desenvolvem uma dança mais coreografada, em grupo, que exige menos condicionamento físico e mais sincronização dos movimentos: os espelhos do Centro Empresarial são fundamentais para o aprimoramento dessa modalidade. Ensaiam principalmente nas manhãs e tardes de sábado, para depois se apresentarem em campeonatos nos eventos da colônia. Não se identificam com o estilo que eles próprios denominam de "japinha" (franjas dos cabelos desfiadas, mechas coloridas, nucas raspadas), preferindo as calças *big*, camisetas Pixa–in, Hip Hop Wear, *tags* etc., identificados com a estética *hip-hop*. As meninas do grupo, contudo, não dispensam os bichinhos e chaveirinhos nas mochilas, e os celulares estilizados são a regra.

No entanto, compartilham o mesmo espaço, as inevitáveis tensões com seguranças e funcionários, por causa do barulho e do uso das instalações em um espaço onde o público e o privado não apresentam fronteiras nítidas, e também a mesma denominação genérica de "dança de rua". As diferenças, além das já apontadas, ficam por conta das formas de deslocamento na cidade, do calendário letivo, das férias escolares, da duração da jornada de trabalho.

Mas o específico desse recorte é que o Centro Empresarial Itaú/metrô Conceição constitui um ponto de intersecção entre dois *circuitos* que em princípio pouco teriam porque se encontrar. No entanto, seus atores dividem o mesmo espaço, entram em contato, estabelecem vínculos. A relação é hierárquica, mas inversa à que se esperaria tomando como base os indicadores sociais costumeiros de renda, escolaridade, etc.: aqui, são os japas que reconhecem a superioridade dos *b. boys* e aprendem com eles os truques e manhas da dança de rua.

Os pichadores

Objeto de estudo de Alexandre Barbosa Pereira desde a graduação até o mestrado, o fenômeno da pichação foi por ele trabalhado com base nas categorias *circuito*, *trajeto* e *pedaço* e permitiu identificar pistas novas, com os termos nativos "*point*" e a "quebrada".

É um tema de ampla visibilidade – as pichações estão estampadas em fachadas de prédios, monumentos, janelas e muros de toda a cidade – e que gera diversas (e sempre negativas) reações, assim como tentativas de explicação, desde sua redução a atos de vandalismo puro e simples, até seu entendimento como manifestação de rebeldia adolescente. As pichações, que se caracterizam pela ausência de mensagens inteligíveis ao restante da população, consistem na inscrição de nomes e apelidos, com letras estilizadas e de difícil compreensão, preferencialmente em locais de ampla visibilidade e difícil acesso. Além da assinatura do autor e da referência à região da cidade de onde provém (ZO, zona oeste, por exemplo), a pichação possui ainda a "grife", que é uma marca de pertencimento a um grupo mais amplo de pichadores.

Um elemento correlato à pichação é o grafite, que, entretanto, é visto como forma de arte, não como sujeira ou poluição. Tanto uma como outro têm suas origens na Nova York dos anos de 1970. Nessa mesma década, em São Paulo, apareceram as intervenções de Alex Vallauri e, nos anos de 1980, começou a predominar o grafite "americano", isto é, ligado à estética *hip-hop*. Apesar de a maioria das análises enfatizarem a contraposição entre essas duas formas de intervenção urbana, as relações entre grafite e pichação são mais estreitas e mais complexas.

O principal ponto de encontro dos pichadores paulistanos era, à época da pesquisa, o Centro Cultural São Paulo, administrado pela Secretaria de Cultura do município, que fica ao lado da estação Vergueiro do metrô. Entre suas funções – biblioteca, espaço de estudo, de ensaios e apresentações teatrais, local de reunião de praticantes de RPG, entre outras –, certamente não estava prevista a de ser um ponto de encontro de pichadores. Até o ano 2000, o "*point*" dos pichadores localizava-se na ladeira da Memória, local que se tornou impraticável para eles em razão da constante presença da polícia, depois que esse espaço passou por um processo de restauração.

Os jovens migraram então, inicialmente, para a praça Rodrigues Alves e, depois, para as imediações do Centro Cultural, locais próximos à estação Vergueiro do metrô. Esse uso de espaços públicos associados a estações do metrô é comum por parte de jovens ligados a atividades de rua, como o *hip-hop*; nesse sentido, a estação São Bento é uma referência e, mais recentemente, a estação Conceição, onde se reúnem os *b. boys* e os streeteiros. Os pichadores, nessa mudança, encontraram o espaço da praça já ocupado pelos artesãos – os "alternativos", como se denominam –, com seu forró, sua MPB e seu *rock*, com os quais passaram a dividir o espaço, a bebida e, em alguns casos, também a maconha.

No "*point*", a etiqueta é marcada pela atitude de "humildade", que implica cumprimentar a todos com aperto de mão e trocar "folhinhas" (folhas guardadas em pastas com "assinaturas", inclusive de pichadores famosos), e pela apreciação de coleções de artigos e matérias de jornal sobre fatos ligados à pichação, que são exibidas como verdadeiros troféus. É aí que combinam os "rolês" (saídas coletivas para pichar em determinado ponto da cidade), contam suas façanhas, estabelecem alianças em torno de "grifes", tiram as diferenças e resolvem os conflitos, geralmente causados por "atropelo", ou seja, o ato de pichar sobre outra pichação. Na origem do conflito entre duas grifes famosas, os Registrados (RGS) e a "Mais Imundos", por exemplo, está um "atropelo" cuja narrativa corre em várias versões entre os pichadores: Eles também costumam organizar festas de aniversário que são realizadas no contexto do bairro. O material que utilizam é comprado na galeria da rua 24 de Maio, conhecido espaço de encontro de muitos grupos e membros das mais diversas "cenas" dos jovens.

O melhor lugar para pichar, segundo eles, é o centro da cidade, porque por lá passam pichadores de todas as regiões: "Dá mais ibope", dizem. A sociabilidade desses jovens começa no bairro – mais precisamente na "quebrada", recorte de algo similar ao *pedaço* – e se estende por toda a cidade, em diferentes *trajetos*. O termo "quebrada" traz uma conotação tanto de pertencimento como de perigo, e um convite para pichar na quebrada do outro é visto como um gesto amistoso.

Portanto, o *circuito* da pichação é constituído pelo "*point*" central, pelos "*points*" regionais, pelas quebradas, pela galeria e pelos eventos, sendo que o "*point*" da Vergueiro é o local de articulação desse *circuito* e de partida para vários *trajetos*. E é mesmo verdade que o significado das pichações é ininteligível para quem não é do *pedaço*, pois, como os próprios pichadores afirmam explicitamente, eles não querem se comunicar com todo mundo, mas apenas entre si: as inscrições são para aqueles que "sabem ler o muro".

Conclusão

Os exemplos acima, conquanto constituam apenas amostras de relatos mais completos, permitem retomar a questão colocada inicialmente, sobre a impropriedade do uso da expressão "tribos urbanas" para qualificar (e homogeneizar) grupos e práticas de jovens na cidade. Estes são suficientemente diferentes entre si para serem enfeixados em um termo único. A análise etnográfica "de perto e de dentro" (Magnani, 2002) desses grupos mostra lógicas, motivações, arranjos internos e valores muito diferentes. No entanto, não constituem guetos: apesar das diferenças, compartilham espaços, fazem alianças, trocam mensagens. Nessas trocas, evidentemente não está ausente o conflito, que ocorre em situações específicas, quando as regras do *pedaço* ou a convivência em *manchas* determinadas são violadas ou contestadas. Por outro lado, tampouco as práticas juvenis se caracterizam pelo nomadismo ou errância na paisagem urbana: eles têm seus pontos de encontro, seus *trajetos* reconhecidos, o que mostra regularidades no uso e apropriação do espaço urbano, contrariamente à visão que encara as grandes cidades como o reino do caos, da despersonalização e do anonimato. Como se pode ver, a antropologia urbana, por meio do método etnográfico, possibilita não apenas um melhor entendimento de seus objetos escolhidos de estudo – neste caso, os jovens e suas práticas –, mas também da dinâmica urbana mais geral.

Referências bibliográficas

EVANS-PRITCHARD, E. E. *Os Nuer*. São Paulo: Perspectiva, 1978.

MAFFESOLI, M. *O tempo das tribos – o declínio do individualismo nas sociedades de massa*. Rio de Janeiro: Forense Universitária, 1987.

MAGNANI, J. G. C. Tribos urbanas: metáfora ou categoria? *Cadernos de Campo – Revista dos alunos de pós-graduação em Antropologia*. Departamento de Antropologia, FFLCH/USP, São Paulo: ano 2, nº 2, 1992.

_____. De perto e de dentro: notas para uma etnografia urbana. *Revista Brasileira de Ciências Sociais*, v.17, n.49, 2002.

_____. Os circuitos dos jovens urbanos. *Tempo Social – Revista de Sociologia da USP*, vol. 17, n. 2, 2005.

_____. & MANTESE, B. *Jovens na metrópole: etnografias de circuitos de lazer, encontro e sociabilidade.* São Paulo: Ed. Terceiro Nome, 2007.

_____. & TORRES, L. *Na metrópole – textos de antropologia urbana*. 3ª. ed. São Paulo: Edusp/Fapesp, 2008.

SAHLINS, M. *Sociedades tribais*. Rio de Janeiro: Zahar, 1970.

O *COMO SE* NA CIDADE: ENTRE O REAL E O VIRTUAL – A PERSPECTIVA DO ADOLESCENTE

Ruggero Levy

Introdução

Antes de tudo, agradeço o convite do Dr. Bernardo Tanis e demais organizadores da SBPSP e da FEPAL. É uma satisfação especial e uma honra participar deste evento.

O texto que apresentarei a seguir é a transformação de outro que apresentei em Milão, onde estive através do Capsa, por ocasião de um Simpósio chamado "Adolescência no mundo, hoje" e que, assim como este, contava com a participação de profissionais de outras áreas, o que sempre enriquece o diálogo.

Procurarei mostrar como a *ficção* e o *mundo virtual* são buscados como refúgios protetores – eventualmente carregados de destrutividade – contra as asperezas do real, mas ao mesmo tempo as revelam. Como veremos, diversos ambientes socioculturais em nossas cidades expõem o sujeito a violências das quais o jovem tenta se proteger. O *real, ficção e virtual* se interpenetram e se confundem, ora protegendo, ora revelando, ou mesmo – em determinadas situações – causando alterações no funcionamento mental do adolescente e perturbações no seu comportamento.

Abordarei a perspectiva do adolescente, pois – além de ser um tema de meu interesse – o processo adolescente desenvolve-se nas fronteiras do psíquico e do somático; do mundo interno e do mundo externo; do individual e do familiar; do pessoal e do cultural; a par de sua fronteira permanente entre o normal e o patológico.

As cidades, atualmente, assumem dimensões diversas. Há a cidade real, dimensionada pelas coordenadas geográficas, palco físico do drama humano. Há a cidade do imaginário, em que circulam valores, formas culturais que por vezes transcendem em muito as características locais, trazidas, importadas pelos potentes meios de comunicação contemporâneos. Por último, há a cidade virtual, desterritorializada, desenganchada da geografia física, criada pela rede infinita da *web*. Esta tem tido uma importância crescente na vida do sujeito contemporâneo, especialmente dos adolescentes.

O contexto atual

Hoje em dia, no Brasil como no resto do mundo, estamos num momento de grandes mudanças em setores de nossa cultura, em que a modernidade está fortemente sacudida pela pós-modernidade, e temos sentido uma intensa necessidade de compreender seu impacto sobre o processo adolescente. Justamente por estar em contato direto com a fronteira cultural e pelo fato de ser o adolescente um sujeito em franca mudança, nele vemos as modificações culturais expressarem-se de um modo evidente. Observamos que o processo adolescente está sendo modificado, antecipado, prolongado, intensificado. Em suma, é como se assistíssemos à adolescência sendo esticada, torcida e revirada sob os nossos olhos.

O *COMO SE* NA CIDADE: ENTRE O REAL E O VIRTUAL – A PERSPECTIVA DO ADOLESCENTE

De modo geral, constata-se em nosso país um grande alargamento da faixa adolescente. Como no resto do mundo, um prolongamento significativo, uma vez que as ferramentas necessárias para uma inserção no mundo adulto são cada vez maiores. É preciso acumular cada vez mais conhecimentos e habilidades para uma inserção adequada num mercado de trabalho cada vez mais competitivo. Por outro lado, ante a fragilidade dos vínculos afetivos pós-modernos (Bauman, 1997), o jovem tarda mais em constituir sua própria família, pelo menos nas classes média e alta. O jovem dessas camadas sociais permanece, assim, muito mais tempo vivendo com sua família de origem, o que foi evidenciado em uma consistente pesquisa da MTV no Brasil, com cerca de cinco mil entrevistados.

Mas o que mais tem preocupado os psicanalistas que trabalham com adolescentes no Brasil é a antecipação progressiva do período adolescente e suas consequências, inclusive sobre o desenvolvimento da capacidade simbólica dos jovens. Isso vem ocorrendo de modo realmente inquietante. Ocorre, parece-me, devido a dois motivos principais. Primeiro, a pressão para a rapidez, a aceleração da atualidade, não concede mais o tempo necessário ao desenvolvimento. A pseudomaturidade é imposta na medida em que prevalecem os valores de aparência e superfície sobre os de profundidade: parecer um adulto é equacionado com o ser um adulto. Em segundo lugar, a antecipação da adolescência ocorre no bojo de uma erotização massiva da cultura brasileira. Danças eróticas são exibidas em programas de TV e imitadas pelas crianças desde muito cedo com o incentivo dos pais; novelas televisivas expõem cenas de sexo quase explícito na TV aberta em horários nobres; a liberalização dos costumes, somada ao acima destacado, faz com que se transmita a noção de que não há limites para a sexualidade, nem de idade, nem de privacidade. Aliás, os limites entre o público e o privado e entre o erótico e o pornográfico estão bastante borrados em nosso país. Esta é a primeira geração em que, a um clique do *mouse,* a pornografia ingressa no quarto do adolescente, não só excitando intensamente a sexualidade, mas equacionando o sexual e o pornográfico. O resultado, de um lado, são adolescentes hiperexcitados, com muitas atuações sexuais, agressivas e comportamentos de risco. Mas o mais preocupante, de outro, é a abolição da latência ou sua estruturação incompleta. A latência, na infância, assume um papel fundamental, na medida em que nela, desde que bem estruturada, desenvolvem-se de modo consistente os processos simbólicos que permitirão uma aprendizagem adequada e consolidarão a construção dos sistemas de representação. Carentes de sistemas de representação consistentes, com sua capacidade simbólica comprometida, temos como resultado crianças e adolescentes "hiperativos" – na verdade hiperexcitados –, em que a reflexão é substituída pela ação impulsiva.

Falar de adolescência no Brasil é um desafio enorme porque existem diversos "brasis" e, portanto, diversas adolescências em nosso país. Gostaria de sublinhar essa ressalva. Como em todos os países, existem diversas microculturas que variam de acordo com a região, com a cultura familiar, religião, etc. No Brasil – assim como em outros países do terceiro mundo –, há um fator estrutural adicional que é uma brutal diferença no poder aquisitivo das diversas classes sociais, criando ambientes econômicos, sociais e culturais amplamente diferentes uns dos outros.

Utilizo agora a ficção para falar um pouco de uma adolescência brasileira, a das favelas, cenário ineludível em nossas cidades. Habitualmente, nós as chamamos de populações que vivem à margem das cidades. Mas poderíamos fazer uma brincadeira provocativa – tal a extensão dessas populações – e nos questionarmos: *quem está à margem da cidade*? Essas populações excluídas dos benefícios sociais ou aquela beneficiada, mas que vive cercada em seus condomínios? De todo modo, para falar dessas populações pobres e excluídas, tomarei como modelo o filme *Cidade de Deus*, de Fernando Meirelles, metáfora da realidade que agora me refiro. É a ficção retratando o real. No filme *Cidade de Deus* é retratado o desamparo em que vive essa parcela da população, o que, aliás, é a tônica do filme, uma fábula sobre o desamparo, o destino e as pulsões humanas. Os moradores da Cidade de Deus foram lá jogados e esquecidos. Isso é o que diz o samba cantado ao fundo, *Convite para a vida*: "É a Cidade de Deus/Só que Deus esqueceu de olhar". Estão todos desamparados, tentando encontrar formas de sobrevivência – como bem mostra a corrida de uma pobre galinha, procurando escapar da panela, em fuga desesperada no início do filme.

O ser humano nasce em absoluto estado de desamparo e através das relações que estabelece com seus cuidadores básicos, mãe e pai – ou aqueles que desempenham essas funções –, será inserido na cultura, na civilização. Através da função materna que envolve alimentação, amparo, atenção, compreensão, carinho, desenvolverá o sentimento de confiança na bondade no Outro e o amor predominará sobre o ódio. Por meio da função paterna, será introduzida a noção de limite, as regras, em última instância, a lei. Quando as funções, materna e paterna, não são realizadas, o indivíduo cresce nutrindo ódio por não ser atendido em suas necessidades básicas e sem uma noção das regras e dos limites necessários à vida na civilização. Assistimos, nessas condições, a um assassinato da infância e da adolescência. Os processos evolutivos são abortados. Diante do desamparo maciço, criam-se formas espúrias de proteção: a violência equaciona-se com a força e ter a sua própria gangue, ou fazer parte de alguma, é uma forma de possuir ou pertencer a uma "família" poderosa. Assim, crianças e adolescentes são arregimentadas pela criminalidade, tornam-se "soldados" de algum traficante e, armados, alimentam a ilusão de que estão protegidos. É um grande *como se*. É *como se tivessem família*, *como se fossem fortes*, *como se estivessem protegidos.* Eles passam a espalhar o desamparo aos outros. Essa é uma fatia da adolescência das cidades brasileiras – que eu não poderia deixar de mencionar – na qual os processos cognitivos deixam de se desenvolver e os processos psíquicos pervertem-se: o mal fica idealizado como forma de sobreviver e evitar o desamparo. Cria-se uma ficção, uma espécie de mito do herói, em que a "salvação" do desespero ocorre pela violência. Ponho salvação entre aspas porque sabemos da curta expectativa de vida de nossos pobres "heróis", personagens míticos da ficção suburbana.

Daremos agora um giro de 180°. Outra adolescência, a plugada na internet. Como a virtualidade tem participado da vida dos jovens na cidade? Antecipei que a virtualidade criou uma nova concepção de cidade. Seus limites físico-geográficos estão esgarçados. Cria-se uma babélica megalópole virtual. A cidade na virtualidade em parte se desterritorializa, como veremos a seguir.

Notícia de jornal em Porto Alegre: jovem de 16 anos suicida-se orientado por um *site* internacional de suicídios com transmissão *online*. Tratava-se de um jovem de classe média alta. Estava deprimido e em tratamento psicanalítico. Um dia, disse a seus pais que, estando melhor, queria fazer um churrasco para receber seus amigos em casa, mas pediu que os pais saíssem porque queria estar só com os amigos. Alegres, seus pais prontamente aceitaram, comprando carne e carvão para o churrasco, pois aquilo sinalizava que o filho queria reaproximar-se dos amigos. O rapaz havia sido instruído naquele *site* para acender a churrasqueira portátil no banheiro: o consumo de O_2 e a exalação de monóxido de carbono o levariam à morte. O jovem assim procedeu e, enquanto realizava o ritual suicida, manteve-se *online*. A cada pouco, ia ao computador e pedia ajuda, pois não suportava o calor e dizia que não ia conseguir se matar. Era incentivado a não desistir, certamente por homicidas perversos, que estavam conectados. Simultaneamente, uma jovem canadense que acompanhava o ritual macabro, desesperada, telefonou à Interpol, que por sua vez telefonou à polícia de Porto Alegre para que enviasse uma equipe à residência do rapaz. A polícia conseguiu localizá-la, mas infelizmente chegou tarde. O jovem tinha morrido por asfixia e queimaduras generalizadas. No *site,* os últimos comentários eram "acho que ele conseguiu".

Trouxe este relato dramático para ilustrar que essa outra parcela da adolescência brasileira, enorme, é globalizada. Vive plugada na internet – nessa grande cidade virtual – e imersa na cultura da pós-modernidade, com todas as vicissitudes que isso implica.

A cultura pós-moderna tem se caracterizado pela fluidez das relações humanas e por um novo tipo de mal-estar justamente caracterizado pela inconsistência e fragilidade dos vínculos (Bauman, 1997). Por sua vez, a fragilidade das relações humanas conduz aos tão conhecidos sentimentos de solidão, de vazio. A rede da *web* oferece refúgio àqueles adolescentes que na solidão de seu quarto precisam preencher o vazio. Entretanto, ao mesmo tempo, os expõe às armadilhas da rede virtual, nas quais os mais frágeis sucumbem.

Além do mais, na cultura atual assistimos a uma crise e a um questionamento das funções de autoridade – especialmente em nosso país –, dos valores, das ideologias (Cahn, 1999), assim como a um borramento dos limites que instaura uma desorientação ética e moral. Obviamente que momentos culturais anteriores nunca foram paraísos perdidos. Mas havia uma ordem instalada, um *status quo* estabelecido, contra o qual o jovem se rebelava portando uma ideologia que lhe conferia uma identidade claramente definida.

Raymond Cahn (1999) descreve com clareza alguns polos de conflitos da adolescência atual: a liberdade cada vez mais total nos costumes, mas exigências cada vez mais severas quanto às competências; o estímulo ao consumo de produtos cada vez mais tentadores, mas dificuldades crescentes para obtê-los; a liberação da sexualidade na conduta, mas o distanciamento cada vez maior da vida conjugal e da parentalidade. São polos de conflito que geram angústias, muitas vezes insolúveis, que podem conduzir às patologias da conduta. Soma-se a esses polos de conflitos uma situação familiar em que o jovem se vê diante de pais com dificuldades em reconhecer e colocar limites entre os sexos, entre as gerações, entre o "bem" e o "mal" e entre o verdadeiro e o falso. Pais da contemporaneidade que, além do mais, muitas vezes compartilham com os adolescentes o mesmo sentimento de incerteza quanto ao futuro, de precariedade e desamparo material e de questionamento das instituições.

Do ponto de vista do processo de subjetivação desses adolescentes, parece-me que acaba ocorrendo o seguinte. Ante a angústia decorrente da perda das representações de si – consequência natural do processo adolescente –, de um lado, os jovens recolhem-se para o mundo interno, na ânsia de reconstruí-las. De outro, recorrem aos objetos externos para usá-los como espelhos que os ajudem a reconstruir a sua própria imagem, para que reflitam algo que os oriente: seja uma imagem bela ou repulsiva, mas uma imagem. Entretanto, no quadro que estamos descrevendo, o adolescente olha para o objeto e este reflete uma imagem confusa, seja de si mesmo enquanto adulto, seja do próprio jovem, já que ele não sabe discriminar se o que está vendo é certo ou errado, bom ou mau; ou, pior ainda, não reflete imagem nenhuma, pois não consegue "ver" o filho, o que o lança num vazio de *não existência*.

Esse fracasso no reordenamento simbólico que permita construir uma imagem de si, que garanta uma estabilidade narcísica, pode conduzir a um processo de subjetivação inacabado. Isso, por sua vez, empurra em direção às patologias narcisistas que atingem a conduta e o corpo (delinquência, anorexias, bulimias, drogas, etc.). As defesas narcísicas procuram solucionar a insuficiência de elaboração psíquica (Cahn, 1999).

Outra ilustração do que estamos descrevendo. Em maio de 2006, uma revista francesa, *Le Nouvel Observateur*, publicou uma edição com a seguinte chamada: "A verdade sobre a violência dos jovens – quando os golpes substituem a palavra" (Askolovitch, 2006). O título fala por si, mas o conteúdo refere-se justamente à substituição do simbólico pela conduta nas manifestações de jovens adolescentes franceses. Descreve a matéria as falhas no processo de subjetivação referido, sua explicitação na conduta e o quanto os jovens têm necessitado de reforços para a construção de uma autoimagem. O artigo relata inúmeras ocorrências de violência praticadas por jovens em toda a França metropolitana (Nice, Orleans, Orly, Paris), que trazem entre si alguns elementos comuns. São violências de todos os tipos (sexuais, espancamentos), em que não há uma consciência real do que foi praticado. Por exemplo, jovens de 13-14 anos, em Nice, que submeteram uma colega, forçando-a a praticar diversos atos sexuais, mas que não viram maiores problemas *porque em nenhum momento bateram nela...* Outro elemento comum – o mais impressionante para o que estou descrevendo – é que em grande parte desses atos violentos a prática foi registrada em vídeos feitos em telefones celulares. Essa prática já recebeu o nome de *"happy slapping"*. Ou seja, os agressores são os personagens principais, os protagonistas dos filmes por eles feitos, e as vítimas são apenas personagens "desrealizados", tornados irreais, em razão da impregnação da mente por realidades virtuais. Presenciamos, como foi dito, o esforço narcísico de construção de uma imagem de si mesmo por meio do recurso da imagem externa real e da violência como prova positiva de sua existência. Parece que a destrutividade é a única parte do *self* que tais agressores sentem possuir. Vejamos o que diz Michel Redon, vice-procurador do tribunal de Nice: "Esses rapazes dão a impressão que a *imagem* é, para eles, o único meio de existir em face ao seu próprio nada. A vítima torna-se um figurante do seu filme, ela é irreal".

Aqui, um rápido parêntese sobre a questão da virtualidade na vida dos jovens. Uma breve definição conceitual. Entendo a virtualidade como o conjunto de imagens criadas pelo computador através de sínteses numéricas que pretendem ser o *simulacro* do objeto (Moreno, 2000; Pragier, 1995). Essas imagens pretendem ser o objeto, anular o espaço que existe entre o objeto e sua representação, símbolo e simbolizado. Clamam por realidade. Evidentemente, são um avanço tecnológico sem precedentes, extremamente importante e, como outros avanços científicos, não são, em si mesmas, nem boas, nem más. Entretanto, como psicanalistas, precisamos estudar seu impacto sobre a subjetividade humana e responder à questão do que ocorre quando, no âmbito das relações objetais, a vida humana fica inundada de relações e objetos virtuais. Parece que essa imersão profunda na virtualidade pode levar a uma perturbação do processo de subjetivação e a uma potencialização da tendência *narcissisante* da nossa cultura. Alinho-me com Baudrillard (2001) quando este ressalta o caráter anti-imaginário da imagem que se impõe passivamente ao psiquismo. Sabemos que a imaginação precisa das "sombras" e dos enigmas da realidade para existir. O virtual é excessivamente "real", ofusca a obscuridade necessária à imaginação. O objeto virtual captura a sensorialidade de tal forma que não deixa o espaço mental necessário à imaginação. No lugar de abrir o espaço para a ilusão, ele ilude o sujeito quanto à sua realidade. O jovem imerso na virtualidade é privado do olhar do Outro, essencial ao sentimento de existir e de realidade. Sabemos por Meltzer (1988) que é nas relações íntimas, carregadas de paixão, que se criam as experiências emocionais que estimulam a simbolização, logo, o crescimento mental. Aprendemos com Winnicott (1967) que é no interjogo de ver e ser olhado que se constrói a imagem do sujeito.

É preciso notar que estou me referindo a um duplo prejuízo no processo de subjetivação: o comprometimento das relações familiares íntimas, que auxiliam na construção do sistema de representações do *self*, e o dano adicional nos processos simbólicos, advindo do mergulho no mundo da virtualidade.

Assistimos, assim, a uma dupla avaria no processo de subjetivação. Primeiro, o empobrecimento do processo de simbolização – tão prevalente na contemporaneidade, como procurei mostrar – compromete a construção de um sólido sistema de representações de si, gerando confusões de identidade.

Segundo, a eliminação do contato epidérmico com o outro no momento da interação pode comprometer seriamente a capacidade de empatia com as emoções do objeto. Este, através da digitalização da imagem, é desrealizado. Tanto sujeito quanto objeto são vítimas da desrealização, como tão bem apreendeu o vice-procurador do tribunal de Nice.

Antes de encerrar, há outro elemento que gostaria de adicionar. São os chamados *fotologs*, sites em que os jovens colocam fotos de si, de suas famílias ou de amigos para serem vistos por outros na *web*. O que tem chamado a atenção é que muitos desses *fotologs* exibem jovens adolescentes em roupas íntimas, ou seminus, em poses que lembram celebridades ou prostitutas. Confundem-se fotos ingênuas de jovens se expondo e de prostitutas se oferecendo. Até mesmo púberes, em roupas íntimas, têm se exposto a colegas de aula nas *webcams*. Penso que na cultura do narcisismo – em que a imagem é entronizada, em que os valores de superfície são privilegiados sobre os profundos e em que a estética é privilegiada sobre a ética – o culto à imagem é oferecido para tentar fortalecer a sensação de existir como sujeito. O *sou visto, logo existo* de Winnicott ocupa esse espaço virtual, já que as relações com os objetos reais estão tão fluidas, como já comentamos. "Celebridades" nascem e morrem com a velocidade da internet. São construídas instantaneamente a partir do quase nada; basta aparecerem numa telenovela, ou simplesmente num *reality show.* E, assim, o aforismo winnicottiano transforma-se em *sou um simulacro de celebridade, logo existo*.

Espero, com esta breve apresentação, ter podido mostrar um pouco de minhas ideias, desde a perspectiva adolescente, a propósito das saídas buscadas pelo jovem através da ficção e do virtual às vicissitudes impostas pelo real, no caleidoscópio de paisagens distintas que é a adolescência no Brasil. Legiões de jovens excluídos criam as "Cidades de Deus" para fugir das injustiças das "cidades dos homens". E outros tantos jovens de classe média e média-alta refugiam-se nas cidades virtuais para fugir dos sentimentos de vazio e solidão.

Referências bibliográficas

ASKOLOVITCH, C. *Le nouvel observateur*, nº 2.168, 24 a 31 de maio de 2006.

BAUDRILLARD, J. *Tela total: mito-ironias da era do virtual e da imagem*. Porto Alegre: Sulina, 1999.

BAUMAN, Z. (1997) *O mal-estar na pós-modernidade*. Rio de Janeiro: Zahar, 1998.

BOSCOV, I. As crianças brasileiras são as mais estressadas do mundo. *Veja*, nº 46, ano 39, p. 96-99, nov. 2006.

CAHN, R. *O adolescente na psicanálise – a aventura da subjetivação*. Rio de Janeiro: Companhia de Freud, 1999.

LEVY, R. *As relações amorosas na adolescência*. XVII Jornada Sul-rio-grandense de Psiquiatria Dinâmica, Gramado, 1994.

_____. Refúgios narcisistas na adolescência: entre a busca de proteção e o risco de destruição – dilemas na contratransferência. *Revista Brasileira de Psicanálise*, vol. 30, nº 1, p. 1-18, 1996.

MELTZER, D. (1988). *A apreensão do belo*. Rio de Janeiro: Imago, 1995.

MORENO, J. Realidade virtual e psicanálise. *Revista de Psicanálise da SPPA*, vol. VI, nº 3, dez. 1999.

_____. *Conexión, asociación, realidad virtual y psicoanálisis*, 2000. (Comunicação pessoal.)

PRAGIER, G. e PRAGIER, F-S. (1995) – Más allá del principio de realidad. *Revista de psicoanalisis – Editada por la Asociacion Psicoanalitica Argentina*. Tomo LII, Nº 1, Janeiro/Março de 1995.

WINNICOTT, D. W. Objetos transicionais e fenômenos transicionais. In: *O brincar e a realidade*. Rio de Janeiro: Imago, 1975.

_____. O papel da mãe e da família no desenvolvimento emocional infantil. In: *O brincar e a realidade*. Rio de Janeiro: Imago, 1975.

LINGUAGEM ONÍRICA E LINGUAGEM CINEMATOGRÁFICA[1]

Philippe Barcinski e Rogério Nogueira Coelho de Souza

Não Por Acaso

Direção: Philippe Barcinski

Dois homens que pensam ter a vida sob controle são atropelados por um mesmo golpe do destino e se veem obrigados a rever suas crenças. Obcecado pela sinuca, Pedro (Rodrigo Santoro) acha que na vida, como no jogo, tudo é questão de planejar e repetir jogadas. Engenheiro de trânsito, o solitário Ênio (Leonardo Medeiros) acredita que controlar as emoções é tão possível quanto manejar congestionamentos. Um acidente trágico, envolvendo mulheres da vida de ambos, Teresa (Branca Messina), Lúcia (Leticia Sabatella) e Bia (Rita Batata), os lançará numa jornada de transformação em que verão que o fluxo do trânsito humano é caótico demais para ser controlado e que, quando há um parceiro, não é possível prever todas as jogadas.

---

[1] Filme/debate, realizado na SBPSP, no dia 1 de dezembro de 2007. Edição: Ana Maria Brias Silveira.

Ana Maria: Boa tarde a todos. Agradecemos a presença de vocês e lembramos que hoje se encerra o ciclo "Cinema e Psicanálise", que teve como tema "América Latina, diversidades e semelhanças". Esse ciclo só foi possível graças a uma parceria da Cinemateca de São Paulo, com o Cinusp e as Diretorias de Cultura e Comunidade da IPA, a Associação Psicanalítica Internacional, a FEPAL, Federação da América Latina, e a Diretoria de Cultura e Comunidade de São Paulo. Pedimos a nossos convidados que falassem sobre o tema "Cinema e sonho – linguagem onírica e linguagem cinematográfica", abrangendo também a questão da psicanálise e as cidades, tema a que o filme tão bem se presta.

Os "curtas" e os roteiros

Philippe: Já trabalhava há bastante tempo e a coisa principal que havia feito e que me deu exposição no circuito cinematográfico foram os curtas que são, tradicionalmente, o espaço da liberdade plena, de experimentação, e da formação do cineasta. É o espaço em que você pode fazer o que quiser, na sua procura pessoal. É muito descompromissado.

A grande pergunta para um cineasta é "que filme você quer contar?", ou seja, que tipo de filme e com que forma. Os americanos fazem muita distinção entre o que chamam de *director* e *writer-director*. O *writer-director*, mais do que dirigir, propõe uma visão própria de mundo. Nos curtas, fui buscando esse caminho autoral e, quando chegou o momento do longa, o mais difícil para mim foi o processo do roteiro. Foram cinco anos escrevendo o roteiro...

Rogério: Conta um pouco sobre como você escreve um roteiro.

Philippe: Quando fiz os curtas, trabalhava e sentava para desenvolver o roteiro do curta e em pouco tempo conseguia manejar isso junto com minha vida cotidiana. No longa, tentei fazer a mesma coisa, mas vi que era muito difícil. Percebi que exige uma imersão semelhante à de quando se escreve um romance. É preciso realmente entrar na história. Os curtas são situações muito simples, com um fiapinho de história, um fiapinho só de personagem; é o jogo cênico e a construção cinematográfica que trazem a sensação e o conteúdo, mais do que simplesmente a narrativa. Os curtas mais instigantes, como são muito breves, não dão tempo de ter personagens bem desenvolvidos ou grandes histórias. Então, é necessária uma pegada muito mais de linguagem cinematográfica que passe uma sensação. Quando essa sensação traz um conteúdo relevante, acho que funciona.

No longa, o mecanismo é outro. O canal de acesso para que o espectador viaje no filme é a identificação com o personagem, para manter o interesse por uma hora e meia no escuro, com a atenção focada num só lugar.

Rogério: É necessário que o espectador se identifique com a própria câmera que está direcionando a atenção, além da identificação secundária, vamos dizer assim, com o próprio personagem, na medida do possível. Nem que seja uma identificação crítica.

Philippe: Estudando roteiros você acaba passando por Aristóteles. Existe na "Arte Poética" um binômio que se chama "compaixão e terror", no qual você se compadece do personagem, vive o terror dele – só que não é com você.

No início, meu roteiro era um curta de 90 minutos. Simplesmente não funcionava. Então, meus dois parceiros, Fabiana, minha mulher, e Eugenio Puppo, meu amigo, serviram justamente para isso. Nesse momento, a gente botou de lado o roteiro – que tinha estrutura e intenções muito claras – para descobrir os personagens. Quem são essas pessoas? Quem é o Pedro? Por que um cara dessa idade tem essa coisa com a sinuca? Quem é o pai dele? Ele está vivo? Você vai desdobrando e, a partir de um ponto, o personagem começa a ganhar vida e você consegue equilibrar essas várias coisas. É um processo comovente. Na fase seguinte, nas leituras, os atores agregam muito. E à medida que você vai filmando, as coisas vão mudando um pouco. Cenas que eram menos relevantes ficam mais relevantes, as intenções dramáticas crescem ou diminuem...

Rogério: Quando você tem os dois papéis, de roteirista e diretor, imagino que, antes de iniciar a filmagem, você já tenha um filme na sua cabeça, e, à medida que vai filmando – ainda mais numa arte que é basicamente colaboração –, deve acontecer muita coisa que não estava prevista. O roteirista, talvez, num certo momento, possa se imaginar como um jogador de bilhar, ou como um organizador de trânsito que imagina poder determinar tudo o que vai acontecer. Mas o diretor, na hora de realizar... o acaso entra de vez em quando.

Philippe: Eu quis no primeiro filme trabalhar esse tema do controle, do desejo de controle e da impossibilidade de controlar, até por um processo meu, pessoal. Não vou querer fazer uma terapia aqui, com essa plateia de oitenta terapeutas me tratando... Tô lascado (risos). Eu tenho, a princípio, uma índole controladora. Vários cineastas são assim: tentam visualizar uma imagem e tentam fazer de tudo para chegar naquela imagem.

Rogério: Se bem que o tipo de atuação dos atores não é tão controlado assim. Pelo menos não dá a ideia de ser tão controlado. Parece um estilo mais naturalista, mas não sei se existe essa palavra dentro do contexto cinematográfico.

Philippe: Onde encontrei mais descontrole, no melhor sentido, foi na relação com os atores, com a atuação. Porque a princípio o cinema envolve muito controle, muito planejamento. Tudo é de mentira e tudo tem que parecer de verdade. Você controla a roupa de todo mundo, controla a posição de todo mundo. Eu até estava me acostumando com produções menores, em que filmava mais documentalmente. Fiz um curta todo passado na rua, sem autorização, mas quando se chega numa produção desse porte você não pode trabalhar assim.

O filme

Rogério: Queria voltar à questão do roteiro e da realização, da filmagem propriamente dita. Quando você está escrevendo o roteiro, mesmo que em colaboração, você está fazendo uma narrativa. Seu filme tem marcadamente toda uma história dramática, ou melhor, duas histórias dramáticas que se cruzam. Quando é assim, quando o filme tem um aspecto ilusionista, uma janela aberta, uma espécie de transparência, e ocorre um processo de identificação em vários níveis com o que estamos vendo, o efeito maior que se tem nesse momento é o efeito, possivelmente prazeroso, de que o tempo passa. O cinema tem essa característica, bergsoniamente falando, de controlar totalmente o tempo: o tempo vira apenas uma experiência de duração. Se há uma experiência artística que remete à experiência do tempo como duração é o cinema. A ponto de podermos ficar bastante entretidos com um filme durante um tempo, por conta do enredo, do desenrolar narrativo, e por conta da identificação com o que estamos vendo. Essa visão do cinema foi bastante criticada, em certa época, por todo um discurso de determinada linha ideológica e política, que não pretendo recuperar na nossa conversa. Mas tem um pouco isso. Essa vertente, hoje em dia, ganha mais força com os novos modos de comunicação visual: com a internet, por exemplo, onde as coisas podem ser filmadas e já não sabemos mais se aquilo é um filme, uma mentira ou se aquilo é de verdade. Filmagens. Isso é muito interessante. A linguagem cinematográfica foi crescendo, no sentido da identificação do espectador com o filme, a tal ponto que hoje pode não haver mais essa diferenciação entre filme, no sentido do discurso de alguém, ou a filmagem de alguma coisa, como um documentário.

Quando o diretor vai filmar, ainda que tenha sido o roteirista, ele, nesse momento, imprime outra linguagem. Não é mais a linguagem do que está no papel, uma linguagem literária. É outro instrumento. A linguagem passa a ser diferente. Como nos filmes de ação. Neles, tem-se uma montagem na qual os planos são rapidamente cortados e o espectador não tem muito tempo de pensar em nada, a não ser acompanhar os diferentes planos e ficar totalmente tomado, ter uma espécie de experiência prazerosa, quase narcísica, como se fosse o deus controlador do próprio filme que está vendo. Mas o seu filme sai um pouco da pura filmagem de uma narrativa em alguns momentos, embora todos saiam do filme e fiquem pensando na história. Aqui para nós, há até a tentação de ficarmos nos ocupando dela. Podia até se colocar na contracapa do DVD: "Este é um filme que trata da elaboração da perda, da elaboração do luto, como forma de crescimento...", como uma pequena síntese de conteúdo psicanalítico. Há três momentos no filme em que você usa outro recurso. A cena do bilhar, em que você usa um recurso de

A PSICANÁLISE NAS TRAMAS DA CIDADE

estúdio. Há a bola branca como um fantasma e a bola branca "de verdade", que se sobrepõe ao fantasma dela, como expressão de controle. Muitas cenas do Ênio, que é o controlador de trânsito, são tomadas de cima. O filme começa com a cena de um helicóptero vendo a cidade de cima, como se fosse um senhor controlador da coisa. A cena do bilhar tem essa mesma conotação de ter um controle absoluto, que é o fundamental no papel do Pedro, jogador de bilhar. Esse é um momento de trucagem. Há outro momento – eixo central do filme – que é o acidente, o atropelamento, em que de novo você usa uma trucagem. É muito interessante porque a moça, Teresa, deixa cair uma coisa aparentemente insignificante, mas essa insignificância faz toda a diferença na história. Você usa isso para nos fazer entender o atropelamento e nos fazer entender, depois, a questão do tempo, Pedro quer controlar o tempo: se ele pudesse ter feito ela demorar mais dois segundos, não teria havido o atropelamento. De novo, a questão do controle. Mais para o final do filme, a cena sexual do Pedro com a Lúcia, que já não é uma filmagem natural. No momento do controle, no momento da morte e no momento do sexo, você usa outra linguagem. Imaginei que se não foi intencional, no sentido da sua consciência, inconscientemente... É muito interessante que tenham sido esses os três momentos. Não foi por acaso.

Queria então que você contasse um pouco desse recurso e da inserção disso na linguagem do filme.

Philippe: Eu estava falando da dificuldade de pegar esses jogos de cena que me interessavam, que são expressivos, nos curtas, e fazer no longa, porque o longa funciona mais a partir da narrativa. Esse é o equilíbrio: a mistura de cenas narrativas e cenas mais sensoriais. Acho que o filme funciona com várias camadas. Talvez essa seja a melhor qualidade do filme. Quem quiser vê-lo só como um filme de relacionamento entre homem e mulher, de romance, de pai e filho, vai encontrar isso lá. Já quem quiser destrinchar o filme, achar signos, camadas de significado, vai encontrar muita coisa no filme. Uma das coisas que gosto, e que era uma das intenções originais, era que o filme tentasse dar forma ao pensamento desses dois homens de índole controladora. O filme dá forma ao pensamento de alguém que tenta controlar a mesa de sinuca e ao pensamento de alguém que tenta controlar o tráfego da cidade. Eu quis que isso não fosse explicado verbalmente por alguém. Procurei uma forma cinematográfica que desse conta disso. Há, então, essas três cenas a que você se referiu e tem também outras importantes, como quando Ênio mostra a cidade como fluxo, ou ele no topo de um prédio, como Deus, dizendo: "Para aqui, para ali". Essas cenas, todas envolvem um pouco de efeito e trucagem. São cenas que acho que dão essa quebra, como você disse; não são cenas que apenas levam adiante a narrativa.

Rogério: Fazem o espectador pensar um pouco. Ele está vendo um discurso ali.

Philippe: É uma experimentação visual que traz uma sensação e um conteúdo. Eu tinha, pelo meu passado de ciência, uma atração pelo trânsito. Achava interessante uma ciência que tenta usar formas matemáticas para tentar melhorar o fluxo das pessoas.

Rogério: Você se deparou depois com a teoria do caos, foi isso?

Philippe: É o exemplo clássico de teoria do caos. Não só caos no sentido genérico da palavra, mas no sentido científico: o que determina o sistema caótico é a relação causa e efeito. Uma pequena perturbação num sistema não caótico gera um pequeno efeito. Uma pequena perturbação num sistema caótico pode gerar um grande efeito ou um pequeno efeito. O trânsito é um exemplo de caos, assim como a mesa de sinuca é um exemplo da física clássica.

Rogério: A sinuca foi usada como exemplo por pelo menos meia dúzia de filósofos clássicos: Hume, Malebranche, Leibniz e outros mais. Eles utilizaram "uma bola batendo na outra, o que se espera disso...". Hume defende que é o puro conhecimento do hábito que te leva ao saber. O racionalista diz que isso pode ser deduzido, antecipado e medido matematicamente. Isso é clássico nessa época da história da filosofia. Na passagem para a filosofia moderna, isso foi muito discutido. Qualquer livro de oitava série diz "uma bola na velocidade tal encontra outra bola...", porque é a descoberta de Newton. É exatamente no momento seguinte à física newtoniana que se verifica essa grande discussão.

Philippe: Eu achava interessante colocar esses dois universos como ilustração desse desejo de controle e tentar achar uma forma fílmica que desse corpo ao pensamento desses personagens. E equilibrar essa forma fílmica dentro de uma história com uma narrativa envolvente. Aí entra a questão do filme de arte e do filme um pouco comercial. Esse equilíbrio foi muito difícil e muito interessante. Quem quiser ir ver para se entreter vai se entreter, e quem quiser achar um conteúdo também vai achá-lo.

Cinema e sonho

Rogério: Trazendo a discussão um pouco mais para o nosso campo, um filme narrativo – fazendo uma analogia um pouco forçada – acaba nos lembrando um sonho contado, ou, se preferirmos, a elaboração secundária de um sonho. Quanto mais narrativo, mais está sujeito a toda essa elaboração. Para escrever um texto, um roteiro, você mesmo já nos contou quanta elaboração é necessária. Vale depois você contar que escreve, normalmente, de manhã, quando acorda. Isso é muito interessante. Depois você conta a questão da escrita. Só para terminar. Um curta, como você mesmo já disse, faz um apelo muito maior ao sensorial, ao sensível. Não só porque não conta necessariamente uma história, embora possa contar alguma coisa, mas normalmente os recursos fílmicos são muito mais da ordem da sensibilidade direta do que passando pela palavra, por exemplo. Queria que você contasse um pouco dessa diferença e sobre como você escreve.

Philippe: Nesse DVD tem três curtas. Um é *A janela aberta,* que seria interessante passar, mas vamos passar o *A escada*, que é o mais curto. Estou só contando pra quem quiser ver depois. O *A janela aberta* é uma neurose obsessiva levada à beira da psicose, muito interessante. O *Palíndromo* é filmado de trás prafrente, ou melhor, é passado de trás para frente e é muito interessante também. Vamos ver o *A escada,* que é o mais curto e o mais imediatamente sensível.

Exibição do curta *A escada*

Rogério: Lindo, né? Lindíssimo. O curta – diferentemente do filme de longa metragem que tem uma narrativa – é algo mais próximo do sonho.

Philippe: Muita gente que viu disse: "Nossa! Sonhei tanto isso!". Até porque a música dá um cunho emocional fortíssimo à imagem. É um conceito visual, é uma sensação e é uma pesquisa para achar uma linguagem cinematográfica que dê forma a essa sensação, mais do que narrar uma história. No longa, foi mais difícil fazer isso. Assim como esse filme dá forma a essa prisão desse homem, *Não por acaso* dá forma a esse controle da sinuca e do trânsito, mas integrado a uma história. Esse foi o grande equilíbrio.

Rogério: Mas conta um pouco da sua escrita.

Philippe: Os curtas, na verdade, partiram todos de uma sensação. Esse aqui veio, talvez... quando eu morava no Rio de Janeiro e ia à escola, subia sempre uma escada a caminho de casa. E tinha a sensação de "todo dia, naquele mesmo lugar". Acho que essa foi a semente inicial.

Rogério: De *Sísifo*.

Philippe: De *Sísifo* mesmo. Só que em termos de roteiro você resolve rápido. A resolução formal, a decupagem, isso leva mais tempo. O roteiro desse filme é muito simples, muito pequeno. A ideia é uma sensação, uma emoção, como um haicai. Poucos elementos, usados com precisão para passar uma sensação.

Acho que tem realmente uma conexão com os sonhos. Acho que há sim uma conexão com a elaboração. Uma vez, na nossa conversa, eu disse que identificava os curtas como um sonho. Mas você apontou que é mais do que um sonho, é a elaboração de um sonho.

Rogério: O curta é mais próximo, penso. A emoção é mais direta, os recursos narrativos são menores, comparativamente falando, e a duração do curta é mais próxima da experiência de um sonho. Mesmo que a gente imagine ter sonhado a noite inteira, nunca é a noite inteira. A sensação de ter sonhado a noite inteira já é uma elaboração que fazemos quando acordamos. Os períodos de sonho são realmente muito curtos, são "curtas", num certo sentido. O sonho que a gente conta pode ser longo, mas o sonho sonhado é "curta".

Debate

Magda Khouri: Agradeço muitíssimo a sua presença aqui e a conversa com o Rogério, mas já vou puxando um pouco para o nosso projeto – *A psicanálise nas tramas da cidade* –, por que São Paulo? Você é do Rio...

Philippe: Estou em São Paulo já há quinze anos. É bastante tempo. Acho que São Paulo tem uma beleza muito intensa, mas difícil de ver. Quando se vai ao Rio de Janeiro, você sai do túnel Rebouças, pega a Lagoa, você vê a beleza no primeiro instante. Em São Paulo, você pega a marginal, anda, anda, anda... e é difícil achar a beleza. Mas é uma beleza que, por estar escondida, é mais instigante filmar. Certa época, eu editava perto do minhocão, numa produtora, nos fins de semana. Quando saía, ia lá dar uma olhada. Acho muito poético as pessoas andando no minhocão, é uma coisa de resistência. A qualidade do lazer é adaptável – nós somos adaptáveis – às nossas condições. Aquelas pessoas fazendo um lazer que é muito mais comum ver nas áreas verdes. Você vê gente deitada na ilha central, tomando sol, tocando violão, crianças, pessoas com carrinho de bebê. Há um deslocamento ali. Tem alguma coisa errada. Só que funciona, as pessoas estão felizes lá. E quando você está num espaço em que as pessoas estão bem, eu tenho mais a sensação positiva do lazer do que a sensação negativa do estranhamento. Você chega ao Minhocão e em cinco minutos pensa: "Mas que gente maluca". E logo depois: "Não, estão andando de bicicleta, passeando, tocando violão". Há uma poética nisso. Acho interessante para quem está tentando achar uma poética através de imagens. Acho São Paulo mais difícil de filmar, porém, quando você acha o caminho, é mais reconfortante conseguir evidenciar essa poética. Assim como o trânsito. Eu disse que o trânsito tem uma poética e que na engenharia de trânsito há uma beleza.

Lembro de quando estudava o trânsito: as fórmulas matemáticas têm variáveis que dão conta de descrever comportamentos humanos. Há, por exemplo, o tempo de reação. Uma fórmula que funciona aqui, não funciona no Japão.

Isso conecta um pouco com a psicanálise das cidades. Acho interessante como o trânsito é diferente em cada cidade. Os trânsitos do Rio e de São Paulo são muito diferentes. O trânsito de São Paulo tem uma forma mais ordeira. Não se bloqueiam muitos cruzamentos em São Paulo. No Rio, sim. Bloquear cruzamento gera raiva em quem está do outro lado e, quando chega a vez dele, ele também bloqueia, porque foi bloqueado. Há um sentido de vingança no trânsito do Rio de Janeiro. Ao mesmo tempo, em São Paulo, onde se cumpre a norma, se você não a cumpre, você é muito penalizado. São Paulo é muito mais intolerante. Moro na Vila Romana, perto da Vila Madalena, Vila Beatriz. Há um sinal, quando se desce ao lado do cemitério para ir para a Vila Madalena, com uma conversão à direita, com uma luz separada. Na faixa da direita você para, se quiser vira à direita. Se quiser ir reto pela avenida Brasil, mantém a esquerda. Quando surge um cidadão desavisado que não sabe daquilo, ele é trucidado por buzinas. Talvez ele não saiba, você vê chapa de Ubatuba, e ele lá, tomando as buzinas e balançando os braços. A raiva é porque você é ordeiro na hora do cruzamento – e a contrapartida é essa. Já no Rio de Janeiro se estaciona carro na calçada; em São Paulo, não. E é assim nos vários países. Tive o privilégio de ir para o Egito, num festival de cinema. O trânsito lá é surreal. Sinais de trânsito, mão e contramão são convenções meio vagas. Eu e minha mulher pegamos um taxista que debruçava para fora da janela e ficava batendo nos outros carros. Surreal. Dizem que na Índia também é. Se você coloca no *YouTube* "*traffic*", um dos primeiros vídeos que aparece é da Índia. É surreal, parece piada. O trânsito é uma forma de organização das pessoas. Há vários conceitos muito interessantes de trânsito que lidam com o trânsito e psicanálise, ou pelo menos com organização de pessoas em grupo. O trânsito é organização de pessoas em grupo. Tem a seguinte fala do Leonardo Medeiros, quando ele está no Minhocão: "Se deixarmos essas pessoas se resolverem sozinhas, aí é que não funciona mesmo". O sinal de trânsito é um pouco isso: "Privilegia primeiro este grupo", "Depois este outro". Um engenheiro de trânsito me disse que todo sinal de trânsito representa necessariamente um atraso: alguém que queria estar indo para algum lugar, mas não está. Só que o atraso, que você está aplicando a essa pessoa, é para o bem comum, é para que ela possa andar quando for sua vez. No trânsito, quando se fazem projetos urbanísticos – não lembro a teoria com precisão – há quatro variáveis: acessibilidade, mobilidade, velocidade e segurança. Você coloca o quebra-molas para diminuir a velocidade, mas aumentar a segurança. É uma equação em que há sempre alguém perdendo. Esse é um jeito de organizar pessoas. Acho que há nisso uma poética que é inexplorada e o filme tenta dar conta disso, assim como tenta dar conta de uma cidade que é difícil de se achar poética.

Luiz Meyer: Seu filme é muito sensível, os detalhes falam ao coração da gente. Queria fazer uma complementação à questão da obsessividade do controle, porque os personagens masculinos me parecem, além de controladores, conservadores. Pedro é um sujeito que faz o que o pai faz, permanece no mesmo lugar, ele não quer abrir uma porta, que tem um sentido figurado; quando sai com a Lúcia vai para o mesmo lugar; quer reproduzir os mesmos estros e sestros da omelete – então não é tanto uma questão de controle quanto de imobilidade psíquica. Ênio também tem esse aspecto, pelo exemplo que você trata: ele fica lá com um projeto, que nunca é realizado, de mudar de apartamento. Também essa é uma impossibilidade de sair do lugar. Isso é um contraponto às quatro mulheres, que são exatamente o oposto. Temos a dona da livraria que ousa dizer a ele "ela é tua filha". Vemos a mocinha que ousa largar um apartamento de 300m² e ir morar num lugar pequeno e mudar a vida. Aliás, a mãe chama atenção dela para o fato de que ela foi mudando, fez isso, fez aquilo, como se estivesse descrevendo a instabilidade dela. Mas a gente vê que não é isso, é a descrição dessa mulher que ousa fazer uma porção de coisas diferentes. A Bia, evidentemente, vai atrás...

Philippe: Ousa andar de bicicleta em São Paulo (risos).

Luiz Meyer: É isso aí. E a Lúcia diz uma das frases-chave do filme, ao dizer aos dois investidores: "Nós resolvemos arriscar". Diante do risco, Ênio diz: "Mas que coisa...". Outra frase do Ênio: "A gente mexe aqui e lá no fim do mundo,

LINGUAGEM ONÍRICA E LINGUAGEM CINEMATOGRÁFICA

num bairro da periferia, acontece algo absolutamente imprevisível". Então os homens não querem o imprevisível. Nesse sentido é que são conservadores. As mulheres arriscam. Pergunto se isso foi uma influência da sua mulher no roteiro (risos) ou a que corresponde isso? A outra pergunta – a Magda já fez – é sobre um personagem central que é a cidade. O que eu queria dizer é que o esquema psicológico dos personagens poderia ser filmado em qualquer lugar, mas o filme é regional. A expressão dos sentimentos e das relações, das mulheres serem de um jeito e os homens de outro, encarna-se numa cidade que você vai filmando, na maioria das vezes à distância. Não acho que você está filmando o trânsito: acho que está filmando uma espécie de espaço cênico de blocos quentes, desagradáveis, está filmando uma espécie de feiura dinâmica de São Paulo. Queria que você falasse um pouco de como é a relação desse enredo com esse cenário. O cenário não é apenas o apartamento, a oficina e o bilhar. O cenário, que é um personagem, é essa cidade, enquadrada dessa maneira.

Philippe: Acho perfeita a sua análise dos personagens masculinos e femininos. Realmente, os homens são avessos a mudanças – conservadores, nesse sentido – e toda a força de mudança vem das mulheres que encontram a dificuldade desses homens e, no final, termina com uma menção de redenção. Não um *happy end* apoteótico. Em relação ao Pedro, você não sabe se o casal vai ficar junto, mas sabe que ele topou fazer café. É muito emblemática a coisa do café e da omelete.

Luiz Meyer: Ele abriu mão da repetição e partiu para o novo.

Philippe: O interessante ao construir um filme é tentar fazer esse discurso através de símbolos e não apenas explicitá-los nos diálogos. No roteiro é muito comum você botar intenções na boca dos personagens. Porque você tem intenções que quer colocar no filme e o papel branco está lá, aceita tudo. Então é muito comum os personagens verbalizarem. Depois você lê o roteiro e percebe "nossa, todo mundo sabe muito sobre si mesmo". Aí você começa a escamotear isso. Como? Com os símbolos. Achando jeitos que deem conta de induzir, sem mostrar. Em vez de o casal discutir a relação "você não me escuta", a cena é o homem fazendo omelete e a mulher pedindo café. Isso dá conta de um conteúdo que poderia ser um papo de casal discutindo a relação. Só que é muito mais rico ver uma discussão "café ou omelete" do que ouvir "você nunca me escuta".

Rogério: Isso que você acabou de dizer é exatamente um dos recursos oníricos. A condensação e o deslocamento colocados num símbolo, e usados de certa maneira, para fazer uma representação indireta. Um recurso igual ao do sonho.

Philippe: Interessante... Sobre a cidade: é um personagem, sim. O filme tem muitos deslocamentos, muitos fluxos, as pessoas estão sempre em movimento. Você entendeu bem isso como blocos de concreto, com essas vias, entre elas, os carros. A partir de um ponto, isso é tratado como fluxo, naquela imagem vista de cima, como uma ciência hidráulica: Ênio fala de canos. E o desejo dele é ter eficiência para manejar esses canos dessas pessoas. Então, as pessoas são partículas, o filme tem essa frase. E a coisa se subverte, acho muito bacana, quando pai e filha andam no Minhocão. Na verdade, são as pessoas ocupando esse espaço para fazer coisas vivas e não simplesmente esse deslocamento. No final, o personagem do Ênio, cuja intenção é fazer com que o fluxo ande, ele se nega, ele para a cidade inteira. Ele faz sua antítese. O jeito dele se reinventar é fazer o oposto do que se propunha e criar esse caos. Gosto muito do final, porque termina com uma coisa meio sinfônica, esse caos da cidade, os personagens interagindo e cruzando, e fazendo o oposto do que haviam feito. Tem um quê romântico no final, tem um plano que acho bem bacana, quando o personagem do Pedro cruza um viaduto, por cima de carros todos parados... acho que aquela imagem tem uma potência romântica. É quase como um herói, flutuando pela cidade. O pai para a cidade toda pela filha e o outro cruza a cidade flutuando. Só faltou um cavalo branco ali (risos) para completar. Uma das coisas que me fica dessa nossa conversa é que o engraçado é que o filme lida com algumas estruturas conhecidas, formais. Enquanto escrevia, em vários momentos eu me deparei com clichês e entendi que, ao produzir uma peça original, tem tanta coisa já feita que naturalmente você esbarra em clichês. A grande questão é como lidar com eles. Reproduzi-los ou subvertê-los? Se você olhar friamente, o final do filme tem um pouco a estrutura de comédia romântica de encontros e desencontros. A maioria das comédias românticas tem um homem com dificuldade de relacionamento com uma mulher. Ele faz uma cagada, a mulher vai embora e ele vai atrás. Muitos filmes terminam com a pessoa indo para o aeroporto e o cara indo atrás. Tem dez filmes assim (risos). E eu, ao escrever o roteiro, de repente pensei: "Nossa, estou escrevendo um filme que termina com a filha indo para o aeroporto e o pai atrás, que miséria" (risos). Mas depois, vendo o filme, você não atina para isso porque a estrutura formal, a concatenação dos conceitos, faz com que seja possível pegar uma estrutura classíssima, hiper-repetida e dar uma roupagem nova, se você usar bem os símbolos, se usar bem a linguagem.

Enfim, acho que o filme propõe uma visão da cidade, sim, propõe uma visão da ocupação dos seres humanos dessa cidade e tem um final com uma sensação de redenção que, em relação à cidade, propõe até que as pessoas podem conviver harmoniosamente. É possível andar de bicicleta no Minhocão no meio dos prédios e ser isso um momento de prazer.

Bernardo Tanis: Vou contar uma historinha muito breve que tem tudo a ver com essa situação. Tenho um cunhado que é engenheiro de trânsito, é doutor engenheiro de trânsito, o pai dele, que já faleceu, era engenheiro de trânsito formado em Praga e, quando nasceu o netinho, as pessoas perguntaram: "O que ele vai ser?". "Engenheiro de trânsito". Na primeira festa de carnaval em que o menino foi fantasiado, a fantasia dele era de rua. Acho que esse lado conservador que o Luiz citou é uma coisa... teu filme tem algumas coisas... achei que esse era o melhor lugar para contar essa história.

Philippe: Recomende o filme a seu amigo. Tive muito contato com os controladores e os bons têm uma visão meio poética do trabalho. E se sentem muito incompreendidos.

Bernardo Tanis: Essa era a historinha, agora vou fazer uma pergunta. Participei dos debates sobre os outros filmes da mostra e há um contraponto, um documentário do Cristian Pauls, que trouxe um longa justamente sobre um território que é a antítese de São Paulo. Não sei se você chegou a ver. É a região do Atacama, na Argentina, na fronteira entre a província de Jujuy com o Chile.

Philippe: Qual é o filme?

Bernardo Tanis: *Ojos del Cielo*. Ele tem umas teses muito fortes sobre o fazer cinema, principalmente quanto à questão dos documentários, e enfatizou muito essa questão do acesso à dimensão invisível. Aparece muito essa relação dos personagens com o ambiente. E no teu filme tem essa relação dos personagens com a cidade, com o espaço urbano. O que acho interessante – para além de ser São Paulo, poderia ser Rio ou qualquer outra cidade – é que você escancarou, tornou excessivamente visível a cidade de São Paulo, o centro, o movimento, como se quisesse quase ultrapassar o visível, de tão visível que você tornou a cidade. Como também tornou muito visível a coisa do controle. Então eu queria te perguntar sobre esse senso de visibilidade da cidade e do controle.

Philippe: Eu acho muito interessante isso de filmar o invisível. Acho que o filme tem coisas que são o invisível filmado. Acho que filmar o desejo de controle, filmar o planejamento de um jogo de sinuca, na cabeça de uma pessoa, filmar a poética da engenharia do trânsito, filmar o desejo da repetição desses homens, falando de café e omelete e não discutindo a relação, isso tudo são expedientes para filmar o invisível. Você induz o espectador a descobrir. Você dá subsídios para que ele descubra, em vez de mostrar. Acho que o cinema que é todo "do visível" é pouco instigante. Aí entra um papo que a gente teve sobre cinema comercial e o circuito de arte. Talvez essa seja a principal diferença entre o filme de arte e o filme puramente comercial. Precisaria dizer puramente de arte e puramente comercial, porque há uma gama de cinzas aí. Acho que o filme traz muita coisa invisível. Acho que traz a cidade muito visível, porque propõe que ela seja um personagem e tenta dar materialidade. São Paulo é muito difícil de filmar. A contraposição de sequências – o Minhocão é apresentado como o espaço dos carros e depois é apresentado como espaço das pessoas, e isso é uma subversão daquele espaço –, uma cena entra em contradição com a outra e produz outro efeito. Há ecos de uma história para a outra. O pai leva a filha para ver a cidade de cima, o outro leva a moça para ver a cidade de fora, entrar e sair da cidade. O filme tem muita matéria visível e também muita matéria invisível.

Rogério: Tem uma cena do Ênio em conflito – ir ou não atrás da filha –, e você filma a imagem que está no espelho. Tem dois Ênios o tempo todo. Muito interessante. O conflito está colocado nas duas imagens do Ênio. Ele andando pra lá e pra cá, vai até a janela, volta. Você vê duplamente isso. É o conflito expresso em imagem. Interessante.

Philippe: É um dos planos do filme que eu mais gosto.

João Frayze-Pereira: Achei seus filmes muito sensíveis, muito emocionantes. No momento em que vi *A escada* me ocorreu imediatamente um livro que li há muitos anos, de Ludwig Von Binswanger, um psiquiatra criador da psicanálise existencial, que se chama *Sonho e existência.* Por isso, resolvi dizer alguma coisa, até pensando no tema do debate, "Cinema e sonho". O livro é prefaciado por Michel Foucault. (O prefácio é maior que o livro. Essa é a medida de Foucault.) Tanto no livro quanto no prefácio, é destacada a questão da dimensão ontológica da existência, do ponto de vista do espaço, da verticalidade e da horizontalidade da existência. Foi incrível, porque você passou primeiro *A escada* e depois o *Palíndromo*, e para mim isso foi exatamente uma expressão fílmica da dimensão vertical e da horizontal da existência. Só que Foucault faz uma articulação entre essas dimensões e os gêneros na literatura. A dimensão vertical articulada à tragédia e a dimensão horizontal articulada à épica. Na experiência épica, você parte de um lugar e vai para outro, e sempre existe a possibilidade de voltar. Na dimensão trágica, você vive permanentemente a questão do equilíbrio instável entre ascensão e queda. Parece-me que *A escada* tematiza magistralmente... achei uma maravilha esse filme, em poucos minutos apreendeu o essencial da existência. Fiz todas essas colocações para você entender a pergunta: para além desses aspectos particulares – a cidade, o masculino, o feminino, a relação entre as pessoas, o tráfego –, você chegou a cogitar, dentro do espírito controlador do diretor de filmes, essa dimensão ontológica da existência humana ou isso é alguma coisa que fica no invisível, no entremeio das imagens, e que é suscitado, depois, no plano da recepção, no plano dos espectadores ou para você mesmo? Ou foi uma coisa prevista por você, como diretor? Ficou claro? Se você previu isso no momento em que elaborou?

Philippe: A questão da horizontalidade e da verticalidade? Acho que a questão da condição humana, sim... um pouco. O filme tem um quê que não é totalmente realista. Quando o homem parte andando, arrastando os pés, com os ombros curvados, aquilo tem um quê quase teatral, um pouco cinema mudo, um outro código de representação. Não é um filme que você olha e diz: "Normal, a vida como ela é". Isso traz um pouco para a dimensão simbólica. O fato também de ser preto e branco. Tudo isso evidencia certa aura do filme, que faz você acreditar que aquilo não é uma cena corriqueira e trivial, mas a representação de uma angústia, de uma situação humana: extrarrealismo do filme, a dificuldade de ascensão.

Ana Maria: Essa questão da intencionalidade, que o João estava frisando, me fez lembrar de Fellini, que disse, numa entrevista, que ele ia fazendo o filme intuitivamente. Quem assistisse, os críticos e o público, iria captando aspectos diferentes – e essa é a riqueza do filme: você intuitivamente aborda questões essenciais, sem ter necessariamente essa intenção. Acho que era isso talvez que você estava querendo assinalar, João.

João: A minha intenção foi provocadora, no sentido de que o diretor tem esse pulso controlador, mas não controla tudo porque o universal está para além do diretor. Ele se insinua e depende muito também do plano da recepção.

Philippe: Do visível e do não visível. A beleza de trabalhar com uma metáfora é essa: se eu explico demais, quer dizer, se pegasse esse filme e pusesse uma cartela no início dizendo "Sísifo...", estaria destruindo a minha metáfora. A metáfora desaparece quando você explica. Achei ótimo o que você disse, enriquece-me também, mas o objeto de arte é independente disso. Ele é uma metáfora aberta e cada um enxerga um pouco diferente.

Ana Maria: E a metáfora te pega e você não controla.

Karine Binaux: Queria falar de duas coisas. Uma ligada a São Paulo, à visão da cidade e à beleza da cidade. Sou francesa e acabei de me mudar para cá. Todos tinham me dito: "Essa cidade é feia, você vai ver como ela é feia". Eu cheguei, vi o caos e vi a beleza de um quadro de Picasso. Vi essa beleza que não é imediata. O nariz está aqui, a boca ali, o olho lá, é uma beleza que supera pela feiura.

A feiura é muito próxima da beleza. Como estrangeira na cidade, apaixonei-me totalmente por esse caos e por essa feiura lindíssima. Achei que você conseguiu mostrar essa beleza. Foi dito que você mostrou o horror do trânsito. Eu vi isso mais como no filme de Tati, *Playtime*. É maravilhoso, ele joga a cidade como personagem central dos filmes e tem uma coreografia na cidade com a música. Eu vi que você usa muito isso nos curtas e, no longa, você conseguiu transcender o invisível por meio dessa coreografia do movimento e do caos, esse caos que tem uma coerência em si, que a gente não pode explicar e que também é a beleza de São Paulo, para mim. Minha questão não tem nada a ver com isso (risos). Você usou o acidente como ponto de encontro entre duas histórias, duas vidas que não têm nada a ver uma com a outra. Eu estudei cinema, adoro Guilherme Arriaga, encontrei-o em um dos meus trabalhos, e esse é um ponto central em todos os filmes dele: o acidente que muda a vida de todas as pessoas, essa construção de roteiro desestruturada, e a gente descobre a vida das pessoas. Como você se relacionou com isso?

Philippe: Quanto ao Tati, sua associação foi muito feliz, porque ela não é evidente, e eu gosto muito dele, dessa coisa do grafismo dele, da relação do tempo interno do movimento dos planos e da relação do som e da imagem. Além do *Playtime*, logo no início de *Mon oncle*, tem o pai indo trabalhar e uma cena em que o som é de *jazz,* e todos os movimentos – o pisca-pisca do carro, as portas que abrem para as crianças saírem para a escola – são no *groove* do *jazz,* e é uma coisa inebriante. Aqui, eu tinha o desejo de que a cena final fosse uma grande cena musical. Enfim, Tati para mim é um dos grandes cineastas. Sobre o Arriaga, ele foi um dos consultores desse roteiro no Laboratório de Roteiros do Instituto Sundance, onde tive o privilégio de ir. Eu tive um pouco de problema em relação a uma possível semelhança com *Amores brutos*, na época em que estava pré-vendendo o filme. Fui a um mercado na Holanda, ao qual se vai para tentar conseguir dinheiro internacional e se agenda uma série de reuniões. Quando eu falava em "duas histórias, acidente", diziam: "Ah! *Amores brutos*". Do mesmo modo, eu li uma entrevista do Iñárritu, em que ele dizia que tinha muitos problemas, porque as pessoas comparavam o filme dele com *Pulp fiction*. É necessário as pessoas compartimentarem e acharem semelhanças, enquadrarem. Tem um filme do Altman, *O jogador*, em que as pessoas ficam vendendo projetos de filmes o tempo todo e dizem: "O filme é um pouco o *O silêncio dos inocentes* com aquele outro...". Tantos filmes são feitos que acaba havendo isso.

Karine Binaux: Não era uma crítica. Minha pergunta era mais porque ele é totalmente obcecado pelos acidentes. Ele me disse: "Sou obcecado pelos acidentes, sonho, tenho pesadelos com acidente e os coloco em todos os meus filmes". Queria saber se você também tinha esse relacionamento com os acidentes.

Philippe: Não. Na verdade, o acidente entrou nessa sinopse porque você pega um filme, que tem mais de uma história que se cruza, em que um dos personagens é controlador de trânsito e acredita que pode controlar e vai ser surpreendido pela falência de sua crença, o acidente surge muito rápido, no início do conceito do filme. Eu acho que haveria um problema de semelhança com *Amores brutos*, se ele não fosse tão estruturalmente integrado à história, se fosse um *gimmick*, um joguinho para dar um pouco mais de bossa. Mas não é isso. Você começa a estruturar o filme: controlador de trânsito, histórias que se cruzam, desejo de controle e falência desse desejo. É uma equação que resulta em acidente de carro. Nasce muito rápido na raiz da história.

Rogério: Mas, ao mesmo tempo, o acidente é o acaso do *Não por acaso*. E o acidente e o acaso – remetendo à pergunta que o João fez – é a expressão da tragédia. E aí acho que a cidade – foi por isso que se falou bastante do personagem cidade – nessa história ocupa o lugar central. A tragédia grega começa com o nascimento da pólis grega. É simultânea ao nascimento e à importância da pólis. A cidade e a tragédia têm um nascedouro comum. E o acidente, como remetendo ao acaso, é expressão absoluta da tragédia. Então o acidente e o acaso do *Não por acaso* são a dimensão trágica que está colocada no personagem cidade. Porque o acidente é um acidente da cidade, que mexe com a vida das pessoas. O simbolismo, não sei se intencionalmente, é direto. É como num sonho.

Philippe: Interessante essa associação.

Rogério: A dimensão vertical de que o João falou – que é a dimensão trágica – está dada no acaso. Sem entrar em considerações psicanalíticas sobre o

LINGUAGEM ONÍRICA E LINGUAGEM CINEMATOGRÁFICA

que é o acaso. Essa dimensão trágica é a do acaso. Só para não ficar estranho: é o acaso que está predestinado, paradoxo próprio do humano. Porque a tragédia é o destino, já está pronto. Como em Édipo. Édipo chega num lugar, tem um encontro, numa bifurcação, com o pai dele. Ele não sabe quem é o pai. Ele quer passar, o pai não deixa, ele mata o pai. Aí ele começa a realizar a tragédia dele. Também é um acidente. Ainda não é na cidade, mas ele vai chegar à cidade e a cidade tem um problema... enfim, todos conhecem a história. O nascimento das duas coisas é concomitante.

Sandra: Queria saber como é o seu processo criativo, se você tem um fio de história, com começo, meio e fim e vai preenchendo ou se você tem os personagens que vão direcionando a história.

Philippe: Creio que a forma como eu crio seja a inversa da maioria das pessoas. Não parto de personagens, nem de história, parto de desafios, conceitos, sensações e soluções visuais. Esse filme começou meio trânsito, sinuca, desejo de controle, desejo de equilibrar a história, como dar materialidade a essa história trânsito-e-sinuca. Chegou a um ponto em que tinha muita estrutura e pouco personagem. Daí, parei, e houve esse aprendizado de aprender a importância dos personagens na narrativa longa.

Giovanna Bartucci: Gostaria de fazer duas perguntas. Tem uma coisa na qual ainda não tocamos: a música. Você podia contar para nós como é a tua relação com a música? A outra pergunta é: como é que você, roteirista e diretor, descreveria o seu filme? Para mim, ele é sobre transformar o acaso em destino.

Philippe: Eu falei de várias camadas e para mim é esse o maior valor do filme. Várias camadas e várias leituras possíveis. Fiz a ECA e tinha um professor, o Ismael Xavier, que foi marcante na minha formação. Havia uma aula clássica dele, a partir de *Janela indiscreta*, de Hitchcock, em que ele mostrava como o filme é ao mesmo tempo uma comédia de relacionamento – o relacionamento de James Stewart com Grace Kelly, ela é uma moça de moda e ele não olha para ela, ela precisa ir para o outro apartamento, do outro lado, para que ele, com a luneta, a veja –, e há vários indícios da comédia clássica de homem e mulher, como a visão

281

A PSICANÁLISE NAS TRAMAS DA CIDADE

de mundo dos dois, tem um lado de comédia do relacionamento entre os dois, mas é um *thriller*, acima de tudo, e é uma grande metáfora do cinema, com a questão do voyeurismo. Essa é a genialidade do Hitchcock. Isso que eu disse que o *Não por acaso* pode ser consumido em várias camadas, Hitchcock é o mestre disso. Profundamente experimental. Em *Psicose*, ele mata a protagonista aos 10 minutos do filme. *Os pássaros* não tem música. *O festim diabólico* é num plano só. Em *Os pássaros* não há a motivação dos pássaros, é radicalmente experimental. Assim como Shakespeare é radicalmente experimental e ao mesmo tempo é *mainstream*.

Acho que o filme tem essas várias camadas e pode ser lido de várias formas. Para mim, o tema central do filme é a dificuldade de dois homens que desejam controlar ou viver, como você disse, com a dificuldade da mudança, repetir e viver naquele mesmo circuito fechado, controlando, num mundo em que a realidade é complexa demais para ser controlada.

Com a música, vejo muito intensamente a relação entre som e cinema, música e cinema. Houve um momento de certa crítica cinematográfica nos anos 1930, 40, quando surgiu o som, em que muitos críticos achavam que o som estava afastando o cinema da arte pura, ele não seria mais uma arte visual. Na verdade, o cinema da década de 1920 era muito maduro e muito impressionante. As vanguardas estavam muito conectadas com o cinema. Há o cinema construtivista, há o cinema do Léger, que é o das máquinas, futurista, há o cinema expressionista alemão, era um período intenso da imagem. Quando veio o som, muita gente achou: "Não, o som vai ser um problema para o cinema". De fato, o cinema da década de 1930 sofre uma queda de qualidade, mas depois incorpora o som, que passa fazer parte intensa da matéria cinematográfica.

Em relação à música, você comentou a história da dimensão do tempo, que o cinema é a arte que controla a dimensão do tempo; a música também é. E, por definição, essas duas artes, a música e o cinema, têm momentos grandiosos em que andam juntas. Se você pega uma cena com a nave espacial de *2001 – Uma odisseia no espaço*, com som de Strauss, é uma cena em que som e imagem são indissociáveis. Se você tirar o som, aquilo não faz muito sentido. Ou então em *Laranja mecânica* – o Kubrick é um grande mestre da relação som-imagem,

LINGUAGEM ONÍRICA E LINGUAGEM CINEMATOGRÁFICA

Tati também, na história que eu contei do *jazz*, ele dialoga com a imagem. O processo de *A escada* foi muito interessante em relação à música: escolhi a música antes, achei que precisava dela para planejar o filme, na hora de filmar a gente soltava um *playback*, o ator ouvia a cadência da música, e andava na cadência da música. Quando fomos montar, a primeira vez que projetamos o filme sem som, parecia que a câmera tinha dado problema, que havia rodado com velocidade errada, o ator estava ridiculamente devagar, inaturalmente devagar. Ficamos preocupados: "Deu errado". Só quando se colocava a música, o fluxo do ator dava certo. Mais que isso: a música tem a mesma estrutura do filme. É uma bachiana, um tema repetitivo, cíclico e crescente. Estruturalmente, a curva dramática da música é a mesma curva dramática do filme. A imagem está na mesma cadência e a grande dificuldade da montagem foi pegar uma base fixa de uma música que tem um tempo fixo e fazer caber essa imagem em cada volta que o personagem dá para o mesmo lugar, é uma volta também do tema da música. Então ele começa, cresce e se encerra. É muito feliz a inter-relação som-imagem de *A escada* por conta disso: os dois têm a mesma estrutura dramatúrgica e, no processo, foram feitos de forma integrada. É muito diferente de música que você coloca depois.

Você falou da música do filme. O filme é bastante musical. Eu queria que ele fosse musical desde quando estava compondo o filme e tinha a imagem desse grande bloco final como bloco musical, em que as tensões todas se resolvessem por imagem e música. O filme tem uma radicalidade que é um pouco escamoteada. Os últimos 15 minutos do filme, do diálogo "café e omelete" até o final, não tem fala. Tem só o Ênio falando: "Fecha o 382, abre o 482", então, toda a resolução dramática dos personagens é construção cinematográfica. E foi muito intermediada pela música, ganhando até certo caráter sinfônico e grandioso da cidade, épico. A música do filme, nesse grande bloco final, é o momento mais bem resolvido da música do filme. Eu gosto muito.

Eu também quis usar canções, porque tinha um processo de querer humanizar o filme. Em certo ponto do roteiro, antes dos personagens ganharem força, o roteiro era muito estruturalista. Aí, coloquei personagens, com a Fabiana e o Eugenio Puppo, para humanizar essa grande estrutura. E, na hora de fazer o filme, pensei em pôr canções, pôr esse lado mais humanizante.

DESENHOS NO SUBTERRÂNEO

Magda Guimarães Khouri

Debate sobre o filme No traço do invisível[1]

Sinopse

Filme: *No traço do invisível* (São Paulo, 2007 – 52 min)

Direção: Laura Faerman e Marília Scharlach

Coprodução: Marília Scharlach Cabral / Spectra Mídia / TV Cultura de São Paulo

O documentário registra o artista José Augusto Amaro Capela em seu processo de criação. Dono de um estilo muito próprio, Zezão, como é mais conhecido, destaca-se de outros grafiteiros por uma característica peculiar: muitas de suas obras têm por cenário locais degradados e desprezados. Busca construções abandonadas e galerias de escoamento da cidade de São Paulo – em vez de perseguir espaços frequentados e de maior exposição, opta pelos traços "invisíveis", ocultos do grande público.

---

[1] Debate realizado no *I Simpósio Latino-americano de Psicanálise, Cultura e Comunidade*, em 11 de abril de 2008, na sede da Sociedade Brasileira de Psicanálise de São Paulo.

"Alguma coisa acontece no meu coração, que só quando cruzo a Ipiranga com a Avenida São João": a primeira estrofe da conhecida canção de Caetano Veloso fala mais de emoções estranhas nesse impacto com São Paulo do que propriamente exalta ou demonstra amor ou orgulho pela cidade. É dessa perplexidade que Roberto Pompeu de Toledo escreve na introdução de seu livro *A capital da solidão, Uma história de São Paulo das origens a 1900* (Toledo, 2003), ao lançar como disparador de sua reflexão as músicas "Sampa" e "Trem das onze", de Adoniran Barbosa. Dos paradoxos, identificamos o lugar em que vivemos: São Paulo pode ser perturbadora e opressora, mas também sedutora e atraente.

Na história dessa capital, Toledo observa um polo de tensão importante na sua constituição. A convivência com a água foi bastante próxima, mas vários rios paulistanos foram paulatinamente soterrados, começando com o sumiço, em 1906, do Anhangabaú, seguido do Saracura e do Itororó. As margens do Ipiranga, por exemplo, não existem mais. Todos aproveitados para leitos de avenidas, configurando-se cada vez mais a cidade como local de trânsito, de circulação crescente, com reduzidos espaços de permanência.

Nesse cenário inquietante, de paradoxos, o filme *No traço do invisível* transita, colocando lado a lado os subterrâneos abandonados da metrópole e seu serpenteante fluxo de carros, acompanhado pelo zumbido ininterrupto dos motores.

O artista José Augusto Amaro Capela vai sozinho pelos túneis, pelas galerias subterrâneas do horror da decadência urbana, ali deixando suas belas formas fluidas e orgânicas, sempre em dois tons de azul. Zezão está próximo de um arqueólogo do lixo, de suas áreas degradadas.

O que move Zezão? Por que ele faz assim? Parece que a história começa em 1999, quando vivia um período "encrencado" de sua vida. Um dia, no bairro do Brás, pulou o muro de uma fábrica abandonada, sede do antigo Moinho Matarazzo (1900). "Era um pico negativo, só tinha craqueiro noia, estuprador, travesti. Mas lá não tinha ninguém enchendo o meu saco. Não tinha polícia, grafiteiro, ninguém buzinando. Ficava sossegado, pintando as paredes destruídas." Num outro

DESENHOS NO SUBTERRÂNEO

dia, na avenida Inajar de Souza, Vila Nova Cachoeirinha, viu um buraco e resolveu entrar, e caminhou até um esgoto. "É nos lugares nojentos que a arte aponta"[2].

Quando vai ao subterrâneo, deixa uma marca de subjetividade para si próprio. Pintar as paredes visíveis tem uma direção diferente, uma conexão com o que está fora, exposto. O fazer por dentro em espaços de raríssimo acesso é a própria solidão. Solidão que faz parte da constituição do eu. Na sua experiência criativa, Zezão vai se construindo, nesse momento singular, quando não precisa de ninguém. No processo de constituição do sujeito, o outro como espelho e referência tem papel fundamental no desenvolvimento psíquico, assim como a retirada do eu em tempos e espaços não habitados por esse outro. É nesse jogo de identificações que nasce a história do sujeito. É nesse movimento dentro e fora, tão inseparável, que ganha corpo a vida psíquica.

Zezão vai a lugares onde ninguém circula, fazendo suas transformações internas no subterrâneo. "Tinha uma época que eu não estava mais na rua. Estava *offline* total. Aí me perguntavam: 'Zezão, você não pinta mais?'. E eu dizia: 'Aí que você se engana. Estou pintando mais do que você, mas você é que não vê...'. Neguinho dizia: 'Ah, duvido'. Aí neguinho ia em casa, via as fotos e não acreditava", diz o grafiteiro no documentário. Zezão cria espaços de segredo. O segredo[3] é uma dimensão necessária no nosso processo identificatório, no sentido de reconhecermos uma marca própria, de um lugar em que não cabe o outro. O segredo é móvel no decorrer das várias experiências da vida, mas sustenta a representação de nós mesmos. Quase uma garantia de não estarmos estilhaçados pelo mundo e que tudo de si é visível. São vivências insuportáveis tanto sentir-se completamente transparente ao outro, sem barreiras (medo de ser engolido), como o seu reverso, ser completamente escondido, fechado (medo de

---

[2] Revista *Piauí,* edição 12, artigo 257, dezembro de 2008.

[3] Piera Aulagnier, em seu artigo "O direito ao segredo: condição para poder pensar", escreve: "Se é verdade que poder comunicar seus pensamentos, desejar fazê-lo, esperar uma reposta fazem parte integrante do funcionamento psíquico e são condições vitais, também é verdadeiro que deve coexistir, paralelamente, a possibilidade para o sujeito de criar pensamentos que tenham como única finalidade trazer ao Eu que os pensa a prova da autonomia do espaço que ele habita e da autonomia de uma função pensante que ele é o único a poder assegurar, donde o prazer que o Eu encontra ao pensá-los", p. 241-242.

A PSICANÁLISE NAS TRAMAS DA CIDADE

perder o olhar do outro). Nesse delicado movimento entre o visível e o invisível, vai se formando a trama psíquica.

Na contramão da "sociedade do espetáculo" (Debord, 1997), Zezão ocupa espontaneamente lugares esquecidos. Ser alguém no mundo, nesse contexto, vai na direção oposta à ideia de visibilidade associada como uma das únicas possibilidades reconhecidas de existência na cultura atual.

O longo e árduo trabalho psíquico, tão ressaltado pela psicanálise, parece ficar escancarado no que é mostrado nessas escolhas do grafiteiro. Podemos pensar no intenso mergulho feito no que é obscuro, escondido, estranho, sujo e negativo em nós mesmos e como essa imersão acaba por provocar transformações significativas no estar no mundo. São as forças pulsionais em jogo, das quais não se consegue escapar. O ato clínico, por sua vez, é um exercício permanente de solidão, insegurança e descentramento, contendo aí, apesar de nada tranquilizador, as vias possíveis de ser livre para a criação, para o prazer.

Esse jeito destemido de Zezão, aparecendo quase como herói, é um lado que pode ser bem atraente ao espectador. O que pensar de alguém que consegue usar o esgoto a seu favor? Alguém que nos contextos mais adversos consegue criar desenhos bonitos? Parece que Zezão representa uma espécie de resistência humana no seu sentido mais radical. Das brechas mais inusitadas, nasce sua criatividade, ou melhor, seus traços estão carregados do avesso da realidade, sem que ele fique paralisado ao descobrir cenários degradantes de nossa cidade e provavelmente de si mesmo.

De forma indissociável, se Zezão por um lado imprime sua marca em São Paulo, São Paulo, por outro, já está em Zezão. "Não é nem pintar. Gosto de conhecer a cidade, de fotografar a cidade." Ele faz a cidade e se faz na cidade, numa relação lúdica e de rupturas. Pode provocar em nós curiosidade e uma quebra do mundo aparente da metrópole, pois a sua linguagem carrega em si uma atitude de reinvenção.

As diretoras conseguiram fazer com o que seu trabalho fale por si, oferecendo na mão do espectador ingredientes precisos para ele mesmo fazer suas

DESENHOS NO SUBTERRÂNEO

relações e pensar. E, aqui, no verdadeiro sentido psicanalítico, onde pensar é interrogar (Frayze-Pereira, 2005). Laura Faerman comenta: "Durante o processo, fomos deixando de lado a discussão sobre grafite ou sobre a vida de Zezão para simplesmente acompanhá-lo pelos locais onde ele transita. O documentário não pretende desvendar os motivos do grafiteiro. Nosso papel foi muito mais o de acompanhantes silenciosos do que entrevistadores"[4]. Lembra o psicanalista – também um acompanhante silencioso do paciente, tanto como o menino do final do filme – que, com toda a precariedade que demonstra, fica no lugar daquele que não vai impedir o trabalho do outro. Não se trata de uma escuta passiva. Refiro-me a não se apossar do objeto, que parece ser a ética que precede o ato analítico, como escreveu Leopold Nosek: "Irredutível à posse, requer o desinteresse de si por parte de quem a ele se volta e que vai testemunhar o nascimento da sua palavra e da sua humanidade"[5].

Aí parece nascer a palavra de uma geração que nos impulsiona a reordenar a relação com a cidade em que vivemos. Com seu filme, nos lança como cartógrafos de novos mapas a serem desvelados e construídos.

---

[4] Notícias do Ministério da Cultura, www.cultura.gov.br

[5] Revista Brasileira de Psicanálise, editorial, vol. 40, nº 2, 2006, Parte II. Leopold Nosek escreve que a ética, de acordo com Freud, é originária da dependência prolongada do ser humano. "Este necessita para seu desenvolvimento que outra subjetividade se volte a ele desinteressadamente, devotadamente, aceitando-o como desconhecido a ser revelado", p. 9-10.

Referências bibliográficas

AULAGNIER, P. O direito ao segredo: condição para poder pensar. *Revista Brasileira de Psicanálise*, vol. 14, nº 2, p. 235-256, 1980.

DEBORD, G. *A sociedade do espetáculo.* Rio de Janeiro: Contraponto, 1997.

FRAYZE-PEREIRA, J. A. *Arte, dor: Inquietudes entre estética e psicanálise.* Cotia, SP: Ateliê Editorial, 2005.

NOSEK, L. Editorial "A palavra", *Revista Brasileira de Psicanálise,* vol. 40, nº 2, Parte II, p. 9-10, 2006.

TOLEDO, R. P. *A capital da solidão. Uma história de São Paulo das origens a 1900.* Rio de Janeiro: Objetiva, 2003, p. 13.

A ESTÉTICA DO RESTO

Manuel da Costa Pinto

Movimento falso. O título e a matéria narrativa do filme de Wim Wenders, baseado num roteiro de Peter Handke, podem servir de contraponto para compreender e definir *No traço do invisível*, de Laura Faerman e Marília Scharlach. Assim como na película do diretor alemão – em que vemos os deslocamentos de uma *troupe* heterogênea, com personagens que buscam em vão dar sentido a suas vivências –, José Augusto Amaro Capela (Zezão) se movimenta pela cidade em busca de uma experiência da *diferença*, da singularidade, que jamais ocorre – talvez porque a contrapartida da "sociedade do espetáculo" (conceito de Guy Debord evocado na intervenção de Magda Khouri) seja justamente a falta de experiência. Ou seja, a experiência é tão espetacularizada que perde seu lastro, sua materialidade, deixa de ser concreta: ela só se dá no momento da exposição midiática, com a qual Zezão se coloca numa relação tensa.

Continuando no paralelo, o filme de Wenders é uma leitura livre, enviesada, do "romance de formação" criado por Goethe em *Os anos de aprendizado Wilhelm Meister* e *Os anos de peregrinação de Wilhelm Meister*. Como se sabe, esse subgênero romanesco narra o percurso de formação do jovem burguês, o percurso de aprendizagem do mundo, de absorção da experiência e sua posterior "introjeção" para a constituição de uma subjetividade, de um "eu". E, assim

A PSICANÁLISE NAS TRAMAS DA CIDADE

como não se pode pensar na psicanálise sem a sociedade burguesa, não se pode pensar na sociedade burguesa sem a noção de um indivíduo que deixou de ser o membro de uma comunidade arcaica (escorada em laços tradicionais que prescrevem seu lugar público) para adquirir, numa sociedade mais dinâmica e que ao menos em tese oferece possibilidades de romper com as determinações de classe, uma singularidade, uma identidade insularizada que aprofunda (ou mesmo funda) o fosso entre as esferas pública e privada.

Essa ideia da individualidade surge na sociedade burguesa e se codifica literariamente com o romance de formação. É claro que podemos identificar outras formas modernas de manifestação literária impregnadas pela noção de subjetividade e de individualidade (bom exemplo é o romance psicológico de Stendhal e Dostoiévski, contraponto ficcional da emergência da realidade interior no imaginário coletivo). Mas o romance de formação é um dos exemplos máximos da representação do sujeito que atravessa o mundo e aprende com a pluralidade de experiências que encontra pelo caminho nessa nova sociedade, à qual se contrapõe para afirmar sua autonomia.

Hoje, estamos na extremidade oposta do arco da modernidade que começa, *grosso modo*, com o romantismo. Estamos na dissolução dessa modernidade e na própria dissolução da ideia de subjetividade, tal como a entendíamos: o reino do sujeito autônomo, senhor dos seus atos. A psicanálise colaborou muito para entender esse sujeito e, ao mesmo tempo, destituí-lo de sua autonomia (a célebre ferida narcísica que a teoria freudiana nos impôs). Enfim, estamos numa extremidade do arco em que o sujeito – essa entidade outrora plenamente compreensível, esquadrinhado pelos saberes – está se tornando cada vez mais impalpável e difuso.

Se, nos séculos 20 e 21, o romance deixa de ser a epopeia do homem burguês, derivando para representações do sujeito socialmente atomizado, enclausurado numa paisagem interior que não pode ser compartilhada – como constata qualquer leitor de Beckett ou Clarice Lispector –, o romance de formação se transmuta em romance de "deformação" – caso, por exemplo, do *Ulisses* de Joyce ou, mais recentemente, dos livros de W. G. Sebald. Não seria exagero dizer que essa epopeia da dissolução também está emblematizada na persona-gem de *No traço do invisível,* esse artista que procura, que viaja, como nos anos de peregrinação do Wilhelm Meister, mas cujas andanças pela cidade de São Paulo proporcionam não um acréscimo de experiência, mas apenas repetição, uma miríade de vivências sempre reiterativas e que traduzem aquilo que Walter Benjamin, em *O narrador*, descreveu como "declínio da experiência".

No traço do invisível é um *road movie* da deformação do sujeito, no sentido de que seu protagonista vai andando pela cidade, buscando experiências, bus-cando codificar experiências, deixar sua marca, mas não o consegue – ou só o consegue através dessa ocultação da experiência que consiste em pintar no invisível, pintar na caverna, pintar naquilo que é escondido.

Esse declínio da experiência faz parte das contradições do projeto da mo-dernidade e de seu *habitat* por excelência: a metrópole. O projeto moderno é afirmação da autonomia, da autodeterminação e da emancipação da razão (Kant): o homem que não obedece mais a impulsos externos, mas é senhor do seu mundo, de sua racionalidade, cria seus próprios princípios, sua própria moral, etc. Isso está presente não apenas no discurso filosófico, nas utopias políticas ou nas representações artísticas; está presente, de maneira muito con-creta, nos projetos das cidades.

A metrópole, a urbe moderna, é a esfera da racionalidade funcional. O prin-cipal formulador do projeto moderno, em termos urbanísticos, é Le Corbusier, com a *Carta de Atenas*, que é a bíblia de um arquiteto como Oscar Niemeyer – não por acaso, o artífice de Brasília, mais ambicioso projeto urbanístico do mundo contemporâneo. Se, na *Carta de Atenas*, Le Corbusier formula a ideia de um projeto total de cidade, é porque o sujeito moderno foi concebido como um ser dotado de infinita plasticidade. O que significa a plasticidade do sujeito? Significa que o homem pode se autodeterminar, criar seu destino, moldar sua feição – até mesmo seu corpo.

Existe um elo essencial que une o planejamento urbanístico da metrópole moderna a itens da agenda contemporânea, como o projeto genoma e as pes-quisas com células-tronco: o controle e a manipulação da natureza. Ocorre que, entre o projeto e a realização, existe tudo aquilo que permanece oculto – ou, na linguagem psicanalítica, *recalcado*. E o que é recalcado reaparece como sintoma.

São Paulo é, como poucas, uma cidade que expressa os sintomas da modernidade. Para fazer dois paralelos, uma cidade como o Rio de Janeiro ainda pertence aos moldes da urbe oitocentista e nada nela deixa adivinhar um projeto modernista cuja expressão em nosso país será Brasília: o projeto da cidade completamente programada.

Só que essa racionalidade não dá conta de tudo, está permeada por contradições (sociais) ou pulsões (psíquicas), que o tempo todo voltam a se inscrever na paisagem urbana na forma de detrito, espaços de exclusão social, econômica e simbólica. É essa exclusão simbólica que parece estar sendo reapropriada pelo Zezão e é descrita por Paulo Mendes da Rocha como procedimento de "deixar registrada, graficamente, indignação diante do horror (...) revelando algo escondido, que é a cidade real, e assim fazendo um panegírico sobre o horror".

Esse panegírico ou elogio do horror é reiterado quando Zezão fala de sua vocação para o sujo e para o detrito, quando diz que é "diplomado em vandalismo". Tudo isso faz parte de uma atitude ética de se aproximar daquilo que foi excluído, desses espaços de deterioração (da cidade) e de sintoma (da modernidade).

Já na segunda parte de seu depoimento, Paulo Mendes da Rocha diz que o trabalho do Zezão representa a cidade como desastre: "A cidade como desastre é a questão que o trabalho de Zezão revela. A ideia do desastre é desmoralizadora da ciência, das artes, da técnica – e para um arquiteto chamado para revitalizar a cidade, que atua como um cirurgião *post-mortem*".

A autoironia dessa fala (o maior arquiteto brasileiro comparando sua arte com a de um cirurgião *post-mortem*...) é fundamental para entender a gramática e a sintaxe do filme de Laura Faerman e Marília Scharlach, pois é o contraponto que mostra como o Zezão está ocupando aquele espaço que as nossas utopias civilizatórias deixaram inabordado. Ele se apropria de tudo aquilo que o projeto da modernidade não pôde realizar ou concluir, num procedimento que, se fosse preciso nomear, poderia ser descrito como "estética do resto".

A ESTÉTICA DO RESTO

O resto é aquilo que sobra, que permaneceu *não representado*, *não simbo-lizado* – e que forçosamente vai reaparecer. Reaparece na deterioração urbana, no caso da cidade, e aparece de modo positivo, no caso do Zezão, na maneira de trazer de volta aquilo que não foi simbolizado. Zezão quer criar metáforas da cidade. A grande metáfora, na verdade, é menos o desenho que ele faz do que o gesto de desenhar na obscuridade, na invisibilidade, no esgoto, no subterrâneo – mas o próprio traço (que é o gesto essencial da arte de Zezão) traz embutido em si a ideia do resto, do vestígio, do *rastro*.

Num livro chamado *Lembrar escrever esquecer* – título que evidentemen-te remete ao Freud de "Recordar, repetir, elaborar" –, a ensaísta Jeanne Marie Gagnebin se refere ao "conceito de rastro" como interpretante das relações entre história, memória e linguagem:

> O rastro, na tradição filosófica e psicológica, foi sempre uma dessas noções preciosas e complexas (...) que procuram man-ter juntas a presença do ausente e a ausência da presença. Seja sobre tabletes de cera ou sobre uma 'lousa mágica' – essas metáforas privilegiadas da alma –, o rastro inscreve a lembrança de uma presença que não existe mais e que sem-pre corre o risco de se apagar definitivamente. Sua fragilidade essencial e intrínseca contraria assim o desejo de plenitude, de presença e de substancialidade que caracterizam a me-tafísica clássica. (...) Através do conceito de rastro, voltamos às duas questões iniciais, a da memória e a da escrita. O que ganhamos nesse percurso? Paradoxalmente, a consciência da fragilidade essencial do rastro, da fragilidade essencial da memória e da fragilidade essencial da escrita. (2006, p. 44).

Cito essa passagem de Gagnebin porque, ao falar de uma estética do res-to no trabalho de Zezão, usei a expressão no sentido de *não simbolizado*, mas também no sentido de que em seus desenhos há um "rastro" das coisas, um vestígio da experiência (aquela experiência cuja perda estamos incessantemente tentando elaborar) indiciada pelo traço.

Apenas como um parêntese, é curioso notar que em português a palavra *traço* tem uma polissemia em geral inexistente em outras línguas. No francês, por exemplo, "rastro", "vestígio", "pegada", é *trace*, ao passo que "traço" (no sentido de "linha", "risco") é *trait*. Na língua portuguesa, a palavra *traço* encerra esses dois sentidos. Falamos em traço para nos referirmos aos riscos como os que Zezão faz sobre os muros, mas também falamos de traço como vestígio (quando, por exemplo, dizemos que há traços/rastros de determinada substância numa amostra de sangue examinada em laboratório). Nesse sentido, os traços de Zezão são riscos que trazem rastros/restos de alguma coisa que ficou da experiência.

Todo signo é presença na ausência, nomeação/representação/apresentação do ausente – e Jeanne Marie Gagnebin assinala que

> o fato da palavra grega *sèma* significar, ao mesmo tempo, *túmulo* e *signo*, é um indício evidente de que todo o trabalho de pesquisa simbólica e de criação de significação é também um trabalho de luto. E que as inscrições funerárias estejam inscritas entre os primeiros rastros de signos confirma-nos, igualmente, quão inseparáveis são memória, escrita e morte (2006, p. 45).

Embora à primeira vista pareça um voo longínquo em relação ao Zezão, essa ideia de que toda a significação é um trabalho de luto está muito presente em seu trabalho. Ele é um frequentador das ruínas da história que lança um olhar para a barbárie, para o resto que foi ficando do projeto modernizante do Brasil.

No Brasil, a característica fundamental da modernidade – seu sentido ao mesmo tempo emancipador e repressivo (emancipador porque racional, repressivo porque racionalista) – ficou muito evidente na história recente com a "modernização autoritária" dos anos 1970, durante o regime militar, cujos frutos estamos colhendo até hoje numa cidade como São Paulo. Os escombros de São Paulo expressam o lado catastrófico do projeto moderno – e é a esses escombros que Zezão adere, é ali que ele quer inscrever a metáfora de seu gesto tumular: pois seu signo serve para nos restituir o mundo, designando, porém, a perda do mundo, então é altamente simbólica a atitude de criar o signo num espaço de ruína.

Se, como disse inicialmente, Zezão está no ponto terminal do arco moderno, não deixa de pertencer à sua galeria de personagens. Ao seguir o enredo de um "romance de *deformação*", ele parece encarnar uma figura absolutamente emblemática da modernidade: o anti-herói.

Existe um livro belíssimo chamado *Em louvor de anti-heróis*, do norte-americano Victor Brombert (2002), que examina a figura do anti-herói na literatura moderna. É importante dizer que o anti-herói não é o vilão, mas o herói fracassado, o desgraçado – enfim, o homem comum. E, nesse aspecto, é o herói emblemático do século XX, desse século que perdura em nós.

A literatura do século 20 é feita de anti-heróis. E tem seus precursores, como o protagonista de *Bartleby, o Escrivão*, de Herman Melville – personagem que se confina numa realidade de rejeição e responde a qualquer demanda com a frase "preferia não fazê-lo, preferia não fazê-lo", uma espécie de mantra refratário ao mundo. E há Woyzeck, da peça teatral homônima (e inacabada) de Georg Büchner, o soldado que se transforma em cobaia na mão dos outros e é um emblema da alienação radical (e da loucura daí decorrente). São duas personagens precursoras do herói mais forte da literatura moderna, que é o anti-herói. E por que ele é importante, por que surge essa figura ficcional? Porque o anti-herói mostra as falhas do que não é representado no projeto moderno.

Não é à toa que Joyce transforma o Ulisses de Homero num pequeno-burguês cujo único feito heroico é andar por Dublin tendo fluxos de consciência, encontrando várias pessoas, tendo as experiências mais comezinhas – porque o heroísmo dele é interior. Não há mais Ítaca para onde ir e de onde regressar e não há mais Penélope à espera. A nossa Ítaca é interior. A viagem, a epopeia do homem moderno é interior, porque a vida exterior, empírica, não oferece mais a possibilidade de conquistar o mundo. A conquista, se existe, é do mundo interior, da própria autonomia da subjetividade.

Existe essa contradição que perpassa a modernidade: o projeto da modernidade é racionalizante, mas confina o ser na sua própria subjetividade. Então, a única possibilidade é viver essa pequena epopeia pessoal que Zezão empreende, transitando pela cidade que, em sua proliferação de espaços e sensações, não oferece mais experiência autêntica. Ele só consegue experiência autêntica na invisibilidade. Diferentemente do herói antigo, o anti-herói não tem mais uma experiência transmissível, a não ser pela negatividade, oferecendo-se como exemplo daquilo que não podemos fazer.

Zezão não se coloca como herói, ou anti-herói, por meio daquilo que realiza, mas sim por aquilo que faz de incompartilhável, nos esgotos, nos piscinões, nos dutos – enfim nessas galerias subterrâneas que também servem aqui como um espaço metafórico dessa galeria de personagens modernas (lembremos do narrador anônimo, de "consciência hipertrofiada", de *Memórias do subsolo*, de Dostoiévski) que encarnam o fracasso do homem comum, desse porta-voz daquilo que Hegel chamava de "consciência culpada" do mundo e que o Sartre vai glosar numa passagem de *Que é literatura?* na qual faz o elogio do fracasso:

> O fracasso, considerado como o fim derradeiro, é ao mesmo tempo contestação e apropriação desse universo. Contestação porque o homem *vale mais* do que aquilo que o esmaga, ele não contesta mais as coisas em seu 'pouco de realidade', como engenheiro e o capitão, mas, ao contrário, em seu excesso de realidade, exatamente por sua condição de vencido. O homem é o remorso do mundo. (1993, p. 31).

Em *No traço do invisível*, Zezão valoriza esse pouco de realidade que nos resta e é a expressão do remorso desse mundo que entrou em colapso, que era para ser o mundo perfeito, dentro do projeto modernista formulado por Le Corbusier, e que hoje desenha uma história na qual não há redenção – a não ser essas pequenas redenções como as que o Zezão tenta na calada da noite.

Referências bibliográficas

BROMBERT, V. *Em louvor de anti-heróis.* São Paulo: Ateliê, 2002.

GAGNEBIN, J. M. *Lembrar escrever esquecer.* São Paulo: Editora 34, 2006.

SARTRE, J.-P. *Que é literatura?* São Paulo: Ática, 1993.

TEMPO E RITMO NA CIDADE

Maria Helena Rego Junqueira

...há uma cidade em ti, que não sabemos.

Carlos Drummond de Andrade

Uma questão crucial da nossa vida atual diz respeito aos modos da relação com o mundo, com as condições de existir, mais frequentemente com as formas de vida urbana. A aglomeração nas cidades tornou-se cada vez mais intensa e concentrada, ao mesmo tempo em que aumentaram a decadência e a degradação dos modos de troca e convivência, acentuando-se o desequilíbrio social e a violência. Tal panorama não atinge mais somente as grandes metrópoles, sendo algo que vem se ampliando em cidades com menor densidade populacional, mas que sofrem também a crescente deterioração das formas de civilidade nas trocas sociais.

Essa tensão vem sendo delineada cotidianamente e resulta em grande parte de um descontrole no ritmo de vida, alterando-se a relação com as dimensões de tempo e provocando sérios problemas relativos ao espaço. A cidade é o cenário privilegiado em que ocorrem os processos sociais, que configuram as constantes transformações, cada vez mais intensamente frenéticas. A necessidade de controle sobre o meio ambiente acentuou-se frente à desorganização e frequentes ameaças ao bem-estar social, mais agudamente na vida urbana que no meio ambiente rural. Pode-se dizer que, quanto mais desenvolvido for o processo de urbanização, maior será o controle sobre o meio ambiente.

Nos anos 1960, o movimento *hippie* colocou em cena a inversão da direção campo/cidade, buscando o campo e fugindo da cidade, numa tentativa imaginária de escapar da extrema tensão que já se prenunciava, e que desde então podia parecer um tanto ingênua, mas que foi expressiva de uma revolta. A partir dessa época, a aceleração se impôs como ritmo dominante, passando a dominar a vida urbana, acarretando um alto custo ao modo de vida das populações.

Essa aceleração encontra correlação com o intenso crescimento na escala da produção industrial e do capitalismo em contínuo processo de expansão. As cidades são atravessadas pelos processos sociais e históricos que vão configurá-las e os seus habitantes. A qualidade de vida e de relação entre os seres humanos depende do modo como se estabelece esse equilíbrio entre os homens e seu meio ambiente, o que nos últimos anos se transformou em uma bandeira política em defesa da qualidade e possibilidade de vida. Ao transformar o ambiente, o homem se transforma, para melhor ou pior, dependendo de sua ação nesse processo de trocas.

O panorama das cidades contemporâneas revela que desde os primórdios da sociedade moderna iniciou-se uma profunda transformação no ritmo de vida, em consequência dos problemas provocados pelo acúmulo de tarefas a cumprir, além de uma jornada de trabalho cada vez mais extensa. Qualquer tentativa de se melhorar as condições de vida nas cidades pressupõe modificações radicais e globais, só assim sendo possível alcançar novas formas de convivência e de reorganização social. E não há dúvidas de que isso igualmente pressupõe transformações profundas nos próprios homens.

Mas, então, cabe pensarmos qual poderia ser a participação da psicanálise, dos psicanalistas nesses processos em curso. Qual a presença da psicanálise nas tramas da cidade, qual o alcance de sua contribuição? Estas questões por si só expressam uma profunda reviravolta no modo como os psicanalistas vêm encarando os problemas sociais, buscando responder a novas demandas e utilizando o conhecimento psicanalítico para melhor compreender os conflitos do homem no mundo atual.

Habitualmente, o que ocorria, até poucos anos, era o entendimento da psicanálise como uma prática privada, exercida em consultórios particulares e destinada a pacientes com poder aquisitivo de médio a alto. O surgimento das clínicas sociais das instituições psicanalíticas transformou esse panorama, possibilitando que pessoas necessitadas de análise e que não tinham poder aquisitivo suficiente pudessem encontrar uma oportunidade de atendimento.

Com o passar dos anos, esse quadro foi se alterando e vimos ocorrer inúmeras experiências bem-sucedidas de atendimento a uma população menos privilegiada. Começou a se desenvolver – ou a se tornar mais presente – uma maior consciência e o compromisso com novas questões da vida social, acreditando-se que os psicanalistas podiam contribuir nesse processo.

Desde seu surgimento, a psicanálise revelou seu caráter revolucionário, num processo gradual que veio a se evidenciar em fins do século 20. As formulações psicanalíticas contidas nas teorias desenvolvidas por Freud foram capazes de revolucionar o homem do século 20, sendo que a psicanálise participou e contribuiu com os principais movimentos sociais daquele século. A liberação sexual, o movimento feminista, as reivindicações dos homossexuais por dignidade social são expressões da importância social da psicanálise, além de sua influência inegável nas artes, na literatura, no cinema, o que favoreceu uma nova compreensão do sujeito e uma nova perspectiva dos processos de subjetivação.

Uma característica marcante do século passado foi a velocidade, em todos os âmbitos, sobretudo na comunicação e transmissão da informação. O mundo tornou-se pequeno, podendo-se saber em poucos segundos o que acontece em qualquer parte ou mesmo ver as imagens daquilo que acontece do outro lado do mundo. As distâncias são hoje medidas pelo tempo e não pelo espaço, o que significa uma mudança de referência fundamental.

Outro fator que aprofunda as dificuldades da vida em uma grande cidade é o trânsito, os congestionamentos, o tempo perdido, acentuando a tensão.

Os problemas do fluxo urbano e da política dos meios de transporte são preocupação constante, sem que se alcance uma solução passível para os custos que isso implica para a população, sobretudo para os menos privilegiados.

Na cidade, os fluxos de tempo encontram um espaço privilegiado que metaforiza muitos impasses que vivemos hoje. Sempre que se fala em tempo, uma multiplicidade de sentidos aflora. Tempo é uma dimensão tão assombrosa que pode até mesmo confundir-se com o ser, como nos ensinou Heiddegger, ser e tempo se entrelaçando, se constituindo.

Falar em tempo faz surgir no horizonte a morte, a finitude. Começo pressupõe fim, estabelecendo-se o ciclo ao qual está destinado tudo o que nasce. É porque somos finitos, porque morremos, que se instaura a possibilidade de sentido. O tempo configura o homem em suas possibilidade e limites, e este, aturdido, pretende controlar o tempo para controlar a morte.

Já se considerou o tempo como sequências temporais integradas num fluxo regular, uniforme e contínuo, o que foi repensado a partir das formulações de Einstein, que afirmou que a representação newtoniana de um tempo único e uniforme não se sustentava. O que Einstein evidenciou com sua teoria foi que o tempo é uma relação e não um elemento da ordem natural, ou mesmo um fluxo objetivo. É ele quem diz: "Devemos compreender que todos os nossos juízos, nos quais o tempo desempenha um papel, são sempre juízos de eventos simultâneos. Por exemplo, se eu disser: 'Aquele trem chega aqui às 7 horas', o que quero dizer de fato é algo assim: 'O ponteiro pequeno de meu relógio apontado para o 7 e a chegada do trem são eventos simultâneos'". Já Norbert Elias considera "o tempo como o símbolo conceitual de uma síntese em vias de constituição, isto é, de uma operação complexa de relacionamento de diferentes processos evolutivos". Portanto, para Elias tempo nem é um dado objetivo, como sustentava Newton, nem uma estrutura *a priori* do espírito, como propunha Kant. Tempo seria um símbolo social, uma construção desenvolvida socialmente.

Assim, a questão que nos concerne é pensar o modo como essas condições da vida atual afetam os sujeitos, como ecoam e interferem na constituição

TEMPO E RITMO NA CIDADE

subjetiva. Porque até aqui falamos de tempo em uma dimensão cronológica, tempo que se pode medir e marcar nos relógios – um tempo socialmente regulado.

Quando Freud afirma a atemporalidade do inconsciente, assinala que o inconsciente não padece do desgaste a que estão submetidas todas as coisas, incluindo as do espírito, ou seja, que o inconsciente não pode declinar, não perde sua potência de reivindicação à medida que o tempo passa. Isto difere da sexualidade, da atividade psíquica consciente ou da vitalidade, que declinam ao longo da vida. É frequente, na análise de pacientes muito idosos, observarmos o ressurgimento de fantasmas de sexualidade intensa, ciúmes, possessividade. O levantamento da censura faz entreabrir protótipos infantis da sexualidade, surpreendentemente ativos como sempre.

A partir da vivência de sucessão, do antes e do depois, do antecedente e consequente, de ausência e presença, a noção de tempo vai se estruturando. O intervalo, a descontinuidade – e por que não dizer: a diferença – são constitutivos da dimensão tempo, que participa simultaneamente da história social, da história do sujeito, da história psíquica.

A mais arcaica possibilidade de discriminar diferença (prazer-desprazer) inscreve o sujeito no tempo, no ritmo das diferenças e no fluxo de sua própria constituição e história.

O tempo cronológico preexiste ao sujeito que, ao nascer, se inscreve na tradição que o antecede, na ordem da cultura e na linguagem. O tempo como inscrição histórica, como vivência, como possibilidade de organização psíquica pela via de memória é constituído em ato pelo sujeito – em instante, tempo agora, puro fluxo. O fluxo necessariamente não é sucessivo ou contínuo. É ritmo, intensidade – pulsão.

O tempo articula fluxos, como nas passagens condensação/deslocamento, diferença que fundamenta os primórdios da constituição psíquica, operando as passagens entre processo primário e processo secundário. A própria diferenciação primário/secundário já se processa em uma dimensão temporal. A partir do secundário, o primário é suposto como fundamento, o depois instituindo o antes, assim como o recalque só se revela no retorno do recalcado.

Toda a questão freudiana da *Nachträglichkeit,* do *a posteriori* ou *après coup* se remete a uma temporalidade que não é regida pelos princípios de sucessividade ou linearidade. Tempo é descontinuidade, dispersão, movimento. Captação de diferenças, instante que constitui o sujeito, paradoxo de ser/desaparecer.

A regra fundamental da psicanálise implica um complexo de suposições instigantes. A relação transferencial privilegia o instante, o aqui e agora, fluxo de intensidades que vão instituir o campo pulsional, no qual transcorre o processo analítico. A associação livre privilegia o livre fluxo, burla possível à censura e à resistência, proposta que por vezes mais parece ponto de chegada que ponto de partida. A atenção flutuante, posição equivalente do analista na escuta do paciente, supõe um agora que condensa todos os tempos. A interpretação surgiria então como uma flecha de luz que clareia, revelando as sombras do que está em volta, posição e imposição, impossibilidade de tudo ver. A interpretação não explica (ou não deveria), e sim aponta para esse escuro iluminado do instante condensado como memória.

A memória é processo que pressupõe tempo, registro de dimensão temporal, intercessão do real vivido com as possibilidades de representação, investida pela pulsão. A memória tece, entrelaça experiências vividas descontínuas, possibilitando certo grau de articulação entre elas.

O sujeito é marcado pelo ritmo da pulsão, pressão constante que impulsiona o funcionamento do aparelho psíquico. A vida pulsional é configurada por exigências singulares e imperiosas, às quais cada sujeito está submetido, a pulsão fazendo sua marca e configurando o percurso conflitivo em busca de satisfação. As limitações impostas pela vida social acentuam esse conflito, esse antagonismo, porque a satisfação possível socialmente percorre caminhos muito diversos aos da satisfação individual. O ritmo próprio de cada sujeito vai ser distorcido para que ele possa se incluir socialmente.

O custo desse processo é alto e possivelmente, na atualidade, as imposições superegoicas exercidas pela vida social estejam alcançando um limite insuportável. Falamos com frequência do consumo desenfreado e compulsivo,

TEMPO E RITMO NA CIDADE

sem perceber aí uma promessa de satisfação substitutiva e equivocada de exigências fundamentais ao equilíbrio psíquico e social.

Ocorre uma inversão em que o sujeito já não consegue criar sua vida, inventar suas soluções, passando a se perfilhar e responder às palavras de ordem do superego social, que passam a ditar os rumos da vida. A perda do que é próprio provoca angústia, distanciando-se ainda mais a chance de alguma forma de satisfação mais genuína e exacerbando-se o mal-estar.

Nestes tempos vivemos a constante ameaça de perda do ritmo próprio, a interioridade sendo invadida pelos excessos da objetividade – a subjetividade em questão.

A psicanálise está mergulhada no caldo da cultura, desde Freud, e cada vez mais se percebe a centralidade destas questões presentes na clínica psicanalítica. Cabe-nos, portanto, escutar mais profundamente a cidade, perceber seus fluxos, seus entraves, seus ruídos, escutar suas expressões. É daí que nascem e se criam os sujeitos.

> Das feridas
> Que a pobreza cria
> Sou o pus
> Sou o que de resto
> Restaria aos urubus
> Pus por isso mesmo
> Este blusão carniça
> Fiz no rosto
> Este *make-up* pó caliça
> Quis trazer assim
> Nossa desgraça à luz
> (...)
> Transo lixo
> Curto porcaria
> Tenho dó

Da esperança vã
Da minha tia
Da vovó
Esgotados
Os poderes da ciência
Esgotada
Toda a nossa paciência
Eis que esta cidade
É um esgoto só...

Sou um *punk* da periferia.

Punk da Periferia

Gilberto Gil

O guerrilheiro é um reformador social.

Che Guevara

Referências bibliográficas

FREUD, S. Obras completas. Buenos Aires: Amorrortu, 2006.

GREEN, A. *El Tiempo fragmentado.* Buenos Aires: Amorrortu, 2001.

CALVINO, Í. *As cidades invisíveis.* São Paulo: Companhia das Letras, 2001.

DARCY DE OLIVEIRA, R. *Reengenharia do tempo.* Rio de Janeiro: Rocco, 2003.

EHITROW, G. J. *O tempo na história.* Rio de Janeiro: Zahar, 1993.

ELIAS, N. *Sobre o tempo.* Rio de Janeiro: Zahar, 1998.

GONDAR, J. *Os tempos de Freud.* Rio de Janeiro: Revinter, 1998.

HUYSSEN, A. *Seduzidos pela memória.* Rio de Janeiro: Aeroplano, 2000.

KATZ, C. S. *Temporalidade e psicanálise.* Rio de Janeiro: Vozes, 1996.

SZAMOSI, G. *Tempo e espaço.* Rio de Janeiro: Zahar, 1986.

TANIS, B. *Memória e temporalidade*. São Paulo: Casa do Psicólogo, 1995.

WISNIK, J. M. *O som e o sentido.* São Paulo: Companhia das Letras, 1989.

DOCUMENTAR COMO TÉCNICA DE SI: DINÂMICAS CENTRÍPETAS E CENTRÍFUGAS DO SUJEITO PERFORMATIVO NO DOCUMENTÁRIO SUL-AMERICANO[1]

Andrea Celia Molfetta de Rolón

Quero agradecer este convite estimulante feito pelo Bernardo Tanis para prosseguir uma reflexão dialógica e interdisciplinar entre a psicanálise e o amado assunto do nosso cinema.

I

Quando pensamos em deslocamentos, em sujeitos em deslocamento, em se tratando de cinema, não podemos senão partir da necessidade das próprias câmeras serem móveis, leves, pequenas. Não é casual que o desenvolvimento

---

[1] Conferência proferida a convite do Dr. Bernardo Tanis, titular do departamento de Cultura e Comunidade da Federação Latino-americana de Psicanálise, no evento *A Psicanálise nas Tramas da Cidade*, organizado no fórum da Sociedade Brasileira de Psicanálise, São Paulo, 13 de abril de 2008.

aprofundado dos "*travellings*" e planos-sequência, que prolongam e dilatam a extensão do plano original, e do "*take*" – etimologia a ser destrinchada brevemente – aconteça a par da invenção das câmeras móveis, como a já lendária e museística (deixou de ser fabricada no ano passado) Arreflex 16 mm.

Esse equipamento marcou a arte fílmica desde os anos 1950, época em que podemos localizar a origem do "cinema pessoal". Os diários de Mekas[2] iniciaram uma vertente dentro dos preceitos experimentais que, diante da industrialização da produção e da narrativa de gêneros, guardou, semeou e persistiu nesse tipo de espaço audiovisual, com a soberania dos sujeitos singulares e singularizantes, depois trilhada pelos novos formatos. A história do cinema se distrai com o compasso tecnológico quando de fato, penso eu, existe desde o romantismo moderno um *habitus* (Bourdieu, 1983) que coloca o sujeito no centro dos relatos, como estratégia de resistência diante dos processos culturais da globalização. Assim, este grande mecanismo de recentramento do sujeito possui ainda um traço de ruptura e negatividade próprio das vanguardas.

Após as produções experimentais dos anos 1950 e 60, surge a tecnologia eletrônica, que favorece a continuidade poética do enfoque pessoal ao longo das décadas de 1970, 80 e 90, inclusive no mundo digital.

Ritmo e tempo no cinema. Prefiro o ritmo, pelo fato de ser o tempo absoluto por demais. Assim, no caso do documentário atual mais experimental da região, esse ritmo se relaciona com o compasso pessoal, uma música audiovisual da existência. Existência no seu sentido singular e contingente, até contraditório.

Minha reflexão de hoje quer focalizar alguns pontos: em primeiro lugar, qual é o papel do "tropo" que caracteriza o ato de se deslocar dentro desses relatos. Em segundo lugar, de que classe de sujeito enunciativo, então, falamos.

Por último, a presença desses sujeitos no horizonte audiovisual latino-americano contemporâneo, em especial do Cone Sul.

---

[2] Lituano radicado em Nova York, Jonas Mekas, nascido em 1922, registrou momentos de sua vida que resultaram em nove "filmes-diário", finalizados entre 1968 e 2000.

II

Deslocamento: sair do lócus, deixar um lugar, desenvolver um processo de busca.

As câmeras móveis permitem isso e os sujeitos, já experientes aventureiros de territórios tanto mais abstratos como a própria ficção (também em sua vertente científica) e os formalismos, e ainda estimulados pelas vanguardas, dessa vez podiam se expandir no território do real, do pessoal, do mental, etc., num cinema de *não ficção*, como o chamaram os estadunidenses.

Deslocar-se, para esse sujeito enunciativo fílmico, significa aumentar seu poder de fricção e suas capacidades de desenvolver contatos (sensoriais, emocionais), de forma a multiplicar a interação com o mundo.

Planejadas ou não, as movimentações trazem um novo e estimulante desafio, que é o de estar "acordado" através da câmera, lidando com o acaso. Aumentar as interações apresenta, como correlato, uma atitude receptiva, de escuta, o que ocasiona uma exploração profusa do estatuto documentário. Assim, esses narradores em deslocamento comportam-se como um centro por vezes projetivo, por vezes receptivo, *a priori* vazio e aberto, para conseguirem um fluxo interessante e significativo de contatos.

Na história do documentário é o que chamamos, e não por acaso, de "cinema direto", sem interferências do roteiro, do corte ou da montagem. Porém, quem pensa a ideia antes de sair a campo? Quem corta após sua incursão? O autor.

Temos assim, caminhando junto ao que podemos chamar de um sujeito esvaziado que escuta e se move – porém ainda centralizador da construção de sua experiência e de seu sintagma –, uma crise da ideia de autor.

Que ser é esse? No meu trabalho de pós-doutorado, "O documentário como técnica de si na Argentina, no Brasil e no Chile" (USP/Fapesp, 2007), trabalhei justamente na construção de um arcabouço filosófico que permitisse dar consistência e coerência estética ao documentário performativo, ao papel desses autores e às suas *performances*.

A PSICANÁLISE NAS TRAMAS DA CIDADE

Para sintetizar, cheguei à constatação de que o sujeito performativo – que age diante da câmera ligada ou atrás dela, na própria circunstância da tomada – pressupõe duas grandes mudanças. Em primeiro lugar, uma superação do indivíduo transcendental, esférico, único e projetivo.

Junto com essa visão, o próprio conceito de subjetividade como recuo interior, infinito e profundo se desvanece. Não somente não "transcende", como também não mergulha numa caixa preta sem fundo. O ente fílmico encontra na *performance* seus limites, faz do ritmo do mundo o ritmo de si.

Assim, procurei respostas na filosofia hermenêutica, focalizada no materialismo das práticas, e achei o conceito de intersubjetividade como pilar central para falar em poética documentária contemporânea.

Assim como não há mais sujeito transcendente, o próprio filme deixa de ser considerado como mercadoria, como produto, e passa a ser valorizado como processo, numa amostra de que essas filmografias são, conscientemente ou não, uma resposta estratégica às piores consequências do capitalismo tardio no campo das artes do século 21: o ceticismo, a impotência, a inação, a paralisia, o silêncio.

III

O ser intersubjetivo descreve dois tipos de dinâmicas no seu trabalho audiovisual: é disso que queria falar especificamente. De um lado, centrípetas, do outro, centrífugas.

Na dinâmica centrípeta, o enunciador fílmico abandona a escuta e o *take* e assume a *fala*, para organizar sua "colheita". Fala que, no cinema, apresenta-se no silêncio sorrateiro do corte, na presença da literatura, nas formas dos textos ditos ou escritos na tela, na voz, nos grafismos. O mundo é calado pela voz que narra e comanda a construção de um sentido propositalmente singular e localizado. Como no gargalo de uma garrafa, o mundo passa pela perspectiva enunciativa que surge em primeiro plano nos atos de fala. "O mundo existe para significar para mim".

A forma centrípeta organiza o filme como um todo aglutinante e aglutinado, centralizado, na primeira pessoa. A centrífuga preocupa-se em mostrar o caráter fragmentário, múltiplo e simultâneo da experiência.

Essa percepção total faz com que a película se apresente para o espectador como uma detenção ideal do tempo de alguém, o autor-personagem, aquele que oferece, como grande presente e entrega de si, a percepção e a compreensão de que o ato de filmar é, para ele, um modo de ser e de estar no mundo, uma maneira compreensiva, compressiva e processual de agir com o outro por meio do dispositivo fílmico, criando uma relação que Foucault chamava de "cuidado do outro". É por isso que ele elogia a amizade.

Nas dinâmicas centrífugas dessas *performances*, com indivíduos em deslocamento, há uma atitude de audição e de (como no filme de Varda, *Os catadores e a catadora* [2003]) *take*. Nesse ponto, o sujeito se abre ao mundo para colocar o foco, o centro do relato, nas suas relações múltiplas e simultâneas com o outro, criam-se vários polos de atenção. Ao negociar e compartilhar esse lugar que podemos chamar de protagônico (centro do *agon*, do drama), os filmes performativos denotam retratos parciais e circunstanciados de pessoas que interagem, geralmente em situações de movimento entre um lugar e outro. O autor, para multiplicar sua presença e sua atenção ao plano dos diversos mundos possíveis, provoca uma dinâmica que faz o seu centro silenciar-se parcialmente. A perspectiva centrífuga esvazia o sujeito para aprimorar a escuta e a fotografia como *take* – apropriação ressemantizadora dos objetos do mundo. É um momento do processo em que o autor deixa a posição central e dedica-se ao encontro.

Ou o autor (já despido de sua singularidade) se desloca até seu *partenaire,* ou é este que vem ao seu encontro, geralmente no descontrole e por acaso.

IV

Proponho aqui ver dois momentos do documentário latino-americano. Os diários de viagem do doutorado e os filmes performativos.

A PSICANÁLISE NAS TRAMAS DA CIDADE

Nos primeiros temos a presença concomitante de sujeitos extrapolados: centrífugos ao extremo ou poética e romanticamente centrípetos.

Nos segundos, atuais, o equilíbrio e alternância das duas dinâmicas produzem uma nova economia do e no relato; em ultima instância, uma assunção intimamente mais politizada do ato fílmico e um modo de se pronunciar e interferir na construção da história social.

Talvez, do ponto de vista estético, as características que aqui traço pertençam a uma estética global. Temos documentários em primeira pessoa no mundo todo. Assim, estudar o processo gerativo foi bom para desentranhar os pressupostos filosóficos, como já disse, mas não contribuiu muito na construção da nossa singularidade, seja ela latino-americana ou nacional. Por esse motivo, já numa perspectiva pós-colonial que questiona as noções de centro e periferia, para relativizá-las na tela de uma relação inter e intracontinental, escolhi doze objetos de análise que servissem como amostras dessas interações histórica e politicamente estabelecidas pelo nosso cinema pessoal com as culturas hegemônicas.

No projeto cultural dos diários não conseguimos fazer crítica a partir de um ponto de vista central, de um lado, porque ainda sofríamos os efeitos repressivos de um campo intelectual submetido a contínuos ciclos ditatoriais; de outro, pelo fascínio lisérgico com que a Europa promovia, no nosso contexto, o deslumbramento do digital, com suas interferências e montagens que tantos chamavam, ironicamente, de "massagem retiniana".

Vinte anos depois, essa mesma geração, da qual faço parte, assume a primeira pessoa do relato e faz crítica, mas somente das áreas centrais, principalmente quanto aos aspectos mais sinistros dos nossos próprios campos intelectuais, da nossa história política e cultural contemporânea. Os percursos realizam-se em nossa geografia, tratam dos tabus a nós inerentes.

E, curiosamente ou não, são todos filmes nos quais esse ato de se deslocar ocupa um lugar central. Películas como *Passaporte húngaro* (Sandra Kogut, 2001), *A TV e eu* (Andrés Di Tella, 2003) ou *Fotografias* (idem, 2006) nos trazem uma colocação integral, política e estética, do sujeito, que, em movimento, surge com maior contraste sobre o mundo atravessado. Um ser que, estimulado e movido filmicamente, equilibra-se entre o centrípeto e o centrífugo e cria as grandes obras documentárias do nosso tempo.

Referências bibliográficas

DELEUZE, Gilles. *A Imagem-Movimento*. SP: Brasiliense, 1983.

_____. *Conversações*. RJ: Editora 34, 1992.

GENETTE, Gerárd. *Figures III*. Paris: Seuil, 1972.

GWENDOLYN/AUDREY/FOSTER. Captive Bodies. *Postcolonial Subjectivity in Cinema*. Albany: State University of New York Press, 1999.

METZ, Chritian. O Significante Imaginário. *Psicanálise e Cinema*. Lisboa: Livros Horizonte, 1973-76.

_____. L´ennonciation impersonnelle, ou Le Site du Film. París: Méridiens Klincksieck, 1991.

ARTE, PSICANÁLISE & CIDADE

João Augusto Frayze-Pereira

Ao refletir sobre o tema proposto a esta mesa, decido tomar como ponto de partida teórico a perspectiva, presente em trabalhos de Henri Lefebvre (1966; 1972), que propõe pensar a cidade, em sua origem, como obra de arte por excelência[1]. As cidades antigas se apresentavam dessa maneira, como obras coletivas, pois o espaço não só era organizado e instituído, mas também esculpido, apropriado por este ou aquele grupo, segundo sua ética e sua estética. A monumentalidade era um aspecto essencial e nela os cidadãos empregavam seu tempo. Também a cidade criada pela Idade Média ocidental era animada, dominada por mercadores e banqueiros, que agiam como se ela fosse obra deles, promovendo nela as relações de troca; e, no entanto, a cidade foi para eles bem mais um valor de uso do que um valor de troca. Relacionavam-se com sua cidade como se ela fosse uma obra de arte. E o uso principal que faziam dela, "isto é, das ruas e das praças, dos edifícios e dos monumentos, era a Festa (que consumia improdutivamente, sem nenhuma outra vantagem além do prazer e

---

[1] Tomo como pontos de partida concretos para a elaboração deste texto dois outros de minha autoria: "Reflexões sobre um fragmento urbano: o metrô em São Paulo". *Boletim de Psicologia*, XXXIII (81), p. 7-24, 1981; e "Crise e Cidade. Por uma poética do acompanhamento terapêutico". In: Equipe de Acomp. Terap. "A Casa", (org.) *Crise e cidade*. São Paulo: Educ, p.19-35, 1997.

do prestígio, enormes riquezas em objetos e em dinheiro)". Portanto, é nesse sentido que as primeiras cidades foram obras, e não meros produtos materiais (Lefebvre, 1966).

No entanto, a partir da implantação da indústria, tem início a dissolução desse tipo de cidade. Com a generalização da troca e do mundo da mercadoria, o espaço passa a ser vendido e comprado. E a cidade explode. Mas, se a cidade é fragmentada, o modo de vida urbano generaliza-se com o advento da modernidade. É bom lembrar, nesse sentido, que a modernidade acontece ao longo de um processo contraditório, em que os homens, simultaneamente, são incentivados a construir suas próprias vidas, a intervir sobre sua própria história, recorrendo à razão, mas, paradoxalmente, são "despojados de uma parte de sua humanidade, pois sua vida tornou-se subordinada a imperativos exteriores". Trata-se, segundo Marshall Berman (1986, p. 15), de um longo período de cinco séculos, que começa no Renascimento e atinge o clímax no século 20, o chamado momento contemporâneo da modernidade. Com efeito, é no século 20 que o processo de modernização se expande a ponto de abarcar virtualmente o mundo todo, atingindo espetaculares triunfos na arte e no pensamento. É também o momento em que a psicanálise se instaura e se desenvolve. É a época em que o criador submeteu-se à criatura, a razão instrumentalizada manifesta irracionalidade, "o mundo dito moderno surgiu com o abalo do próprio mundo moderno" (Lefebvre, 1970). E é nesse momento mais recente da modernidade que uma nova forma de racionalidade se elabora – a forma urbana. Nessa medida, tornam-se equivalentes a vivência da modernidade e a "vivência do urbano" que se define por um conjunto de novas experiências de tempo e espaço, de si mesmo e dos outros, das possibilidades e perigos da vida (Augusto, 1993, p. 8). Portanto, "psicanálise, arte e cidade", no meu entender, significa "psicanálise, arte e modernidade".

Mas como caracterizar o homem moderno que habita o mundo contemporâneo?

Esse homem arquetípico é o pedestre que "luta contra um aglomerado de massa e energia pesadas", um homem solitário no tráfego caótico da cidade (Berman, 1986, p. 154). É esse personagem que Baudelaire apresenta no

ARTE, PSICANÁLISE & CIDADE

poema "A perda do halo" (1865). Baudelaire diz: "Eu cruzava o bulevar, com muita pressa, chapinhando na lama, em meio ao caos, com a morte galopando na minha direção, de todos os lados". E o caos não é referido pelo poeta apenas aos passantes, aos cavaleiros, aos condutores, mas à sua interação em um espaço comum no qual acontece a experiência perceptiva do choque. Daí a perda do halo que consagrava o poeta até então. Quer dizer, o gênio romântico fica sem lugar. E, na rua, surgirá o poeta moderno, um homem que se vê às voltas com seus próprios recursos, que ignora possuir e é obrigado a explorá-los à exaustão para sobreviver.

No entanto, se a modernidade do século 19 parece contemporânea, as questões tematizadas por Baudelaire desapareceram. Não porque os conflitos foram resolvidos, mas porque o século 20 encontrou outros meios, mais insidiosos, de mascarar os conflitos. Ora, se o signo do urbanismo do século 19 foi o bulevar, o traço marcante do século 20 é a rodovia. No momento contemporâneo da modernidade, a circulação na cidade torna-se uma grande questão (Frayze-Pereira, 1981). Desde a perspectiva de Baudelaire, o homem é arremessado de encontro ao tráfego, esforçando-se não apenas por sobreviver, mas por manter a própria dignidade em meio a esse espaço caótico. Ora, o homem moderno do século 20 será obrigado a fazer movimentos muito mais amplos, que ultrapassam os movimentos bruscos e os sobressaltos do passante típico do século 19. É que "o homem na rua se incorporará a um novo poder, tornando-se o homem no carro" (Berman, 1986, p. 161). O "*flâneur*" será substituído pelo "*chauffeur*". E, segundo Berman (idem), a "perspectiva do novo homem no carro gerará os paradigmas do planejamento e *design* urbanos do século 20. Esse novo homem, diz Le Corbusier, precisa de 'outro tipo de rua' que será 'uma fábrica para produzir tráfego'". E na rua, como na fábrica, "nada de pessoas, exceto as que operam as máquinas". Nada de pedestres desmotorizados para retardar a circulação. E é óbvio que essa rua nova criará nos usuários não só novas habilidades, mas também uma outra sensibilidade. A tese, a partir de 1789 e defendida ao longo do século 19, era a seguinte: "as ruas pertencem ao povo!". A antítese criada por Le Corbusier nas primeiras décadas do século 20, após a 1ª Guerra Mundial, era contundente: "Nada de ruas, nada de povo".

A PSICANÁLISE NAS TRAMAS DA CIDADE

E, em 1929, ele finalmente sentenciou: "Precisamos matar a rua". Foi assim que a arquitetura e o planejamento modernos, no século 20, criaram um mundo espacial e socialmente segmentado – pessoas aqui, veículos ali; trabalho aqui, habitação acolá; ricos aqui, pobres mais além, e, no meio, barreiras verdes e de concreto, na expectativa de que um novo halo pudesse coroar e reconfigurar a cabeça das pessoas. Seria possível?

Baudelaire combatera intensamente as complexidades e contradições da vida moderna "a fim de encontrar e criar a si mesmo em meio àa angustia e à beleza do caos" (Berman, 1986, p. 164). Fez a apologia do *flâneur* – aquele que anda sem rumo pelas ruas, a meio caminho do filósofo e do artista, que se alimenta da estética do efêmero, da sedução do transitório e do encantamento do choque, do espetacular movimento das multidões anônimas. A "*flânerie*" é para Baudelaire uma forma desinteressada de investigação ocular das situações e atmosferas próprias da cidade moderna. E o *flâneur* era aquele que possuía o olhar capaz de transfigurar a cidade em paisagem (Peixoto, 1992). Porém, haveria essa possibilidade de relação com a cidade para o moderno homem contemporâneo? Seria possível restaurar a "*flânerie*"?

Há que se lembrar que a cidade não se dá àqueles que a ocupam como uma entidade abstrata ou como instrumento destinado apenas a certos usos técnicos. Ela é também uma realidade cheia de sentidos particulares relacionados às pulsões mais profundas do próprio indivíduo. Quer dizer, há uma dimensão biográfica da cidade, que confere à "minha cidade" o sentido de meu "lugar de vida". Nesse caso, mesmo a metrópole contemporânea pode acabar dando lugar à imagem de uma imensa casa, um espaço imaginário que diria respeito à cidade própria que muitos atravessam apenas em sonho (Bachelard, 1957; Ledrut, 1970, p. 85). Assim, se fosse possível registrar graficamente o sentido da cidade resultante da experiência inconsciente de cada habitante e depois sobrepuséssemos por transparência todos os gráficos, o que encontraríamos? Talvez encontrássemos uma imagem semelhante a uma pintura de Pollock. Com efeito, segundo o historiador e crítico de arte Argan (1992, p. 231), teríamos uma espécie de mapa imenso, formado por um

ARTE, PSICANÁLISE & CIDADE

emaranhado de linhas, pontos, sinais aparentemente arbitrários. Ora, se nos dispuséssemos a traçar imaginariamente um mapa dos itinerários percorridos pelos habitantes de uma cidade em um só dia, uma só hora, obteríamos um quadro abstrato e expressionista, só que mais complicado, com milhares de sinais desprovidos de qualquer significação. E

> se nos empenhássemos em seguir qualquer um desses per-
> cursos individuais e tivéssemos condições de compará-lo
> com o percurso que aquele dado indivíduo deveria ter segui-
> do, obedecendo aos motivos 'racionais' dos seus movimentos
> (p. ex.: ir ao trabalho e voltar para casa), perceberíamos com
> surpresa o quanto são diferentes. Enfim, o percurso real tem
> apenas uma leve relação com (...) o percurso lógico... (Argan,
> 1992, p. 231-232).

Ora, isso se verifica, porque esse indivíduo é como um personagem de Joyce que se move nas ruas de Dublin obedecendo a uma série de hábitos e desejos incontrolados, mas nem por isso sem motivo. Qualquer um de nós que experimente analisar o próprio comportamento na cidade notará como nossas escolhas são muitas vezes imprevistas – é aquela vitrine, aquela padaria, a agência do correio, a casa que desejamos ver sob aquela perspectiva... Ou seja, estar na cidade envolve um conjunto de pequenos mitos e rituais. Em nossos itinerários urbanos, deixamos a memória e a imaginação trabalhar e registramos mudanças: a nova pintura de uma fachada, aquele velho letreiro, o andamento daquela construção, o perfume daquela praça que se frequentou quando criança, assim por diante. E se dermos, agora, atenção a uma das imensas pinturas de Pollock, formada por esses percursos individuais e supondo conhecermos as suas motivações secretas, perceberemos que nada aí é arbitrário ou puramente casual. O emaranhado revelará certa ordem, um ritmo da pulsação das cores, uma medida das distâncias, uma ordenação do espaço. E, assim como a

A PSICANÁLISE NAS TRAMAS DA CIDADE

pintura de Pollock, a paisagem interior da cidade é muito diferenciada, mas tem uma lógica, um ritmo de fundo constante (Argan, 1992, p. 223).

Entretanto, se, de um lado, o determinante da configuração espacial é o caminhar – determinante tanto das telas de Pollock, quanto de uma imagem global que hipoteticamente se teria do espaço urbano, percorrido por seus habitantes – ; de outro lado, se a pintura permite a visualização desse possível "texto urbano", o mesmo não ocorre se nos colocarmos no mesmo plano daqueles que se deslocam. Nesse caso, a visibilidade panorâmica cessa e acabamos por ter que nos resignar à posição de corpos que se movem, criando um mapa, um desenho que fazemos sem ver.

Ora, no campo da experiência estética, a deambulação citadina foi praticada por toda uma série de artistas, desde o *flâneur* do século 19, passando pelos dadaístas e surrealistas, até grupos contemporâneos tais como a "Internacional Situacionista" (1958-1969), o grupo "Fluxus" (anos 1960) e a "Arte Conceitual" (anos 1970) que realizaram suas intervenções na cidade (Hollevoet, 1992). Nessas manifestações, diferentemente da pintura, realidade e representação confundem-se. A arte realiza-se no tempo e no espaço reais da própria cidade, ficando documentada através de esquemas, textos, fotografias, mapas. Quer dizer, se foi possível acreditar que a essência da cidade moderna poderia ser apreendida graças a uma observação visual aguda e registrada na forma de imagens miméticas como foi feito pela arte do começo do século 20, as características da realidade urbana contemporânea têm sido percebidas de maneiras compatíveis com o próprio abalo da modernidade no momento contemporâneo: tais características foram conceptualmente apreendidas e transmitidas sob a forma de índices de uma situação efêmera ou de um conceito imaterial. São peças de arquivo, dotadas da precariedade de um convite, de um cartaz, de um cartão-postal, de um diagrama. E essas formas de apreensão do urbano (que se dão através da *performance* ou do *happening*, cuja função é romper com o instituído para facilitar a emergência de novas percepções), na verdade, acabam por abalar definitivamente o conceito de obra de arte, abalo que se iniciou com Duchamp, e que retoma a própria cidade como objeto artístico,

ARTE, PSICANÁLISE & CIDADE

denunciando aspectos essenciais da contemporaneidade como a fragmentação e a descontinuidade.

Nesse sentido, é significativa a proposição feita pelo artista francês Ernest Pignon-Ernest. Agindo plasticamente sobre as paredes e pedras de cidades que escolhe, faz ressurgir um imaginário que se acreditava sepultado nas mais profundas camadas do tecido urbano. Com instrumentos simples (o lápis, a tinta, a serigrafia), o artista intervém na superfície das edificações e as desperta com milhares de imagens que, coladas em lugares escolhidos por ele, são, a seguir, abandonadas à própria sorte. Submetidas ao sol, à umidade, à fumaça, à chuva, transformam-se, degradam-se, desaparecem. Contrárias à lógica publicitária que governa o espaço urbano, tais imagens não operam como *outdoors.* Para o artista, trata-se de criar na rua um acontecimento visual que perturbe a percepção e force os passantes a rever o ponto de vista fixo sobre o lugar que costumam atravessar sem vê-lo. Em Nápoles, por exemplo, o artista "realizou vinte e três desenhos diretamente inspirados nos Cristos e Pietás da imagética ritual napolitana (...). Imagens copiadas que ele revisitou e subverteu. Davi não apenas segura a cabeça degolada de Golias, mas também a de Pasolini" (Humbolt, 1990). E quanto à sua poética, o próprio artista pondera: "Como um pintor se serve de cores, eu próprio sirvo-me dos lugares, de suas qualidades plásticas, de seu espaço, de seus ritmos, de suas cores, mas também daquilo que não se vê, da história que sustentam, das lembranças que os frequentam e de sua ressonância no imaginário dos passantes..." (idem). À sua aproximação sensível das coisas e dos lugares, o artista acrescenta a história da cidade e a história da arte nessa cidade. E muitas personalidades artísticas, mas, sobretudo, Caravaggio, fecundam as visões clandestinas que irão surgir em Nápoles. Trabalhando sempre à noite, o artista espalha as imagens para surpreender a vida citadina ao amanhecer. Não avisa ninguém, não pede autorização. Elas, então, aparecem, por exemplo, numa Quinta-Feira Santa, no dia da Páscoa, em lugares imprevistos para o passante, dando margem a interrogações espontâneas do seguinte tipo: por que esse gigantesco Cristo ou essa frágil Madona ou esse corpo dilacerado neste canto da rua? Naquele arco da ponte? No vão sob a escadaria? E assim por diante... As respostas podem ser muitas. Oferecidas à curiosidade alheia, essas imagens perturbam o transeunte, instauram uma suspensão imprevista do caminhar mecânico e automático, e passam a gerar a divagação e um diálogo novo com as cercanias. Durante meses, essas imagens foram, na experiência napolitana, protegidas pelas próprias pessoas, moradoras do lugar. Mas, alteradas pela ação inexorável do tempo, envelheceram e morreram. Porém, em sua vulnerabilidade, cumpriram uma missão: restituir à cidade seu imaginário e sua memória, não através de algo que dura, mas daquilo que perece, submergindo novamente no passado dessa cidade para, depois de certo tempo, talvez, ressurgir. Mas que documentos registram esse tipo de intervenção? Ora, é preciso lembrar que, apesar das ações dos que andam pela cidade serem efêmeras, são elas um componente essencial do processo da recepção estética que conta com a associação livre suscitada pelo contato com as obras, estejam elas fora ou dentro dos museus.

Em todas essas intervenções poético-críticas, entretanto, um ponto fundamental deve ser destacado: o relevo psicogeográfico que restaura o nexo entre os fragmentos, isto é, as ressonâncias afetivas dos diferentes lugares, ruas e praças, junto àquele que os percorre. E o dispositivo que permite essa psicogeografia não é primordialmente o olhar, mas a errância, o locomover-se na cidade, o ato de andar que o "homem no carro" fez desaparecer na nova ordem urbana simbolizada pelas grandes rodovias, túneis e viadutos. É o ato de andar, presente nas poéticas de Pollock e de Pignon-Ernest, que pode ser considerado uma ação que problematiza a lógica imposta pela modernidade contemporânea, um ato que é comparável ao ato de fala. Ou seja, é um "ato de fala pedestre", segundo Michel de Certeau (1990, p. 148), pois "o ato de andar está para o sistema urbano como a fala está para a língua". E, considerando as relações entre essas práticas espaciais e as práticas significantes, pensa Certeau (1990, p. 158) que tais nexos se estabelecem não através dos "dispositivos disciplinares" (Foucault, 1979), mas mediados por três dispositivos simbólicos singulares: a *lenda*, da ordem da crença; a *lembrança*, da ordem da memória; e o *sonho*, da ordem primitiva da origem. São dispositivos que designam aquilo que acreditamos ser autorizado pelas apropriações espaciais, o que nestas se repete por meio de uma memória silenciosa e o que é significado através de uma origem primitiva, infantil. E Certeau não só considera a "retórica do caminhar" que interroga o espaço (com suas figuras e efeitos estilísticos), como aponta o nexo existente entre a errância citadina e a narrativa tradicional. "Na Atenas de hoje", lembra Certeau (1990, p. 170), "os transportes coletivos chamam-se *metaphorai*". E desde *A poética* de Aristóteles, como sabemos, a metáfora é o transporte de um sentido para outro que uma palavra designa (128). Então, por um lado, para ir ao trabalho ou voltar à casa há que se tomar uma *metáfora*. E, por outro, nossas narrativas, diariamente, atravessam e ordenam os lugares, selecionam e articulam os mais diversos recantos mentais, compondo com eles frases e itinerários. São, nesse sentido, verdadeiros percursos espaciais. Mais do que isso, são relatos de viagem, assim como toda prática espacial na cidade, qualquer errância citadina, é uma viagem a pé que inventa os espaços (Certeau, 1990, p. 171). São aventuras narrativas que implicam a experiência da viagem, no sentido em que a viagem, substituta da lenda, abre espaço para a experiência da alteridade, isto é, para "aquilo que exige de nós criação para dele termos experiência", segundo as palavras sempre certeiras de Maurice Merleau-Ponty (1971, p. 187). Ora, no ensaio *Psicologia de grupo e a análise do ego*, Freud já era ciente da dimensão social da vida mental, ou seja, que *o outro* é um componente do psiquismo de cada um de nós seja "como um *modelo*, um *objeto*, um *auxiliar*, um *oponente*, de maneira que (...) a psicologia individual (...) é, ao mesmo tempo, também, psicologia social" (1921, p. 91). Quer dizer, o *outro* – a cultura, a sociedade – é um termo que permite as identificações, as ligações e os desligamentos, entre o sujeito e seus objetos. E, nesse sentido, é o termo que relaciona a pratica cultural-artística-urbana com a práxis psicanalítica, posto que ambas acontecem de forma semelhante no campo das viagens. Nesse sentido, a errância – que pode ser vista como "um uso político do espaço que constrói novas relações sociais através de um comportamento lúdico, construtivo" (McDonough, 1944, p. 75) – é uma ação incorporada na prática de muitos artistas, arquitetos, urbanistas e acompanhantes terapêuticos que visam a resgatar o espaço público do campo do mito, restaurando a sua riqueza e a sua história. A errância, assim, é um ensaio para romper o modo como a cidade é habitada. Essa concepção estética, relativa à prática da arte contemporânea, significa, em outras palavras, o seguinte: a circulação citadina acontece como abertura para o Outro, como ação pela qual o espaço urbano é recriado à medida que o andar o executa, colocando a cidade num estado de interrogação permanente (Frayze-Pereira, 1997). E tal abertura para o outro ou o desconhecido também vale para a experiência psicanalítica. Afinal, o que decorre da interpretação psicanalítica – processo narrativo-metafórico que se desenvolve com recursos que muitas vezes se encontram anestesiados em cada um de nós (ex.: associação livre) – é, segundo propõe Herrmann (2001), a ruptura dos campos psíquicos que, no meu entendimento, limitam o analisando a uma psicogeografia formada por ruas de mão única. Assim, sendo a atenção flutuante uma operação essencial ao trabalho clínico psicanalítico e ao reconhecermos, a partir de Michel de Certeau (1990), a errância psíquica como um aspecto desse trabalho, cabe perguntar: seria este uma possibilidade contemporânea de restauro da *"flânerie"* como atitude psicoestética e maneira de pensar?

Referências bibliográficas

ARGAN, G. C. *História da Arte como história da cidade*. São Paulo: Martins Fontes, 1992.

ARISTÓTELES. *Poética*. São Paulo: Nova Cultural, 1999.

AUGUSTO, M. H. D. O indivíduo na teoria social e na literatura: o momento contemporâneo. *Cadernos CERU*, nº 4, série 2, p. 5-31, 1993.

BACHELARD, G. *La poétique de l'espace.* Paris: PUF, 1957.

BERMAN, M. *Tudo que é sólido desmancha no ar. A aventura da modernidade.* São Paulo: Companhia das Letras, 1986.

CERTEAU, M. de. *L'invention du quotidien. Arts de faire.* Paris: Gallimard, 1990.

FOUCAULT, M. Sobre a geografia. In: *Microfísica do poder.* Rio de Janeiro: Graal, p. 153-165, 1979.

FRAYZE-PEREIRA, J. Reflexões sobre um fragmento urbano: o metrô em São Paulo. *Boletim de Psicologia,* XXXIII (81), p. 7-24, 1981.

_____. Crise e cidade. Por uma poética do acompanhamento terapêutico. In: Equipe de Acomp. Terap. "A Casa". (org.) *Crise e cidade.* São Paulo: EDUC, p. 19-35, 1997.

FREUD, S. *Psicologia de grupo e a análise do ego* (1921). Rio de Janeiro: Imago, vol. 18: p. 91-184, 1980.

HERRMANN, F. *Introdução à Teoria dos campos*. São Paulo: Casa do Psicólogo, 2001.

HOLLEVOET, C. Déambulations dans la ville. *Parachutte*, nº 68: p. 21-25, 1992.

HUMBOLT, C. Sur la peau d'une ville. *Architecture d'aujour'hui*, Sect: 8-10, 1990.

LEFEBVRE, H. *O direito à cidade*. São Paulo: Ed. Documentos, 1966.

_____. Reflexions sur la politique de l'espace. *Espaces et Societés*, n° 1: p. 3-12, 1969.

_____. La ville et l'urbain. *Espaces et Societés*, n° 2: p. 3-7, 1970.

_____. *La revolucion urbana*. Madrid: Alianza Editorial, 1972.

LEDRUT, R. L'image de la ville. *Espaces et Societés*, n° 2: p. 93-106, 1970.

MERLEAU-PONTY, M. *O visível e o invisível.* São Paulo: Perspectiva, 1971.

McDONOUGH, T. F. *Situationist Space.* Outubro, 1967, p. 57-77, 1994.

PEIXOTO, N. É a cidade que habita os homens ou são eles que moram nela? *Revista da USP*, n° 15: p. 72-75, 1990.

DETERMINISMO E ORDEM SIMBÓLICA[1]

Carlos Alberto Vogt

I

O *Dicionário de filosofia* de Nicola Abbagnano (1988, p. 245) distingue, no verbete dedicado a *determinismo*, dois significados: "1º: ação condicionante ou necessitante de uma causa ou de um grupo de causas; 2º: a doutrina que reconhece a *universalidade* do princípio causal e, portanto, admite também a determinação necessária das ações humanas a partir de seus motivos. No primeiro sentido, fala-se, por exemplo, de 'determinação das leis', 'determinações sociais', etc., para indicar conexões de natureza causal ou condicional. No segundo sentido, fala-se da disputa entre determinismo e indeterminismo, entre quem admite e quem nega a necessitação causal no mundo em geral e, em particular, no homem". Nesse sentido, a palavra *determinismo* foi utilizada para designar o reconhecimento e o alcance universal da necessidade causal, que

---

[1] Este artigo é, com algumas modificações, parte do artigo "Semiótica e semiologia", publicado em Orlandi, E. P. & Lagazzi-Rodrigues, S. (orgs.) *Discurso e textualidade.* Campinas: Pontes Editores, 2006, p. 105-141. Ver também revista *Comciência,* n.º 89 – "Determinismos" (http://www.comciencia.br), que traz a versão original do texto apresentado nesse Simpósio.

constitui uma ordem racional, mas não finalista, e, portanto, não se presta a ser designada pelo velho nome de *destino.*

Ao lado de outros determinismos que fizeram e fazem escola no mundo ocidental, entre eles o determinismo biológico, reforçado pelas teorias evolucionistas, depois de Darwin, e o determinismo econômico lançado por Marx e enfatizado pelas teorias ligadas ao marxismo, gostaria, nessa segunda acepção da palavra, de propor que se visse também a cultura pela ótica da causalidade universal de uma outra ordem racional, agora de natureza simbólica, tomando para tanto, como referência, a própria lógica, a semiótica, ou semiologia, e a antropologia.

II

Blanché, no livro *Structures intellectuelles* (1969), propõe-se o problema da organização dos conceitos a partir da teoria clássica da oposição das proposições.

Toma, para isso, como base, o quadrado lógico de Apuleio no qual são representadas as quatro espécies de proposição que se opõem pela quantidade (universais x particulares), nas duas metades do eixo horizontal; pela qualidade (afirmativas x negativas), nas duas metades do eixo vertical; e por ambas, quantidade e qualidade, ao mesmo tempo (universais afirmativas x particulares negativas e universais negativas x particulares afirmativas), nas duas diagonais que cortam o quadrado.

Usando, segundo a tradição de uso, as letras **A** e **I** de **A**f**I**rmo para indicar as proposições afirmativas e **E** e **O** de n**E**g**O** para as negativas, universais e particulares, respectivamente, tem-se, então, o quadrado de proposições opostas e cuja oposição se dá segundo as relações assim representadas:

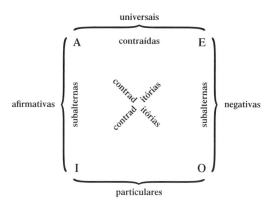

Se considerarmos para **A** a proposição *Todo homem é mortal*, teremos para **E** *Todo homem não é mortal* ou *Nenhum homem é mortal*, para **I** *Algum homem é mortal* e para **O** *Algum homem não é mortal.*

As universais **A/E** se opõem como contrárias, isto é, não podem ser verdadeiras (V) ao mesmo tempo e podem ser falsas (F) ao mesmo tempo, o que permite a regra de inferência que diz que se uma das duas é verdadeira, pode-se concluir a falsidade da outra.

As particulares **I/O** opõem-se como subcontrárias, o que significa que não podem ser ambas falsas ao mesmo tempo, podendo, ao mesmo tempo, ser verdadeiras. Daí a regra de inferência: se uma é falsa, a outra é verdadeira.

Cada uma das duas particulares **I/O** se opõe à universal de mesma qualidade como sua subalterna: **I** x **A**, **O** x **E**.

A verdade da universal subalternante acarreta, implica a verdade da sua particular subalternada; a falsidade da particular subalternada pressupõe a falsidade de sua universal subalternante. Daí as regras de inferência:

a) se a universal subalternante é verdadeira, a particular subalternada é verdadeira;

b) se a particular subalternada é falsa, a universal subalternante é falsa.

As proposições universais afirmativas **A** e as proposições particulares negativas **O** são contraditórias entre si, da mesma forma que também o são as universais negativas **E** e as particulares afirmativas **I**.

A regra no caso é: se uma é verdadeira, a outra é falsa; se uma é falsa, a outra é verdadeira.

Assim, dadas duas proposições p e q, se são contraditórias formam *alternativa* (pwq); se contrárias, *incompatibilidade* (p/q); se subcontrárias, *disjunção* (pvq); e se subalternas, *implicação* (p→q).

Considerando-se a possibilidade do duplo uso da negação, dada uma proposição que enuncia uma atribuição pode-se ou negar universalmente a atribuição, afirmando universalmente a sua contrária, ou negar a universalidade da atribuição, afirmando a particularidade da sua contraditória.

Desse modo, conforme seja posposta ou preposta a negação *(omnis, omnis non, non omnis, non omnis non)* pode-se, pela sua posição relativa no enunciado, estabelecer as quatro diferentes proposições do quadrado lógico e as quatro modalidades enunciativas que as caracterizam.

Assim, dada a proposição p, a afirmação de p equivale a afirmar a universalidade de p, isto é, universalmente p, ou seja, a verdade universal de p.

A negação de p, pelo acima dito, pode ser ~p que, com o modalizador, será lida universalmente *não p*, ou seja, a verdade universal de *não p*, ou ainda a falsidade universal de p.

A outra possibilidade da negação de p é a que restringe a universalidade de sua afirmação tomando uma forma suspensiva, mais fraca e não supressiva, mais forte, como no primeiro caso, o que com o modalizador corresponde a *não universalmente p*.

Como a contrária de p, que é ~p, tem também a sua contraditória, então *universalmente não p* tem como contraditória *não universalmente não p*, com a dupla negação, o que permite chegar à quarta proposição do quadrado lógico.

DETERMINISMO E ORDEM SIMBÓLICA

Dentro do simbolismo lógico-formal, substituindo-se a palavra *universalmente* por uma letra **K** que represente o conceito modal da necessidade, obter-se-iam as quatro modalidades lógicas a partir de uma delas: K = necessariamente, K~ = necessariamente não, ~K~ = não necessariamente não e ~K = não necessariamente.

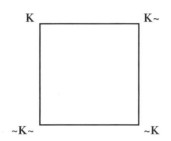

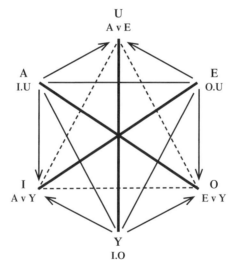

A partir do quadrado lógico das proposições opostas, Robert Blanché apresenta o seu hexágono lógico com a introdução de duas novas proposições: uma universal, **U** (tudo ou nada, todos ou nenhum), formada pela disjunção ou soma lógica das duas universais (AUE), e uma particular, **Y** (alguns sim e alguns não), formada pela conjunção ou produto lógico das duas particulares (I.O) do quadrado.

Tem-se agora, conforme mostra a figura,

uma estrela – ✳ – das contraditórias,

um triângulo – ▽ – das contrárias,

um triângulo pontilhado – △ – das subcontrárias e

uma cinta – ⬡ – das subalternas.

III

Sem alongar demais essa apresentação e trilhando um pouco os caminhos que nos levariam aos fundamentos da semiologia, poderíamos nos perguntar o que há de comum, além de serem ternários, entre sistemas de valores tão distintos na vida social, quanto os que se verificam nos conjuntos a seguir?

Verde	Amarelo	Vermelho
Obrigatório	Indiferente	Proibido
Moral	Amoral	Imoral
Bom	Indiferente	Mau
Bem	Indiferença	Mal
Aceitação	Indecisão	Recusa
Amor	Apatia	Temor
Ousado	Equilibrado	Covarde
Pródigo	Equilibrado	Avarento
Excitação	Equilíbrio	Depressão
Bom	Inócuo	Nocivo
Céu	Purgatório	Inferno

Por que em diferentes culturas o sistema simbólico dos sinais de trânsito é o mesmo e é entendido da mesma maneira pelos cidadãos de países e línguas tão diversas?

A resposta aparentemente mais acertada a essa pergunta é que se trata de convenções adotadas internacionalmente que passam a funcionar como paradigmas ou modelos de comportamento sociais que são, pelo hábito do uso, internacionalizados.

Como, então, explicar que, embora diversas, enquanto sistemas diferentes de valores a que pertencem, as tríades acima apresentadas têm algo em comum que lhes é constitutivo, e que é definidor de um modelo de organização universal? E que esse modelo não decorre de nenhuma convenção, mas antes é o seu motivador e a própria razão de sua possibilidade lógica e intelectual?

Tomemos o caso dos sinais de trânsito e perguntemos o que cada uma das três cores que o compõem significa.

Sabemos que *verde = siga*, o *vermelho = pare (não siga)* e o *amarelo = nem siga, nem pare* (traduzido por *Atenção!*).

A estrutura lógica, intelectual ou cognitiva que sustenta essas oposições é a mesma que subjaz às outras sequências ternárias acima listadas, e o princípio de organização dessas oposições é o que se representa no triângulo com a base invertida, que no hexágono lógico de Blanché desenha as relações contrárias entre as proposições A, E, Y, o que daria para as cores dos sinais de trânsito a seguinte figura:

Se aplicarmos ao vértice inferior do triângulo o termo médio de cada uma de nossas sequências ternárias e aos vértices superiores, em ordem, cada um dos outros dois termos, a configuração das oposições será sempre a mesma e universal e, consequentemente, da mesma forma a organização dos conceitos e dos sistemas de conhecimento que eles possibilitam.

Em países como o Brasil, que buscam, muitas vezes a duras penas, constituir-se como democracias sólidas e permanentes, não é demais pensar que esse triângulo de oposições pode também ajudar a compreender melhor o extremo em que se trava o debate dessas aspirações políticas:

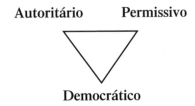

O que é democrático é o que não é nem autoritário nem permissivo, embora contenha elementos necessários de autoridade e de condescendência, num equilíbrio dinâmico entre as tensões dos direitos e das obrigações.

O Brasil é também um país de forte vocação internacional, tanto pelo que desperta no outro, no estrangeiro, quanto pelo que o outro desperta no nosso olhar: curiosidade, interesse, humildade formal, cordialidade e disponibilidade para a atenção e o apoio nas situações mais fáceis do cotidiano dos estranhamentos.

Tudo isso tem a marca da afeição apaixonada, e quem diz paixão, diz, é claro, amor e ódio com a mesma intensidade, a mesma obstinação e, por que não dizer, a mesma volatilidade que caracteriza muitas vezes os impulsos derramados.

O homem cordial que Sérgio Buarque de Holanda tão bem identificou em *Raízes do Brasil* não é, pois, portador do atributo de bondade substantiva com que o brasileiro passou a ser caracterizado na mitologia de nossa identidade.

A cordialidade, entretanto, é uma categoria sociopsicológica que se opõe, num eixo, à indiferença; em outro, à particularidade da ocorrência do amor, como simpatia; e em outro, ainda, à particularidade negativa da ocorrência do ódio como antipatia e que é também implicada, como disjunção, pelas categorias universais do amor e do ódio, contrárias entre si.

Algo assim, que a figura abaixo, baseada no hexágono lógico de Robert Blanché, representa:

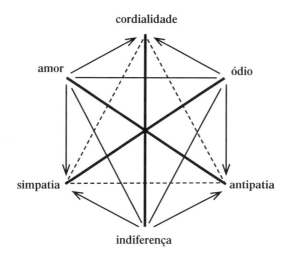

O homem cordial é, assim, capaz do bem e do mal, impulsivos e apaixonados, da mesma maneira.

Essa impulsividade nos torna, pois, universais e particulares a um só tempo, sob a forma de um paradoxo que constitui, de certo modo, um paradigma de explicações de como nos olhamos, de como nos vemos, de como olhamos para o outro e de como gostaríamos de por ele ser olhados.

A universalidade do país é, assim, um predicado de qualidade que supõe a implicação de particularidades sobre as quais se assenta a sua identidade, que o jogo de oposições articulado no hexágono de Blauché pode ajudar a melhor compreender.

IV

Greimas, no artigo "Les jeux des contraintes sémiotiques", escrito em colaboração com François Rastier e publicado como um dos textos que integram o livro *Du sens,* já aqui citado, propõe que, ao menos para efeito de compreensão, quer dizer, metodologicamente, é possível "imaginar que o espírito humano, para chegar à construção dos objetos culturais (literários, míticos, picturais, etc.), parte de elementos simples e segue um percurso complexo, encontrando em seu caminho tanto as restrições que ele deve sofrer quanto as escolhas que lhe são permitidas realizar" (1970, p. 135).

Segundo Greimas, esse percurso vai da imanência à manifestação passando por três etapas principais, nas quais se veem claramente a inspiração, sobretudo nas duas primeiras, da linguística transformacional gerativa fundada por Noam Chomsky a partir do livro *Syntactic structures*, de 1957.

As estruturas superficiais correspondem à gramática semiótica que organiza em formas discursivas os conteúdos suscetíveis de manifestações e as estruturas de manifestações são particulares a línguas específicas ou a materiais também específicos, sendo, assim, responsáveis pela produção e organização dos significantes.

As estruturas profundas, cujo estatuto lógico define as próprias condições de existência dos objetos semióticos, constituem o ponto focal do artigo em questão.

Ao tratar da estrutura elementar da significação, Greimas toma como referência para a apresentação da estrutura de seu modelo constitucional o hexágono lógico de Robert Blanché, confirmando essa influência não só pela menção explícita de seu nome e do livro *Structures intellectuelles*, como também pela forma que dá à estrutura dos sistemas semióticos, totalmente inspirada nas relações de oposições ali apresentadas, discutidas e analisadas (1970, p. 137).

Greimas, cuja extensa obra tratou de diversos objetos semióticos, da língua à literatura, da poética às palavras cruzadas e destas às máximas e provérbios, entre outros, dedicou também especial atenção à narrativa mítica, confessando frequentes vezes sua admiração intelectual pelos estudos do mito de Georges Dumézil e pelos trabalhos de Claude Lévi-Strauss na mesma área.

Para Lévi-Strauss, a antropologia deve buscar as propriedades fundamentais que subjazem à imensa variedade dos produtos culturais, já que, se eles são produzidos por cérebros humanos, deve então haver entre eles, mesmo os das mais diferentes culturas, elementos comuns que eles compartilham num nível mais profundo, quer dizer, numa estrutura lógica profunda que, escondida sob a superfície da variação e da diferença, a gera, prediz e explica sua transformação. São os universais que, como Chomsky, Lévi-Strauss vai também buscar nos estudos de Roman Jakobson, ligado à escola de Praga e com quem ele conviveu nos anos 1940 na Nova Escola de Pesquisa Social em Nova Iorque.

Mais precisamente, é nos estudos de fonologia de Jakobson e Halle (1956) baseados nas propriedades acústicas dos sons linguísticos e nos traços distintivos binários estabelecidos como propriedades constitutivas da estrutura fonêmica universal da geração das línguas que Lévi-Strauss vai buscar a referência de seu modelo lógico, feito também de oposições binárias triangulares, para a análise e a explicação da imensa variedade das narrativas míticas na variação imensa de culturas variadas: *Mitológicas.*

Assim, o triângulo culinário

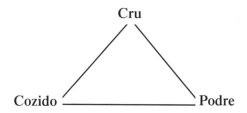

no qual se representam as oposições binárias *transformado/natural* e *cultura/natureza* e que tem para Lévi-Strauss um papel fundamental na caracterização da estrutura profunda da cultura humana, baseia-se totalmente no triângulo vocálico e no triângulo das consoantes de Jakobson, ambos gerados a partir de um sistema comum a todos os fonemas e que supõe a distinção entre vogal e consoante e se desenvolve sobre a dupla oposição entre os traços compacto/difuso e grave/agudo, conforme mostra a próxima figura:

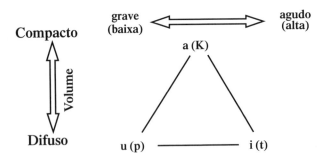

E para o triângulo culinário de Lévi-Strauss:

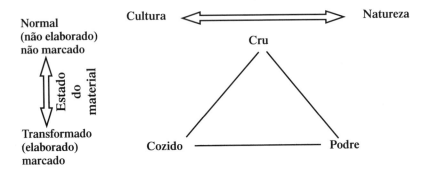

Em outras palavras, como observa Edmund Leach (1977, p. 36), o que busca Lévi-Strauss é estabelecer os rudimentos de uma álgebra semântica, já que o comportamento cultural, segundo sua hipótese, capaz de transmitir informações, deve supor um código que, possuindo uma estrutura algébrica, subjaz à ocorrência das mensagens culturais, possibilitando sua expressão.

O código, nesse caso, corresponde, nos termos de Saussure, ao eixo paradigmático, e as mensagens culturais expressas, ao eixo sintagmático, ecoando, desse modo, a distinção básica entre língua e fala. Em Barthes (1988), a mesma oposição aparece no binômio sistema/sintagma, que corresponde, por sua vez, em Jakobson e Halle à oposição entre metáfora, cujo fundamento é a semelhança, e metonímia, cuja base de reconhecimento é a contiguidade. Lévi-Strauss também faz uso dessas distinções que aparecem ainda, como vimos, em Greimas, todas elas remetendo, direta ou indiretamente, no caso dos triângulos, às estruturas intelectuais desenhadas para essas figuras por Robert Blanché no livro já acima indicado.

A busca da estrutura algébrica do código da cultura humana em Lévi-Strauss é, pois, semiológica, da mesma maneira que em Barthes, em Greimas e em Jakobson, e caracteriza uma atitude epistemológica que, do ponto de vista da racionalidade cognitiva, insere-se dentro do paradigma intelectual a que se pode dar o nome genérico de *determinismo.*

Como o nome desta mesa é "Ética, Conhecimento e Linguagem", e para não perder o vício do poeta, termino com a citação de dois poeminhas que, penso, têm boas relações com o tema em questão:

Poética
Ética é
a obrigação de ser livre
para cumprir
com dignidade
a condição humana.

Gramatiquinha
Onde vai o bom
vai também o mau
onde cabe o bem
cabe bem o mal.

Referências bibliográficas

ABBAGNANO, N. *Dicionário de filosofia*. São Paulo: Martins Fontes, 1998.

BARTHES, R. *Elementos de semiologia.* São Paulo: Cultrix, 1988.

BLANCHE, R. *Les structures intellectuelles.* Paris: Librarie Philosophique J. Vrin, 1969.

CHOMSKY, N. *Syntactic structures*. Haia & Paris: Mouton, 1957.

GREIMAS, A. J. *Du sens*. Paris: Editions du Seuil, 1970, p. 135.

JAKOBSON, R.; HALLE, M. *Fundamentals of language*. Haia: Mouton, 1956.

LEACH, E. *As ideias de Lévi-Strauss*. São Paulo: Cultrix, 1977, p. 36.

A LÓGICA DA CORRUPÇÃO:
UM OLHAR PSICANALÍTICO

Marion Minerbo

O que é um olhar psicanalítico?

A psicanálise opera desconstruindo realidades, psíquicas ou sociais, recriando-as diversas, ampliando possibilidades. Não há julgamento ou valoração. Mas há subversão dos usos rotineiros de um termo, de um conceito, de uma ideia até então consensual, naturalizada em ideologia.

O primeiro e melhor exemplo da subversão de uma categoria operada pela psicanálise continua sendo a desconstrução da sexualidade. Para o senso comum, sexualidade é sinônimo de genitalidade. Mas Freud mostrou o que há de sexual no ato de chupar o dedo, no sintoma, no sonho e nas atividades sublimatórias. Por fim, mostrou que a sexualidade infantil, em seu polimorfismo e em sua pulsionalidade, está na própria raiz do psiquismo.

A abordagem psicanalítica da corrupção se afasta de uma atitude valorativa na medida em que se propõe a *desvelar a lógica* que confere à corrupção sua especificidade. Em outras palavras, o que faz com que a corrupção seja corrupção, e não algo próximo, como a perversão.

Uma psicanálise da corrupção deveria ser capaz de responder às seguintes questões: *a corrupção corrompe o quê, segundo que lógica, e com que consequências*? Uma vez efetuado esse resgate, certos modos de ser que não pareciam fazer parte do campo da corrupção mostram sê-lo – a desconstrução operada sobre a sexualidade mostrou que o ato de chupar o dedo é uma atividade autoerótica. Já outros modos de ser que inicialmente são considerados corrupção, o são apenas para o senso comum. Ainda no exemplo da sexualidade, o sexo compulsivo é erótico apenas para o senso comum: sabemos que ele é usado como uma droga para tamponar angústias arcaicas, e não por seu valor erótico. Ele é determinado por outra lógica (inconsciente), o prazer é apenas um meio para um fim medicamentoso – não faz parte do campo da sexualidade em seu sentido ampliado por Freud.

Um estudo psicanalítico sobre a corrupção requer, ainda, que se diferencie a psicanálise do divã da dos fenômenos cotidianos. Neste texto, não estamos interessados na pessoa que corrompe ou se deixa corromper, nem mesmo no que está sendo corrompido no indivíduo. Nosso foco é a corrupção enquanto *fenômeno social*, que não é um somatório de manifestações individuais, mas tem sua lógica própria, *inconsciente*, que cabe à psicanálise deslindar.

A caminho da corrupção

Consultando no *Aurélio* o verbete "corrupção", encontramos como sinônimos: putrefação, depravação, adulteração, perda da pureza ou integridade; perversão ou deterioração de princípios morais. Quanto aos usos do termo, pode-se corromper um juiz e corromper a juventude. Nossa investigação começa com os usos do termo: trata-se do mesmo processo aplicado a pessoas diferentes, o jovem e o juiz? Ou seriam processos diferentes, determinados por lógicas diversas? Talvez haja uma diferença significativa entre corromper um indivíduo e

A LÓGICA DA CORRUPÇÃO: UM OLHAR PSICANALÍTICO

corromper um representante de uma instituição. Embora a primeira seja lamentável, intuímos que a segunda tem graves repercussões, pela importância social das instituições, e da Justiça em particular.

Para investigar a chamada corrupção da juventude, recorro a um fragmento de *A filosofia na alcova* (Sade, 1999, p. 37), que ilustra bem o processo.

> Saint-Ange: Trata-se da educação de uma garota que conheci no convento [...] Dolmancé (outro libertino) e eu incutiremos em sua linda cabecinha todos os princípios da libertinagem mais desenfreada.
>
> Cavaleiro: Ah, sacana, que prazer terás educando esta criança! Como será delicioso corrompê-la, abafar num coração juvenil as sementes da virtude e de religião que suas preceptoras lhe incutiram!
>
> (Mais adiante) Eugênia: mas a virtude não se opõe a tal conduta?
>
> Dolmancé: Ah, renuncia às virtudes, Eugênia! Haverá algum sacrifício feito a estas falsas divindades que valha um só minuto dos prazeres que sentimos ultrajando-as?

A educação na alcova é um sucesso. Eugênia passa a acreditar tão sinceramente no Diabo quanto antes acreditava em Deus. Agora, a virtude é um mal a ser combatido e ser prostituta é uma honra. Tudo indica que estamos diante de um caso exemplar de corrupção da juventude. Castidade, pureza e virtudes – aqui, sinônimas de integridade moral – foram transformadas em seu exato oposto: devassidão, maldade e libertinagem. É exatamente o que o *senso comum* – que qualifica, descreve e se detém nas aparências – entende por corrupção dos valores morais.

Mas o psicanalista, que não tem um olhar valorativo sobre a castidade, percebe que o senso comum aproximou pureza sexual de pureza moral por um efeito de palavra, sem reconhecer o que há de ideológico nessa aproximação. A verdadeira *integridade moral* – esta que se opõe à corrupção no sentido forte do termo – não é ideológica. Veremos, adiante, em que consiste essa integridade.

A inversão de valores produzida pela educação na alcova ("Oh, como acolho o mal em meu coração!", diz Eugênia, recém-convertida) lembra a "saída do Édipo pela tangente", característica da perversão. O perverso não passou pelo doloroso trabalho psíquico de temer a castração e renunciar à mãe, identificando-se com o pai (entendido como suporte do simbólico). O curto-circuito do Édipo faz com que transgressão, castigo e renúncia não signifiquem rigorosamente nada para essa forma de subjetividade. Ao contrário do neurótico, ele não reconhece a Lei. Do seu ponto de vista, a transgressão é um valor. É importante notar que, embora invertida, há uma moral particular, e o perverso está inteiramente comprometido com ela (novamente: "Oh, como acolho o mal em meu coração!"). Nesse sentido, ele age de boa-fé: tanto acredita no que diz como se conduz de acordo com suas convicções. O perverso é incorruptível: jamais aceitaria suborno para abandonar sua fé. Essa breve análise é suficiente para mostrar que a corrupção de um jovem só o é no sentido fraco do termo; é um mero adjetivo que nos remete à lógica da perversão.

A lógica da corrupção

O que seria então a corrupção no sentido forte do termo? Passando de Sade a Diderot (1973), vejamos o que nos ensina *A religiosa*.

Suzanne Simonin é uma moça cheia de qualidades, porém filha bastarda da Sra. Simonin e prova viva do pecado materno. Sua existência é altamente inconveniente, de modo que a família gostaria que ela desaparecesse para sempre num convento qualquer. Embora temente a Deus, ela não sente a menor inclinação para vida no claustro. Ao contrário, é por temer a Deus e amar a verdade acima de tudo que recusa a hipocrisia de entrar para o convento. Certa madre superiora recebe um dinheiro para "convencer" – ou, em último caso, obrigar –

A LÓGICA DA CORRUPÇÃO: UM OLHAR PSICANALÍTICO

Suzanne a entrar para a vida monástica. A jovem acaba cedendo, mas se arrepende pouco depois. Agindo de boa-fé, em acordo com sua consciência, decide pedir a anulação dos votos, o que contraria os interesses do convento. A moça é "torturada" (submetida a jejuns prolongados, claustros intermináveis, banhos de água fria, tudo para exorcizar o "demônio") para que desista de seu projeto. Como sobrevive, Suzanne acaba sendo transferida para um segundo convento. Ali a superiora se apaixona por ela e deseja torná-la sua amante. O diálogo que nos interessa é o seguinte:

> Superiora: E eu não sou sua madre querida?
>
> Suzanne: É, mas isso que a senhora me pede é proibido.
>
> Superiora: Querida amiga, sou eu que o proíbo às outras, e que o permito e o peço a ti.

Suzanne resiste e se mantém fiel a si mesma, mesmo quando percebe que a madre superiora enlouqueceu e está morrendo de amor. É isso integridade moral.

No primeiro convento, temos a ação de um *lobby* (grupo de pessoas que faz pressão para obter privilégios ou defender seus interesses): a madre superiora convoca as demais freiras para impedir Suzanne de obter a anulação dos votos, o que abriria um perigoso precedente em prejuízo do convento. Para demovê-la, "torturam" a pobre moça. Elas agem legalmente (jejuns, claustro, etc.), porém contrariando o espírito da lei e, principalmente, sustentando uma verdade parcial ou mesmo uma mentira (Suzanne estaria possuída pelo demônio). Há dois códigos superpostos: o religioso e o dos interesses (econômicos?) do convento. O *lobby* ainda não é a corrupção no sentido forte, pois faz, *abertamente*, parte do jogo.

É apenas no segundo convento, onde a superiora apaixonada diz que "sou eu que o proíbo às outras, e que o permito e o peço a ti", é que encontramos realmente a lógica da corrupção. Diferentemente da perversão, aqui existe, sim, uma lei: a homossexualidade é proibida no convento. Na primeira parte de sua fala, ela se reconhece ocupando o lugar de suporte dela: "Sou eu que o proíbo às outras". Defende a moral religiosa. Mas, na segunda, "sou eu que o permito e o peço a ti", defende a moral da paixão. O discurso cínico reconhece a lei enquanto tal, porém sustenta um descompromisso com ela. Como veremos, ele acaba por instituir a imoralidade.

A madre viola, em benefício próprio, a lei que deveria encarnar, contando com a impunidade que a função pública lhe garante. O problema surge, portanto, quando ela sustenta ao mesmo tempo duas lógicas incompatíveis: a religiosa, que rege sua vida pública, e a amorosa, que rege a vida privada. Como consequência, temos a corrupção de ambas: do ponto de vista religioso, a homossexualidade não é compatível com a moral do "casamento com Cristo" que sustenta essa instituição; e, do ponto de vista da paixão, a moral da entrega amorosa não é compatível com a coação. Instala-se a imoralidade, pois a superiora afronta simultaneamente a moral pública e a privada.

Eis nossa primeira conclusão: *o que se corrompe, quando a superiora sustenta, simultaneamente, duas lógicas contraditórias (a pública e a privada), são os dois sistemas simbólicos envolvidos. A moral de ambos é corrompida, e em seu lugar institui-se a imoralidade.*

E a segunda: *inversamente, a integridade moral pode ser definida como a recusa, por parte do sujeito, a sustentar simultaneamente duas lógicas contraditórias. O sujeito íntegro é aquele que se vê confrontado com a exigência de uma renúncia: no caso da madre, ou ela renuncia à sua posição pública para poder amar Suzanne, ou renuncia ao amor para continuar representando os valores da instituição. A integridade moral faz parte da lógica da tragédia.*

A mesma lógica pode ser encontrada em Sade, quando ele nos conta que Eugênia parte para seu destino com a anuência do pai e a conivência da mãe. O pai fechou os olhos depois de ter sido subornado por Saint Ange, que se entregou a ele. A mãe tentou se opor, mas se calou com medo do pai. Foi conivente. Subornar os fortes e atemorizar os fracos é o primeiro passo para a institucionalização da corrupção.

O pai de Eugênia, tal como a superiora de Diderot, sustenta ao mesmo tempo sua posição de pai e seu interesse pessoal em usufruir dos favores da libertina. A mãe age da mesma maneira: prefere salvar a pele a salvar a filha. Corrompeu-se o sistema familiar. Sade é cruel, mas consequente: Eugênia acaba matando sua mãe. O mais interessante é que não se trata de um matricídio à la Édipo, pois não há propriamente conflitos – ódio, ciúme, inveja, rivalidade, vingança – relacionados aos lugares simbólicos que as duas ocupam na estrutura familiar. Eugênia a mata simplesmente porque a velha se tornou um estorvo. E antes de matá-la, pergunta: "Que laços me prendem à mulher que me pariu?". Ela tem razão. A mulher já não é sua mãe: é apenas um corpo que a pariu. A corrupção da função paterna e materna, ao fim e ao cabo, leva à sua morte. Não necessariamente a uma morte concreta – embora esse tipo de crime venha acontecendo cada vez mais no mundo contemporâneo –, mas certamente a uma morte simbólica.

A ideia de morte simbólica é importante. Os lugares, as funções, as representações e os afetos que cercam os significantes "pai", "mãe" e "filha" (amor, respeito, ódio, culpa, gratidão, cuidados, etc.) devem-se à lógica simbólica, que faz de um grupo de pessoas uma família. Fora dessa lógica, tais palavras são sons ocos e vazios de significação afetiva e efetiva. Os pais de Eugênia podem tratá-la bem ou serem cruéis. Esta pode ser uma boa filha ou mesmo matar os pais. Pode até haver morte concreta, mas não há morte simbólica, porque em todos esses casos os lugares simbólicos são *reconhecidos* enquanto tais por todos os membros da família.

Entretanto, a corrupção do sistema faz com que ele deixe de existir. Eugênia deixa de ter pais, não no sentido biológico, evidentemente, mas no sentido simbólico, isto é, no nível da linguagem. *Uma mulher a colocou no mundo,* eis a que ficou reduzido o significante "mãe", completamente esvaziado de sua carga afetiva. Talvez seja o caso da jovem paulistana Suzane von Richthofen, que planejou, com a cumplicidade do namorado, o assassinato de seus pais. Dessa perspectiva, não se pode falar em matricídio, que implica matar a mãe enquanto mãe. Esse assassinato é um "simples" homicídio, isto é, elimina-se uma pessoa que tem a particularidade de tê-la posto no mundo.

Fratura e reconstrução do laço simbólico

Qualquer sistema simbólico, por ser uma virtualidade, necessita de suportes concretos e ocasiões concretas para existir. A cada vez que um juiz julga de acordo com os códigos da Justiça (mesmo que sua sentença seja injusta), e que sua sentença é acatada e cumprida, a ideia de Justiça tem continuidade. Em outras palavras, quanto mais as práticas cotidianas confirmam os códigos, mais o conceito de justiça se fortalece e se reproduz, consolidando o lastro necessário para continuar constituindo aspectos essenciais da nossa subjetividade. Continuamos acreditando na Justiça e nos comportando de acordo com essa crença. A instituição continua viva.

Ao contrário, quando o representante emblemático de uma instituição (juiz, madre superiora, pais, educadores, médicos) sustenta, simultaneamente, uma lógica pública, e outra ligada a interesses pessoais, as duas se corrompem. Como consequência, o vínculo até então naturalizado entre o significante "juiz" e o significado "justiça" vai se enfraquecendo, até que, no limite, dissolve-se e se desnatura. Há uma *fratura do símbolo*. O juiz deixa de simbolizar Justiça. A instituição se enfraquece ou morre.

Segue-se um efeito dominó, em que todas as palavras perdem o lastro que a instituição viva e o símbolo forte garantiam. Há um *esvaziamento semântico*. As palavras que eram determinadas por aquele sistema se esvaziam de significação. A toga e a beca, por exemplo, tornam-se engraçadas, fantasia de carnaval, em lugar de inspirar um temor respeitoso. As palavras: "réu", "culpa", "transgressão", "punição", "lei", "justiça", ainda existem, mas já não significam. Não são mais *significações operantes* (a expressão é de Castoriadis) – uma significação é operante quando tem o poder de produzir subjetividade. As subjetividades aí constituídas – o modo de ser, pensar, agir e de sentir das pessoas – já não serão determinadas pelas significações ligadas a esse sistema simbólico. Quando um juiz aceita suborno, coloca em andamento um processo que culmina na *corrupção do sistema* que ele representava.

O mais grave, porém, ainda está por vir. O laço simbólico fraturado tende a se refazer, ligando o mesmo significante a um novo significado. Por exemplo, o significante "Justiça" pode agora ligar-se ao significado "terminar em pizza". A consequência desse novo laço é que a sensibilidade das pessoas com relação ao tema se altera. A subjetividade constituída no, e por, esse novo laço passa a achar normal a impunidade. Institui-se outra moralidade, isto é, uma nova sensibilidade diante dos mesmos fatos.

A lógica da corrupção em outras instituições

Propusemos no início algumas questões: a corrupção corrompe o quê, segundo que lógica, e com que consequências. Concluímos que a *lógica da corrupção é aquela que faz com que um representante de uma instituição sustente simultaneamente duas lógicas contraditórias, a pública e a privada, resultando na corrupção de ambas as morais, e na instituição da imoralidade.* Dissemos também que, ao olhar psicanalítico, certos modos de ser, que não pareciam fazer parte do campo da corrupção, mostram sê-lo, enquanto outros o são apenas para o senso comum (como a "corrupção" do jovem). Ficou faltando mostrar um caso que não parece fazer parte desse campo – pois não apresenta os elementos mais explícitos do que normalmente se conhece como corrupção –, mas que, sendo determinado pela mesma lógica, apresenta os mesmos efeitos: fratura do símbolo, esvaziamento semântico e alteração da sensibilidade.

Tivemos a oportunidade de fazer um trabalho de observação dentro de salas de aula de uma escola pública. Os professores se queixavam de indisciplina. Verificamos que, para boa parte dos alunos, palavras como aprender, estudar, profissão, futuro, sala de aula não significavam rigorosamente nada. Não é de se admirar que os alunos sequer conseguissem ficar sentados durante as aulas, quanto mais prestar atenção e estudar. Para o senso comum, trata-se de indisciplina, mas a lógica que determina esse comportamento é a do esvaziamento semântico e a consequente alteração na sensibilidade.

Como tudo isso começou? Segundo os professores, foi quando as "autoridades" aboliram arbitrariamente, por decreto, a "repetência". Alegou-se que todos os alunos devem "passar de ano", para evitar a evasão escolar. Mas os professores se sentiram – e foram – desautorizados por esse decreto, tanto quanto um juiz cuja sentença fosse subitamente anulada por decreto. O professor deixou de ocupar o lugar que lhe cabia no sistema educativo, qual seja, o de avaliar se o aluno aprendeu, e se está – ou não – em condições de passar de ano. Ele foi obrigado a sustentar outra lógica contraditória com essa, que é a da *não evasão escolar*. Não se trata, propriamente, de uma lógica privada, em benefício próprio, como no caso do juiz, da madre superiora e dos pais de Eugênia. Ainda assim, trata-se de uma lógica em benefício "próprio" das autoridades. Estas sabem que deveriam encontrar uma solução real para o problema da evasão escolar, em lugar da pseudossolução, via decreto, que desautoriza o educador.

Enfim, quando o professor é obrigado a sustentar duas lógicas contraditórias, a de educador e a de cúmplice involuntário das autoridades que se furtam às suas responsabilidades, o sistema educacional se corrompe. A fragilidade do símbolo tem efeitos visíveis na sala de aula: o professor não representa mais uma autoridade educadora digna de respeito, e, reciprocamente, o lugar simbólico do aluno se esvazia de sentido – ele literalmente não sabe para que está lá, nem para que estudar aquelas matérias. Como dissemos, houve um esvaziamento semântico. Palavras como ensinar, aprender, futuro, respeito, responsabilidade, não significam nada para esses jovens.

O laço simbólico, contudo, refez-se, dando origem a uma nova sensibilidade. Os alunos não se evadiram da escola, mas passaram a ter ali a experiência de um local de encontro multiuso. Enquanto o professor tentava explicar a matéria, notamos na sala de aula jovens escutando *walkman* com fones de ouvido; outros, jogando bola entre as carteiras; um grupinho fofocando sobre o fim de semana; um casal namorando; um ou dois, dormindo; alguns prestando atenção e participando da aula. Por incrível que pareça, até sexo acontece durante a aula: um professor nos contou que viu uma aluna masturbando um aluno no "fundão" de sua sala. Esse modo de usar a sala de aula só é possível graças à nova sensibilidade de que estamos falando, tão diferente daquela que acompanhava o sistema escolar, tal como nós o conhecemos até os anos 1980. Diante disso, só resta aos professores fingirem que ensinam, enquanto os alunos fingem que aprendem.

A fragilidade do símbolo e a pós-modernidade

A lógica da fragilidade do símbolo determina uma série de fenômenos que parecem caracterizar o que se tem chamado de pós-modernidade.

Há um tipo de *violência lúdica* adolescente, antecipada pelo filme *Laranja mecânica*, em 1971, que tenho estudado com o nome de *reality game,* híbrido de *reality show* e videogame (Minerbo, 2007b). No filme, Alex e sua gangue brincam de "horror*show*" e de "ultraviolência", atacando e matando pessoas durante uma noitada. É uma brincadeira, mas os "peões do jogo", isto é, as pessoas, são mortas "de verdade". A dimensão propriamente simbólica do jogo se perdeu. A semelhança com o crime dos adolescentes que atearam fogo a um índio em Brasília durante a noitada, ou a gangue carioca que atacou uma doméstica no ponto do ônibus voltando da balada, é gritante. Recentemente, aliás, após a parada *gay* em São Paulo, um jovem que esfaqueou um turista francês declarou fazer parte de um grupo que se inspirava nesse filme para suas ações, alvejando homossexuais e estrangeiros.

Ainda no campo da violência, há uma incidência crescente de filhos que matam pais e vice-versa (Minerbo, 2007a). Esses crimes parecem dever-se mais a um esvaziamento semântico do que a conflitos edipianos. O significante "mãe", atualmente, tem se ligado ao significado "mala sem alça", gíria adolescente que significa pessoa sem utilidade, descartável. Citei neste texto o crime de Eugênia, que mata sua mãe perguntando-se: "Que laços me prendem à mulher que me pôs no mundo?". Há uma semelhança inequívoca com o crime de Suzane Von Richthofen, para citar apenas o mais comentado pela mídia.

Um novo tipo de lazer tipicamente pós-moderno, o *reality show*, transforma o defeito em virtude. O sucesso desses programas se deve ao fato de não sabermos quanto de representação e quanto de realidade há ali. O *reality show* é um programa, um espetáculo, mas ao mesmo tempo é "de verdade". Em *Extreme makeover* seguimos o "antes e o depois" de pessoas que realmente se submetem a cirurgias plásticas. Outros programas reformam a casa do competidor, ou o guarda-roupa, ou mesmo sua atividade profissional. *Supernanny* leva uma babá a famílias que não conseguem educar os filhos, enquanto em outro programa há troca de mães, que fazem um "intercâmbio" de famílias durante algum tempo. Outros, ainda, mostram ao vivo, num *show*, o processo de seleção de desempregados que sairão de lá com um emprego de verdade (*O aprendiz*). No *Big brother Brasil*, pessoas comuns *representam pessoas comuns* – representam a si próprios –, lutando pela ascensão social por meio da celebridade instantânea, o que acontece "de verdade" com o vencedor (Minerbo, 2007c). Não é de espantar que tais programas façam sucesso.

Finalmente, há uma corrente artística chamada *body art* em que o suporte do artista é o corpo. Essa forma de arte parece fazer a crítica da fragilidade do símbolo. Marc Quinn, um artista inglês, fez uma escultura de seu busto, usando 5 litros do seu próprio sangue, e denominou-a *Self*. Pintou quadros com as próprias fezes, e denominou-os *Shit painting*. Trata-se de representação, são obras que estão num museu, mas ao mesmo tempo são "de verdade". É como se ele não acreditasse no poder de outro material de simbolizar a si mesmo, tendo que recorrer a uma parte de seu corpo para tanto (Minerbo, 2007a). Esteve em cartaz, recentemente, em São Paulo, uma exposição intitulada "Corpo humano, real e fascinante" (julho de 2007). Eram cadáveres "de verdade", porém submetidos a procedimentos estetizantes, isto é, transformados em arte.

Uma conclusão que se abre

Concluímos a análise sobre a corrupção dos sistemas simbólicos com a menção a alguns fenômenos determinados pela fragilidade do símbolo que caracterizam a pós-modernidade. Nossa análise vai ao encontro de Lyotard, quando ele define a pós-modernidade como uma *descrença* generalizada nas grandes narrativas que organizavam nossa sociedade – narrativas essas que constituíam a subjetividade moderna. As grandes narrativas eram produzidas e sustentadas por algumas instituições que caracterizavam a cultura moderna. Parece que, com a "morte de Deus", não foi apenas a instituição religiosa que perdeu seu lastro de transcendência. Esse fato parece ter afetado outras instituições: se um juiz aceita suborno, é porque ele já não *acredita* na Justiça de forma quase transcendente. O sistema todo se corrompe, levando a um descrédito crescente na instituição, num movimento dialético em que novos juízes aceitarão suborno, e assim por diante.

Para finalizar, lanço uma hipótese para futuras investigações. A forma psicopatológica típica de uma cultura que acredita demais nas suas instituições é a neurose: o laço simbólico que une significantes e significado é excessivamente rígido, o que restringe as possibilidades de ser a umas poucas formas consensuais. A análise procura afrouxar um pouco esse laço e devolver alguma mobilidade ao psiquismo. Já a forma psicopatológica de uma cultura que não acredita em suas instituições é a *não neurose*. O que a caracteriza é a fragilidade do laço simbólico, que tende a se desfazer à menor tensão, permitindo que a violência pulsional circule livremente produzindo um amplo espectro de sintomas.

O sofrimento decorrente da fratura do símbolo não se deve, como na neurose, a uma restrição das formas de ser. Ao contrário, quanto a isso há uma enorme variedade. Há famílias de todos os tipos, amores de todos os tipos; inventou-se, na arte, a instalação e a *body art*; há novas formas de trabalhar e produzir, novas áreas de atuação, etc. Essa variedade será um ganho, vivido como liberdade, ou uma perda, vivida como anomia, dependendo do ponto de vista de quem a vive e julga.

O que o psicanalista observa, contudo, é que a fragilidade do símbolo produziu duas novas formas de sofrer. A que decorre de uma violência pulsional que não pode contar com a malha simbólica – própria ao sujeito psíquico ou social – para contê-la, dando-lhe algum sentido e assim diminuindo a necessidade de atuá-la no real de maneira crua, direta e impulsiva. E a que decorre da falta de sentido de ser. Esta produz um vazio existencial que tem sido diagnosticado como "depressão". A *miséria simbólica* tem produzido, cada vez mais, formas de subjetividade que, em maior ou menor grau, estão incapacitadas para a vida.

Referências bibliográficas

DIDEROT. *A Religiosa*. São Paulo: Círculo do Livro, 1973.

MINERBO, M. Que vantagem Maria Leva? – um olhar psicanalítico sobre a corrupção. *Percurso*. São Paulo, nº 24, 2000.

_____. Crimes contemporâneos: uma interpretação. *Percurso*. São Paulo, nº 38, 2007a.

_____. Reality game: violência contemporânea e desnaturação da linguagem. *Revista IDE*. São Paulo, vol. 30, nº 44, 2007b.

_____. Big Brother Brasil, a gladiatura pós-moderna. *Revista Psicologia USP*. São Paulo, 2007c.

SADE, Marquês de. *A Filosofia na Alcova.* São Paulo: Iluminuras, 1999.

AS VÁRIAS DIMENSÕES DO MEDO

Ignácio Gerber

O texto que se segue pretende ser a exposição de uma série de ideias que vêm me acompanhando há certo tempo. Todas, eu diria, discutíveis, talvez até polêmicas. Em relação a algumas das apresentadas aqui, tenho uma convicção maior: eu as vivo e percebo dentro de minha experiência, eu as sinto, mesmo que intuitivamente, como muito fortes e consistentes. Algumas outras, ainda, são ideias que me deixam perplexo o tempo inteiro, mas penso que não é possível descartá-las, já que parecem ter algum sentido. Na verdade, nem sempre sei com certeza se qualquer afirmação minha se encaixa no primeiro ou no segundo caso.

Inicialmente, gostaria de falar do *medo* como um dos afetos primordiais, talvez como um afeto intermediário entre o amor e o ódio. A *experiência emocional de medo* entre os humanos é perene: uma velha conhecida de todos nós; entretanto, se pensarmos na literatura psicanalítica de modo geral, parece que o lugar dado ao medo para a compreensão dos fenômenos psíquicos não é tão grande quanto a ênfase que, a meu ver, esse afeto mereceria. Fala-se muito no dualismo amor-ódio e como todos os outros afetos seriam apenas derivações desses dois polos opostos afetivos primordiais. Gostaria de repensar um pouco esse modelo de compreensão.

É digno de nota que em grande parte dos textos psicanalíticos, em especial nos textos metapsicológicos de Freud e também de seus seguidores, existe por princípio e quase invariavelmente um *dualismo*. Não será possível aprofundar-mos essa questão aqui, mas é algo de importância crucial a ser pensado, isto é, o quanto encaramos as coisas de um ponto de vista dualístico: ou é uma coisa ou é outra. É só nos lembrarmos de todo aquele debate entre Jung e Freud sobre a existência de um instinto básico, uma libido, uma energia vital única ou de dois instintos básicos distintos um do outro. Essa é uma discussão antiga e bastante complexa, no entanto, parece-me que ficar pautado em uma lógica puramente dualista contraria a coisa principal da psicanálise: a postulação do Inconsciente. O princípio básico de funcionamento do Inconsciente é, em última instância, exatamente assumir e admitir a contradição, aceitar a *simultaneidade contraditória de processos monistas e dualistas*. E, indo um pouco além, *ser capaz de lidar com o medo* tem a ver com a nossa capacidade de suportar a existência de dados contraditórios e tolerar situações das quais nós não temos *controle* e, provavelmente, jamais teremos.

Prosseguindo com a questão do dualismo, não é novidade para ninguém que Freud, no decorrer de sua obra, pensou toda uma série de formulações dua-lísticas conflitantes: Consciente *versus* Inconsciente, instinto de autopreservação *versus* instinto erótico, princípio de prazer *versus* princípio de realidade, etc., até chegar à sua formulação final: o dualismo entre pulsão de vida *versus* pulsão de morte. Nos escritos finais de Freud – em "*An Outline of Psychoanalisys*", de 1938, por exemplo –, essa formulação ganha um sentido muito claro: nesse ponto da obra, é possível reconhecer sem qualquer dificuldade a divisão entre *pulsão de união* (correspondente à chamada *pulsão de vida*) e *pulsão de separação* (cor-respondente à chamada *pulsão de morte*). Eros, amor, a pulsão de vida é o que une as coisas, e Tânatos, destruição, pulsão de morte é o que separa as coi-sas. Vale ressaltar como essa ideia da existência concomitante e articulada de uma força que busca a união e de outra que busca a separação nos remete a uma velha frase que vem de Heráclito – filósofo pré-socrático grego – e vai chegar a Niels Bohr, físico quântico: *os opostos são complementares*. Isso, para mim, é um pensamento básico da psicanálise; ou seja, não existe isto é bom e isto é ruim. Os opostos são complementares, dependem um do outro. Sendo assim, pulsão de vida e pulsão de morte são apenas duas visões de um mesmo conjunto de coisas: unir e separar. *É preciso separar para compreender a união e é preciso unir para compreender a separação.*

Todavia, pelo menos assim me parece, a pulsão de unir é, de alguma maneira, anterior à pulsão de separar. Nesse ponto, destaco que essa é uma hipótese que faz sentido para mim, mas tenho claro que é algo bastante discutível.

Freud falava em herança arcaica, em fantasias primárias, ou seja, conteúdos filogeneticamente herdados que se expressariam na constituição de cada ser humano, na ontogênese. Bion, mais adiante na história da psicanálise, trabalhou isso de uma maneira interessante, ele falou nas chamadas *preconcepções*. O que ele entendia por preconcepções? Aquilo com que qualquer bebê já nasce, a expectativa que ele tem do que vai encontrar após o seu nascimento e, até mesmo, antes disso, já na vida uterina. Por exemplo, Bion retomou uma preconcepção básica, isto é, a *preconcepção do seio.* A criança já nasce esperando encontrar um seio, o seio da mãe.

Freud afirmava que, ao sugar o polegar, o bebê estaria alucinando o seio na ausência deste. No entanto, isso, em tese, só poderia ocorrer após uma experiência concreta com o seio e não antes disso. Algumas evoluções tecnológicas – como ultrassonografias, visões das crianças dentro do útero, etc. – levaram-nos a repensar essa hipótese freudiana. Pelos ultrassons intrauterinos é possível observar que o bebê já chupa o dedo e já faz o movimento de sucção dentro do útero materno, ou seja, ele já está exercitando uma atividade futura que, portanto, já está inscrita de alguma maneira nele. Então, a ideia de uma preconcepção do seio é absolutamente pertinente.

É possível ir além e pensar a preconcepção de seio como uma expectativa inata do bebê em ser aceito no *seio da humanidade*, isto é, o seio deixa de ser um objeto apenas concreto e passa a ser também uma experiência simbólica. Isso nos remete à Melanie Klein e à ideia de que o seio não é só o seio que dá leite, é o seio que dá amor, é o seio que dá calor, é o seio que dá proximidade e é o seio que dá *pertinência* ao grupo humano.

Em outro salto na mesma direção, podemos pensar na ideia freudiana da horda primeva. Sim, o homem é um animal gregário, não temos mais nenhuma dúvida sobre isso. Existe uma *preconcepção de humanidade* porque o ser humano simplesmente não subsiste sozinho; não só por uma questão de sobrevivência física, mas por uma questão de sobrevivência psíquica e afetiva. O ser humano precisa do amor dos seus pares, sem o amor destes ele não sobrevive. Defendo que *o bebê já nasce imerso numa totalidade, ele já espera por isso, ele não está isolado do mundo.*

Então, qual é a minha ideia em relação ao amor? A minha hipótese é que *o amor é o afeto primordial*, que toda criança já nasce com um potencial de amar e com uma expectativa de ser amada. E essa expectativa de amor está presente nas duas gestações pelas quais o ser humano passa, diferentemente dos animais, que passam apenas pela gestação intrauterina. Provavelmente, muitos de nós já tivemos a experiência de observar um cavalinho nascer, é uma coisa espantosa! Ele nasce, fica junto da mãe e, rapidamente, lá está ele sobre as quatro patas e, logo, está andando por ali, cheirando, etc. Já no ser humano, as coisas são um pouco mais complexas, há uma segunda gestação fora do útero que é a *gestação simbólica de inserção na humanidade.* Então, seja na primeira gestação, seja na segunda, é claro que o que a criança capta não são apenas os traços maternos; em última instância, o que ela capta é o *acolhimento da mãe, representante contingente do acolhimento da humanidade.*

Seguindo essa linha de pensamento, o bebê nasce com potencial de amor e quando este, por alguma razão, é frustrado, não é correspondido, *o primeiro afeto que surge é o medo e não o ódio.* Antes que se instale a relação de ódio, o que se instala é uma relação de medo. O medo é a segunda emoção básica fundamental, e o ódio deriva do medo. O que estou propondo é a ideia de amor como afeto básico que, quando não se desenvolve, cria o medo da perda do amor, do acolhimento: e esse é o medo básico que vai criar todos os outros medos aos quais nós estamos submetidos. E o medo da perda de amor, do acolhimento, é que vai levar ao ódio e, consequentemente, à violência.

Essa questão do medo me faz mudar toda uma visão possível do ser humano e, mesmo, a própria visão da pulsão de morte como algo ruim, como um potencial

AS VÁRIAS DIMENSÕES DO MEDO

destrutivo que, inevitavelmente, carregamos conosco. Reparem, essa é uma posição muito mais generosa sobre o ser humano, mas nem por isso menos verdadeira.

O renomado físico atômico Roger Penrose, que colaborou com Stephen Hawking em vários trabalhos, escreveu um livro muito interessante chamado *The large, the small and the human mind* (1997), no qual relaciona conceitos da física quântica, da cosmologia e da mente humana. Em um dos capítulos, ele analisa as teorias sobre a origem e o destino do cosmos; basicamente, três teorias: uma postulando o fim do universo a partir de uma expansão constante iniciada no *big-bang*, outra prevendo uma reversão do movimento de expansão do universo para uma contração deste levando ao fim (*big-crunch*) e uma terceira que propõe ciclos alternados de expansão e contração, levando a um equilíbrio. Penrose expõe um detalhado e minucioso raciocínio teórico defendendo essa última hipótese e, após essa demonstração rigorosa, apresenta seu argumento decisivo e final em favor de sua hipótese preferida: "Essa é a que eu mais gosto". Uma afirmação como essa, que, em tempos passados, poderia ser desprezada como um simples "achismo", passa a ser considerada hoje um fator científico respeitável na tentativa de comprovação de uma hipótese.

Se pensarmos nos grandes atos racistas da história da humanidade, nas ditaduras, nas exclusões brutais de alguns grupos humanos, qual era o principal motor afetivo em jogo? Não tenho dúvida de que as coisas surgiram do medo, do medo do diferente, do estranho, do desconhecido, do incontrolável. Vemos algo interessante no caso das ditaduras, inclusive na ditadura brasileira de anos atrás: talvez mais do que a violência, era o medo que se instalava, independentemente de você ter feito alguma coisa ou não, de você ter alguma ligação ou não, era aquele medo do que aconteceria amanhã.

Utilizo duas citações de Freud do texto "*An Outline of Psychoanalysis*" (1938) que, no meu modo de ver, comprovam a ideia do amor e do medo da perda do amor e do acolhimento como afetos primordiais:

> As crianças estão protegidas tanto dos perigos quanto das ameaças do mundo externo pela solicitude dos pais. Elas pagam por

essa segurança com o medo da perda do amor que as deixaria desamparadas ante os perigos do mundo externo (p. 200).

Algumas páginas adiante:

Na medida que o ego funciona em completa harmonia com o superego, não é fácil distinguir entre essas duas manifestações; mas as tensões e os confrontos entre eles tornam as diferenças claramente visíveis. Os tormentos causados pelas reprovações, pelas cobranças da consciência, correspondem, precisamente, ao medo da criança da perda do amor (p. 206).

Parece-me, então, que a virulência do superego, como Freud a colocou, seria um produto do medo da perda de amor. O medo da perda de acolhimento e reconhecimento pelo outro (inicialmente, pelas figuras parentais) seria, no decorrer do desenvolvimento psíquico, depositado nessa agência moral; e seria por isso que o superego, muitas vezes, seria sentido como muito áspero, rigoroso e temível. Lembrando que, a partir da conceituação do superego, Freud formulou o chamado ideal de ego, ou seja, paralelamente a uma instância que diria o que *não devemos* fazer, haveria também uma instância que diria o que *devemos* fazer *para sermos amados, acolhidos e reconhecidos*. Sendo assim, em última instância, o superego e o ideal de ego são mecanismos de defesa contra o medo de perder todas essas coisas que nos são tão essenciais para nos sentirmos parte da humanidade.

A partir desse reconhecimento da necessidade veemente do humano de se sentir incluído em um todo, podemos seguir adiante e reconhecer que *o medo da morte, em última instância, é fruto do medo da exclusão*. Todos nós sabemos a partir de nossa experiência, seja como analistas, seja como analisandos, que, *no final das contas, o medo fundamental é o medo da morte*; mais cedo ou mais tarde, essa

AS VÁRIAS DIMENSÕES DO MEDO

questão acaba surgindo em qualquer processo de análise. Começa-se com os medos mais diversos, localizados, pontuais e, por fim, de alguma maneira, chega-se lá.

Todavia, será que o medo maior que está em jogo é o medo da morte? Pensemos assim: se um cometa ou um grande meteoro se chocasse contra o planeta Terra e, de repente, amanhã acabasse tudo, como nós nos sentiríamos? Claro, se soubéssemos de antemão que isso iria ocorrer, cada um tentaria elaborar o inevitável destino dentro de si e à sua maneira. Sim, seria uma tragédia, mas talvez não fosse sentida como uma tragédia tão grande quanto a ideia de nossa morte individual. É mais ou menos assim: se o planeta inteiro for destruído, a festa acabou para todos. Seria uma pena, a festa estava tão boa... mas, pior que isso, seria ir embora da festa e ficar ouvindo a música de longe – quem tem filho adolescente sabe exatamente do que eu estou falando.

Em termos do medo da exclusão, há uma situação de medo que pode ser ainda pior: é o medo de ficar sozinho no meio das pessoas, situação em que *a exclusão fica explícita*. Para exemplificar isso, é só pensarmos na solidão do homem urbano contemporâneo, nas nossas grandes cidades, a absoluta solidão no meio de uma multidão de pessoas. Outro exemplo dessa solidão no meio de um grupo que, muito provavelmente, todos nós já experienciamos ou assistimos é a brincadeira entre três crianças. O pior número de crianças para brincar é três – claro, há uma referência explícita aí à questão da exclusão edípica, a essência do Édipo é a existência de três partes –, isso porque, se três crianças estão brincando, basta que duas delas façam uma aliança para que a outra fique radicalmente excluída e solitária. Diante disso, é inevitável, sempre alguém termina chorando. Se são quatro crianças, já existe a possibilidade de dois partidos.

O que quero ressaltar com tudo isso é o *sentimento de exclusão como talvez o mais terrorífico para o humano, talvez até mais que o medo da morte em si*. É possível pensar, por exemplo, na questão dos chamados "homens-bomba". A esses homens, tomados por sua intensa convicção religiosa, é prometido que, após a morte, irão encontrar no paraíso muitas mulheres e muitos anjos, ou seja, estarão no meio de pessoas e serão profundamente admirados e amados por elas. Se considerarmos algumas ideias da continuidade da vida após a morte a partir de uma dissolução em partículas de energia do corpo material, vemos que esse é um desfecho que nos satisfaz muito menos do que a ideia de uma pós-vida no meio de outras pessoas, ou seja, *precisamos ter certeza da inclusão no meio de pares*.

Finalmente, por que a exclusão nos parece tão absolutamente terrorífica? Chegamos à ideia de desamparo ou, usando o termo freudiano, *Hilflosigkeit*, no inglês, *helplessness*. O desamparo é, simplesmente, a terrível experiência de se sentir absolutamente sozinho, desconectado, sem acolhimento e compreensão do Outro.

Por exemplo, se pensarmos na experiência de depressão, a experiência primordial é de solidão e de desamparo. Entretanto, nesse caso, nada nos acolhe, nada nos alcança, estamos sós, não podemos contar com ninguém e, mesmo que as pessoas venham falar conosco, parece que não surte efeito, é uma experiência interna, as experiências com o fora não chegam. Indo adiante, o pânico seria o limite, estou absolutamente sozinho, nada vai resolver, nada vai dar conta. E quando falo em depressão e pânico, poderíamos incluir aí também fobia, paranoia, hipocondria e assim por diante: *as várias dimensões do medo.*

Lembro de uma passagem recente com um analisando – passagens tantas vezes vividas nos processos analíticos –, em que ele dizia estar muito ansioso e, naquela circunstância, perguntei: "Você está com medo?". Ele respondeu: "Não, eu não estou com medo, estou ansioso". Às vezes, a coisa mais difícil é dizer: "Estou com medo". Sim, claro, compreendo e respeito a necessidade de uma precisão terminológica maior para distinguir as diferentes vivências afetivas, todavia, às vezes, isso nos faz esquecer que todas, em última instância, são simples variações da manifestação do medo. Fobia é medo, paranoia é medo, depressão é medo, angústia evidentemente é a manifestação de medo, não estou entrando aqui no detalhe do que é a representação e do que é puro afeto, isso é importante, mas não podemos perder a ideia principal, isto é, entrar no detalhe e esquecer do todo, como aquela história de ver a árvore e não ver o bosque.

AS VÁRIAS DIMENSÕES DO MEDO

Finalmente, para penetrarmos um pouco mais na questão do medo nas cidades contemporâneas, transcrevo um trecho de um poema de Carlos Drummond de Andrade, chamado "Congresso Internacional do Medo":

> Provisoriamente não cantaremos o amor,
> que se refugiou mais abaixo dos subterrâneos.
> Cantaremos o medo, que esteriliza os abraços,
> não cantaremos o ódio porque esse não existe,
> existe apenas o medo, nosso pai e nosso companheiro,
> o medo grande dos sertões, dos mares, dos desertos,
> o medo dos soldados, o medo das mães, o medo das igrejas,
> cantaremos o medo dos ditadores, o medo dos democratas,
> cantaremos o medo da morte e o medo de depois da morte,
> depois morreremos de medo
> e sobre nossos túmulos nascerão flores amarelas e medrosas.

Gostaria também de expor brevemente algumas contribuições feitas por Zygmunt Bauman. Não sei quantos já ouviram falar dele, é um sociólogo polonês de nascimento e que iniciou sua carreira na Universidade de Varsóvia, mas que emigrou de lá para países como Canadá, Estados Unidos e Grã-Bretanha; deu aulas na Universidade de Leeds por mais de vinte anos. Hoje, aos 84 anos, vem publicando um ou mais livros por ano, todos traduzidos para o português, com enorme aceitação seja da comunidade acadêmica, seja do grande público. Ele criou o termo *modernidade líquida* para expressar a pós-modernidade, isto é, este momento histórico em que vivemos em que todas as coisas são fluentes, são líquidas, não há mais coisas sólidas, estáveis, permanentes.

Um de seus livros chama-se *Medo líquido* e o autor o inicia com uma metáfora muito interessante; eu, pelo menos, nunca havia pensado nesses termos antes, talvez vocês também não: ele faz uma análise sobre o *reality show* "*Big brother*". Segundo Bauman, o que mais atrai os telespectadores no programa não é exatamente quem vai ser o ganhador, mas o ritual de exclusão, ou seja, são as mortes simbólicas que cada participante vai sofrendo no decorrer do programa. Em português, usa-se mesmo o termo "paredão" para se referir à situação em que alguns participantes de tempos em tempos se encontram correndo o risco de serem eliminados do programa ("Ele foi para o paredão"; "Ele está no paredão", etc.). A palavra *paredão* faz uma alusão clara ao paredão de fuzilamento. O que se assiste no programa a cada vez é a uma pessoa sendo radicalmente excluída do grupo, ou seja, ela está no meio da festa e sente que há uma ameaça permanente de ser posta para fora. Imaginemos que os próprios participantes do programa pudessem chegar a algum tipo de acordo, uma aliança que, utopicamente, os preservasse da exclusão – mas não, os próprios pares são cúmplices do ritual de "fuzilamento", planejam, em geral por baixo do pano, quem será excluído. E por que fazem isso? Porque o medo comanda as ações.

Cabe lembrar que, mesmo após várias edições repetitivas do programa, sem muitas variações entre elas, a audiência não cai, os telespectadores não se cansam. Isso porque a representação da morte pela exclusão atrai os telespectadores, que se identificam com os personagens na própria vivência vicária de exclusão e de morte: "Que alívio, não fui eu...".

Um pensador francês chamado Jean Delumeau inicia o seu livro *La peur en Occident* ("O medo no Ocidente") com uma passagem de Montaigne relatando uma de suas viagens pela Europa, mais precisamente sua chegada a Augsbourg, na época, com 60 mil habitantes, a maior e mais rica cidade do então Sagrado Império Romano. Montaigne chegou de noite em Augsbourg, convidado por algumas pessoas na cidade. A cidade era completamente cercada por altas muralhas e, ao chegar, ele precisou passar por uma ponte levadiça que atravessava um fosso; ele chegou a um portão com um comunicador, um buraco onde ele deveria dizer quem ele era, por quem havia sido convidado e ficar esperando naquele cômodo isolado e sem iluminação por bastante tempo. Até que a porta à sua frente se abriu, ele não viu ninguém, havia um mecanismo oculto, com uma roldana para abrir aquela porta, controlado internamente. Aberta aquela porta,

AS VÁRIAS DIMENSÕES DO MEDO

Montaigne entrou em outra sala escura com uma porta fechada à sua frente e a de trás, que havia sido aberta para ele passar, também se cerrou. Novamente, ele teve de falar por um comunicador qualquer, sem obter resposta, mas a segunda porta se abriu para ele. Então, ele passou por mais três ou quatro portas sem ver ninguém – embora soubesse que havia ali todo um exército armado –, até que finalmente ganhou acesso à cidade.

Sim, tudo isso ocorreu entre os séculos 14 e 16, no entanto, inevitavelmente isso nos remete aos condomínios contemporâneos, com sua tecnologia de segurança avançada, seus vidros escuros blindados e a constante sensação de que ali não há ninguém, embora, como no caso de Montaigne, haja um exército armado em alerta. Então, quais as peculiaridades do medo que sentimos nas cidades hoje em relação ao medo que era sentido pelos habitantes urbanos no passado? Poderíamos afirmar que, antigamente, a cidade se protegia contra as ameaças externas, contra inimigos para além das muralhas, contra as hostes inimigas, os bárbaros, os bandidos, etc.; dentro das próprias cidades as pessoas se sentiam protegidas. Hoje em dia, em nossas cidades contemporâneas, é dentro das cidades que está o grande perigo, cada vez mais se procura criar os condomínios fechados de prédios ou de casas, minicidades isoladas da grande metrópole.

Entretanto, por mais aparatos de segurança que existam ali nas isoladas minicidades, a sensação de segurança mesmo assim nunca é total. Até porque esses temerosos moradores precisam de servidores, funcionários excluídos, estrangeiros naquela minicidade e que, ao entrarem, podem ameaçar a fortaleza. Os intercâmbios com o mundo externo são inevitáveis e, a partir disso, surgem perguntas do tipo: "Quem está trabalhando em casa? Quem provê a nossa segurança?" – e o medo retorna com todo seu potencial angustiante e desorganizador.

Outro ponto interessante que cumpre ser ressaltado sobre a diferença entre o medo experienciado na contemporaneidade e aquele vivido no passado diz respeito à relação que os humanos foram estabelecendo com a morte com o passar do tempo. Talvez o que diminuísse a intensidade da experiência de medo antigamente era a maior familiaridade que as pessoas tinham com a morte, morrer era visto como parte da vida, algo aceito e integrado no rol de vivências emocionais humanas comuns. Por exemplo, uma mãe dava à luz a dez filhos, comumente morriam vários deles e isso era visto como um fenômeno natural. Hoje, procuramos lutar contra a morte, isolá-la e evitá-la o quanto for possível, o que, evidentemente, é desejável. No entanto, a negação da presença inevitável da morte faz crescer dentro de nós o terror em relação à finitude e nossas mais terríveis fantasias a respeito se multiplicam descontroladamente.

Temos que lidar com o medo o tempo inteiro. Lembro-me de um rabino hassídico chamado Nachman de Breslov, que lá viveu por volta de 1800, morreu aos 38 anos e vem sendo redescoberto de uns tempos para cá. Tinha ele uma sabedoria incrível para alguém que morreu tão jovem, uma de suas frases diz: "A vida é uma ponte muito estreita, o importante é não ter medo". Ou seja, é impossível não ter medo, o importante é aprender a lidar com ele. *Coragem não é não ter medo, é admitir o medo e encontrar uma forma de enfrentá-lo.*

Agradeço a colaboração da colega e amiga Anna Carolina Scheuer na elaboração da versão final deste texto.

Referências bibliográficas

ANDRADE, C. D. Congresso Internacional do Medo. In: *Sentimento do Mundo*. Rio de Janeiro: Record, 2001.

BAUMAN, Z. *Medo líquido.* Rio de Janeiro: Zahar, 2008.

DELUMEAU, J. *La Peur en Occident (XIVe-XVIIIe siècles).* Hachette Littératures: Paris, 1978.

FREUD, S. *An Outline of Psychoanalysis.* S. E. London: Hogarth Press, v. 23, 1938.

GERBER, I. O medo e a violência ou o ovo e a galinha. In: SANDLER, Paulo César *et al*. (org.). *Leituras psicanalíticas da violência.* São Paulo: SBPSP – Casa do Psicólogo, 2004.

REBBE NACHMAN OF BRESLOV. *The Empty Chair – Finding Hope and Joy.* Vermont: Jewish Lights Publishing, 1994.

PENROSE, R. *The Large, The Small and the Human Mind.* Cambridge: Cambridge University Press, 1997.

O NARRADOR DA CIDADE[1]

Ruy Castro

Cintia Buschinelli

Cintia: Ruy Castro é um escritor com estilo refinado, irreverente, e é muito difícil que o leitor de seus livros não sorria durante a leitura. Ele rouba sistematicamente um sorriso do leitor. Quem conhece seu texto sabe do que estou falando. Sua escrita tem leveza, graça e seriedade. Ruy, até o momento, tem mais de vinte livros publicados, a maioria deles biografias de personalidades marcantes da vida cultural brasileira. Considerado como um dos grandes autores atuais, da literatura brasileira, recebeu três prêmios Jabuti, entre os quais dois de Livro do Ano, por *Estrela Solitária, um brasileiro chamado Garrincha*, de 1995, e por *Carmen, uma biografia*, sobre Carmen Miranda, de 2005. Vários de seus livros foram publicados no exterior, em países como Inglaterra, Estados Unidos, Espanha, Polônia, Itália, Rússia, Japão, Alemanha e Portugal. Provavelmente, neste ano, Turquia e China.

---

[1] Transcrição e edição do Café Cultural na SBPSP, realizado no dia 10 de maio de 2008.

A PSICANÁLISE NAS TRAMAS DA CIDADE

Em relação ao tema da nossa conversa de hoje – Ruy Castro, o narrador das cidades –, podemos dizer que ele retrata as cidades de uma forma muito peculiar. As cidades, em seus livros, não são pano de fundo para que se destaque a vida de seus personagens. As cidades são, elas próprias, personagens apaixonantes que interagem com as vidas ali descritas com a mais profunda intimidade. Particularmente, o Rio de Janeiro, sempre presente na sua obra. Mesmo quando os personagens relatados têm origem em outro lugar, é a partir do Rio que nós os reconhecemos, porque, como ele diz, ser carioca é um estado de espírito.

Ruy: Desculpe, querida, mas eu nunca disse essa frase!

Cintia: Está bem, disse eu. Você vai me contradizer daqui a pouco, mas tudo bem... Para iniciar a nossa conversa, eu trouxe dois livros que têm o Rio como personagem principal: *Carnaval no fogo*, que descreve a origem histórica do Rio, e o *Era no tempo do rei*, livro de ficção, em que Ruy apresenta D. Pedro jovem, em interação com um menino chamado Leonardo, personagem de *Memórias de um sargento de milícias*. Através dessa relação de amizade entre os dois meninos, o Rio de Janeiro aparece. Os dois livros são interessantíssimos e, para quem ainda não leu, recomendo. Antes de passar a palavra ao Ruy, vou ler um pequeno trecho do *Carnaval no fogo*. Bem no início, para não atrapalhar a leitura de quem ainda não o leu. Quem já leu, vai se lembrar um pouco. Em determinado momento do relato, Ruy apresenta Américo Vespúcio, como se ele estivesse chegando no Rio em 2003. É esse o trechinho que vou ler para vocês.

"Vespúcio veria semelhanças e diferenças na insuperável coleção de cartões-postais. A baía seria o mesmo espetáculo, só que agora, se estudada de perto, turvada por corpos estranhos, com garrafas plásticas, pneus velhos ou mil toneladas de óleo vazadas no mar de um petroleiro. O recorte do litoral continuaria um escândalo. Mas Vespúcio, que o conhecera virgem, perceberia que sofrera alterações. Aonde teriam ido parar as dezenas de mimosas enseadas, ilhotas e prainhas? Já as grandes montanhas estariam firmes, como sentinelas, embora o verde tivesse diminuído consideravelmente. A temperatura também subira pra valer. E ele ficaria louco para tirar aquelas calças justas de veludo e o casacão elisabetano. Mas nem toda a intervenção humana na paisagem seria condenada por Vespúcio. Ele certamente adoraria o bondinho preso por cabos, subindo e descendo do Pão de Açúcar. E para onde quer que olhasse, veria a explicação para tantas transformações: no lugar da aldeia de esparsas choupanas, surgira uma cidade, com prédios altos e brancos, povoada por 5,8 milhões de habitantes – naquela época – chamados de 'cariocas'. Quase todos com alma. Vespúcio também reconheceria alguns hábitos antigos: parte dos nativos ainda viveria praticamente nua, pelas praias. Em certa época do ano, não fariam outra coisa exceto cantar e dançar ao som de tambores, só que cobertos por estranhas fantasias e parecendo obedecer a uma espécie de coreografia. E os casebres, que agora tomavam o morro, pareceriam rústicos e espontâneos como as choupanas originais, com a diferença de que não seriam mais de palha, mas de madeira e alvenaria. Se descesse do avião e desse um bordejo pelas ruas, Vespúcio ver-se-ia numa cidade antiga e moderna, acolhedora e impessoal, recatada e permissiva, civilizada e bárbara, com contradições que, talvez mais do que em outra metrópole, o fariam sentir-se tanto no paraíso quanto no inferno e, mesmo para ele, habituado aos mais ferozes covis de bucaneiros, tremendamente excitante."

Você poderia começar por Vespúcio, em 2003, no Rio de Janeiro?

Ruy: Anteontem, dei uma palestra na Livraria da Vila sobre biografia e outra em um restaurante para uma turma de bacanas, clientes de um grande banco, e me perguntaram se não haveria algum personagem de São Paulo que eu gostaria de biografar. Há vários, tem muita gente importante. O problema não está na vontade de biografar, está no biógrafo, que, na verdade, seria eu. Para tratar de uma pessoa, na biografia, é preciso investir dois, três ou cinco anos na vida desse alguém. E não é só na vida daquela pessoa – que eu já imagino mais ou menos como seja e o que me levou a me interessar por ela –, que seria decisiva. Ela tem que estar cercada por outras pessoas interessantes – porque a interação dela com todo um elenco também vai tornar interessante a sua vida – e tem que ter vivido em uma época que seja interessante para mim e, principalmente, em um cenário que eu já conheça, que me dispense de estudar e de tentar conhecer – porque o cenário em que a pessoa se move é importante na condição da história. É por isso que não me animo a fazer biografias que não sejam passadas no Rio, porque teria que estudar pra burro, para aprender todos os atalhos. Por exemplo, eu tenho uma vaga informação de que o bairro de Higienópolis, nos anos 1920, era da maior importância em São Paulo. Praticamente tudo acontecia ao redor de Higienópolis, e isso não acontece mais hoje. Mas imagino que a importância de uma região em detrimento de outras – haverá muitos outros casos – é uma coisa que eu teria de estudar para aprender.

Prefiro, então, que a história se passe no Rio, porque é um território que eu conheço. Desde antes de nascer já conhecia o Rio. Conhecia através do meu pai, que morou no Rio de 1929 a 1947. Ele foi para o Rio com 19 anos de idade, foi morar na Lapa, que já estava se tornando o grande bairro boêmio do Rio e do Brasil, e passou para mim a memória de toda a sua vivência por lá. É impressionante como eu, com 4 ou 5 anos de idade, tinha um conhecimento profundo do Rio, ao qual uma criança dessa idade normalmente não teria acesso. Já fazia parte de mim. É muito confortável para mim que a história se passe no Rio. Mas o que me fascina na verdade não é só o tempo que estou vivendo, mas o mergulho no passado. A maioria dos meus livros, principalmente as biografias – Nelson Rodrigues, Garrincha e Carmen Miranda, principalmente Nelson e Garrinha –, passam-se muito na zona sul do Rio, nos anos 1950 e 1960. Embora eles tivessem uma vida importante antes disso, o apogeu das vidas deles foi nos anos 1950 e 1960, aqueles que as pessoas costumam chamar de "anos dourados". Posso garantir que na época ninguém dizia: "Ah, que maravilha! Estamos vivendo nos anos dourados!". Não havia essa consciência na época. As pessoas já reclamavam pra burro. Não tinha água, não tinha luz, já tinha violência, já havia aquela calamidade toda, todo mundo achava uma merda, principalmente nos anos 1950. Mas em comparação com o que veio depois, é claro que houve uma tendência a dourar não só a pílula, em relação à cidade, àquele tempo e ao Brasil inteiro.

Além disso, tem o problema da enorme quantidade de pessoas que eram adultas e ativas nos anos 1950 e 1960, e que eram jovens, tinham por volta de vinte anos, e estão vivas hoje: elas têm uma saudade tremenda da sua juventude e, por isso, tendem a transformar em beleza a vida deles enquanto jovens, nos anos 1950 e 1960. Na verdade, os anos 1950 e 1960 nunca foram tão bons quanto vistos de hoje. Mas, como eu estava dizendo, meus personagens normalmente têm uma tendência a ter vivido nos anos 1950 e 1960. E, até para fugir um pouco desse estigma, fico imaginando livros que me estimulem a mergulhar em outras épocas. Não em outras cidades, mas em outras épocas da cidade do Rio, o que quase significa cidades diferentes. Por isso, em 2000, fiz um livro de ficção chamado *Bilac vê estrelas,* que é uma novela passada no Rio de 1902, na época em que o prefeito Pereira Passos ia começar o "bota-abaixo". O Rio de 1902 é muito diferente do Rio de 1950, do Nelson Rodrigues ou do Garrincha. Fiz agora esse livro *Era no tempo do rei*, que é uma volta ao Rio de 1810. Outro livro, *Carnaval no fogo*, que saiu em 2003, pega 500 anos da vida do Rio, porque fui de 1502 até 2002. Muito pretensioso? Não, porque é um dos meus menores livros: tem duzentas e poucas páginas e eu tento falar de 500 anos de história da cidade. Mas, enfim, essas ideias são sempre uma maneira de não ficar muito longe de casa...

Cintia: O que você mais gosta de ler? Ficção, biografias, livros sobre o Rio?

Ruy: Há alguns anos, cheguei à conclusão de já tinha lido praticamente toda a ficção que me interessava ou que era importante para mim. Com isso, perdi um pouco o gosto pela leitura de ficção – com exceções, claro. Agora estou voltando, até pelo fato de estar tentando escrever romances. Durante muito tempo li muita biografia, uma quantidade infernal de biografias. Mas perdi também um pouco a gana pela leitura do gênero, até pelo fato de saber como se faz uma biografia. De repente, começo a ver os defeitos das biografias alheias – e tem livros que abandono no primeiro parágrafo. Peguei, por exemplo, a biografia da Maria Callas, que minha própria editora soltou, há cinco ou seis anos. Começa com a seguinte cena: o avô da Maria Callas, em 1850, sentado sozinho, no chão, no meio de uma praça ensolarada, na Grécia, cantarolando para si mesmo a musiquinha tal. Fiquei besta. Como é que essa biógrafa (era uma biógrafa) conseguiu ouvir o avô da Maria Callas cantarolando sozinho, para ele mesmo, no meio de uma praça da Grécia, há 150 anos? Eu, como biógrafo, nunca teria um ouvido tão apurado... Fechei o livro imediatamente, humilhadíssimo. Mandei até para o sebo, porque não ia ler um livro desses. O biógrafo não tem direito de adivinhar nada, nem de presumir o que está se passando na cabeça de seu personagem ou construir uma cena que não tem a menor possibilidade de ser comprovada. Para eu conseguir atravessar uma biografia até o fim, me custa muito.

O único assunto que me apaixona permanentemente e nunca me decepciona é o Rio. Quando descobri que tinha muitos livros sobre o Rio, e que estavam misturados com outros livros e o acesso a eles era difícil, mandei fazer uma estante que supostamente conteria, com base nos metros quadrados, uns 3.500 livros. Uma parede de uns seis metros de comprimento, do chão ao teto. Fui acomodando nela os livros que tinha – uma estante muito bonita – e, quando vi, não cabiam todos os livros que tinha sobre o Rio. Tive a seguinte ideia: tirar os livros de ficção dali e deixar só os livros de história, os relatos, estudos, ensaios, biografias relativos ao Rio como cenário ou como personagem, e colocar os de ficção numa estante menor. Com isso, acomodei todos os livros, mas o tempo passou e a população das duas estantes também já estourou. Não tenho mais espaço para nada, porque estourou também uma obsessão: saber como era a minha cidade em todas as épocas da sua história, numa tentativa, talvez, de entender porque as coisas são, hoje, como são. Nessa procura de livros sobre o Rio, que já dura anos, entro muito em sebos. Em todas as cidades a que vou reconheço os sebos, entro para procurar livros antigos e acho até muitos livros sobre o Rio em outras cidades. Essa é a tentativa de entender por que o carioca é assim, por que a cidade é assim. E noto uma grande coerência nas coisas. É como se o carioca, desde o começo, fosse meio parecido com o que é hoje. Um cidadão meio folgado, entendeu? E muito feliz também. Com respostas prontas para qualquer situação que apareça. Capaz também de se adaptar às dificuldades, de seguir a correnteza ou de ir violentamente contra ela, se for preciso. E, ao mesmo tempo, cumprindo uma coisa que eu gosto muito – cheguei à conclusão que a humanidade se divide em dois tipos de pessoas: os que fingem que se levam a sério e os que fingem que não se levam a sério. O carioca finge que não se leva a sério. É uma coisa maravilhosa, eu acho.

Cintia: No livro *São Paulo, a capital da solidão*, Roberto Pompeu de Toledo fala sobre a formação de São Paulo. Nesse livro, ele se refere ao fato de a cidade ter sido construída como que escondida, aqui em cima, longe do litoral, uma cidade que se desenvolve como um lugar de passagem e não para quem chega para ficar. De certo ponto de vista, é o que acontece hoje, aqui. São Paulo é um lugar de trânsito. Poderíamos pensar como totalmente diferentes a formação de São Paulo e do Rio, e, consequentemente, a relação que as pessoas têm com a própria cidade, nos dois lugares. Ele diz uma coisa interessante: em São Paulo não temos uma relação com a natureza, não dizemos: "Nossa, como a minha cidade tem tal coisa linda". O nosso olhar é sempre muito mais introspectivo. Mais para dentro do que para fora. Porque o Rio, pelo contrário, está sempre puxando você para fora. Você chega e a paisagem te tira de dentro. Não sei se você concorda com essa ideia e o que acha disso.

Ruy: O problema de São Paulo é a falta de registro histórico. É como se tivesse pouca história. Por exemplo, o primeiro registro iconográfico de São Paulo, que eu saiba, é de 1870, ou por aí. Antes disso, ninguém havia retratado São Paulo, ninguém a havia desenhado nem pintado. Começaram a fotografá-la em 1860, ou coisa parecida. Do Rio, há registros iconográficos desde praticamente o começo da sua ocupação. O Rio foi ocupado por europeus apenas dois anos depois da descoberta do Brasil. Os primeiros portugueses chegaram em 1502 – Américo Vespúcio passou por ali em 1502 e já deixou alguns portugueses, que preferiram ficar, sozinhos, no meio das índias todas. Impressionante a visão de um sujeito como esses: "É aqui que eu quero ficar". Mas os portugueses não deram muita bola para o Rio, estavam mais preocupados com o Nordeste. Em 1504, os primeiros franceses passaram pelo Rio, gostaram, e alguns também já ficaram. E foram chegando mais franceses.

Antes de ser português, o Rio foi francês, de 1504 a 1565 – sendo que, a partir de 1555, ele se tornou o cenário de um projeto ambicioso do general Villegagnon: fazer do Rio uma espécie de sucursal da França, a França Antártica, que está narrada no meu livro *Carnaval no fogo*. Foram trazidos para cá soldados e alguns colonizadores. Fizeram da maneira errada, mas queriam fazer ali uma sucursal da França. Houve uma ótima integração entre os franceses, principalmente entre Villegagnon, e os índios tupinambás. Tanto é que começaram a fazer

A PSICANÁLISE NAS TRAMAS DA CIDADE

até um dicionário tupi-francês, numa parceria entre o Villegagnon e o cacique Cunhambebe. Essa convivência trouxe todas as consequências naturais, ou seja: os franceses se adaptaram aos nossos indígenas e também começaram a levar alguns indígenas para a França, para exibi-los. Houve uma famosa festa em Rouen – à qual estava presente o escritor Montaigne e que o inspirou a fazer várias observações antropológicas que resultariam, em 1789, no lema "liberdade, igualdade e fraternidade" da Revolução Francesa, e que foi inspirado pelos indígenas que tinham sido levados para lá, quase trezentos anos antes. Os franceses no Rio, por sua vez, adotaram os costumes indígenas, a antropofagia, inclusive.

Conversei sobre isso com um amigo meu francês, um escritor francês que esteve comigo enquanto eu escrevia esse livro, e ele é que me chamou a atenção: "Não se esqueça de que nós aprendemos a comer gente no Rio". Será que é possível isso? – perguntei. Ele riu: "Nós comemos qualquer coisa. Essa é uma grande virtude dos franceses, nós comemos lesma, rã, comemos tudo". E é verdade. Por isso tiveram que desenvolver toda aquela coisa dos temperos: para tornar palatáveis as coisas mais repulsivas. Daí nasceu, em minha opinião, a melhor cozinha do mundo. Só não sei como seria o gosto ou o sabor de um ser humano com aqueles temperos todos...

Temos, então, durante os primeiros anos do século 16, os primeiros anos do Brasil, os franceses e os indígenas já circulando em uma paisagem muito parecida com a de hoje. A França Antártica do Villegagnon ficava numa ilha que está hoje em frente ao Aeroporto Santos-Dumont, onde foi construída a Escola Naval. Deixou de ser uma ilha, foi ligada ao continente; se passa por uma pequena ponte para chegar à Escola Naval, ilha original do Villegagnon. O aterro que existe entre a Escola Naval e o prédio do aeroporto Santos-Dumont era o mar. Como os franceses ocupavam aquela região, aquele grande terreno, pode-se dizer que, onde hoje estão as pistas do aeroporto, eram águas territoriais francesas na metade do século 16. Quando atravessavam de canoa aquela franja do mar, em direção à orla, para estabelecer ali as primeiras edificações, o local a que chegavam é hoje a praia do Flamengo, que não tinha areia, só pedras. Grande parte das batalhas que se deram quando os portugueses

O NARRADOR DA CIDADE

quiseram retomar o território – eles viram que poderiam perder uma parte do Brasil, já que os franceses estavam ali e, assim, aliaram-se aos outros índios, os temiminós, e lutaram contra os franceses.

Depois de uma guerra que durou anos e anos, o oficial português Estácio de Sá ganhou a guerra, mas foi morto em uma batalha. Levou uma flecha envenenada no rosto... quer dizer, até flecha perdida já tinha, o problema vem de longe, o carioca está habituado a, desde sempre, não vai deixar de sair de casa por medo de flecha perdida. Aliás, já houve até caso de bala de canhão perdida: nas invasões francesas do século 18, como a de 1711, houve bala de canhão perdida. Tem uma igreja lá no Rio, na Rua do Rosário, com uma torre a menos por causa de uma bala de canhão que passou por lá... Mas, enfim, houve as guerras e as batalhas entre franceses e portugueses e as duas tribos de índios aliadas a uns e outros – mais ou menos como as guerras hoje entre o Comando Vermelho e os outros – se davam onde é hoje o Outeiro da Glória e, quando a guerra se espalhava por outros lados, chegava onde hoje é a Urca, perto do Pão de Açúcar, onde os portugueses derrotaram os franceses e o Estácio de Sá fundou efetivamente a cidade, em 1565. Na verdade, a região já era povoada, habitada e disputada há cinquenta anos. O Rio, na verdade, tem quinhentos e tantos anos e não quatrocentos e sessenta e tantos. É claro que os portugueses colocaram como ano zero o ano em que eles a fundaram, depois de expulsar os franceses, em 1565, mas o lugar já existia como cidade muito antes.

Essa coisa das pessoas que não moram lá – ah, o Rio é lindo, a paisagem, etc., e vê em tudo uma simples questão de geografia ou de topografia – é típica. Eles admiram as montanhas, a praia, etc., mas, na verdade, o Rio não é um passeio só pela geografia. E, sim, principalmente, pela história. Você vira uma esquina e está mudando de século – pela arquitetura, pelo que você sabe que aconteceu naquele lugar. Isso hoje está sendo muito valorizado, como nunca foi até pouco tempo atrás. Hoje, você vai ao centro da cidade no sábado, em alguns lugares, e cruza com quantidades de turistas sendo levados por guias que são professores de história, certamente desempregados, que sobrevivem como guias turísticos, e explicam o significado dos prédios... é uma coisa bonita isso, de, de repente, essa consciência das pessoas em relação à história do Rio. Isso tem que ter uma consequência na consciência da pessoa, até certo respeito pelo chão que se está pisando; saber que pessoas morreram ali, lutaram pela defesa daquele pedaço, pela defesa da cultura daquele lugar, da autonomia... A luta pelo Rio, durante esses séculos todos, foi a luta pelo Brasil. É por isso que disse outro dia que o Brasil deve muito ao Rio e não tem consciência de quanto deve a ele. Foi no Rio que se deu muito da história e da definição do Brasil.

Outra coisa: a abundância de material que existe sobre o Rio. É impressionante. Por mais que tenham jogado fora, perdido e queimado desenhos, fotos, documentos, mapas, etc., que tenham deixado estragar, rasgar e mofar, o que sobrou é muita coisa. Entre outras coisas, o Rio foi a primeira cidade do mundo a ser fotografada de avião, sessenta anos antes da invenção do avião. Como pode ser isso? – perguntarão vocês. Pelo seguinte: a fotografia foi inventada na França em janeiro de 1840. Em dezembro de 1840 já havia fotógrafos no Rio, no lombo de burro, levando aquelas chapas de vidro de 2 metros quadrados, subindo para o alto dos morros, para fotografar lá de cima. Se você subisse no alto do Corcovado, que já era visitado naquela época – quem desbravou o Corcovado, subindo lá a cavalo em expedição, foi o imperador D. Pedro I. O Corcovado fica a 710m acima do nível do mar. Se você fotografa o Rio de cima do Corcovado, você o está fotografando 700 metros acima da altura que um avião poderia atingir no começo, desde que Santos Dumont voou a 6 metros de altura em 1906. Ou seja, o Rio foi fotografado como se fosse de avião, antes do avião. Esse é só um dos exemplos da quantidade de história e de memória que o Rio acumulou desde o começo, e que ressurge, transborda, transpira de livros de história e de reconstituição, que permitem que até um amador, como eu, tenha 4.500 livros sobre o Rio na estante.

Cintia: Queria que você falasse um pouco – acho que todo mundo tem curiosidade de saber – sobre como constrói seus personagens. Há a cidade, há as pessoas nela e há você escrevendo sobre essas pessoas. Como é o seu processo de criação de personagens?

O NARRADOR DA CIDADE

Ruy: Há um lastro cultural do Rio, que se manifesta até nas menores coisas. Por exemplo, inevitavelmente as pessoas conhecem o Rio do passado, porque ele foi pintado, desenhado, fotografado, filmado e foi muito cantado também. A quantidade de músicas sobre o Rio, as marchinhas de carnaval, a bossa-nova inteira, toda a história do samba, é impressionante a quantidade de elementos que existem para conviver com o Rio do passado, com o Rio de outra época. É uma coisa que chega a você; queira ou não queira, você é alimentado por esse tipo de informação sobre o passado. Isso não acontece só com quem mora lá. Tenho certeza de que muitas pessoas aqui, mesmo que nunca tenham ido ao Rio, sabem muito sobre isso; sabem até coisas boas sobre o Rio, porque ouviram falar de coisas, ouviram músicas, não há ninguém no mundo que não saiba que existe uma garota de Ipanema, é impressionante isso. Isso acontece com pessoas de todas as partes do Brasil, e de todas as partes do mundo. Com um detalhe: quando essas pessoas vão ao Rio, ou vão para o Rio, não só se sentem muito à vontade, por já terem esse conhecimento prévio, como são muito bem recebidas.

É uma característica do carioca ser muito acolhedor. Isso não é de hoje, talvez venha desde o século 16. O Rio sempre recebeu pessoas de todas as partes do Brasil e do mundo. A fala do carioca é a soma das falas de todas as pessoas que sempre viveram lá. Nunca houve essa coisa de que os nordestinos que foram para o Rio fossem morar num bairro isolado ou de que os negros ficassem no alto dos morros. Os altos dos morros eram, inclusive, lugar dos bacanas, porque era o lugar onde sempre tinha água. Os pobres, na verdade, moravam embaixo, ao nível do mar. E os portugueses, nem se fala: integraram-se imediatamente. Essa integração foi muito ajudada pelas escravas, que produziam mulatas lindas. O português foi logo amaciado pela escrava negra produzindo os mulatos, que, ao contrário do que se pensa, eram valorizadíssimos no século 19. Havia talvez um certo viés paternalista, que fazia com que os mulatos brasileiros tivessem totais possibilidades de se integrar na vida social do país. Não é por acaso que os principais músicos brasileiros ou escritores fossem mulatos ou negros libertos, como o padre José Maurício, o Machado de Assis, o Rebouças, enfim, uma

A PSICANÁLISE NAS TRAMAS DA CIDADE

quantidade de negros e mulatos perfeitamente integrados na vida social, casando-se com mulheres brancas. Dentro do regime da escravidão, era uma cidade muito democrática do ponto de vista racial e sempre pronta a fazer com que as pessoas de fora que chegavam se integrassem com todos, sem a ideia de gueto.

Por exemplo, nunca houve um bairro italiano no Rio. Houve uma grande imigração italiana no Rio no final do século 19, como aqui em São Paulo também – aqui em escala monumental –, mas os italianos do Rio não se preocuparam em se agregar num bairro. Houve também imigração alemã e judia, mas no Rio nunca houve um bairro como o Bom Retiro. Os judeus do Rio se agruparam, em certa época, na Praça Onze, perto da "pequena África", uma pequena comunidade negra onde se destacava a Tia Ciata, a dona daquela casa onde supostamente teria nascido o samba. Depois eles saíram dali, e uma parte foi em direção ao bairro onde o Zico nasceu, Quintino, mas por pouco tempo. Outra parte foi para a Aldeia Campista, onde morava o Nelson Rodrigues, que não tinha nada de judeu. Depois foram chegando ao Flamengo. Ainda há algumas organizações judaicas no Flamengo, inclusive o centro de estudantes que hoje é uma biblioteca israelita e onde foi feito o primeiro *show* de bossa-nova da história. Foi nesse centro israelita chamado Grupo Universitário Hebraico. Você nota a presença de judeus em todas as partes do Rio, e não num lugar só. Isso faz o Rio diferir de São Paulo e de Nova York, com aquela cultura de gueto e aquela oposição. Nova York era um terror. Havia, no começo do século 20, um estado quase de guerra permanente entre a comunidade judaica e a comunidade italiana; os judeus eram basicamente de origem polonesa. É a história do filme *West side story,* só que real e passada cinquenta anos antes. Naquela região onde hoje é o Village, era terrível. Os caras se matavam uns aos outros. Quando esses garotos cresciam agrupavam-se nas facções da máfia. Pensa-se que só havia a máfia italiana, mas havia também a máfia judaica. E havia ainda a máfia irlandesa.

É essa cultura de gueto que o Rio nunca teve. Na minha experiência, tenho dezenas de amigos no Rio, há quarenta ou cinquenta anos, que só depois de muitos anos vim a descobrir que tinham avós italianos, que tinham descido do navio em 1900, vindos da Itália. Nunca tinham me falado nada da Itália, nem gostavam de macarrão, eram cariocas totais. Então, o italiano do Rio é carioca, o judeu do Rio é carioca. Alguns dos maiores estudiosos do Rio, que são meus amigos, são todos judeus: Sergio Friedman, Alberto Cohen, o falecido Paulo Berger, vários outros. Os caras me dão baile na história do Rio, eu não tenho nem autoridade para conversar com eles sobre o Rio, e são todos judeus. Impressionante. Então, os alemães do Rio são cariocas, os nordestinos são cariocas, enfim, todo mundo é carioca no Rio.

Isso faz com que os personagens de que tratei mais notoriamente nos últimos tempos – no livro *Chega de saudade*, João Gilberto é o personagem principal, nascido na Bahia; no *Anjo pornográfico*, é Nelson Rodrigues, nascido no Recife; em *Estrela solitária*, é Garrincha, nascido no interior do estado do Rio; e Carmen Miranda, nascida em Portugal; o próprio autor, que sou eu, nascido em Minas Gerais, por mero acaso. Era para ter nascido na Lapa; nasci em Minas Gerais, por questão de meses. Meus pais me levaram para nascer em Caratinga, em uma cidade para a qual nunca tinham ido na vida e nem sabiam direito onde ficava. Quando eu nasci lá, em 1948, tinha, entre primas e tios, uns quarenta parentes no Rio e só dois em Caratinga: meu pai e minha mãe. O Rio não faz com que o sujeito perca sua identidade, ao contrário: que agregue tantas características à sua própria personalidade que se torne um ser com uma nova identidade. É a identidade do carioca.

Cintia: E isso aparece em seus personagens também. Na verdade, tem-se a impressão de que todos são cariocas, tendo nascido em outras cidades, enfim...

Ruy: Isso só reflete o que estou dizendo. Isso é observável na prática. Nelson Rodrigues, por exemplo. O teatro dele é considerado introdutor, no teatro brasileiro, da fala coloquial, da gíria, da fala das ruas, que é a fala do carioca que ele reproduz. Não é uma fala que ele inventou e atribui a um personagem, a um suposto carioca. Não. Cansei de conhecer pessoas que nem eram leitores do Nelson e falam como os seus personagens. Eu não. Eu falo muita gíria dos anos 1950, sou leitor de Nelson Rodrigues desde aquela época, falo daquele jeito que os personagens dele falam, por uma questão até talvez de assimilação cultural. Mas muita gente que nunca leu Nelson Rodrigues na vida, nos anos 1970 e 1980, falava parecido com os personagens dele, com todos aqueles clichês: "Isso é batata", etc.

A PSICANÁLISE NAS TRAMAS DA CIDADE

Quando a Carmen começou a gravar discos, em dezembro de 1929, a música popular brasileira vocal praticamente não existia. A música instrumental brasileira já vinha desde meados do século 19, fabulosa, com Patápio, Chiquinha Gonzaga, Nazaré, Callado, com tantos instrumentistas maravilhosos, e era mais importante do que a música vocal. A música vocal só surgiu mesmo no começo do século 20, quando passaram a botar letra nas coisas, a cantar, primeiro no teatro de revista, depois essas canções saíam às ruas. Não havia grandes sucessos, pois não havia uma indústria fonográfica, não existia o rádio. O grande palco da música popular era o Carnaval, mas não se fazia música específica para o carnaval, cantava-se o que estivesse rolando. A música para o Carnaval começou a ser feita só em 1917. Assim, havia a festa da Penha, que acontecia uma vez por ano, e o teatro de revista. Havia pouco estímulo à música vocal. E, quando havia, como é que cantavam os grandes cantores da época, o Baiano e outros cantores primitivos? Era uma coisa muito ligada à tradição vienense da opereta, ou à ópera italiana. Era uma coisa meio lírica. A maneira de cantar não tinha muito a ver com a vida real. O próprio Mário Reis, que cronologicamente foi o primeiro... Havia o Vicente Celestino, depois o Francisco Alves, todos eles grandes cantores, mas da tradição lírica da grande voz e da impostação herdadas da ópera.

Quando Mário Reis apareceu, cantando de modo mais natural, isso foi possível, pela primeira vez, graças à invenção do microfone elétrico, em 1925. Até então, as pessoas cantavam na marra mesmo. Tinha que jogar a voz para fora, senão não imprimia na cera. Com o microfone, ficou possível para qualquer um gravar. As pessoas dizem: "O Mário Reis foi o inventor do canto falado, do canto coloquial, do canto natural, sem gritar". Isso é só desinformação das pessoas. O Mário Reis não inventou isso. Ele apenas foi o primeiro a fazer isso no Brasil, mas cantores como ele aconteceram em todos os outros países do mundo. Nos Estados Unidos, eram centenas. Assim que foi inventado o microfone elétrico, as empresas de discos da época – a Colúmbia, a Victor e a Odeon, que foram as primeiras –, cada uma delas contratou um sujeito que não tinha voz e o gravou, para mostrar como o microfone aceitava qualquer tipo de voz. Então a graça do Mário Reis não estava em cantar sem voz, e sim na bossa que ele botou na música: a maneira de cantar,

O NARRADOR DA CIDADE

a liberdade que ele tomava em relação à letra e à própria melodia. Essa é que foi a graça do Mário Reis. Mas, no começo, se nota que ele mesmo ainda era hesitante.

A Carmen Miranda, não. Dois anos depois do Mário, surgiu a Carmen e ela já era, de saída, a Carmen Miranda, já cantava daquele jeito moleque, absolutamente malicioso, tomando liberdades com a melodia. Foi a grande mãe da bossa brasileira, em minha opinião, a Carmen Miranda. Por que aconteceu isso? Não sei de onde ela tirou a ideia de que devia cantar como falava. Mas foi efetivamente o que ela fez. Então, onde ela aprendeu a falar daquele jeito? Certamente não foi na casa da família dela, que era portuguesa tradicionalíssima. O pai era um grande sacana, na verdade, mas só quando ninguém estava olhando. D. Maria, sua mãe, era uma mulher católica, extremamente conservadora, ia à missa duas vezes por dia. E a Carmen falava a linguagem das ruas, falava a gíria da cidade, palavrões à beça, inventava variações, maneira novas de falar. Onde ela aprendeu tudo isso? Na Lapa. Entre 6 e 16 anos, de 1915 a 1925, ela foi criada na Lapa, que estava já se firmando como grande bairro que, de dia, era católico – tinha uma igreja, um convento, um colégio de freiras, um seminário –, e, à noite, graças aos hotéis onde os políticos e os estrangeiros se hospedavam, surgiram em volta inúmeros cabarés, restaurantes, bordéis e todas as profissões que cercam essas figuras. Tinha desde vendedor de bilhete de loteria até camelôs, toda aquela fauna urbana. A Carmen aprendeu a falar ali e levou essa fala para a maneira de cantar. Com isso, ela inventou a música vocal brasileira porque transferiu para a música a esculhambação maravilhosamente criativa das ruas.

Cintia: A interação da pessoa com a cidade. Ela se misturando com a cidade. Você está dizendo que havia algo dela que, somado ao lugar onde estava, fez criar essa música especial e singular.

Ruy: Isso não se refere só a ela. Estamos falando de Carmen Miranda porque ela é um veículo bom para pensar certas coisas. Se pensarmos em alguns dos compositores principais da Carmen, um deles foi o Assis Valente. Ele foi um dos primeiros compositores baianos que se formaram no Rio. A Carmen gravou 24 sambas do Assis Valente. Ele se tornou um grande compositor graças a ela. Desses 24 sambas que ela gravou dele, só um –

um dos primeiros – falava da Bahia. Todos os outros eram sambas altamente cariocas. Não apenas na temática, mas na maneira de construir a melodia e o ritmo. Se o Assis Valente tivesse ficado na Bahia, nunca teria sido o Assis Valente. O Ary Barroso, se tivesse ficado em Ubá, em Minas Gerais, não teria se tornado o Ary Barroso. E não é só porque no Rio havia a indústria fonográfica e em Ubá não, mas porque certamente a vida em Ubá, em 1930, não devia ser das mais fascinantes (risos). Tenho uma amiga de Ubá que me diz que existe um doce de leite lá que é, segundo ela, melhor do que sexo oral. Uma cidade que fabrica um grande doce de leite dificilmente vai permitir que o cara componha "Aquarela do Brasil". E isso não se refere só a ele. Podemos citar dezenas de outros compositores. O Geraldo Pereira foi outro mineiro que teve de ir para o Rio para se tornar Geraldo Pereira.

Cintia: Ruy, continuando nessa linha da construção dos personagens, que são biografados e construídos a partir de minuciosa pesquisa que você faz, mas, além disso, quando lemos *Carmen* ou *Estrela solitária*, encontramos em cada um deles o Ruy Castro. Estive lendo na internet – principalmente nos *sites* das livrarias, quando recomendam seus livros – as cartas dos leitores. A maioria delas conta como eles escolheram seu livro: primeiro escolhem você pra ler, e só depois escolhem o livro pelo personagem biografado. Com isso, suponho que seu livro também é esperado por ser você o escritor e muitos dos leitores chegam a seus personagens depois de você ter feito essa escolha por eles. Então, uma das coisas que acho que as pessoas teriam curiosidade de saber é: como você escolhe essas pessoas? O que se passa nesse momento?

Ruy: Quando falo para uma plateia de leigos – o que não é o caso aqui, é raro ter uma plateia como esta –, eu tenho uma resposta-padrão: para decidir um personagem, preciso ter admiração pela obra e curiosidade pela vida dele. Não quer dizer que só vá falar bem do fulano, porque, na verdade, a partir do momento que decido mergulhar na vida de uma pessoa, a coisa que mais faço é procurar defeitos na vida dela, para que ela deixe de ser herói por um tempo – para que volte à condição de ser humano e termine o livro como herói de novo, porque precisará resistir a toda essa investigação horrorosa que faço da vida dele. Essa é a resposta-padrão. Mas, na verdade, é claro que existe um componente pessoal na escolha

O NARRADOR DA CIDADE

de um personagem, mesmo que seja inconsciente... e às vezes até é, outras, não. Eu evito falar nisso porque, de repente, pode ser confundido com o fato de que eu quero me colocar de alguma maneira ao lado deles ou misturar meus pensamentos ou sentimentos com os deles, e não há essa possibilidade. O componente pessoal é que esse personagem tem que ter feito parte da minha vida de alguma maneira.

No caso do Garrincha, por exemplo, tive a ideia de biografá-lo quando estava a bordo de um avião indo do Rio para Londres, assim que saiu *O anjo pornográfico*, em janeiro de 1993. Mas não foi o Garrincha que me veio primeiro à cabeça, e sim o alcoolismo. Queria fazer um livro sobre alcoolismo, sobre um alcoólatra, e precisava de um personagem para conduzir a história. A primeira pessoa que me ocorreu foi o Garrincha, que atendia completamente às minhas necessidades: eu não queria contar a história de um derrotado, tinha que ser um vitorioso. Na minha opinião, o alcoolismo não é coisa de derrotados – é uma coisa que derrota as pessoas. Você não tem que ser um derrotado para ser um alcoólatra – você se derrota por ser alcoólatra. O Garrincha foi derrotado pelo alcoolismo, depois de levar uma vida de vitórias e de amores extremos. Foi amado não só por uma mulher, famosa, como por um país inteiro. Durante muitos anos, teve a gratidão e o reconhecimento de dezenas de milhões de pessoas. Donde não era por carência de amor que ele bebia. Essa é a explicação técnica de por que escolhi Garrincha.

Em seguida, me veio a razão pela qual me empolgaria muito em trabalhar nesse livro. Já sabia, desde sempre, que o apogeu da vida esportiva do Garrincha tinha sido entre 1954, quando ele chegou ao Botafogo, e 1962, quando ganhou a Copa do Mundo do Chile. Por acaso, nessa época, eu tinha de 6 a 14 anos, que é um período da vida em que – naquela época pelo menos – os garotos do Brasil se dedicavam muito ao futebol, e eu acompanhava também, totalmente, o futebol carioca. Não só ouvia todos os jogos do Flamengo pelo rádio, como os dos outros times também. Meu pai assinava dois ou três jornais e eu acompanhava tudo por eles. Em 1955, começou a sair a revista *Manchete Esportiva*, muito bem feita, da qual Nelson Rodrigues era colaborador, e que eu lia todas as semanas. No fim de semana, ficava ligado no rádio, ouvia todos os jogos, as resenhas esportivas, os noticiários, sabia quem ia e quem não ia jogar, ouvia os jogos, quase que contrito.

la ao Maracanã com meu pai desde os 10 anos, e tudo mais. De tanto convívio com este material, durante muitos anos carreguei comigo informações, como resultados de todos os jogos importantes de que tinha tomado conhecimento na época, a escalação da maioria dos times – até hoje consigo escalar times e mais times daquela época –, em que estádio ele tinha sido jogado, a renda do jogo, o nome do juíz e do bandeirinha, quem tinha sido expulso, enfim, tudo. Muita gente tem esse tipo de informação inútil, e é maravilhoso você carregar da infância com você esse fardo delicioso nas costas.

Na verdade, eu sabia tudo que era possível a um garoto de 6 a 14 anos saber – aos 14 anos, passei a me interessar por outras coisas mais, digamos, fascinantes, e deixei para trás uma coleção de centenas de revistas esportivas. Enfim, eu só podia saber o que tinha se passado no campo e o que a imprensa e os veículos tinham dado. Então, pensei que, se fosse fazer esse livro do Garrincha, poderia mergulhar em tudo que acontecera antes, durante e depois de cada jogo, no vestiário, na concentração do time, na casa e na cabeça dos jogadores. Poderia fazer uma viagem ao outro lado da minha infância. Foi isso que me empolgou para fazer um livro que sabia que ia ser dificílimo, porque iria tratar de um personagem supostamente primitivo, que falava muito pouco, dava entrevistas muito lacônicas... Bem diferente do Nelson Rodrigues, que era um intelectual cercado de intelectuais, que dava milhões de entrevistas, do qual eu já tinha um material gigantesco e que, por isso, foi um livro até muito fácil de fazer. Então há um componente pessoal que me move a me decidir por esse ou por aquele. Isso não influencia minha visão, no sentido positivo ou negativo, do Garrincha ou de ninguém, mas é uma coisa que me torna participante daquela história que estou investigando.

A mesma coisa aconteceu com relação à Carmen Miranda. Meu pai morou na Lapa de 1929 a 1947, como solteiro de 1929 a 1941. Era boêmio, tocava violão, gostava de cantar, vivia na rua de noite. Tenho fotos dele que o mostram no Carnaval ou na praia, cercado de meninas. Como gostava de tocar violão e cantar, sabia de cor todo o repertório do Mário Reis e da Carmen Miranda. Dizia que ia às estações de rádio – naquela época, você passava na porta do jornal ou da rádio e entrava – ainda não tinha sido inventado o crachá

O NARRADOR DA CIDADE

(risos) – e ele via os seus ídolos lá. Pelo menos, foi o que ele me disse, que viu a Carmen Miranda... Quando ela morreu, em 1955, houve uma comoção geral na casa dos meus pais, minha mãe e meu pai choraram, foi uma calamidade. Então, Carmen Miranda foi uma pessoa que me acompanhou desde sempre. Tinha grande curiosidade pela sua vida e já imaginei de cara que, se fosse fazer aquela biografia, seria uma das poucas pessoas no planeta a trabalhar com Carmen Miranda sem querer ser a Carmen – e sim ter namorado a Carmen (risos). Esse também foi outro estimulo. Então há um componente pessoal realmente forte na escolha.

A bossa-nova, por exemplo. Ouvi pela primeira vez aos 11 anos, no rádio, por acaso, "Desafinado", com João Gilberto, e me identifiquei imediatamente. Entendi mais ou menos aquela proposta, pois, embora tivesse apenas 11 anos, já vinha de uma longa carreira de ouvinte de discos do Dick Farney, do Sinatra, do Lúcio Alves, da Doris Day, que minha mãe ouvia. Então, sempre tem um elemento subjetivo e pessoal, que condiciona essas escolhas. Mas isso só serve, na verdade, para estimular o sujeito a ir em frente, porque é uma dureza fazer uma biografia.

Cintia: Além disso, você está falando da paixão que você tem pela pessoa. Você já contou como é difícil fazer o levantamento biográfico, as entrevistas...

Ruy: Escrever é a parte mais fácil, mais gostosa. Em um trabalho de cinco anos, como o que levei para fazer o *Carmen*, quatro são para coletar as informações e só um é para escrever.

Cintia: Mas sem esse seu interesse e paixão, sem a ligação que você tem com essas pessoas, isso seria mais difícil ainda...

Ruy: Sem dúvida, mas essa paixão não se limita ao personagem em si, embora esta seja muito importante. É uma paixão também pela busca da informação. Cheguei à conclusão, talvez prematuramente, que não tenho muita imaginação para inventar histórias, então preciso me empenhar para descobrir as que existiram. Ou as desencavo da cabeça das pessoas, ou de documentos, e a graça da coisa está nisso. Às vezes me perguntam se não tenho uma equipe, ou me dizem que sou maluco por não ter uma, mas, para mim, a coisa mais gostosa do trabalho é você conversar com as pessoas que participaram das coisas, conviveram com o seu personagem. Se eu mandar um bagrinho fazer isso por mim, vou estar me prejudicando. Além disso, ele não vai fazer tão bem quanto eu, porque o livro não é dele, é meu, e quem tem que ter a história toda na cabeça permanentemente é o autor. Para fazer uma biografia, ele passa anos lidando com informações que cobrem cinquenta, sessenta ou setenta anos da vida do biografado, e é obrigado a receber e processar imediatamente informações relativas à trajetória dessa pessoa nas mais variadas épocas da vida dela. Tem que estar preparado, a cada momento, para entender o que você está ouvindo, saber replicar, fazer outra pergunta, ir mais fundo e saber colocar cada informação exatamente no escaninho que lhe compete. Quem mais, além do autor, pode fazer isso? Nem o computador pode fazer isso porque, por mais que eu volte para casa e jogue tudo em arquivos próprios, se não estiver girando na minha cabeça, permanentemente, não vou conseguir nada. Às vezes, um repórter me faz uma pergunta que ele julga inocente, sem se dar conta de que está fazendo uma pergunta altamente ofensiva. Pergunta, por exemplo, se eu, em certos momentos, não dou uma enroladinha, se não completo a informação ou se não invento alguma coisa, mas eu respondo que não tenho a menor imaginação para isso. Se fosse possível fazer isso, não teria nem graça, seria melhor ser romancista de uma vez, porque, aí, você tem que obrigatoriamente inventar. Todas as pessoas que convivem comigo durante o trabalho de uma biografia sabem, primeiro, que me torno uma pessoa insuportável, porque não penso em mais nada – tem que ter muita paciência para conviver comigo durante esse tempo (risos); segundo, sabem como fico preocupado, por exemplo, procurando uma informação quando o prazo está acabando, ou tentando localizar uma pessoa que está perdida há trinta e cinco anos, com a qual preciso me encontrar de qualquer maneira, e percebem o estado de euforia em que fico por ter localizado essa pessoa, que vai ser uma pecinha que vai iluminar todo um contexto. Então, tem esse tesão também pela busca da informação.

Cintia: Ruy, tem muitas pessoas aqui que querem fazer perguntas para você, então vou me retirar um pouco e dar oportunidade a elas de ter esse prazer que estou tendo de conversar com você.

Pergunta da platéia: Só um acréscimo: a grande produção de Ubá é a goiabada. Não sei o doce de leite, mas a goiabada é.

Ruy: Ótimo. A goiabada é a preliminar.

Pergunta da platéia: O carro-chefe . Duas coisas que eu queria saber: queria ouvir de você um pouco sobre a questão da democratização da informação, da comunicação. Essa questão das leis no Brasil. Essa questão que você viveu tanto com seu livro sobre o Garrincha. Esse é o primeiro ponto, que é muito atual. A segunda é uma pergunta que talvez não tenha nem muito como responder, mas gostaria de saber o que você pensa a respeito. A gente sente falta, no Brasil, de boas – ou de pelo menos algumas – biografias sobre os grandes autores brasileiros. Não há uma biografia do Guimarães Rosa, por exemplo. Há uma biografia do Drummond fraquíssima, que não dá para considerar, além de muitos outros autores. Como você explica isso? Não interessa? O que é?

Ruy: Acho que as duas perguntas que você fez têm a mesma resposta. Sinto falta também da biografia de autores. A do Drummond existe, mas o biógrafo o mata na página 30, ou seja, não tem mais porque ler o livro depois disso, visto que o personagem já morreu. Guimarães Rosa tem uma memória, feita pela filha dele. As pessoas às vezes não entendem a diferença entre certas categorias – biografia é uma coisa, perfil é outra coisa e memória é outra ainda. Helena Jobim, irmã do Tom, fez um livro muito bonito sobre ele, chamado *Um homem iluminado*, que as pessoas chamam de biografia, mas não é, é uma memória de uma irmã, sobre ele. Ela conta coisas que os dois viveram juntos, a infância deles em Ipanema, a morte dele, os últimos anos da vida dele... Foram coisas que ela observou, acompanhou e por isso tem autoridade pra tirar da própria memória aquelas informações. Para o miolo do livro, que é mais ou menos o meio da vida do Tom, e que ela não acompanhou, porque ele vivia fora do Brasil, viajava muito, ela se vale de informações que recolheu de um modo geral, e ela já não faz tão bem, porque não estava lá presente pra ver. Então, a parte que, supostamente, seria uma biografia, ela faz menos bem porque não é o negócio dela, ela faz bem a memória. Guimarães Rosa, por sua vez, também não tem uma biografia e eu até andei flertando com essa ideia há alguns meses – depois, desisti completamente, porque ele teve dois casamentos e duas filhas, as duas do primeiro casamento. Uma delas, que eu até conhecia no passado, a Vilma – e tem a mais nova, que não reconhece a existência da segunda mulher do Guimarães Rosa. Na cabeça dela, ele nunca abandonou a mãe pra ir viver com a famosa Aracy, em Hamburgo, na Alemanha. Quando uma fonte importante como uma filha não só não admite a existência física de uma pessoa na vida do pai dela – que é uma coisa que vocês, da área psi, entendem muito mais do que eu –, enfim, que, na cabeça dela, a outra nunca existiu, é fabuloso. Em *Grande sertão: veredas* tem uma dedicatória: "A Aracy, minha mulher, Ara...". Pois essa página não existe na cabeça da filha. Donde eu teria um problema sério: ela não iria me dar informação nenhuma, provavelmente daria ordens para que as pessoas não me falassem nada e, quando o livro saísse, iria me processar. Esse é um dos motivos de não se ter muitas biografias de autores. E há outros autores importantes que nunca foram biografados por terem parentes chatos, que complicam. Isso acontece também com personagens de fora da área da literatura, como o Di Cavalcanti, que é outro que eu gostaria de biografar, mas não posso porque tem uma mulher sentada em cima dele e não abre pra ninguém, não colabora. Há muitos na mesma situação.

Maria Ângela Moretzohn: E a questão dos direitos, a questão do livro do Garrincha?

Ruy: A família do Garrincha não teve nada a ver com essa história, as filhas dele são totalmente inocentes nesse caso. Foram dois advogados oportunistas que ficam na marcação de qualquer coisa referente ao Garrincha. Se alguém sonha com o Garrincha, eles ficam sabendo e metem um processo. O livro *Estrela solitária* não tinha nem saído ainda, ia levar uma semana para chegar às livrarias, quando o "Fantástico" fez uma matéria comigo e, no dia seguinte, os dois advogados já estavam ligando para a Companhia das Letras ameaçando processar – mas dizendo que retirariam o processo em troca de 1 milhão de reais. Isso em novembro de 1995, quando 1 milhão de reais equivalia a 1 milhão de dólares. A editora disse que não pagaria e que eles fizessem o que quisessem. Com isso, o livro ficou um ano proibido, o processo se arrastou por onze anos e só foi resolvido em 2006. Criou um caso tremendo, deu um prejuízo enorme à minha editora, não ajudou a ninguém, foi uma agressão à liberdade de expressão. Os advogados, quando querem levar adiante uma coisa dessas, são capazes de tudo. Fez parte da acusação o fato de que eu não pedi autorização, nem dei conhecimento aos herdeiros do Garrincha de que estava fazendo a biografia dele. Mas isso é mentira. Se você pegar o livro e vir a lista de informantes a quem agradeço no final do livro, estão lá o nome de todas as filhas do Garrincha, a quem visitei inúmeras vezes nas cidades em que moravam, perto do Rio, sendo que a mais nova, que na época tinha uns 8 ou 9 anos e morava com a mãe em Bangu, eu simplesmente ajudei-a a fazer o dever de casa duas vezes... Todas aquelas filhas do Garrincha estavam carecas – algumas literalmente – de saber que eu estava fazendo a biografia dele.

Maria Ângela Moretzohn: E essa coisa se repetindo agora, com a biografia do Roberto Carlos...

Ruy: Eu antecipei isso para o autor, o Paulo César de Araújo, quando ele me ligou há uns dois anos para me ouvir sobre isso. Disse que ele teria um problema sério com esse livro e que, se eu fosse ele, não me meteria com esse cara. Mesmo que você escreva que ele é um santo, ele vai te processar do mesmo jeito, não suporta ver a vida dele mostrada – eu disse ao Paulo César. Resultado: o Paulo César, que já devia ter sido advertido também por outras pessoas, tomou o maior cuidado para mostrar como o Roberto Carlos era o filho perfeito, o pai perfeito, o marido perfeito, o amante perfeito, o namorado perfeito, o cantor perfeito, etc... e aí, quando soltou o livro, o Roberto Carlos provou que não era um ser tão perfeito. Ao contrário, era um ser menor, que não admitia que outras pessoas escrevessem sobre ele. "Ô, bicho (imitando a voz de Roberto Carlos), só a própria pessoa tem direito de escrever sobre si mesma. Eu vou escrever minha autobiografia". Como se ele soubesse escrever e como se ele morasse sozinho no planeta Terra... Como se a vida dele não tivesse sido cercada pelo Erasmo Carlos, pela Wanderléa e por outros luminares. Ou seja, ele também não pode escrever a própria autobiografia porque vai ter de falar do Erasmo, da Wanderléia, e também só eles têm o direito de escrever sobre si mesmos. Com isso, ficamos reduzidos ao Robinson Crusoé, e talvez nem a ele, porque o Sexta-Feira estaria lá para impedir que ele escrevesse sobre a vida dele. É um sofisma total apenas

A PSICANÁLISE NAS TRAMAS DA CIDADE

para justificar o fato de que Roberto é um velho perseguidor de jornalistas e escritores desamparados, inclusive eu, que já fui processado por ele nos anos 1980 e, por isso, não lhe tenho a menor simpatia. E, assim como o acho medíocre na vida, acho-o também um cantor medíocre. Desculpem-me os fãs do Roberto Carlos, mas prefiro João Gilberto, Frank Sinatra, Tony Bennett, Lucio Alves, Tito Madi, Bing Crosby e uns mil outros.

Maria Rosa Maris Salles: Ruy, você me parece ser um verdadeiro carioca. Consigo ainda perceber o carioca no meio dos paulistas...

Ruy: Estou acostumado. Morei aqui por dezessseis anos, já aprendi.

Maria Rosa: Mas você é mais carioca. Vou te perguntar um negócio que sempre me intrigou e nunca tive a quem perguntar. Quando você fala do lastro cultural do Rio, da relação dos cariocas com isso, eu me pergunto se é só amor. Como você explica a avenida Rio Branco no Rio de Janeiro?

Ruy: Em que sentido?

Maria Rosa: No sentido do que era e do que é. Do que foi, do que representou, e do que é atualmente. O que aconteceu com a avenida Rio Branco?

Ruy: Arquitetonicamente?

Maria Rosa: Exato.

Ruy: A avenida Rio Branco foi aberta por volta de 1904 pelo prefeito Pereira Passos com o nome de avenida Central – tornou-se Rio Branco em 1912, com a morte do barão. Era um grande *boulevard* ao estilo parisiense. Mas, em 1930, o Rio se modernizara de novo e a Rio Branco original praticamente não existia mais, havia poucos edifícios remanescentes e já estavam sendo construídos outros. Hoje em dia, já não há nem mais aquela Rio Branco de 1930, a não ser por meia dúzia de edifícios. Mesmo assim, entre 1920 e 1950, a Rio Branco era considerada a avenida mais bonita das Américas, incluindo os Estados Unidos. Isso está em muitos livros de arquitetura daquele período. A estupidez humana fez com que fosse alterada.

Aqueles prédios lindos, de vários estilos, foram substituídos pelos caixotes modernistas estilo Oscar Niemeyer. Aliás, é impressionante: o homem já fez cem anos e continua muito solicitado, não param de pedir prédios a ele, é um perigo.

É autor dos caixotes mais valorizados do planeta. E não só no Rio, em São Paulo também, em toda cidade tem um caixote do Niemeyer. Tanto podem ser museus em que você não consegue dependurar um quadro, como o de Niterói, quanto edifícios comerciais em que não pode botar ar-condicionado porque a frente é toda de vidro; morre-se de frio no inverno e de calor no verão, e há rampas das quais você cai e morre, porque ele não gosta de escadas... É incompreensível para mim, realmente. Em 1940, a prefeitura do Rio abriu uma concorrência pública para a construção de um grande estádio de futebol, que já se imaginava que seria no bairro do Maracanã. Todos os arquitetos do Brasil concorreram, inclusive o Niemeyer. O projeto dele previa um estádio em que o gramado ficaria oito metros abaixo do nível do mar, para que as arquibancadas ficassem no nível da rua. Não foi aprovado. Lamentavelmente, porque, se tivesse sido, o Brasil seria campeão mundial de polo aquático muito antes que de futebol, porque o bairro do Maracanã, no Rio – todos os cariocas que passam pela praça da Bandeira ou pelo Maracanã sabem –, alaga com qualquer chuva. Não só porque já é mais baixo do que o nível do mar, mas porque há ali uma confluência de rios que em certas situações afloram. Lúcio Costa, também admiradíssimo, parceiro do Niemeyer, queria fazer a Cidade Universitária do Rio dentro da lagoa Rodrigo de Freitas. Queria plantar um troço no meio da lagoa, imagine.

A avenida Rio Branco é apenas uma das vítimas, esmagadas pelo modernismo e pela modernização, assim como outras vias públicas maravilhosas. E a avenida Rio Branco não é o único lugar do Rio que sofreu com esse assédio da especulação imobiliária e da depredação insensível e criminosa de coisas bonitas. O Rio ainda teve a má sorte de ser a capital durante trezentos anos, hospedou o poder central durante séculos, e a cada mudança de regime, de sistema político, de governo ou de partidos, a obra do antecessor tinha que ser derrubada para fazer outra em cima. Essa alternância de poder, que durou séculos, desfigurou completamente a cidade original. É evidente que em nenhum lugar do mundo – a não ser em Pompéia – vai existir a cidade original, preservada. Mesmo assim, e apesar de tudo, o Rio ainda conserva uma enorme quantidade de sítios históricos nos quais você entra e se sente no século 16 ou 17, como os fortes de São João e de Santa Cruz, ou como as fortalezas na baía – que garantiam a segurança

A PSICANÁLISE NAS TRAMAS DA CIDADE

da cidade contra invasões inimigas –, ou como igrejas do séculos 17 e 18 aos montes e também arsenais da marinha... aliás, toda a parte das Forças Armadas é muito bem conservada, para isso eles são bons, não deixam ninguém se meter ali. As igrejas, infelizmente, não têm esse cuidado. Uma igreja é capaz de, tranquilamente, vender seu terreno, seus santos e suas imagens, para deixar passar um prédio em cima. O próprio lugar onde é hoje o Shopping Rio Sul, em Botafogo, perto do Túnel Novo, até os anos 1970 era um lugar chamado Solar da Fossa, onde haviam morado, pouco antes, figuras como Caetano Veloso, Gilberto Gil, Gal Costa, Zé Kéti, Paulinho da Viola, Rogério Duarte, Betty Faria, Ítala Nandi... Foi onde o tropicalismo nasceu, onde começou a revolução sexual. Eu próprio morei ali em 1968, com 20 aninhos de idade. Todos os jovens românticos, boêmios e duros do Rio moraram naquela grande república – uma casa colonial, que tinha sido um seminário durante os séculos 17 e 19 e uma casa de fazenda nos séculos 17 e 18, e era completamente bem conservada. Tive o privilégio de morar ali durante dois anos, depois casei e mudei. O lugar, que pertencia aos padres – eles têm também a igreja de Santa Terezinha, que fica ao lado, uma das mais bonitas igrejas *art déco* do Brasil –, foi vendido por eles para a Brascan, um grupo de empreendimentos, que arrasou o Solar e fez o Rio Sul, com aquela torre de 200 metros de altura, visível de qualquer parte do Rio.

No Centro da cidade, havia o convento no qual dona Maria, mãe do príncipe Dom João, ficou hospedada na chegada da corte. Lá haviam feito um passadiço ligando o convento ao Paço Imperial para dona Maria ter acesso ao filho dela o tempo todo. Há uns trinta anos, a Faculdade Cândido Mendes construiu no pátio desse convento um pirocão de trinta andares, preto, exatamente dentro do pátio, que agora tem 2 metros de largura. Agora você sai do convento, anda 2 metros e está na portaria do prédio preto da faculdade, de trinta andares. Quero crer que, hoje em dia, isso não seria mais possível. Mas nos "anos dourados", era. Podia-se derrubar o que quisesse e cometer toda espécie de atrocidade contra a natureza, contra as minorias – não havia minoria *gay*, negro, mulher, não existia isso, quem quisesse que se virasse. Não havia o menor apreço pelo patrimônio histórico, embora os institutos já existissem.

Acho que hoje melhoramos muito nesse ponto, não seria mais possível fazer isso. Ao contrário, no Rio, o que você vê atualmente é um trabalho monumental, monstruoso e maravilhoso de reconstituição de prédios históricos, a partir de elementos do passado. Estão reconstruindo tudo. Hoje há uma consciência melhor de que não precisa destruir, tem espaço para tudo, há muitos lugares desocupados onde se podem construir os prédios horrorosos que se quiser, e os bonitos podem ser conservados e colocados à disposição de novo para a população, que é grata e reage bem a esse tipo de restauração.

Luís Carlos: Gostaria de perguntar a você, Ruy, considerando o amor que você tem pela cidade, pelos elementos que a compõem, qual seria uma figura a ser biografada e que você ainda não biografou? Vendo essa entrevista, imagino, por exemplo, uma biografia do João do Rio feita por você. Já cogitou essa hipótese?

Ruy: Já. Há uns dez anos, tive a oportunidade de tentar fazer uma novela usando um personagem real da literatura, e o primeiro em que pensei foi o João do Rio. Queria alguém que tivesse duas características: andasse muito pelas ruas, não fosse uma figura de gabinete, e me permitisse construir situações engraçadas em volta dele. Daí, claro, João do Rio. Mas ele já foi absolutamente explorado. Existem três ou quatro boas biografias dele e sua obra está praticamente toda em circulação. É uma figura muito querida no Rio. Pensei, depois, no Lima Barreto, de quem também já se fez uma boa biografia, mas acho que se pode fazer uma melhor. Mas, naquela época, eu não estava em condições de me jogar de novo na biografia de uma pessoa tão dramática, como Lima Barreto, principalmente porque tinha saído da biografia do Garrincha, que tinha um problema como o dele, o alcoolismo. Concentrei-me, então, no Bilac, que atendia às características que eu procurava: viveu muito na rua, era muito popular e eu poderia colocá-lo em situações que caberiam bem em uma ficção e que poderiam ter acontecido com ele na vida real. Há várias pessoas que poderiam ser biografadas, mas, sinceramente, não tenho um nome nesse momento.

O jovem príncipe Dom Pedro, no romance *Era no tempo do rei*, por exemplo. O *approach* que você dá em uma ficção é completamente diferente do de

A PSICANÁLISE NAS TRAMAS DA CIDADE

uma biografia. Por exemplo, *Bilac vê estrelas* é uma novela, uma ficção, em que boto o Olavo Bilac, juntamente com o José do Patrocínio, em aventuras no Rio, envolvendo um balão que o Patrocínio, inspirado no Santos Dumont, está construindo. Uma dupla de aeronautas franceses, não podendo roubar os planos do balão do Santos Dumont, contrata uma emissária para vir ao Rio e roubar os planos do Patrocínio. É uma história absurda, evidentemente, mas que poderia ter acontecido, porque o Zé do Patrocínio tentou de fato construir esse balão na vida real. Isso está totalmente documentado. Ele chegou a construir grande parte do balão, com o apoio e as instruções do próprio Santos Dumont, no bairro de Santa Cruz, que, mais tarde, seria o hangar do zepelim, que lá ficava, quando pousava no Rio. Apesar de ser uma ficção, passei um ano estudando o Rio de 1902 para construir uma base histórica sólida, em que eu faria essa ficção correr. O Bilac foi um grande carioca e o Zé do Patrocínio também. Achei, então, que fazendo esse livro estava não só mudando de cenário, indo um pouco para o passado, como também cuidando de dois personagens que me interessavam muito. Veja o caso de Dom Pedro no romance *Era no tempo do rei*, para o qual também estudei pra burro. Esse livro é quase um inventário de costumes do Rio entre 1808-1810. Todas as referências, as roupas que os personagens usavam, as comidas que preparavam, o cheiro que a cidade e as pessoas tinham, as gírias, a maneira de falar, eram rigorosamente reais. Evidentemente, a história que inventei, misturando Dom Pedro com o menino Leonardo do *Memórias de um sargento de milícias*, é uma história inventada. Na vida real, Dom Pedro não foi sequestrado – embora o personagem do Vidigal tenha existido, assim como a Bárbara dos Prazeres, a Carlota Joaquina, claro, etc. Há pouca informação histórica sobre Dom Pedro criança e adolescente, em comparação com a que há do fim da sua adolescência, com 20 anos, casado e já altamente sacana, além de quase imperador. Para resolver isso, estudei muito bem essa fase do Dom Pedro aos 20 anos e tentei imaginar como esse rapaz teria sido aos 10. Não é uma psicanálise ao contrário? Com isso, acho que consegui também me dar conta do grande carioca que foi Dom Pedro, embora nascido em Portugal – mais um nascido fora do Rio –, usando esse estratagema.

O NARRADOR DA CIDADE

Pergunta da platéia: Vendo sua crônica de hoje, na *Folha*, pensei duas coisas: uma, que você estava se preparando para falar para psicanalistas – porque você faz uma crônica bem voltada para a questão psicanalítica.

Ruy: Foi mera coincidência.

Pergunta da platéia: A outra coisa era que já sabia quem ia ser a próxima pessoa biografada por você, apesar da dificuldade de falar disso. Uma pessoa que está viva, que é o Ronaldo "Fenômeno".

Ruy: Absolutamente, não. Não há nenhuma possibilidade. Já biografei um jogador de futebol, não vou biografar outro. Porque, veja bem, esse é um trabalho extremamente difícil, para mim, pelo menos. Exige empenho, dedicação. Fico trinta horas por dia, durante anos, entregue a um personagem. Torno-me aquela pessoa dificílima de conviver. Preciso ter uma motivação permanente pra esse tipo de empenho, por isso tenho que variar. Cada livro meu é diferente, a única coisa que os meus livros têm em comum é o Rio. As pessoas têm uma tendência a achar que, quando você faz um livro de sucesso, tem que fazer outro na mesma linha. Eu faço exatamente o contrário. Por exemplo, depois que saiu o *Chega de saudade*, que é a história da bossa-nova, nos anos 1990, me perguntaram o que eu iria fazer a seguir, se seria jovem guarda ou tropicalismo. Eu dizia: "Nenhum dos dois, nem pensar". Quando comecei a fazer o Nelson Rodrigues, um amigo me disse: "Mas o Nelson Rodrigues passou a vida inteira atrás de uma máquina de escrever, não aconteceu nada na vida dele". Respondi: "Você não sabe, mas vai saber!" Depois que saiu o Nelson Rodrigues, grande sucesso também, me perguntaram se o próximo seria o Sérgio Porto ou o Antônio Maria. Nenhum dos dois também. Pra quê? Eu já tinha feito o do Nelson... os três viveram na mesma época, na mesma cidade, trabalhavam no mesmo jornal e eram cercados pelas mesmas pessoas. Então não tem sentido fazer os outros dois. O livro seguinte foi o *Estrela solitária*, a vida do Garrincha, e, quando saiu, me perguntaram se o próximo seria o Pelé ou o Heleno de Freitas. Nenhum dos dois também. Fiz sobre um bairro do Rio, o *Ela é carioca – a enciclopédia de Ipanema*. Então perguntaram se o seguinte seria sobre Copacabana. E a resposta foi não também. Tem que mudar sempre.

Cintia: E biografar pessoas vivas é uma questão também, não é?

Ruy: É, mas isso qualquer um entende facilmente. A pessoa viva tem um defeito gravíssimo, que é o de estar viva. Se essa pessoa é importante o suficiente para ser biografada em vida, essa pessoa será poderosa o suficiente para me atrapalhar o trabalho totalmente. Ela vai mentir sobre si mesma o tempo inteiro e vai fazer os amigos mentirem para mim, só vai me criar caso. Porque, como diz Nelson Rodrigues: "As pessoas se olham no espelho e se veem num vitral". Vão passar uma visão inteiramente adulterada de si mesmas e ainda influenciarão os amigos para que não me contem os podres e eu, infelizmente, preciso deles. Então, é o seguinte: o biografado ideal precisa estar morto, para estar fora do caminho, e não pode ser um morto recente. Sempre conto a história do Tom Jobim: um dia depois da morte dele, me ligaram perguntando se não queria fazer a biografia dele para o mercado americano, que estava encomendando. Teria que escrever o livro em seis ou oito meses, para que saísse dentro de um ano. Respondi que não havia a menor possibilidade – estava todo mundo traumatizado com a morte dele, inclusive eu, que me dava muito com ele, e, o que é pior, naquele momento Tom Jobim não tinha um defeito, era um santo. É preciso esperar, não um ou dois, mas oito ou dez anos, até que o cadáver fique bem geladinho e os defeitos tenham aflorado para se fazer uma biografia autêntica do Tom.

Magda Khouri: Só posso agradecer muitíssimo ao Ruy por ter aceitado o nosso convite. Gostaria de retomar uma questão. Quando estávamos fazendo a preparação para a conversa de hoje , você disse a seguinte frase: "Não é o Rio de Janeiro que é diferente, São Paulo é que não tem a ver com o resto do Brasil". Para pensar nessa identidade cultural, você poderia falar um pouquinho disso?

Ruy: Não sou só eu que penso assim. Caetano Veloso e muitas outras pessoas pensam isso também. Talvez tenha a ver com certa conformação histórica. São Paulo foi colonizada em uma região meio fora do cenário de onde as coisas aconteciam no Brasil, nesse planalto, de costas para o mar e longe do centro de decisões. Por isso, criou-se aqui esse caldo de cultura particular, autossuficiente, muito próspero e muito ressentido também, pelo fato de ficar de fora das decisões nacionais. Isso acontecia muito nas famosas famílias quatrocentonas, que

O NARRADOR DA CIDADE

são aqueles pioneiros portugueses que vieram para cá no século 16 e nunca se conformaram de não serem os agentes dos destinos nacionais, tendo sempre que depender da Bahia, primeiro, depois do Rio, e, no meio disso, de Minas Gerais. A Bahia, por ter sido a capital por duzentos anos, Pernambuco, por ser muito rica nessa época – aliás, em Pernambuco existe esse ressentimento também, porque nessa época era muito rica, mil vezes mais rica que a Bahia, e esta é que era a capital –, depois Minas Gerais, que também foi muito rica na época do ouro, e nessa época quem dava as cartas era o Rio, porque o ouro tinha que ser escoado através do Rio para ir para fora.

São Paulo estava fora desse processo todo. Então, esses portugueses que se instalaram aqui no século 16 – famílias conhecidas até hoje, como os Prado, os Penteado, os Coelho, os Amaral, os Ferraz, os Mesquita... todos se julgando uma casta acima dos mortais e com a atitude do "Quem peidou aqui?". Não chega a ser um defeito, é uma característica. Todos os países têm essa classe do "Quem peidou aqui?", os americanos também têm, não se entende bem o porquê, mas têm. E ficou sempre essa coisa voltada para o interior. Não por coincidência, quando os bandeirantes saíram daqui, foram para o interior, e não para o mar. Não por acaso também, a própria cidade de São Paulo, devido à falta de história e de não ter muita memória de passado – tudo que é importante em São Paulo tem a ver com a vanguarda, com o exterior. Exemplos disso são a USP, o MASP, a Bienal, o concretismo... Como não tem muito passado nem tradição, tem que apostar no futuro, na vanguarda. Isso isola um pouco São Paulo do resto do país. Talvez devido a esse perfil psicológico dos primeiros colonizadores, as pessoas que vêm para cá vejam a cidade como uma cidade de passagem, e não um lugar para onde se vai para ficar.

Sei disso, porque fui um dos que vieram e ficaram muitos anos, apenas marcando o tempo para voltar – talvez isso faça com que você não se sinta estimulado a se converter à cidadania local. Nunca fui estimulado a me tornar um paulistano. Ao contrário, fui lembrado, o tempo inteiro, de que era de fora – não que isso me chateasse, tudo bem, eu estava satisfeito de ser carioca, não precisava de mais nada – e de que o Rio era uma merda. Claro que, como não se pode mudar as pintas do leopardo, o sujeito acaba se comportando de tal maneira até para justificar o tipo de visão que se tem de você.

Vejam bem que, no meu caso, não havia motivo de queixas, porque sempre fui muito bem tratado. Na verdade, até beneficiado pelo fato de ser do Rio, pois trazia comigo uma informação diferente. Trabalhei em não sei quantos veículos – *IstoÉ*, *Playboy*, *Folha*, *Status*, *Veja*, *Estadão* – e colaborei em mais de duzentas revistas locais, porque vinha de uma cultura que era necessária para a imprensa de São Paulo, marcada até certa época por uma caretice total. Seria impossível, por exemplo, *Pasquim* aqui, ou o Caderno B do *Jornal do Brasil* nos seus grandes tempos. De alguns anos para cá, a Ilustrada passou a preencher um pouco essa lacuna na imprensa mas, mesmo assim, tem horas que você não sabe muito bem o que ela está propondo. Então, eu era muito bem tratado, mas, de vez em quando, me esquecia ou me distraía e, às vezes, saía de casa vestindo sunga, descalço e sem camiseta, para ir comprar cigarros no botequim, e não pegava bem.

Bagdon Igor Holovko: Gostaria de saber qual é a dor do que faz a biografia, quais são os momentos, nessa busca de nexos, de relação de fatos que parecem que não têm relação, ou de descobertas, ou de inseguranças.

Ruy: Essa pergunta é muito boa. O envolvimento do biógrafo com o biografado é inevitável. Eu parto do princípio de que gosto daquela pessoa, admiro-a e quero descobrir tudo sobre ela. Nessa busca de descobrir tudo, você começa a aprender as coisas mais terríveis. Você conversa com pessoas que, a partir do momento em que começam a se abrir para você e a contar coisas inesperadas, te deixam muito mal. Mas, depois de seis meses, você vai aprender uma outra coisa, que justifica um comportamento inesperado do personagem, que o redime, e aí depende de como você vai contar isso para transmitir essa sensação real para o leitor. O pior de tudo é o sofrimento que você vai descobrindo na vida daquela pessoa, que te move e te comove, e sobre o qual não pode fazer nada, porque a vida foi dela e ela já viveu aquilo. Passo anos e anos apurando as informações, e jogando tudo no computador, nos escaninhos competentes. Trabalho mais ou menos com prazo e tento fazer com que ele seja respeitado, mas, se não estiver satisfeito com o que apurei e achar que ainda preciso ir mais

O NARRADOR DA CIDADE

fundo em determinado período, o prazo que se dane. Não vou entregar o livro enquanto não estiver satisfeito.

Inicialmente, achava que o prazo ideal para entregar um livro desses era de dois anos, que foi o tempo que demorei para fazer *Chega de saudade* e *O anjo pornográfico*. Mas, quando chegou o *Estrela solitária*, demorei três e, na vez do *Carmen – uma biografia*, já levei cinco – porque não deu para fazer em menos tempo. Quando chego a um momento em que acho que já está tudo pronto, tenho um critério para saber se está mesmo: tento fazer, para mim mesmo, uma pergunta tão difícil que nem eu mesmo saiba responder. Se essa pergunta não existir, posso encerrar a apuração, sentar e escrever, mas se ainda houver perguntas que eu possa inventar, tenho que continuar no telefone, gastando sapato e procurando até responder a tudo. Finalmente, quando tudo está apurado, no momento em que sento para escrever, estou com toda a vida do sujeito na minha frente, em arquivos, anotações, no disco rígido e na minha cabeça.

Acho que uma biografia deve ser escrita em ordem cronológica. Para mim, o começo, meio e fim, nessa ordem, ainda é a melhor maneira de fazer com que a pessoa entenda o que você está dizendo. Quando começo a escrever, se estou em 1930, por exemplo, sei muito bem que em 1942 vai acontecer uma coisa importante na vida do sujeito, que vai ser uma coisa ótima e que vou gostar muito de escrever – mas não posso me antecipar e tenho que me dedicar com o mesmo empenho a 1931, 32, 33... até chegar lá. Mas tudo bem, essa é uma expectativa até saudável. O pior é quando sei que, em 1944, ele vai passar por uma coisa hororosa e não tem nada que eu possa fazer para impedir. Assim como é impossível escrever sobre alguém que não teve drama.

Por exemplo, na outra semana, aqui em São Paulo, vieram me oferecer um personagem que adoro, pelo qual tenho a maior admiração e respeito, mas que jamais biografaria porque a vida dele não teve nada de mais – Dick Farney. Preciso que alguém morra de morte violenta, ou que aconteça uma desgraça qualquer, como uma doença grave, ou uma revolução, como a destruição de um cenário inteiro. Tem que ter uma coisa meio épica para que a vida seja interessante. Não é só a relação da vida com a cidade, é também a relação da vida com a história, pessoal

405

ou geral, que me interessa. A vida do Nelson Rodrigues, nesse sentido, era uma teta, porque o que teve de desgraça ali era uma maravilha. Mas eu só digo isso hoje – porque, quando estava escrevendo, ele estava me comovendo o tempo inteiro. A vida da Carmen então, pior ainda, porque meu envolvimento com ela extrapolou. Há sempre um envolvimento obrigatório do biógrafo com o biografado, como os que tive com o Nelson Rodrigues e o Garrincha – foram pessoas que aprendi a amar enquanto trabalhava na vida deles. Mas, no caso da Carmen, tratava-se de um homem e uma mulher, o biógrafo e a biografada. E, por acaso, com um conhecimento muito grande da vida dela em jovem, com acesso a fotos que não pude pôr no livro porque não havia espaço. Ela era toda bonita, gostosa, tive uma paixão física pela Carmen, tive até ciúmes dos namorados dela. Foi quando cheguei à conclusão de que, de todas as pessoas que trabalharam com Carmen Miranda, até hoje, devo ser o único que não queria *ser* ela – queria tê-la namorado!

Cintia: Queria agradecer muitíssimo a presença do Ruy. Foi maravilhosa a sua fala, acho que você agradou a todos aqui. Agradeço a presença de vocês e até a próxima. Quer falar alguma coisa antes de encerrar?

Ruy: Quero dizer que achei tudo ótimo. Senti-me fazendo uma análise de grupo – eu e um grupo de analistas. Obrigado.

SENSUALIDADE E EROTISMO NO PROSAICO COTIDIANO

Ou breves memórias de como se buscava o amor nas ruas e os rituais e hábitos e idiossincrasias através dos tempos.

Ignácio de Loyola Brandão

Não sou psicanalista, nem sou do ramo. Também nunca fiz análise, não tenho um terapeuta. Talvez eu seja um ser anacrônico. O que sou? Um ficcionista, um delirante às vezes com o pé no chão. Lembrei-me agora do título de um romance de James Baldwin, *Um estranho numa terra estranha*. Nesse momento, diante desta plateia, sou o personagem daquele livro. Sinto-me confortável, mesmo sendo o estranho, talvez vocês não possam dizer o mesmo. Sobre o tema erotismo aqui foi dito de tudo, da mitologia à religião, filosofia, antropologia, sociologia, psicanálise e afins, ideias literárias com frequência. Estou aqui para falar do cotidiano através de algumas décadas. Do dia a dia, do prosaico, do desejo, do amor pago, da sensualidade *fake*, da excitação.

Sou de uma geração que não podia transar com as namoradas. Namorávamos, deixávamos a moça (acalorada, reprimida) na porta de casa e partíamos para a "zona". Ou bordel. Eram então algumas quadras afastadas da cidade, apontadas com execração por uma parte da sociedade, procurada com exacerbação por outra. Em alguns lugares, luzes vermelhas indicavam o ponto onde elas nos esperavam. Não era o ponto G. Elas estavam ali, as mulheres do amor pago, do paga antes, do vai-depressa-meu-benzinho, vê se não demora. No dia seguinte, encontrava-se outra vez com a namorada virgem, que ou sabia e disfarçava, porque esse era o jogo, ou nada sabia, porque convinha não saber.

Entre o final dos anos 1950, quando cheguei a São Paulo, e os dias de hoje, o panorama modificou-se profundamente. Naquela época, a cidade dividia-se em Boca do Lixo e Boca do Luxo e eram regiões opostas, ainda que para o mesmo fim. Nas duas, entretanto, havia a atmosfera de sensualidade, busca, caça, fantasia, pecado, ansiedade, contravenção, prazer.

A Boca do Lixo partia das ruas próximas à estação da Luz e à estação da Sorocabana (hoje Sala São Paulo), avançava pelas ruas do Triunfo, dos Gusmões, Santa Ifigênia, dos Andradas, Guaianases, Vitória, Timbiras. Se você, durante o dia, passasse pela Santa Ifigênia, veria apenas um animadíssimo comércio de materiais elétricos, que mudou para eletrônicos e hoje é dominado pela informática. Às 18h, hora do Ângelus, o ambiente mudava, as lojas desciam as portas e os prediozinhos, que você acreditava residenciais, abriam as suas, as mulheres vinham para a frente, à espera dos fregueses. Eram quatro, cinco, dez ou mais por prédio que se espalhavam pela rua e faziam o mesmo apelo: "Quer fazer nenê? Vamos fazer nenê? Quer uma chupetinha? Faço tudo". Não faziam nada. Era entrar, pagar, despir-se, deitar-se, apressar-se e sair. Não sei como toda uma geração não teve traumas com ejaculação precoce.

Vocês, psicanalistas, poderiam me explicar por que, primeiro, aquelas mulheres nunca deixavam beijar na boca. Segundo, a imensa maioria jamais tirava o sutiã, mesmo as muito novas. Ver um seio era coisa rara. Terceiro, não podíamos ficar acariciando os seios. Jamais esses pontos me saíram da memória.

A Boca do Lixo era um amontoado de ruas escuras, esquivas, casarões antigos em ruínas, portas semiapodrecidas que davam em corredores que eram um amontoado de quartinhos que cheiravam a lixo, mijo, suor, perfumes baratos

SENSUALIDADE E EROTISMO NO PROSAICO COTIDIANO

(Coty, Royal Briar, Cashmere Bouquet), Leite de Colônia e Leite de Rosas. Muitas mulheres, antes do ato, faziam um "exame" superficial para saber se tinham uma doença, um corrimento. Depois, corriam a lavar-se, não podiam correr risco. Camisinhas? Nem pensar! Homem recusava. Em geral, eram mulheres gentis, ainda que duras. Que atmosfera de erotismo podia emanar disso tudo, desse cenário expressionista?

Havia bares escuros, com luzes roxas, cabarés diminutos, bebidas falsificadas. E um movimento desusado de homens, principalmente japoneses (como eles adoravam a zona). O ritual era andar pela quadra inteira, quando não por toda a rua, olhando, escolhendo. Como se fosse um *shopping.* Às vezes, fixava-se numa e na volta ela não estava à porta, estava "trabalhando". O jeito era esperar ou ir embora, não eram muitos os que, na sofreguidão, queriam "pegar uma sopa", expressão da época. Os cafetões se postavam em posições estratégicas, nos cafés-muquifos, nos bilhares, nas esquinas, contabilizando o número de vezes que sua mulher "faturava".

Nos quartos, catres, um rolo de papel higiênico no criado-mudo, um abajur para fornecer meia-luz, essencialmente se a mulher fosse mais velha: tivesse, digamos, seus 35 ou 40 anos, com muita rodagem. Havia muita gente que as preferia, eram simpáticas, amáveis, não exigiam pressa, gostavam quando alguém dizia que era a primeira vez, então se desdobravam. Havia nelas um misto de mãe e de orgulho ao verem que estavam "formando" um jovem na vida. Além disso, sentiam-se "gratificadas" por terem sido escolhidas, na concorrência com jovens, diante das quais as filas se estendiam. Sabiam-se em fim de carreira, assim como jogadores de futebol ou modelos, que têm um tempo determinado de atividades.

Vestidos curtos, se tinham pernas bonitas. Perna bonita queria dizer perna grossa, ser coxuda. Celulite era mostrada, porque homem sempre adorou celulite, por mais que as campanhas de academias e cosméticos e cremes e massagens insistissem (e insistam) no contrário. Celulite é parte do mito masculino de sensualidade e erotismo. Decotes, se tinham seios bem feitos. A linha

A PSICANÁLISE NAS TRAMAS DA CIDADE

Lollobrigida ou Sofia Loren era dominante, essa mesma que voltou hoje, com o auxílio do silicone, produto talvez da influência americana por meio de revistas como *Playboy* ou dos filmes pornôs.

Já existia o culto da "bundinha" e as volumosas faziam questão de demonstrar as qualidades, fascinando. No entanto, em todos os meus anos de juventude, em que fiz extensas quilometragens, jamais vi puta aceitando amor anal ou felação. Aliás, horrorizavam-se ante a ideia. Eram coisas reservadas aos homens que amavam ou que sustentavam. Falo do final dos anos 1950, inícios dos 1960. Com a evolução do tempo e as mudanças dos costumes e a liberação, a transição democrática, as coisas se transformaram.

Perversões, exotismo, também não faziam parte do cardápio. Quem quisesse isso devia procurar lugares especiais, fechados, cujos telefones passavam cuidadosamente de boca em boca. Eram cafetinas diferenciadas que mantinham logradouros (como escrevia a imprensa) nas imediações do Arouche, da avenida Rio Branco, na Rangel Pestana, na Consolação. Havia uma famosa, na rua Sabará, local elitista, segregado, de difícil acesso e custo caríssimo. O nome de guerra (seria o codinome?) dela era Safira. O que acontecia ali dentro dependia da imaginação e fantasia, mas, diziam, eram coisas diferentes, sensacionais.

Nunca esquecerei a decoração dos quartos das putas. Havia imagens emolduradas de santos por toda a parede, estatuetas de Nossa Senhora e de Iemanjá, terços na cabeceira, quando havia cabeceira, figas, velas de sete dias e um cheiro de incenso enjoativo (não, ainda não tinham chegado os incensos indianos, que vieram com os *hippies*, o *flower- power*), desses de umbanda, macumba. Ao término do amor (eufemismo) era comum a mulher se ausentar para se lavar e podíamos ouvir o chap-chap-chap do bidê. Falar nisso, há no teatro brasileiro uma cena famosa em uma peça de Nelson Rodrigues em que a atriz senta-se no bidê e a plateia ouve um chap-chap-chap, o que indignou parte da assistência e assustou a outra pelo realismo e revelação. Muitos homens sorriram amarelo e discretamente. A menos que esteja profundamente errado, penso que foi em *Perdoa-me por me traíres* e a atriz (corajosa) foi Cleyde Yáconis, um de nossos ícones maiores.

SENSUALIDADE E EROTISMO NO PROSAICO COTIDIANO

Dentro do perímetro da Boca do Lixo, mas sofisticando-se um pouco mais, dos anos 1970 para os 1980, houve alterações na estrutura. Surgiram os "pombais", ou seja, bordéis que ocupavam edifícios inteiros de alto a baixo. Marcavam a fronteira entre o Lixo e o Luxo. Pombal vem do fato de as mulheres se postarem nas portas dos apartamentos, como se fossem pombas, enquanto os homens faziam um *footing* vertical. Ou seja, apanhando o elevador, subiam ao último andar e desciam lentamente, avaliando o que havia em cada andar. Eram prédios com quatro ou mais apartamentos por andar (quando não mais), com seis ou oito mulheres em cada um. Em geral, putas de melhor "quilate" (não me condenem pela terminologia, era a da época), maior gabarito e preço. Mais apresentáveis, mais bem vestidas, algumas até boas conversadoras, divertidas. Não dava para ter muitas, devido à precariedade do espaço. O trânsito era congestionado, porque tinha gente que fazia o contrário, subia pela escada, complicando.

Nunca descobri como funcionava o sistema imobiliário no caso. Quem alugava o apartamento para elas? Havia um (ou uma) responsável que alugava, arranjava fiador, fazia depósito? As imobiliárias sabiam? E como começava um "pombal"? Num prédio residencial de repente surgia um apartamento-bordel. Os moradores não protestavam, não reclamavam? Instalado um, dois, três, logo proliferavam? Ou eram edifícios já evacuados, prestes a serem reformados. Está aí um capítulo para a história da habitação e do surto imobiliário na cidade. Quem era responsável pelo condomínio, pela luz, pela água, pelos impostos? E a fiscalização existia? E a corrupção dos fiscais era paga em que espécie? Dinheiro ou uma transa? Ou seriam os próprios donos dos apartamentos que iniciavam o rentável negócio? Demonstrávamos todos muita coragem, porque eram prédios sem manutenção, o elevador parava em meio a um andar, era um corre-corre, não sei como nunca caiu. ("Deus segura", diziam as mulheres.)

Quando você circulava, via anotada na parede junto à porta a lista de preços. Eram em geral os mesmos, por causa da concorrência, a não ser uma e outra mais estrela, mais diva, e realmente mais bela, mais "gostosa", alguma que se "achava" e punha o preço lá em cima, e possuía freguesia própria. O preço na parede evitava uma etapa que era complicada para os tímidos. Chegar e perguntar: "Quanto?" Nessa hora, a mulher pegava na sua mão, agarrava seu braço e começava a puxá-lo para dentro, uma situação saia-justa. Nos pombais havia uma complicação, os apartamentos eram divididos por tabiques de madeira compensada e você estava ali na cama, ouvindo a pessoa ao lado. As conversas e tudo mais. Menos os gemidos. Nos bordéis, em geral, não havia o gemido feminino, um detalhe sensual, excitante, parte do ato de amor. Seriam atos de amor? Seria erotismo? Ou ansiedade? Quanto à decoração, era idêntica, santos e anjos e Iemanjás e ramos de arruda, hortelã, palmas, louros. Qual o significado ou simbolismo do louro?

Nos pombais, você encontrava duas mulheres dispostas a um "programinha conjunto". Você com as duas, ou olhando as duas numa *fake* demonstração de lesbianismo. Tudo simulado, mas quem se importava? Era um teatro, mas a fantasia é o que contava. Algumas, não muitas, na verdade poucas, bem poucas, deixavam que se praticasse o cunilíngua. Aliás, na minha adolescência em Araraquara, era a pior coisa que um homem podia fazer, era nojento, ato desclassificado. Lembro-me de um sujeito que ficava sempre na esquina da rua Quatro com a avenida Feijó, chamado Dito qualquer coisa, que não batia bem da cabeça, famoso por ser um "chupador" de mulheres. Todos o evitavam, ninguém queria ser visto com ele. Como se tivesse lepra.

Alguns pombais foram célebres. O existente na esquina das ruas Timbiras com a Guaianases, o número 712, era agitadíssimo, um fervedouro. Poucos anos atrás, passei por ali, havia um cartaz irônico: "Alugam-se Quartos Para Moças". De fino trato, como dizia a peça teatral de Leilah Assumpção? Na mesma rua, dois endereços, o 372 e o 349. Um era em cima da uma loja de pneus. Citemos ainda o número 94 da Barão de Campinas, esquina com a General Osório, próximo ao cine Regina (demolido, em seu lugar há um hotel, o Fórmula 1). Na esquina da General Osório com a Barão de Limeira, havia dois. O número 134 tinha dez andares repletos de mulheres. Em frente, ficava um lindo prédio, o Palacete Rudge, lembrando a arquitetura de Ramos de Azevedo, onde hoje funciona o Hotel Reinales. Na avenida Rio Branco, entre a avenida Duque de Caxias e a rua Vitória, havia um pombal em seguida ao

SENSUALIDADE E EROTISMO NO PROSAICO COTIDIANO

outro, esses um misto de lixo e luxo. Lembro-me de alguns prédios profundos, extensos, longos corredores, andava-se muito.

Nos anos 1970, anos de censura e ditadura, disseminaram-se os pequenos teatros-revista, já em plena decadência, distantes dos *shows* de Walter Pinto e Zilco Ribeiro, inigualáveis. Eram apresentações de terceira categoria, um esquete, um *strip-tease*. Havia um na avenida Rio Branco, ao lado do cine Mônaco (hoje estacionamento); havia, na curta rua do Boticário, o Teatro Santana (que não era o Santana tradicional, aquele templo da rua 24 de Maio, esplendoroso, atualmente uma galeria comercial); outro no cine Marco Polo, na avenida Ipiranga com rua do Boticário. Logo, dois cinemas se transformaram em programação mista, o Aurora e o Los Angeles, quase um em frente ao outro, na rua Aurora. Havia um filme e uma sessão de *strip-tease*.

As mulheres que faziam *strip-tease* eram em geral as mesmas, com poucas variações. Saíam do Santana e iam para o Los Angeles, dali saltavam para o Aurora, para o Marco Polo, continuamente, o dia inteiro. À noite, trabalhavam em cabarés ou boates. Dormiam tarde, levantavam cedo, voltavam para o centro, a primeira sessão do Santana sempre começou às 11 horas, diante de *office-boys* (hoje *motoboys*), velhos aposentados, caipiras deslumbrados e excitados, vagabundos e bebuns que tinham entrada gratuita para "fazer público".

O primeiro *strip-tease* da manhã era feito sempre por uma jovem sonolenta, sem a mínima graça. Mulheres que em geral moravam na periferia da periferia, tinham corpos bonitos, eram as rainhas dos bairros, desejadas por todos e queriam subir na vida. Tenho um conto, publicado na revista *Homem Vogue*, que se intitula *A filha do alfaiate sorrateiro,* que retrata a vida de uma dessas *strippers*. Nesse conto, Maria Aparecida, transformada em Susana Guerreiro, aprende o ofício.

"O mais complicado foi aprender a dançar, enquanto tirava a roupa. Cada moça tinha uma música-tema. Susana Guerreira se despia ao som de *Meu benzinho*, antiga gravação de Agostinho dos Santos. Tinha sido escolhida por Sandra Glória, que achava chocante a mulher ir tirando a roupa, enquanto o cantor dizia versos assim: 'Luz dos meus olhos! Desejo em flor! Que mal conhece o que é o amor! A noite cálida vai deixar! Ansiedade em teu lugar'". Treinaram juntas. "Não é treino, queridinha. Treino é em futebol. Artista ensaia". Susana Guerreira foi gostando, tendo ideias. Por exemplo, pediu ao cara que repetisse o disco, assim que ela terminasse de tirar toda a roupa. Na repetição, quando o cantor dizia: "Desejo em flor", ela estava dobrando o corpo, de modo a deixar a pomba exposta, rósea e linda, aberta à luz dos olhos da turma da mesa. Seu Luís gostou do número. Era um sujeito legal, ainda que fizesse questão de apalpar as coxas das moças, para ver se não estavam muito flácidas. Foi ele quem sugeriu que em vez de luz vermelha, muito *sexy,* mudassem para azul, porque era "pura, inocente". E como Maria Aparecida tinha um corpinho de menina, isso ia deixar a meninada alucinada. "A menina mais gostosa que apareceu por aqui, nunca vi corpo tão perfeito, você vai fazer carreira, terminar na televisão. Aposto que, logo, logo, os diretores da boca do lixo vêm te buscar para fazer filme".

Muitas dessas mulheres faziam do teatro uma vitrine para programas mais tarde. Restava ao cliente munir-se de paciência e esperar, esperar para levá-las primeiro a jantar (no Papai, no Galetto's, no Feijão com Arroz, no Gato que Ri, no Morais ou Parreirinha). Tanto podiam ir para o apartamento do freguês quanto pedir um motel, elas achavam chique e excitante transar nos motéis da rodovia Raposo Tavares.

Boca do Luxo. A partir da avenida São João, passando pelo Arouche, seguindo pelas ruas Bento Freitas, Rego Freitas, Amaral Gurgel, envolvendo a General Jardim, a Major Sertório, a rua Araújo, o panorama modificava-se radicalmente. Sofisticava-se. Só para terem ideia, uma das boates mais grã-finas de São Paulo, na época, era a Michel, na Major Sertório, quase esquina da Araújo. Templo dos socialites, foi frequentada todas as noites pelo cantor Sammy Davis Jr., uma das maiores estrelas do célebre clã de Frank Sinatra, quando ele veio a São Paulo, cantar no Teatro Record. Sei, porque o acompanhei como repórter da *Última Hora,* jornal que já desapareceu. A Boca do Luxo era uma sucessão de bares, conhecidos como *inferninhos*. Meus filhos morrem de rir quando uso a palavra. Pequenos bares (uns, como o Dakar, bem maiores) com poltronas junto às paredes, mesas, uma decoração moderninha (sempre cafona, mas aceitável).

SENSUALIDADE E EROTISMO NO PROSAICO COTIDIANO

Você entrava, sentava-se a uma mesa, vinha uma senhora simpática, sentava-se, oferecia um drinque que ia do Fogo Paulista ao vermute, ao Campari, do Cynar ao Cuba Libre, ao uísque (falsificado, todos sabíamos), e se via que a cara do sujeito era melhor, ofereciam champanhe, sempre uma sidra com o rótulo trocado. Ninguém reclamava, era um jogo de mistificações aceito. Quem ia estava a fim de uma mulher, quase todas de qualidade superior. Vestiam-se bem, maquiavam-se com esmero. Em geral, moravam na casa de uma cafetina que era a dona da loja e do salão de maquiagem.

As meninas estavam sempre endividadas com as cafetinas. Como a noite se estruturava, como o esquema funcionava está desenvolvido no conto "A menina que usava chupeta", em meu livro *Depois do sol*, o primeiro que publiquei na minha carreira. Contos sobre a vida noturna em São Paulo, vivida por mim, todos a partir de 1957 e até me casar em 1970. Entre os inferninhos mais famosos estavam o Snobar, o Galo Vermelho, o Clube de Paris. Havia dezenas, lembro-me desses três.

O ritual era o mesmo. A cafetina vinha à mesa, oferecia a bebida, apontava para as garotas que estavam em outras mesas, sempre acompanhadas por um homem. Que era o H. Ou seja, o "acompanhante". Se a polícia entrasse, ele fazia o papel do amigo ou do namorado, era a maneira de "driblar" a atmosfera de bordel. Como se enganassem alguém. Aliás, foi nessa época que muitos hotéis em São Paulo passarem a colocar apenas HO nos letreiros. Sabia-se, ali se aceitava curta permanência. Escolhida a mulher, ela vinha para sua mesa, pedia bebidas (ganhava por consumação e tomava chá, fingindo que era uísque), combinava o preço e partia. Agora, vi, e mais de uma vez, milionários e empresários, banqueiros e fazendeiros, saindo da boate Michel e partindo direto para os inferninhos para terminar a noite.

Nenhum inferninho, todavia, superou a pujança do Holliday, na rua Major Sertório. Decoração discreta, mulheres que eram estrelas de cinema, fenomenais. Quem o frequentou quando veio a São Paulo foi o ator Tony Curtis que, deixando o Hotel Jaraguá, subiu duas quadras a pé, acompanhado de amigos, e passou a noite ali, tendo escolhido, como não podia deixar de ser, a Mônica.

A mais brilhante mulher da noite de São Paulo, na época. Hoje ela seria modelo de passarela, disputaria com Carolina Ribeiro, Anna Hickman e outras numa boa! Linda, suave, falsa magra, gentil. Havia uma agenda para se marcar encontro. Marcava-se com um mês de antecedência. Foi das primeiras profissionais modernas organizadas, hoje trabalharia com assessoria e cartão de crédito. Provocou paixões. Havia pessoas que a convidavam para estreias, vernissages, sessões de cinema e coquetéis. Mônica, para usar uma expressão antiga, era uma *lady*. Seu rosto me lembrava, às vezes, Audrey Hepburn. Hoje deve estar entre os 65 e 70 anos, vive para os lados do Ibirapuera.

Outra que era célebre chamava-se Jovanka, o mesmo nome da mulher do ditador Tito da Iugoslávia (codinome, claro). Bonita, morena, sempre bem-humorada, desapareceu. Dia desses, encontrei-a na rua Augusta com a Estados Unidos. Continua bela, agora trabalha em um grande escritório de advocacia. Formou-se, está bem de vida. "Menino", ela me disse, "estamos velhos e bonitos, o resto, o resto desapareceu." Nenhuma palavra trocada sobre o passado. Ambas, Mônica e Jovanka, sempre foram independentes, nunca se ligaram a cafetinas. Eram mulheres inacessíveis para boa parte (eu inclusive), mas eram gostosas para conversar, contar casos, manias dos fregueses. Seus cachês atualmente, atualizados, estariam entre 3 mil e 5 mil reais.

Sinésio, dono do Holliday, uma figura aparentemente modesta (*low-profile*, diríamos hoje), mas homem espertíssimo, atividades de longo alcance, maneiro, ligado a todos os esquemas de fiscalização e polícia (jamais fecharam sua casa), "fornecia" mulheres a políticos e eram seus os portfólios de muitos hotéis de luxo em São Paulo. Sinésio comandava também o Clube Arakan, uma sensação no carnaval paulistano. Os bailes eram nos salões do Aeroporto de Congonhas, ali onde hoje tem o restaurante. Era muito grande na época, não sei o que as reformas fizeram. Lotados e disputados, os bailes eram famosos por terminarem em orgias. Era a única chance do ano de comparecermos e conseguirmos algumas das mulheres do Holliday de graça, gastando apenas saliva na cantada.

Nos anos 1960, os homossexuais viviam numa posição complicada. Eles "caçavam" no escuro de algumas salas de cinema. Aproximavam-se,

SENSUALIDADE E EROTISMO NO PROSAICO COTIDIANO

sentavam ao lado de alguém e "palmeavam", como se costumava dizer. Se o sujeito topasse, continuavam, marcavam encontro, davam um jeito. Em geral, precisavam pagar aos homens. A partir de certa época, começaram a transar nos banheiros do cinema mesmo. As salas pioneiras em São Paulo foram Cairo, na rua Formosa, e Oásis, na praça Júlio Mesquita. Depois, veio o cine Mônaco, que tinha sido aberto como sala de luxo para os *road-shows*, ou fitas de longa permanência em cartaz. Em seguida, o Bandeirantes (hoje estacionamento), que também foi cinema de primeira linha, depois o Art Palácio. Neste ultimo, nos anos 1990 – não sei se também hoje – transava-se abertamente nos fundos da plateia.

Com o avançar dos tempos, e a elasticidade de usos e costumes, vieram, para concorrer no campo, os travestis que se espalhavam pela rua Rego Freitas até o largo do Arouche, depois subiram para a rua Augusta, Sena Madureira, alameda Jaú, em frente ao Colégio Dante Alighieri. Esse local era, na verdade, muito mais um *point* de garotos de programas, rapaziada que se vende aos enrustidos. Oficialmente, a primeira boate *gay* de São Paulo, salvo engano, foi a Medieval, na rua Augusta, onde hoje está o Center Três. Ali a permissividade era absoluta. Sem esquecer as saunas, como a do Hotel Danúbio, e depois as que proliferaram pela rua Augusta, dominadas pela homossexualidade em seu todo.

Nos anos 1970, não havia *strip-tease* total, as mulheres sempre ficavam com um tapa-sexo, ainda que diminuto. Pelos púbicos não apareciam de maneira alguma. Era proibido até mesmo nas primeiras revistas masculinas que surgiram, como *Fairplay, Homem, Status, Lui, Playboy.* Com o abrandamento, o tapa-sexo desapareceu, os pelos foram admitidos. A nova fase, com a censura estertorando, foi a dos teatros de sexo explícito que representaram, igualmente, o crepúsculo desse gênero. Para isso, contribuíram os novos tempos, a liberação dos pornôs explícitos no cinema, o fim da cândida pornochanchada brasileira. E, não esquecer, a nova moral, o novo sexo, a liberação sexual, o ocaso da prostituição nos moldes "antigos". Mas esse segmento não cabe a mim.

De qualquer maneira, a prostituição ainda existe seja nos Cafés Photos da vida, cuja existência e sucesso se deve ao pioneiro *La Licorne*, de dona Laura

A PSICANÁLISE NAS TRAMAS DA CIDADE

(quem ela não tinha em seu caderninho, todos nós), uma rainha inconteste no setor, que abriu caminho para o requinte e o luxo, primeiro na praça Roosevelt, depois na rua Major Sertório. Laura teve todo o poder da cidade em suas mãos, em seus arquivos, em seus *books* melhores do que o de qualquer agência de modelos e estrelas de cinema e televisão. A prostituição prossegue nos cabarés do interior, de luxo, onde homens continuam a ver no ato um fetiche, necessidade. É comum encontrarmos garotas de programa que são ou universitárias ou donas de casa, belas da tarde (para usar antiga expressão). Pois um amigo meu, num bar da Vila Madalena, reduto boêmio (palavra antiga) das baladas jovens, ao tentar um xaveco (outra expressão velha) com uma menina, não recebeu a advertência: "Saiba que estou faturando, meu querido."?

Não sei se cabe no tema do erotismo e da sensualidade este relato, superficial, apressado, porque faltam muitos detalhes, mas seriam inconvenientes e me levariam a um divã, ou eu seria tachado como pervertido, machista. Mas por certo é um panorama de como as coisas ocorriam e de como o mundo encarava a sexualidade. Será que errei de painel? Deveria estar no da sexualidade e não no de erotismo? Onde os limites, as divisões, as diferenças? E o que vou dizer a essas senhoras que, assim que comecei a falar, vi erguerem as sobrancelhas, entreolhando-se para, após quinze minutos, se retirarem?

EROS EN LA CIUDAD

Jorge Bruce

Tal como lo han mostrado de manera fehaciente los trabajos y la idea misma de realizar este congreso, los latinoamericanos hemos ingresado, de un tiempo a esta parte, en un periodo de mutaciones sociales densas e imprevisibles. La trama de los afectos no podía permanecer incólume ni ser un agente pasivo ante semejante turbulencia. Las migraciones, por un lado; la globalización, por el otro, han sometido a "esas fuerzas humanas" que son el corazón y el alma, según un célebre vals peruano apropiadamente titulado "Desdén", a un proceso de brutales transformaciones que no necesariamente se registran en el ámbito de la conciencia. Lo cual no significa que no nos esté reacondicionando, sin licencia alguna, la intimidad.

Hace algunos meses, la edición peruana de *Le Monde Diplomatique* me solicitó un artículo con una pregunta específica: ¿Cómo aman los peruanos? Debo decir que la pregunta me pareció disparatada y, por lo menos en lo que a mí respecta, incontestable. Ni siquiera sé bien cómo amo yo mismo, imagínense responder por todos los peruanos. Era una pregunta retórica, claro está, y no había que tomarla en sentido literal, pero no dejaba de ser un desafío monumental responderla. Por otro lado, la propuesta era que fuera el artículo de tapa de una publicación muy prestigiosa y, más allá de los espejismos narcisistas, era una ocasión de esas que no suelo desaprovechar para colocar una mirada psicoanalítica en el seno de los debates intelectuales. Hace tiempo que estoy empeñado en esa tarea, la de que el psicoanálisis no sea el convidado de piedra en los asuntos de la Polis, y hubiese sido inconsecuente no tomar el guante.

De modo que acepté, siempre y cuando me permitieran cambiar el título del ensayo (el espacio reservado para el texto y el tono general de la revista eran los de un pequeño ensayo). *Le Dipló* aceptó, pero a su vez impusieron la condición de mantener el título en la cabecera del número y fue así, tras una negociación un poco tensa, que titulé mi trabajo "Las Migraciones del Corazón" y ellos conservaron el encabezado del número que se anuncia en los kioscos y, por supuesto, tenía un título más vendedor que el mío.

La razón por la que les estoy narrando esta anécdota es porque cuando FEPAL me honró con esta invitación y me paralizó de angustia con el tema de Eros en la Ciudad, inmediatamente pensé en este episodio y, naturalmente, recurrí a la estructura de base que me construí entonces para enfrentarme con lo que, en el fondo, me parecía la misma esfinge con enigmas no tan alejados entre sí, o por lo menos interconectados en mi mente. Las razones por la que titulé aquel trabajo Las Migraciones del Corazón son las que me va a servir de punto de partida para ensayar esta respuesta en San Pablo, ciudad a la que no volvía hace demasiados años y en donde me siento tan apabullado como feliz. Estas razones son esencialmente dos: las migraciones son el fenómeno social y cultural más importante que ha ocurrido en el Perú desde la década de los cuarenta en el siglo pasado, cuando masas de habitantes del campo se empezaron a dirigir a las ciudades más importantes en busca de trabajo y sustento, inicialmente, luego de educación y desarrollo en general. Esto ha hecho que Lima se remodele radicalmente y que hoy la capital sea, al mismo tiempo y paradójicamente, la ciudad más provinciana del país. Provincia, entre paréntesis, por si no lo saben, viene del latín del imperio romano, *pro vinci*, y significa donde viven los vencidos. Estos desplazamientos masivos han tenido una influencia considerable no solo en el paisaje urbano y personal— Lima, decimos los peruanos, se ha cholificado, lo que para algunos es una afrenta y para otros, entre los cuales me cuento decididamente, es una oportunidad extraordinaria de cambios a todo nivel, pero en lo que a los psicoanalistas

EROS EN LA CIUDAD

nos toca, esos cambios deben ser aquilatados en la duración a nivel de la evolución de las mentalidades, los afectos y las representaciones, que, tal como lo enseña el historiador Ernest Labrousse, son más lentos que los cambios sociales y políticos, y estos a su vez van más despacio que los económicos. Ahora estamos en lo que algunos ubican como la tercera oleada de esos desplazamientos masivos, Lima contiene un tercio de los habitantes de mi país y los nietos de esos campesinos quechuahablantes que llegaron sin hablar castellano muchas veces, a poner sus esteras en un arenal y salieron a buscar trabajo de lo que fuera, soportando escarnio y discriminaciones racistas de las cuales hablaré un poquito más adelante porque estoy metido de pico y patas en esa discusión, hoy en muchos casos han llegado a la universidad, viven en casas de material noble, se visten a la moda, acuden al gimnasio, a las discotecas, al cine y al teatro (esto un poco menos), viven pegados a Internet, leen y escriben blogs y, ciertamente, no aman como lo hacían sus abuelos. Yo me los encuentro en las universidades en donde dicto en dos maestrías bastante sofisticadas, en estudios psicoanalíticos y en ciencia política, pero, más asombroso aún, también me los encuentro más y más en mi propio consultorio psicoanalítico. Y en muchos casos, el motivo inicial de consulta termina entreverado con esa historia migratoria y sus múltiples consecuencias, sobre todo en casos de ascenso social y económico exitoso, que es muchas veces desigual y combinado, por lo general más económico que social. La plata, decimos por allá, blanquea, pero el origen cholea. Yo digo que el dinero blanquea *ma non troppo*. Ya me dirán si en sus pagos y en sus parcialidades sucede algo similar. Así escribí en algún lugar que muchas personas llegan, como casi todo el mundo, por penas de amor, y en el curso del análisis descubren que son sobre todo penas de amor propio. Pero esto que es válido para todos, imagino, adquiere una importancia singular en personas que descubren un universo de afectos, de erotismo y, cómo no, de tánatos en cada esquina, en cierto modo por primera vez.

La sociedad peruana, en ese sentido, llega con algo de retraso a la cita con la posmodernidad. Viví muchos años en París y, como ustedes saben, la sociedad francesa no es particularmente reacia a la meditación solipsista, por no decir *carrement* narcisista. En consecuencia, la literatura diarística o confesional es muy abundante, cosa que suele reprochárseles en el mundo literario internacional, particularmente los anglosajones e incluso los propios franceses, que se autocritican y conocen ese fenómeno algo anémico literariamente hablando, como *nombrilisme* (ombliguismo). Pero por eso mismo, al volver al Perú en el año 93 (me había ido a Francia en el 80), me sorprendió sobremanera la emergencia, recién en los 90, de los primeros escritos autobiográficos, como *El Pez en el Agua* de Mario Vargas Llosa o *Las Antimemorias* de Alfredo Bryce y más recientemente las novelas de Jaime Bayly, del cual diré algo más adelante, si el tiempo lo permite, por ser una referencia muy interesante para el asunto de esta ponencia. Entonces escribí un ensayo sobre esa nueva manifestación literaria que debe tener sus equivalentes en otros países de la región. Pero adonde quería llegar era al hecho de que esa evolución encuentra su correlato en el descubrimiento progresivo de un universo de afectos que para esos hijos y nietos de migrantes significaban una experiencia que los desestabilizaba, a la par que les abría el acceso, como decíamos, a un magma de representaciones y afectos sumamente desconcertantes, pero también fascinantes.

Lo cual me lleva a la segunda razón por la cual elegí el título entonces de las Migraciones del Corazón, a saber la célebre teoría de Marcel Proust, acerca de *Les Intermittences du Coeur*, las intermitencias del corazón, que es, como suele suceder con su prosa de una profundidad abismal, un genial anticipo de uno de los rasgos más saltantes de ese misterio que llamamos la posmodernidad, más aún con su aderezo de globalización. Habiendo mencionado esos dos ejes que he retomado para esta presentación, voy a intentar dar cuenta del itinerario que me tracé, si se le puede llamar de esa manera, al extravío en el que me he adentrado, digno de una ciudad que debe haber inspirado a Niemeyer para hacer en Brasilia lo contrario de lo que hizo el arquitecto del legendario laberinto de Cnosos, del cual esta fantástica urbe de San Pablo constituye un auténtico homenaje.

El hilo de Ariadna que me ha guiado pues, en el sentido de las encrucijadas del laberinto de Castoriadis, proviene de diversos sedales anudados entre sí: ¿qué se puede decir acerca de los vínculos amorosos en esta era de hibridez?, ¿los afectos han sufrido cambios análogos a los de las mentalidades?, ¿el mestizaje, la

EROS EN LA CIUDAD

fusión, la interculturalidad se han visto reproducidos o por lo menos han repercutido en el terreno de las relaciones amorosas, en su sentido más vasto?, ¿se puede hablar de amores migrantes, de migraciones del corazón?[1] En otras palabras, ¿los afectos siguen siendo leyes que gobiernan y mandan, como asegura el vals citado líneas atrás, o bien han sido re-significados y han adquirido otro estatus (tal como Plutón ha dejado de ser un planeta), ante el avance incontenible de las exigencias contemporáneas en términos de globalización de las representaciones mentales? ¿Cuál es su lugar, hoy? En fin, ¿existe ese lugar, como existe el puerto que nos promete la poeta Blanca Varela (en su poemario *Ese Puerto Existe*)?

Para procurar despejar el espacio de estas interrogantes, me apresuro a precisar que hablo únicamente en nombre propio (sería presuntuoso y aberrante hacerlo de otra manera). Vale decir, a partir de mis observaciones e intuiciones de ese magma cultural y pulsional que modela —y a su vez es modelado por éstos— los vínculos afectivos de nosotros, los latinoamericanos, en este paisaje urbano en perpetua ebullición que nos ha tocado vivir. Para colmo de complicaciones, cuando hablamos de Eros en la ciudad no nos estamos refiriendo exclusivamente a los vínculos amorosos de pareja (y sus variantes), los que acuden espontáneamente a la mente —por lo menos en el habla coloquial— cuando se habla de Eros. En lo que sigue, se entiende "amar" en su sentido más amplio e inclusivo, es decir, tanto las relaciones de pareja como aquello que Freud llamaba —sin poesía ni romanticismo alguno, pero con clínica puntería— *tendencias sexuales de fin inhibido.* Néstor Braunstein (2006) hace una interesante precisión en torno a este punto que podría resultar desconcertante: esa energía perturbadora e insistente que nos asalta desde dentro, a la que Freud llamó libido, es una palabra de origen latino que se entiende con mayor claridad cuando se recuerda que, en alemán, el vocablo *Liebe* es el nombre del amor. Entre las cuales se cuentan nexos tan diversos como los que se tejen entre padres e hijos, entre hermanos, abuelos, primos, amigos, etcétera. Conviene aquí recordar el título del conjunto de relatos de Raymond Carver, *De qué hablamos cuando hablamos de amor*, en donde lo más

---

[1] Tal como Proust se refería a las intermitencias del corazón.

significativo es la ausencia del signo de interrogación: denota menos certeza que una aceptación despaciosa, pero sin complejos, de esa complejidad redundante que es el signo mayor — Edgar Morin *dixit* — de nuestra cultura.

Para poder avanzar sin extraviarnos más de la cuenta en los innumerables, oscuros y resbaladizos pasadizos que estamos convocando tras la huella de Castoriadis — pero no en Creta, sino en Latinoamérica, más específicamente en este magno laberinto de San Pablo en donde me siento deliciosamente perdido —, permítanme efectuar algunas precisiones de orden terminológico, a fin de delimitar un poquito más el enfoque de mi respuesta al temible desafío lanzado por la esfinge Fepal: Los afectos "son modalidades de expresión de las pulsiones, que manifiestan estados internos de la vida psíquica, a partir de las dos polaridades primitivas de placer y displacer, que desempeñan un rol esencial en el conjunto del funcionamiento mental y en particular en la organización defensiva del Yo"[2]. Por su parte, las pulsiones serían, en la clásica definición freudiana, lo cito sobre todo para los que no son miembros de la secta, "un concepto-límite entre lo anímico y lo somático, como representante psíquico de los estímulos provenientes del interior del cuerpo que llegan al alma"[3]. Hay algo de aridez en estas definiciones acerca de experiencias entrañables de esa alma a la que alude la definición freudiana, que me remite a una pequeña digresión, la cual sin embargo se me antoja pertinente tanto para los trabajos de este coloquio como para los desafíos que enfrenta el psicoanálisis en esta era, en este siglo, en estas tierras: me refiero al lenguaje al que recurrimos cuando intentamos dar cuenta de Eros o de Tánatos, o de cualquier otra fuerza que nos modela y vincula o desvincula. O, para decirlo con palabras de André Green, cuando objetalizamos o desobjetalizamos, que tampoco son términos muy gráciles, hay que decirlo, por mucho que le deba personalmente al gran analista francés, con quien tuve el cuajo de analizarme durante mi época parisina.

---

[2] La definición es de Francisco Palacio Espasa (traducción del autor de la presente nota), tomada de la entrada "Affect, quantum de affect". En: *Dictionnaire Internacional de la Psychanalyse*, bajo la dirección de Alain de Mijolla. París, Calmann-Lévy, 2002.

[3] Tomada de "Las Pulsiones y sus Destinos", uno de los artículos de la que Freud llamaba su Metapsicología, de 1915.

Hay ahí algo pendiente, me parece. Algo que nos acerque a los lectores en vez de alejarlos. Hablo aquí de mi experiencia como escritor psicoanalítico — si me permiten definirme así — tanto en los medios de comunicación como en la publicación de artículos o libros. Creo que uno de los desafíos que el psicoanálisis aún no consigue remontar, pese a la escritura por momentos luminosa del propio Freud, es precisamente la de esa lengua que no sea excluyente. Los peruanos, entre otros, somos particularmente sensibles a cualquier fenómeno de exclusión. Debo decir que esta es una búsqueda mía en la que ya llevo empeñado varios años: la de llegar a un número creciente de lectores en unos términos que, sin devaluar o desvitalizar la esencia fuerte del pensamiento analítico, nos integre al tejido, a las tramas de la ciudad, en vez de mantenernos aislados, autosuficientes, en última instancia fascinados con nuestra propia jerigonza y nuestra imagen, incomprensible cuando no insufrible para tanta gente que, no obstante, espera tanto del psicoanálisis.

Termino con esta para mí inevitable digresión, relatando aquí, en este coloquio que me viene como anillo al dedo para tratar estas preocupaciones que estoy seguro compartimos muchos, lo que me ha ocurrido recientemente con una publicación de la que voy a extraer algunos materiales que nos pueden ser de utilidad aquí. Se trata de un libro, un ensayo que publiqué en diciembre, con un fondo editorial universitario cuyas publicaciones por lo general permanecen en el ámbito restringido de lo académico. Pero yo, ahora puedo confesarlo en público, tenía otros planes. Aunque como decía el padre del escritor mexicano Arriaga, el guionista de *Amores Perros*, "si quieres hacer reír a Dios, cuéntale tus planes". Bueno, les cuento los míos. El libro es sobre psicoanálisis del racismo (mostrarlo) y su título es *Nos Habíamos Choleado Tanto*, el subtítulo *Psicoanálisis y Racismo*. A lo largo de su escritura procuré por todos los medios encontrar un equilibrio entre lo esencialmente psicoanalítico acerca de una problemática medular en la sociedad peruana, pero de alcance universal, y aquello que permitiría a lectores no especializados, ajenos al ámbito ya no digamos analítico, al universitario, hallarse en la lectura de este libro. Para ello hube de librar combate en dos frentes: conmigo mismo, en primer lugar, pues lo primero que a uno le brota en esas circunstancias es una escritura crípticamente especializada. Paradójicamente,

A PSICANÁLISE NAS TRAMAS DA CIDADE

eso es lo más fácil: escribir de manera difícil. Decir cosas que no por complejas hay que renunciar al intento de presentarlas con claridad, en vez de hacerlo de manera innecesariamente abstrusa. Ese fue el primer combate. El otro fue con los revisores de la universidad, profesores de muy buen nivel, pero que se resistían a abandonar un lenguaje académico: ya que fuera psicoanalítico era bastante problema para ellos, encima tener que tolerar ejemplos de la vida cotidiana, de cantinas y del cine, de los periódicos y las telenovelas, de amores contrariados y de historias políticas como una particularmente sabrosa que les voy a contar dentro de un momento en lo referente a Eros en la Ciudad. De modo que hubo a lo largo de la escritura un doble forcejeo que por supuesto obligó a hacer algunas transacciones, en la medida que el fondo, como su nombre lo indica, me estaba pagando por hacer el libro y querían que se haga a su manera. Pero creo que el resultado estuvo muy cercano a lo que yo pretendía y lo mejor es que los resultados fueron mucho más allá de lo que yo esperaba.

En este momento ya se ha agotado la tercera edición en un lapso de cuatro meses y está saliendo la cuarta[4]. De por sí, eso es casi sin precedentes para un libro que no sea de autoayuda, literatura *light* o entretenimiento en el Perú. Más aún tratándose de un libro psicoanalítico, porque lo es de la primera a la última página. Pero lo otro es aún más sorprendente: en mi país, cuando un libro es un *best seller*, inmediatamente sale la edición pirata. Esto es exactamente lo que ha ocurrido con este libro. Me lo han ofrecido por la calle, en los semáforos donde se venden libros como los de la sexóloga Alessandra Rampolla o manuales estilo *Quién se comió mi queso*. Al punto que el fondo ha editado una cuarta edición muy barata para luchar contra la piratería.

Más allá de la vulgar vanagloria que este relato conlleva, por lo cual me disculpo, me enorgullece que un libro de psicoanálisis, que no se oculta pues no solo está anunciado en el título, sino que en mi país soy una figura relativamente conocida

---

[4] Al momento de hacer esta revisión para el libro ya se han superado los diez mil ejemplares en más de siete ediciones, lo que para un libro de esa naturaleza en el Perú es insólito.

por mi participación en los medios, haya obtenido tal interés de parte del público. La gente a veces me para en la calle y me felicita, pero con frecuencia me reclama por esas partes que les cuesta trabajo entender. Yo les agradezco, me disculpo y prometo hacerlo mejor la próxima vez. Pero sobre todo tomo nota de lo que me dicen. Tras el éxito de esa publicación, me han propuesto hacer una serie, ahora estoy trabajando un texto acerca del poder y la subjetividad, en el cual ya estoy en mejor posición para hacerlo completamente a mi estilo. Pero he dejado lo más importante para el final de esta digresión que espero no haya sido muy fastidiosa. Esto demuestra, me parece, lo que decía antes: hay un gran interés, más aún, una demanda de respuestas de parte del análisis acerca de una serie de experiencias de la vida cotidiana de la gente, que el psicoanálisis en muchos casos ha dejado vacía, en el aire, frustrando esa demanda como si el silencio pretendidamente neutral fuera una extensión de la técnica en el consultorio. En el año 94, en el congreso de FEPAL que tuvo lugar en Lima, en donde estuvo invitado precisamente Green, como era mi ex analista, lo invité a cenar a casa y, no sé si esto será muy ortodoxo, descubrimos que compartíamos una afición por el whisky y nos emborrachamos un poquito. Recuerdo haberle preguntado su opinión acerca de esa participación mía en los debates nacionales y mi presencia en la prensa escrita, en particular, donde escribo una columna en una diario nacional todos los domingos. André lo pensó un momento y luego me respondió con su habitual tono inapelable: "Je ne vois pas comment vous pourriez faire autre chose dans un pays comme le votre" (No veo cómo podría hacer otra cosa en un país como el suyo). Era cierto, solo que cada vez más pienso que esto no solo es válido en países como los nuestros, sino en todas partes donde, como acá, haya psicoanalistas inmersos en encuentros transdisciplinarios, que a estas alturas, no me queda duda alguna, son indispensables ante la complejidad que nos circunda.

El racismo, por ejemplo, era algo que, estaba seguro, era una de esas preguntas inmensas y sobrecargadas de afectos que aguardaban una respuesta en términos íntimos, personales, vinculares, pues los científicos sociales ya lo habían hecho con creces en otros ámbitos. Para mí esto es de lo que se trata.

Pero retomemos, en esa línea, las preguntas antes formuladas. Para entender de manera más gráfica estos conceptos, algo crípticos una vez desgajados del corpus de las ideas psicoanalíticas, uno se los puede representar como las serpientes de la cabeza de la medusa, en la versión del Caravaggio, o bien como un huaype inextricablemente entreverado tanto en sus hebras como en sus colores. Me quedaría con la primera imagen para el acento en lo pulsional y con la segunda para dar cuenta de todas esas combinatorias afectivas entre lo tradicional y lo moderno, lo rural y lo urbano, lo andino y lo criollo, lo viejo y lo nuevo, entreverados en la gran licuadora (*blender*) de la mundialización, con el botón en *high*, hasta el recalentamiento, en un curioso eco con la grandísima culpa térmica de nuestra época. Por lo demás, no es casual este tributo a la hegemonía de las imágenes. Tal como lo señalan los autores peruanos[5] de un volumen dedicado a los discursos, poderes y pulsiones en nuestra cultura, "las nuevas generaciones ya no formarían su 'educación sentimental' en un universo letrado, sino, sobre todo, en las imágenes del mundo mediático; de una cultura atravesada por la hegemonía capitalista, pero también interferida por la mediación del mundo popular". En la nueva introducción[6] a su célebre estudio acerca de las culturas híbridas, el pensador argentino García Canclini cita a su crítico peruano, Antonio Cornejo Polar, quien a su vez se apoya en ejemplos referidos por mis compatriotas Biondi y Zapata en torno a la oscilación entre la identidad de origen y la de destino, que llevaría al migrante a hablar "con espontaneidad desde varios lugares", sin mezcla, como provinciano y como limeño, quechuahablante e hispanohablante. Se refería a aquellos fragmentos que se resisten a ser licuados en la urbe y permanecen sin integrarse, escindidos. Cornejo Polar llega a decir, precisando que se trata de una exageración, "narrativas esquizofrénicas".

Acaso se trate, en efecto, de una hipérbole. Pero el hecho es que — para retornar a la pregunta inicial — es en ese espacio de confluencia, en donde algunos elementos se integran y otros quedan flotando, por así decirlo, sin llegar a

---

[5] Se trata de un conjunto de estudios culturales editados por Santiago López Maguiña, Gonzalo Portocarrero, Rocío Silva Santisteban y Víctor Vich, publicado por la Red para el Desarrollo de las Ciencias Sociales en el Perú, en el 2001 (p. 19).
[6] Es la reedición, corregida y aumentada, de la original de 1992, publicada por Paidós en el 2006.

formar parte de la cocción producida en esa gran olla común, que debemos rastrear las modalidades actuales de Eros en la ciudad. Si observamos esos residuos que se obstinan en quedarse en la superficie — o, si se prefiere, en el fondo, pero sin ser asimilados — nos encontramos entonces con una tensión entre los vínculos primarios — familiares, comunales — y los secundarios: callejeros, laborales, urbanos. En donde los primeros llevan la impronta de la tradición y los segundos estarían, más bien, marcados — en el sentido de una marca registrada — por los aires contaminados y urbanos de la individualidad a ultranza, que nos los inserta en un escenario radicalmente nuevo y, como si esto no se pareciera ya bastante al juego mecánico de las sillas voladoras, en perpetua mutación.

Tal como observa Romeo Grompone (1999, p.11), un intelectual uruguayo radicado en el Perú: "Las nuevas relaciones están más expuestas al cálculo y, al mismo tiempo, otorgan mayores márgenes de libertad, a diferencia de las que se vinculaban a instituciones como la familia, el trabajo, la educación y las organizaciones sociales. Sin embargo, estas libertades son asumidas con perplejidad porque *no hay normas y valores claramente establecidos y parece que todo tuviera que establecerse por primera vez*" (el énfasis es mío). Va pues quedando claro que los amores no pueden seguir idénticos a sí mismos, en un cuadro de mutaciones tan dinámico y vertiginoso como el que estamos padeciendo. La imagen del peruano querendón, afecto a los diminutivos, a la comida sabrosa, a la fiesta y al abrazo, a la madre idealizada, al padre severo, pero al final bromista e indulgente, al amigo del comercial de cerveza, a la amiga del cafecito por la tarde, a la pareja en las buenas y en las malas (sobre todo en éstas últimas), a los hijos como sentido último de la vida, todas estas *images d'Épinal*[7] no han desaparecido en el *maelstrom* de la migración y la caótica modernidad peruana. Pero sí están sufriendo una violenta distorsión, que a momentos tiene todas las apariencias de un ataque en regla, no sólo en el sentido del cambio al que alude Grompone, sino también por aquello que en psicoanálisis se denomina ataques a los vínculos.

---

[7] Expresión muy empleada por los franceses para designar imágenes estereotipadas.

Este múltiple cuestionamiento proviene, por una parte, como queda dicho, de esa aceleración en la vida cotidiana, de la que tanta evidencia podemos encontrar en los consultorios psicoterapéuticos. Las implacables exigencias para la supervivencia de la mayoría de compatriotas en las actuales condiciones de funcionamiento del mercado (y no sólo, como suele pensarse, en los sectores C, D y E), vienen aparejadas con una inevitable sobrecarga, que casi todos sufrimos en carne propia, de estrés y angustia que suele colindar peligrosamente con la depresión. La Organización Panamericana de la Salud puede dar fe del carácter internacional de esta pandemia de nuestros tiempos, que se extiende por toda Latinoamérica y más allá. No obstante, interesa aquí poder delimitar las particularidades históricas de esos componentes afectivos y psicopatológicos. En la experiencia diaria esto significa que los refugios de cariño, esos recintos seguros que antes eran sentidos como inexpugnables, se ven simultáneamente revalorizados — son más necesarios que nunca en estas despiadadas condiciones de existencia — y amenazados por la urgencia de los reclamos narcisistas, cuya connivencia con los ideales de realización personal propalados por los medios, no precisa de mayor demostración. Es arduo querer al otro cuando uno no es que no se quiera a sí mismo, pero sí se tiene, como precisara Norman Mailer acerca del narcisismo, a sí mismo como pareja. No todo es autoestima, como suele afirmarse para diagnosticar la insoportable inseguridad del ser latinoamericano.

Por si hiciera falta, las consecuencias se advierten en la descomposición de todas esas estructuras que hacían las veces de contenedores o recipientes, de los cuales valerse contra el desborde o el repliegue en los planos afectivos. Como si en algunos casos el recipiente nos quedara chico — es el caso de las manifestaciones psicopáticas que proliferan en contextos de precariedad institucional o anómica — y, en otros, nos enfrascara en un aislamiento fóbico o, en historias o situaciones más alarmantes, incluso esquizoides. Desde el divorcio hasta el relajamiento de los vínculos fraternos e incluso entre los propios padres e hijos, hasta conformar las nuevas familias que solían llamarse "disfuncionales" (a las que ha sido necesario encontrarles, por su creciente número, el nombre desprovisto de acentos denigratorios y políticamente correcto de "recombinantes"), pareciera que hemos caído, metafóricamente hablando, en lo que en los censos del Perú se conocía como el universo de los "confusionantes"[8] (aquellos que carecían de religión). Sí, ni siquiera la Iglesia ha permanecido incólume, tal como lo ha puesto trágicamente de manifiesto el sismo del 15 de agosto. Ya en nadie, ni siquiera en Dios, parecen decir los peruanos, tal como lo confirman los resultados periódicos del Latinobarómetro, se puede confiar. Pero también es cierto que ese remezón dejó al descubierto un anhelo de integración que era uno de nuestros grandes puntos ciegos, particularmente porque el informe de la CVR había evidenciado precisamente lo contrario…

Néstor Braunstein observa, al respecto, que toda pulsión es en el fondo pulsión de muerte, en donde el Otro es el objeto de un odio primitivo por osar perturbar la impasibilidad original del narcisismo primario, que Castoriadis llamaba la mónada psíquica. Peter Sloterdijkt, el filósofo alemán, está trabajando toda una teorización acerca de las esferas que aíslan, pero de las que nos vemos forzados a salir, en lo que él denomina "una historia casi coherente de la extraversión, el éxodo de la criatura humana fuera de la simbiosis primitiva y hacia la acción de la historia humana en los imperios y los sistemas globales; reconstituye el fenómeno de la civilización elevada como la novela de la transposición de las esferas, desde el mínimo íntimo, la burbuja dual, hasta el máximo imperial que podríamos presentar como el cosmos redondo gonádico. Si la exclusividad de la burbuja es un motivo poético, la inclusividad del globo es un motivo épico" (p. 76, la traducción es mía).

Pero estas exploraciones en el ámbito de las relaciones amorosas no ceden el campo a los imperativos narcisistas, sino cuando las sociedades acceden a determinados grados de complejidad, tal como está ocurriendo en nuestra hibridez poscolonial. Dicho de otro modo, se requiere de una masa crítica de angustia autobiográfica para poder tomar conciencia, a niveles que exceden el gueto endogámico de las elites, de en qué medida las penas de amor suelen ser penas de amor propio, como dijimos al principio. Entonces la presión ejercida sobre los vínculos amorosos consuetudinarios los somete a una torsión que pone a prue-

---

[8] El dato lo aporta Carlos Monsiváis, en *Aires de Familia* (Anagrama, 2002), un lúcido ensayo acerca del parentesco entre las naciones del continente, lo que paradójicamente nos remite al carácter incontinente de estos cambios en las grandes ciudades de la región.

A PSICANÁLISE NAS TRAMAS DA CIDADE

ba la resiliencia individual y colectiva. Por esta vía, por muchos meandros que la costumbre les vaya acondicionando como una defensa contra la pérdida de los lazos reaseguradores, tarde o temprano se arriba al punto de inflexión en que nos encontramos hoy.

Así, nos sentimos tironeados por una nostalgia que nos remite a viejas fotografías de grupo, cuando la familia extensa y las redes de amistad hacían las veces de linderos protegidos y amables, por un lado. Por el otro, sin embargo, unas fuerzas centrífugas nos atraen poderosamente a unos terrenos baldíos en donde las antiguas certezas no tienen cómo enraizarse. A estos campos eriazos se les llama posmodernidad, globalización, multiculturalidad, cosmopolitismo. Sea como fuere, son lugares fríos y poblados de referentes nuevos e inestables, en donde hasta la comida se hace exigente y sofisticada, pero su valor identificatorio entra en crisis, como todo lo demás: lo *gourmet* sí quita lo protector. Nadie puede amar una *mousseline* de hongos de Porcón sobre un *coulis* de quinoto aromatizado a la lúcuma *nouvelle* (este engendro me lo he inventado para caricaturizar las nuevas tendencias *gourmet* que florecen en el Perú, donde es cierto que se come estupendamente, pero la huachafería acecha). La huachafería es en jerga peruana algo así como lo *kitsch*, una de cuyas definiciones es la superposición de códigos — que para Umberto Eco es la quintaesencia de lo *kitsch*. Esto da una idea de lo amenazados que se encuentran nuestros vínculos, así como lo vitales que, paradójicamente, nos resultan cada día más.

En suma, ni las pulsiones, esas fuerzas míticas que subyacen a nuestros afectos, han podido permanecer incólumes ante tanto cambio climático-afectivo. Hasta nuestra capacidad de segregar feromonas, nos dicen los biólogos, se ha visto mermada. Este es un fenómeno mundial, del cual nuestras porosas fronteras no han podido resguardarnos. Demasiados vasos comunicantes hacen que toda la cadena erótica, desde la pulsión hasta las sublimaciones, pasando por el deseo y los fantasmas, se vea transformada en su intimidad, así como en aquello que Lacan llamaba la *extimidad* (el oscuro núcleo de nuestro ser). Las migraciones del corazón nos han desterrado y exilado, en cierto modo, a todos. Esto no nos ha hecho más iguales, acaso, pero sí nos obliga a mirar, con inquietud y perplejidad,

EROS EN LA CIUDAD

aquello que considerábamos tan inamovible como la formación rocosa de la Catedral en el mar de Pisco (una gran y hermosa formación rocosa de siglos que se vino abajo durante el malhadado terremoto de agosto).

Quisiera terminar citando unos ejemplos clínicos. Los primeros son una suerte de genérico del erotismo contemporáneo que me he encontrado en varias oportunidades en el trabajo analítico privado y que tienen básicamente la estructura de la telenovela: se trata de hombres exitosos en el ámbito empresarial, artístico o jurídico que, estando casados con mujeres de su ámbito social de clase alta o media alta, se enamoran de chicas más jóvenes, pero de una clase social que consideran inferior. Una de las fantasías recurrentes en esos amores culposos a doble título, en donde la infidelidad, me parece, es menos generadora de sufrimiento que los complejos sociales y racistas, era la de traerme a la chica en cuestión, de la que se sentían enamorados, pero que no se atrevían a presentarla en determinados ámbitos "exclusivos" (locales chics, clubes, playas etcétera). La fantasía en cuestión era la de traerme a la muchacha al consultorio para que yo fuera el juez de su aspecto racial y social. Me colocaban en el lugar del sujeto del supuesto saber sobre el mapeo racial. Uno de ellos, un abogado muy audaz en su trabajo y capaz de enfrentar situaciones complicadas y de una violencia soterrada en el campo del derecho, se aterraba ante la idea de presentar a esta chica en determinados círculos. "No vayas a creer que es una cholita, me decía, es más bien como una… ¡como una filipina!" El asunto es que ninguno de ellos logró atravesar la barrera invisible del afecto racial o la racialización, que son, junto con el mapeo mencionado, algunos de los términos a los que he recurrido en este libro para intentar analizar este fenómeno que infecta los vínculos cotidianos. Eros se estrelló contra ese *apartheid* del alma y retrocedió. El racismo, concluí tristemente, puede ser más fuerte que el amor y, por supuesto, por lo menos en mi caso, que el psicoanálisis.

El otro ejemplo clínico representa una peculiar muestra de cómo los trabajos y los días en la atmósfera clausurada del análisis en el consultorio, cuando salen al exterior pueden, bajo determinadas circunstancias, remodelar esas representaciones, esos afectos e incluso los comportamientos a los que aludíamos antes.

Se trata de un paciente, cuya historia he distorsionado procurando hacerla irreconocible, pero ojalá algún día él se anime a escribir su autobiografía en la línea de lo antes evocado. La cosa es que por el puesto que ocupa en una organización influyente, siendo una persona muy imaginativa, se le ocurrió, en el sentido de la experiencia informulada de Donnel Stern, que el analista inglés explica, en un libro muy sugerente[9], como desorden creativo tanto como caos familiar. Es una fuente de novedad que hasta entonces — es decir hasta un determinado momento analítico — existía en situación de posibilidad, de potencialidad, como una experiencia informulada y no como esos pensamientos *ready-made* con los que a veces asociamos el proceso de hacer conciente lo inconsciente: como si la idea, la creación, estuviera lista esperando a ser desbloqueada. A este paciente se le ocurrió, en ese sentido, la siguiente idea: en el Perú existe una lamentable tradición anual que consiste en celebrar las Fiestas Patrias, el 28 de julio, día de proclamación de la independencia de la colonia española, no sólo con desfiles militares en todo el territorio, sino también con desfiles escolares, pero de clara inspiración militar. Los escolares marchan como soldados, llevan el paso, a veces portan armas de madera, tienen bandas que tocan música militar y ya se sabe que la música militar es a la música lo que la inteligencia militar es a la inteligencia. En suma, una atmósfera bélica, guerrera, mortífera, un genuino tributo pagado anualmente a Tánatos, realizado por los niños de mi país bajo la tutela militar.

Pues bien, en este paciente surgió un día la brillante idea de proponer que esos desfiles infantiles militarizados sean reemplazados por pasacalles. Gracias a su poder de persuasión y a sus buenas relaciones, logró ser escuchado por algunos el primer año, recibió respuestas alentadoras de municipalidades y colegios, y también dosis considerables de escepticismo y hasta de oposición y crítica: es una tradición tan arraigada, exalta los valores cívicos, no se puede frivolizar la celebración del aniversario patriótico, etcétera. Pero él persistió, tocando muchas puertas, repitiendo su propuesta una y otra vez. Ahí, por ejemplo, me vi en una situación curiosa, porque ese era un tema perfecto para tratar en mi columna de

---

[9] *Unformulated Experience, From Dissociation to Imagination in Pschoanalysis*. The Analytic Press, 2003.

EROS EN LA CIUDAD

opinión dominical y de hecho lo hice, aunque con algún temor, pero convencido del aporte sustantivo cultural que este hombre había descubierto y estaba empujando. Otros se pronunciaron en ese sentido y la cosa fue ganando espacio en las mentes y entusiasmo entre los que la acogían, para comenzar los propios escolares a quienes se los veía felices bailando y cantando en vez de desfilar con paso de ganso. Hasta que el propio Ministerio de Educación prestó oídos y poco a poco su idea comenzó a ponerse en práctica. Yo lo veo a razón de cuatro veces por semana, de modo que he podido seguir paso a paso, por así decirlo, el destino de esta feliz iniciativa erótica en las tramas de la ciudad. Cada año son más los colegios y distritos que se suman espontáneamente y el Ministerio ya ha emitido un decreto que autoriza a quienes lo deseen a reemplazar los desfiles marciales por las alegres danzas y música típicas de los pasacalles. Es como si en Brasil se celebraran las Fiestas Patrias con el carnaval, salvando las distancias.

Hasta ahí, todo maravilloso, Eros arrima a Tánatos y vivifica la ciudad, teje vínculos, nos reconcilia entre nosotros, todo gracias a la idea de un hombre visionario, cuya paternidad de la propuesta se ha diluido en las instancias de poder, pero esto no parece afectarlo. Pero lo que nadie sabe es que el origen inconsciente de esta creación que Vallejo llamaría genial en su frase "todo acto o voz genial viene del pueblo y va hacia él": el origen, la motivación profunda de este proceso creativo en marcha que indudablemente le hace un bien a la sociedad, es que este hombre es un apasionado fetichista de pies. Ahora bien, en los pasacalles es muy común que las mujeres en especial, y en particular en ciertas danzas folklóricas como la marinera de la costa, el huaylas de la sierra o los alegres bailes amazónicos que se asemejan a ciertos bailes de Brasil, bailen descalzas. De modo que, tal como alguna vez se lo deslicé en una interpretación, ahí donde los demás ven un coqueto, seductor y gracioso intercambio de pasos de marinera pañuelo en mano, pero con los pies desnudos sobre el asfalto, lo que para él es mucho más excitante que en la playa, por ejemplo, donde es la norma y no la excepción, él ve un ardiente *striptease*.

Admito que no estoy muy seguro de cómo describir o llamar este tránsito del consultorio a las calles de la ciudad en términos analíticos. Tiene elementos

435

sublimatorios, pero también hay algo de sintomático e incluso de neosexual, para hablar como Joyce MacDougall. Pero es evidente que su proceso tiene efectos sociales benéficos, en vez de depredadores o de abuso de poder, como puede ser el caso cuando se alían la perversión y la influencia, como en los cuadros de narcisismo maligno que describe Otto Kernberg. Pero no aquí. Esto es todo menos antisocial. Pero su goce fetichista está ahí, como la carta robada de Poe, a la vista de todo el mundo y sin que nadie se dé cuenta. Salvo, como él me lo hace notar a menudo, nosotros dos, los depositarios de su secreto. Yo prefiero pensar que el trabajo analítico ha permitido una formulación creativa, imperfecta, a partir de su caos pulsional saturado de Tánatos, pero bonificada por la experiencia analítica y que sin duda ha contribuido a que Eros gane terreno en la ciudad. Lo cual no es poco decir.

Referencias bibliográficas

BRAUNSTEIN, N. *El Goce: un concepto lacaniano*. Siglo XXI, 2006

GROMPONE, R. *Las Nuevas Reglas del Juego, Transformaciones sociales, culturales y políticas en Lima* (pp. 11-12). IEP, 1999.

MAC DOUGALL, J. *Plaidoyer pour une certaine anormalité. Gallimard,* 1978.

SLOTERDIJKT, P. Bulles (Burbujas). Fayard, Pluriel, 2002.

AUTORES E EXPOSITORES

Alcira Mariam Alizade

Médica psicanalista, membro titular e assessora científica da Associação Psicanalítica Argentina. Ex-presidente (2001-2005) e ora assessora do comitê "Mulheres e Psicanálise", da Associação Psicanalítica Internacional. Ex-coordenadora científica da FEPAL (2006-2008). Autora de livros e trabalhos que versam sobre mulher, feminismo e gênero; morte; técnica em psicanálise.

Andrea Celia Molfetta de Rolón

Escritora e pesquisadora, professora do Decine-Unicamp. Publica artigos e ensaios sobre cinema documentário e experimental latino-americano. É fundadora e atual presidente da Sociedade Argentina de Estudos de Cinema e Audiovisual – Aeca.

Beatriz Helena Peres Stucchi

Membro filiado do Instituto de Psicanálise da Sociedade Brasileira de Psicanálise de São Paulo (SBPSP). Docente do Departamento de psicopedagogia do Instituto Sedes Sapientiae.

Bernardo Tanis

Psicanalista, membro efetivo da SBPSP. Doutor em Psicologia Clínica pela PUC-SP. Docente do curso de Psicanálise da Criança do Instituto Sedes Sapientiae. Diretor de Comunidade e Cultura da Federação Psicanalítica Latino-americana (2006-2008). Autor de *Memória e temporalidade sobre o infantil na psicanálise* (Casa do Psicólogo, 1995) e Circuitos *da solidão entre a clínica e a cultura* (Casa do Psicólogo – Fapesp, 2003).

Carlos Alberto Cerqueira Lemos

Paulistano, nascido em 1925, arquiteto e professor titular da Faculdade de Arquitetura e Urbanismo da USP, atualmente leciona cursos de pós-graduação. Especializou-se em história da arquitetura brasileira e na preservação do patrimônio arquitetônico.

Carlos Alberto Vogt

Poeta e linguista, publicou vários livros, entre eles, *Poesia reunida* (Landy Editora, 2008); *Cultura científica: desafios* (org.) (Edusp e Fapesp, 2006); *Cafundó – A África no Brasil* (Companhia das Letras e Editora da Unicamp, 1996). É coordenador do "Laboratório de Estudos Avançados em Jornalismo", da Unicamp, foi reitor dessa Universidade (1990-1994) e presidente da Fapesp (2002-2007). Atualmente, é secretário de Ensino Superior do Estado de São Paulo.

Chulamit Terepins

Membro efetivo e integrante do corpo editorial da Revista Brasileira de Psicanálise e da diretoria científica da SBPSP.

Cintia Buschinelli

Psicanalista, membro associado da SBPSP, autora (em colaboração) do livro *Leituras psicanalíticas da violência.* Editora da revista *ide* da SBPSP (2009-2010).

Claudio Laks Eizirik

Médico psiquiatra, psicanalista. Doutor em Medicina pela UFRGS. Professor associado do Departamento de Psiquiatria e Medicina Legal da mesma universidade. Analista didata, Membro efetivo da Sociedade Psicanalítica de Porto Alegre (SPPA). Atual presidente da International Psychoanalytical Association (IPA).

Fernando Rossetti Ferreira

Secretário-geral do Grupo de Institutos, Fundações e Empresas (Gife) e *chairman* da Worldwide Initiatives for Grantmakers Support (Wings). Formado em Ciências Sociais pela Unicamp, atuou de 1990 a 1999 como repórter de Educação e correspondente na África do Sul (1994-95) para o jornal *Folha de São Paulo*. Tem especialização em Direitos Humanos pela Universidade Columbia (EUA, 1997). Fundou, com Gilberto Dimenstein, a ONG "Cidade Escola Aprendiz", que dirigiu de 1999 a 2002. Atuou como consultor para diversas organizações nacionais e internacionais do terceiro setor.

Francisca Vieitas Vergueiro

Membro filiado ao Instituto de Psicanálise da SBPSP, psicóloga formada pela PUC-SP, com especialização em Psicanálise da Criança pelo Instituto Sedes Sapientiae. Coautora de *Sexualidade começa na infância* (Casa do Psicólogo, 2007) e *Guia de orientação sexual* (Casa do Psicólogo, 1994).

Guilherme Teixeira Wisnik

Nasceu em São Paulo, em 1972. Arquiteto e ensaísta, publicou os livros *Lucio Costa* (Cosac Naify, 2001) e *Caetano Veloso* (Publifolha, 2005). Suas publicações também incluem o ensaio "Modernidade Congênita", em *Arquitetura Moderna Brasileira* (Phaidon, 2004), além de ensaios em livros sobre Paulo Mendes da Rocha, Marcos Acayaba, o grupo Coletivo e Álvaro Siza. Foi colunista da *Folha de S. Paulo* entre 2006 e 2007, e é curador de um projeto nacional de arte urbana pelo Itaú Cultural.

Ignácio de Loyola Brandão

Jornalista e escritor, 72 anos, autor de 31 livros entre romances, contos, crônicas, infantis, de viagem e uma peça teatral. Escreve quinzenalmente crônicas para o jornal *O Estado de São Paulo*. Seu livro *O menino que vendia palavras* ganhou o Prêmio Jabuti como Melhor Ficção de 2008, sendo "altamente recomendado pela Fundação Nacional do Livro Infantil e Juvenil".

Ignácio Gerber

Psicanalista, membro efetivo e docente da SBPSP.

Jorge Bruce

Magíster en Psicopatología y Psicoanálisis por la Universidad de París. Psicoanalista, miembro de la Sociedad Peruana de Psicoanálisis (SPP) y de la International Psychoanalytical Association (IPA). Profesor de la maestría en Estudios Teóricos de Psicoanálisis de la PUCP. Miembro del Consejo Consultivo de Proética e miembro del Consejo Consultivo de la Oficina Nacional Anticorrupción (entidad pública). Autor de Arena de Punta Arenas (Relatos), Ed. Peisa e Asuntos Personales (Artículos), Ed. Peisa

José Guilherme Cantor Magnani

Doutor em Ciências Humanas pela USP, é professor do Departamento de Antropologia dessa Universidade e autor, entre outras publicações, de *Festa no Pedaço* (1984), *Mystica Urbe* (2002) e coorganizador de *Na Metrópole* (1996) e *Jovens na Metrópole* (2007). É coordenador do Núcleo de Antropologia Urbana (NAU).

José Miguel Soares Wisnik

Professor doutor na área de Literatura Brasileira do Departamento de Letras Clássicas e Vernáculas (Faculdade de Filosofia, Letras e Ciências Humanas – USP). Principais publicações: *O som e o sentido* (Companhia das Letras, 1989); *Sem receita – ensaios e canções* (PubliFolha, 2004); *Veneno remédio – o futebol e o Brasil* (Companhia das Letras, 2008).

João Augusto Frayze-Pereira

Psicanalista, membro associado da SBPSP, na qual coordena o grupo de estudos "Estética-Arte-Psicanálise" e a comissão de estudos sobre "Clínica e Cultura" da diretoria de Cultura e Comunidade. Professor livre-docente do Instituto de Psicologia da Universidade de São Paulo. Membro da Association International des Critiques d'Art (Aica). Autor, entre outros livros, de *Arte, dor. Inquietudes entre estética e psicanálise* (Ateliê Editorial, 2006).

Juan Vives Rocabert

Membro titular e analista didata da Associação Psicanalítica Mexicana e da Associacão Mexicana de Psicoterapia Analítica de Grupo. Ex-presidente e ex-diretor da APM. Ex-secretario de Fepal. Diretor associado do Instituto Latino-americano de Psicanálise. Membro do Developing Psychoanalytic Practice and Training (DPPT) da IPA. Autor de vários livros e artigos em revistas internacionais.

Lourdes Tisuca Yamane

Psicanalista, membro associado da SBPSP.

Luís Carlos Menezes

Membro efetivo, analista didata e ex-presidente da SBPSP. Atualmente, é coordenador científico da Fepal. Autor de *Fundamentos de uma clínica freudiana* (Casa do Psicólogo, 2001) e de artigos sobre psicanálise.

Luiz Carlos Uchôa Junqueira Filho

Psicanalista, membro efetivo da SBPSP. Autor de *Sismos e acomodações: A clínica psicanalítica como usina de ideias* (Editora Rosari, 2003).

Magda Guimarães Khouri

Psicanalista, membro associado da SBPSP. Editora da revista *Ide* da SBPSP (2005-2006). Diretora de Cultura e Comunidade da SBPSP (2007-2010).

Manuel da Costa Pinto

Jornalista, editor do programa "Entrelinhas", editor e apresentador do programa "Letra Livre" (ambos da TV Cultura) e colunista da *Folha de S. Paulo.* Mestre em Teoria Literária e Literatura Comparada pela USP, autor de *Albert Camus – Um elogio do ensaio* (Ateliê Editorial, 1998).

Maria Helena Rego Junqueira

Membro efetivo da Sociedade Brasileira de Psicanálise do Rio de Janeiro (SB-PRJ), professora da Escola de Comunicação da Universidade Federal do Rio de Janeiro (ECO-UFRJ), artigos publicados em livros e revistas. Recentemente publicou "A dimensão política de ser mãe", na Revista Brasileira de Psicanálise, nº 42.

Maria Teresa Lartigue Becerra

Doctora en Psicología. Psicoanalista em función didáctica en la Asociación Psicoanalítica Mexicana. Co-chair para Latino-américa do Comité de Mujeres y Psicoanálisis de la Asociación Psicoanalítica Internacional. Miembro del Sistema Nacional de Investigadores del Consejo Nacional de Ciencia y Tecnología, Secretaría de Educación Pública. Profesora-investigadora del Centro de Estudios de Postgrado y del Instituto de Psicoanálisis, Asociación Psicoanalítica Mexicana (APM). Ex-Presidenta de la Asociación Psicoanalítica Mexicana.

Maria Teresa Naylor Rocha

Psicanalista, membro da SBPRJ. Coordenadora do Programa de Psicanálise e Interface Social (Propis).

Marina Kon Bilenky

Psicanalista, membro associado da SBPSP.

Marina Ramalho Miranda

Psicanalista, membro associado da SBPSP. Mestre e doutora pelo Núcleo de Psicanálise da PUC-SP. Especialista e supervisora em psicologia clínica pelo Conselho Regional de Psicologia de São Paulo, especialista em saúde mental pela Faculdade de Saúde Pública da USP.

Marion Minerbo

Psicanalista, analista didata da SBPSP. Doutora em medicina pela Unifesp. Autora do livro *Estratégias de investigação em psicanálise* (Casa do Psicólogo, 2000) e artigos psicanalíticos.

Miguel Calmon du Pin e Almeida

Psicanalista, membro titular da SBPRJ.

Patrícia Bohrer Pereira Leite

Psicanalista, membro filiado do Instituto de Psicanálise de São Paulo. Mestre em psicologia clínica e psicopatologia – Universidade de Paris V – Sorbonne. Em 1997, Fundou a "A Cor da Letra", centro de estudos em leitura e literatura que executa diversos projetos de ação cultural em diferentes contextos da realidade brasileira com jovens e crianças.

Philippe Barcinski

Diretor de cinema e televisão. Dirigiu o longa-metragem *Não por acaso* e cinco curtas-metragens, entre eles *Palíndromo* e *A janela aberta*. Seus filmes, em conjunto, ganharam mais de cinquenta prêmios. Participou dos principais festivais do mundo (Cannes, Berlim, Brasília, Gramado). Na televisão, dirigiu séries para TV Globo, MTV, TV Cultura e Arte.

Plinio Montagna

Mestre em psiquiatria, ex-professor-assistente da Faculdade de Medicina da USP. Analista didata e atual presidente da SBPSP. Autor de artigos psicanalíticos.

Roberto Pompeu de Toledo

Jornalista, com passagem por alguns dos principais órgãos da imprensa brasileira. Colunista da revista *Veja*. Autor dos livros *A Capital da solidão – uma história de São Paulo das origens a 1900* e *Leda* (romance).

Roberto Tykanori Kinoshita

Psiquiatra, doutor em saúde coletiva. Professor-adjunto I de saúde coletiva do Departamento de Ciências da Saúde da Unifesp Baixada Santista. Foi coordenador do Programa de Saúde Mental de vários municípios, entre eles o de São Paulo (2003-2004). Consultor da área técnica de saúde mental do Ministério da Saúde desde 2003. Autor de artigos e capítulos de livros no campo da saúde mental.

Rogério Nogueira Coelho de Souza

Médico psiquiatra com formação anterior em filosofia. Membro Filiado da SBPSP. Coordenador do projeto "Articulação" da diretoria de Cultura e Comunidade da SBPSP.

Ruggero Levy

Membro efetivo e analista didata da SPPA. Professor e supervisor do Centro de Estudos Luiz Guedes (Celg), do Departamento de Psiquiatria da Universidade Federal do Rio Grande do Sul. Professor e supervisor do Centro de Ensino, Atendimento e Pesquisa da Infância e Adolescência (Ceapia).

Ruy Castro

Escritor e jornalista. Autor de diversos livros, entre eles *Chega de saudade; A onda que se ergueu no mar; Estrela solitária – Um brasileiro chamado Garrincha; O vermelho e o negro – Pequena grande história do Flamengo; O anjo pornográfico – A vida de Nelson Rodrigues; Ela é carioca – Uma enciclopédia de Ipanema; Carnaval de fogo – Crônica de uma cidade excitante demais.*

Silvia Martinelli Deroualle

Psicóloga, psicanalista, membro filiado do Instituto de Psicanálise da SBPSP.